重庆工商大学财经文库

CHONGQING GONGSHANG DAXUE CAIJING WENKU

西南财经大学出版社重庆工商大学分社　策划

VC-E合作治理机制与技术创新绩效关系研究

A Study on the Relationship between
VC-E Cooperative Governance Mechanism and
Technological Innovation Performance

王兰　著

西南财经大学出版社
Southwestern University of Finance & Economics Press

图书在版编目(CIP)数据

VC－E合作治理机制与技术创新绩效关系研究/王兰著.一成都:西南财经大学出版社,2013.11
ISBN 978－7－5504－1103－6

Ⅰ.①V… Ⅱ.①王… Ⅲ.①风险投资机制—关系—技术革新—企业绩效—研究 Ⅳ.①F830.59②F272.5

中国版本图书馆 CIP 数据核字(2013)第 143173 号

VC－E 合作治理机制与技术创新绩效关系研究

王 兰 著

责任编辑:李霞湘
装帧设计:杨红鹰
责任印制:封俊川

出版发行	西南财经大学出版社(四川省成都市光华村街55号)
网　　址	http://www.bookcj.com
电子邮件	bookcj@foxmail.com
邮政编码	610074
电　　话	028－87353785　87352368
照　　排	四川胜翔数码印务设计有限公司
印　　刷	郫县犀浦印刷厂
成品尺寸	148mm×210mm
印　　张	12.875
字　　数	325 千字
版　　次	2013 年 12 月第 1 版
印　　次	2013 年 12 月第 1 次印刷
书　　号	ISBN 978－7－5504－1103－6
定　　价	39.80 元

总序

　　在过去的半个多世纪，伴随祖国的发展和重庆地方经济社会的不断成长，不管是响应20世纪60年代国家提出的"调整、巩固、充实、提高"，倡导教学与生产劳动相结合，还是直接参与20世纪80年代地方财贸系统恢复建设的过程，直至新的世纪，重庆工商大学都审时度势，进一步明确办学目标定位，凝练鲜明的财经特色和与时俱进的商科优势，从来没有停止过对科学真理的孜孜以求和对自身使命的躬身实践。学校涌现出了一批又一批的青年学者，他们具有国际化视野，醉心于财经科学研究，重视借鉴东西方前沿的学术理论与丰富的文化内涵；他们关注国计民生，身体力行，襟怀巴渝，以科学、真知的学人风范，亲身参与地方经济社会建设，让理论之花在实践中绽放，以这批教师为主体，重庆工商大学的广大教师在教学耕耘与学术研究中收获了累累硕果。科学研究——这一党和人民赋予高等院校的使命和事业，在重庆工商大学以惊人的速度蓬勃发展。这其中，凝聚着几代学人的智慧，闪耀着夺目的光芒！

　　理论从来就是适应社会经济进步的需要而产生的，而最终又要服务于客观实践。结合我校在财经学科学术理论方面的探索，我们设立了"重庆工商大学财经文库"出版资助计划，按照"自由申报、匿名评审、多方资助、统一出版"的方式，定期遴选一批我校中青年学者在财经研究领域取得的优秀成果，交由西南财经大学出版社统一出版，为中青年学者搭建一个科研成果展示平台。集纳到"文库"的成果，具有如下三个突出的特点：

一是力推新人。入选"文库"成果的作者，大部分是我校近年引进或培养的中青年博士。他们毕业于不同的重点大学，绝大多数有名师、严师学缘，对学术前沿动态有敏锐的把握，他们均工作在我校教学科研工作第一线，对社会现实有深刻认识，具有较高理论素养和较强科研能力。诚然，相较于学界泰斗、名师名家，他们中的大多数还籍籍无名，但绝非泛泛之辈，他们具有强烈的创新精神、开拓意识和发展潜力，是学校未来学术、学科发展的新鲜血液和中流砥柱。"文库"推出他们的成果，旨在推新人于"前台"，接受学界检阅、激励、鞭策，促进他们尽快成长为科研中坚力量。

二是矢志创新。"文库"的这些成果均能够自觉运用马克思主义的立场、观点、方法认识问题、研究问题、解决问题，均很好地坚持了理论联系实际，体现了学风严谨、文风朴实，做到了理论探索有进展，研究方法有创新，学术观点有新意，对策建议有建树。

三是注重导向。"文库"的成果涉及理论经济、应用经济、工商管理、管理科学与工程等我校特色优势学科领域，既是对学校打造鲜明财经特色属性的清新回馈，更为学校学科发展、科学研究、人才培养、社会服务提供了重要支撑。

学校高度重视"文库"的编纂、辑录，为"文库"出版投入较大的人力、物力，我们始终认为：作为一所具有鲜明财经特色的多科性大学，我们要培养出高质量的包括财经学科在内的专门人才，科研无疑是教学的先导、教育的基础。没有高质量的学术研究，以己昏昏，使人昭昭，很难想象有深入浅出、鞭辟入里的课堂教学；没有教师对财经实践的敏感触觉和对社会经济问题的深刻领悟，很难想象有生动活泼、贴近实际的课堂艺术。唯有在科研方面的进步和成就，才能保证造就一支具有坚实理论基础、深厚学术底蕴、富有远见卓识和深刻洞察力的师资队伍，从而推动具有鲜明财经特色的多学科全方位、多层次的发展。是故，学校多方筹资，购置图书、激励科研、补贴出版；众多学者皓首穷经、笔耕不辍；兄弟高校、出版界同仁大力襄助，终有今日"重庆工商大学财经文库"付梓。

综上，"文库"的出版，寄托了我们对中青年学术才俊的一份清新期许，与其说是一种对他们单纯的奖掖、褒赞，毋宁说是在搭建一个文汇达观、聚贤纳才的平台，我们诚挚地渴盼有更多青年学者能够砥砺自修，卓尔有成，产出更多更好的成果；更热烈地恳请更多学界名流、前辈泰斗能够关心、点拨中青年学者的学术成长，能够让他们尽快健康、科学地投身于学科、学术拔尖团队的自我培养和群体塑造，早日成长为领军人才，担当重任。

相信"重庆工商大学财经文库"的出版，对我校的学科建设、科学研究、人才培养、社会服务必将产生积极的促进作用，也为学界了解我校中青年学者的科研状况提供一个重要的窗口，期望师生们和广大读者能从"重庆工商大学财经文库"中获益。当然，限于编校时间和我们的研究水平，其中难免存在差漏和不足之处，敬请读者谅解并批评指正。我们衷心地希望我校广大中青年学者潜心研究，把握学术前沿，深入社会实际，产出更多的优秀科研成果；期待我校教师和科研人员有更多更好的学术专著问世！

杨佳绵 谨识

2013 年春　于重庆南山书院

摘要

　　风险投资作为扶持技术创新发展的重要融资模式，日益受到学术界和企业界关注。尽管人们普遍认为风险投资家（Venture Capitalist，简称 VC）的投资后管理可帮助企业实现资本增值，但是学术界对于 VC 投资后管理与技术创新关系问题尚未形成共识，并持续争论了二十多年。有些学者认为 VC 投资后管理对于技术创新有显著的积极作用，其中以 VC 增值服务尤显突出。有些学者却认为 VC 投资后管理对技术创新的正向作用不明显甚至会阻碍技术创新进程。由此可知，VC 投资后管理的增值过程仍是一个值得长期关注的问题。

　　本研究认为，造成 VC 投资后管理与技术创新绩效差异性研究结论的原因是，学者们仅依赖双变量模型来诠释 VC 投资后管理与技术创新绩效的直接因果效应，难以获得全面和准确的认识。这种分析方法缺乏对多变量和动态性模型的考虑，最终产生 VC 投资后管理与技术创新绩效关系问题的分歧性研究结果。

　　鉴于此，本研究首先从社会交换理论出发，根据风险投资是一种关系型投资的特点，将风险投资家（Venture Capitalist，VC）与创业企业家（Entrepreneur，E）的关系界定为社会交易关系且两者间互动遵循的规则是互惠性与承诺。其次，借助网络治理理论，认为风险投资家与创业企业家（VC - E）合作关系的好坏取决于双方对关系的治理。由此演绎出合作关系治理的视角，将 VC - E 合作治理机制作为前置影响因子，重

新审视 VC 投资后管理与技术创新绩效之间的关系。本书主要从三个方面创新性地展开工作:

①以交易成本理论和社会交换理论为基础,从创业企业所属投资项目的交易属性和关系属性出发,提炼出 VC－E 合作治理机制的影响因素,并分析在这些因素的影响下,VC－E 合作治理机制形成与演变的一般规律。

②以委托—代理理论、资源基础理论与社会交换理论为基础,构筑 VC－E 合作治理机制、VC 投资后管理与技术创新绩效关系的多变量概念模型,将 VC 投资后管理视为 VC－E 合作关系的行为表现且作为中介变量,研究 VC－E 合作治理机制通过影响 VC 投资后管理进而影响技术创新绩效的作用机理与路径选择。

③调节变量的研究。基于社会交换理论,将过程公平、关系冲突和任务冲突视为调节变量引入 VC－E 合作治理机制、VC 投资后管理与技术创新关系的概念模型,进而分析其对技术创新绩效产生的调节效应。

通过理论分析和实证研究,运用多元线性回归和层级回归,研究发现:

①资产专用性、不确定性、投资吸引力与文化契合度是影响 VC－E 合作治理机制的重要因素。VC－E 合作治理机制分为契约治理机制和关系治理机制,因此这些因素对它们的影响机理各不相同。资产专用性与契约治理呈正相关,与关系治理呈正相关。不确定性与契约治理呈负相关,与关系治理的相关关系不显著。投资吸引力与契约治理是负相关,与关系治理是正相关。文化契合度与契约治理呈负相关,与关系治理呈正相关。

②VC－E 合作治理机制对技术创新绩效有显著的影响。契约治理对技术创新绩效的两个维度即创新能力、创新产出的

影响均表现为倒"U"形非线性关系。关系治理对创新能力、创新产出的影响均是显著的正相关。

③VC投资后管理的中介效应显著。契约治理、关系治理分别通过VC投资后管理的两个维度即VC监控行为、VC增值服务对创新能力、创新产出产生显著的影响。契约治理与VC监控行为呈正相关，与VC增值服务呈倒"U"形非线性关系。VC监控行为与创新产出呈倒"U"形非线性关系，与创新能力的关系是负向关系，其假设得到实证数据的部分支持。关系治理与VC监控行为呈负相关，与VC增值服务呈正相关。VC增值服务与创新能力、创新产出均呈正向关系。

④过程公平、关系冲突的调节效应显著，任务冲突的调节效应比较显著。过程公平在VC投资后管理与技术创新绩效之间起着显著的正向调节作用。关系冲突在VC投资后管理与技术创新绩效之间起着显著的负向调节作用。任务冲突在VC监控行为与创新能力之间起着正向调节作用，在VC增值服务与创新能力之间起着正向调节作用，但是在VC监控行为与创新产出、VC增值服务与创新产出之间的调节作用不显著。因此需要进一步考察任务冲突对技术创新绩效的调节作用。

本研究以合作关系治理为研究视角，以科技型创业企业为数据采集对象，运用交易成本理论、资源基础理论、委托—代理理论和社会交换理论来探究VC-E合作治理机制、VC投资后管理与技术创新绩效之间的关系。结论显示，VC投资后管理的价值增值功能持续实现的必要条件是VC和E之间良好的合作关系，而良好合作关系来自两者之间适宜的合作治理机制。与契约治理机制相比，关系治理机制更有利于构筑VC和E之间的良好合作关系，进而促进VC投资后管理对技术创新的推动作用。本研究突破已有研究偏重讨论契约治理而造成的对VC-E合作关系理解的局限，进一步完善了VC-E关系的理论框架，促使理论界和企业家更好地理解各种治理机制，以此在契约治理与关系治理之间寻求最佳平衡。本研究是对风险投资理论与创业管理理论的深化与拓展，对 VC－E 关系问题有一定的参考价值和指导意义。

关键词：VC－E 合作治理机制，VC 投资后管理，技术创新绩效，科技型创业企业

ABSTRACT

As an important financing mode to support the development of technological innovation, venture capital (VC) has attracted increasing attention by the scholars and entrepreneurs. Although it is general agreement that venture capital' role in promoting business performance is that the value - added features of the non - financial form of post - investment activities, the reseachers have not yet theorized for the relationship betweenVC post - investment activities and technological innovation, continuing controversy for over 20 years. Some scholars considered that VC post - investment activities has significant positive effect on the technological innovation. Particularly, VC value - added service has positive influence on the technological innovation. Some scholars argued that the positive role of VC post - investment activities is not obvious or even hinder the process of technological innovation. Therefore, the value - added process of VC post - investment activities also remains under debate.

This study suggests that the cause ofdifferent conclusions about the relationship between VC post - investment activities and technological innovation performance is that

scholars have not considered the multi - variable and dynamic model, relying solely on the two - varible model to explain the direct causal effect of the relationship between VC post - investment activities and technological innovation performance. Underlying these issues, the level of analysis is not comprehensive and accurate.

In view of this, based on social exchange theory, we first define the relationship between venture ccapitalist and the entrepreneur (VC − E) as the social exchange relationship which means they should obey the rules of reciprocal and commitment, according to the characteristic of venture capital is a relational investment. Second, we consider the cooperative relationship of venture capitalist and entrepreneur depend on the governance mechanism on the basis of network governance theory. Together, from the cooperative governance perspective, these two parts of our central question help us to re − understand the relationship between VC post − investment activities and technological innovation performance, taking the VC − E cooperative governance mechanism as pre − impact factor. In this paper, we provide three contributions to understanding the conditions under which VC − E cooperative mechanism contributes to higher relative technological innovation performance.

(1) based on the transaction cost theory and social exchange theory, from transaction attributes and relationship attributes of investment projects from start − ups, we extract influence factors of VC − E cooperative governance mechanism and examine the formation and evolution of the VC − E cooperative governance mechanism under the influence of these factors.

(2) According to the principal − agent theory, resource − based theory and the social exchange theory, we set up a multi − variable concept model about the relationship amongVC − Ecooperative governance mechanism, VCpost − investment activities and technological innovation performance. Meanwhile, VC post − investment activities is regarded as specific behaviour of VC − E cooperative relationship and considered as mediator. We theorize and examine the influence of VC − E cooperative governance mechanism on technological innovation performance through the VC post − investment activities.

(3) Studying on moderating variables. From the social exchange theory, we consider procedural justice, relation conflict and task conflict as moderator and test these moderating effective.

Through theoretical analysis and empirical testing, using multiple linear regression and hierarchical regression, we find:

(1) Asset specificity, uncertainty, investment attraction and cultural fit is an important factor affecting in the VC − E cooperative governance mechanisms. The VC − E cooperative governance mechanism is divided into contractual governance mechanism and the relational governance mechanism, which would be affected differently by asset specificity, uncertainty, investment attraction and cultural fit. Asset specificity has significant positive influence on contractural governance and negative effect on relational governance. Uncertainty is negative correlative to the contractual governance. We fail to observe the relationship between uncertainty and relational governance. Investment attraction has a net negative contribution to contractural governance and net positive effect on relational governance. Cultural fit is negative correlative to the contractural governance and positive correlative to the relational governance.

(2) The VC − E cooperative governance mechanism has a significant impact on technological innovation performance. The

influence of contractual governance on the two dimensions of technology innovation performance, innovation capability and innovation output is expressed as the inverted "U" shaped relationship. The relational governance effecting on innovation capability and innovation output are significantly positive.

(3) The mediating effective of the VC post - investment activities significantly. Contractual governance, relational governance have contribution to innovation capability and innovation output through the two dimensions of VC post - investment activities, VC-supervision & control and VC value - added service. Contractural governance has positive effect on the VC supervision & control, has an inverted U relationship with VC value added service. VC supervision & control has an inverted U relationship with the innovation output. VC supervision & control is negative correlative to the innovation capability, which is partially tested by empirical data. Relational governance has negative influence on the VC supervision & control, has positive effect on VC value - added service that has a positive contribution to innovation capability and innovation output.

(4) The moderating effective of procedural justice and relation conflict is significant, while task conflict as moderator is partially tested. Procedural justice moderates positively the relationship between VC post - investment activities and technological innovation performance. Relation conflict has negative moderating effective on the relationship between VC post - investment activities and technological innovation performance. Task conflict moderates positively the relationship between VCsupervision & control and innovation capability, and has positive moderating effective on the relationship between VC value - added service and innovatin capability. Bue the

moderating effective of task conflict on the relationship between VC supervision & control and innovation output, and on the relationship between VC value - added service and innovation output would not be tested by empirical data. Therefore, we need to further investigate the moderating effective of task conflict on the technological innovation performance.

From the cooperative governance perspective, this paper tries to contribute to this research fild about the relationship among VC - E cooperative governance mechanism, VC post - investment activities and technological innovation performance on basis of transaction cost theory, principal - agent theory and social exchange theory on the data of high - tech start - ups inChengdu, Wuhan, Beijing, Shengzheng, Xinan, Chongqing.

We found the following: It is very importantfor venture capitalist to achive the value of post - investment activities under which cooperative relationship between VC and E should be established and promoted. Co - operative relationship between VC and E is necessary for the success of VC post - investment activities and technological innovation performance. While good cooperation would be formed through optimal VC - E cooperative governance mechanism. Compared with the contractural governance, relational governance is more contribution to the good cooperative relationship between VC and E. Further, relational governance appears to positively affect technological innovation through promoting VC post - investment activities. This theoretical framework acts as a counter weight to most previous studies on the VC - E relationship that have emphasized contractural governance in order to build partner cooperation without sufficient consideration of how relational governance

5

affect the partner cooperation. Meanwhile, the research promotes scholars and entrepreneurs to understand the meaning of various governance mechanisms and develops deeply the theoretical framework of VC – E relationship in order to balance relationship between contractural governance and relational governance. The study is the further development of the theory of venture capital and entrepreneurship management, which has a certain reference and guide value for the cooperative relationships between VC and E.

Keywords: **VC – E cooperative governance mechanism, Post – investment activities, Technological innovation performance, High – tech start – ups**

目录
Contents

1

绪　论

1.1　问题提出与研究意义

1.1.1　问题提出

风险投资始于第二次世界大战后的美国，20 世纪 80 年代以后美国硅谷神话让全世界惊叹风险投资的魅力，进而被西欧、日本等发达国家和一些新兴工业化国家纷纷效仿，并以迅雷不及掩耳之势的速度得以快速发展，创造出一系列技术创新的奇迹。风险投资对于经济增长的巨大推动作用引起人们对于这一独特融资模式的关注。与传统的银行融资方式相比，风险投资是一种集融资与投资于一体、汇资本供应与管理扶持于一身的创新性融资模式。它与技术创新的关系充分表现为高科技知识与金融手段的融合、权益与技术市场的交汇、投资家与企业家的交互。风险投资通过扶持科研成果快速市场化，推进高新技术产业化，推动科技型创业企业的快速成长，引领整体经济结构的升级和发展，被誉为高新技术产业发展的"推进器"。

尽管人们普遍认为风险投资家的投资后管理能帮助企业实

现资本增值，但是学术界对此问题尚未形成共识，且持续争论二十多年。目前学术界，对于风险投资家投资后管理对技术创新的影响持有两种截然不同的观点，有些学者认为，风险投资家的投资后管理对于创业企业技术创新有积极的影响。如 Kortum & Lerner（2000）首次研究了风险投资后管理对企业技术创新的影响，运用专利权的数量来表示企业的技术创新能力，设计了专利数为因变量、R & D（Research and Develornent，研究与开发）和风险投资为自变量的函数来验证 1965—1992 年间 20 个产业部门的专利数的变动规律，结果发现每 1 美元的风险投资产生的专利数是每 1 美元 R & D 的 3 倍。Bertoni & Grilli（2005）认为，风险投资家利用自身的关系网络资源帮助创业企业建立与其他拥有互补资源或能力的企业之间的合作关系网络，以此提升创新绩效。Tromsten & Waluszewski（2012）运用资源基础理论，研究了瑞典有风险投资背景的企业技术创新过程，结果发现风险投资家提供的网络资源显著影响创业企业家的组织资源和技术资源结构。同时，由于风险投资家介入企业的经营管理，致使创业企业的组织资源与技术资源产生良好的互动效应，最终促进创业企业的技术创新绩效。

有些学者则认为风险投资后管理对技术创新不具有推动作用，甚至会阻碍技术创新进程。如 Engel & Keilbach（2007）运用德国企业的数据，检测 1995—1998 年风险投资的影响，结果发现，风险投资并不能促进专利数的增加，而是拥有专利数的企业吸引了风险投资的进入。专利数目越多，风险投资规模越大。该论文核心观点为：不是风险投资促进了技术创新，而是风险投资挑选出有创新能力的创业企业进行投资，进而获得高额投资收益。Caselli et al.（2009）运用意大利资本市场中 1995—2004 年 37 家有风险投资背景与 37 家无风险投资背景的创业企业进行比较研究。结果发现，投资项目筛选阶段，风险投资家注重选择有较高创新能力的创业企业进行投资；投资管理阶段，风险投资家更关注创业企业的经济与管理效应，对技术创新没有显著影响。Stuck，B. & Weingarten，M.（2005）运用截至 2002 年美国 1303 家电子企业近 10 年的时间序列数据分析风险投资对技术创新的影响。结果发现，风险投资与技术创新之间不存在相关关系。正如 Mason & Harrison（1999）认为，风险投资家是否应该向创业企业提供增值服务，是一个长期值得争论的问题。Wijbenga et al.（2003）指出，风险投资家对于创业企业提供的增值服务与战略管理的指导实质上是一个很难理解的问题。Saetre（2003）明确提出，风险投资后管理问题仍是未来研究的重点。

到底是什么样的原因引起了这些研究分歧的出现？风险投资家投资后管理是否对技术创新有促进作用？是否存在某些因素引起风险投资家投资后管理对技术创新的正向效应产生根本性变化？自从 Timmons & Bygrave（1986）提出，风险投资家和创业企业家（Venture Capitalist and Entrepreneur，简称 VC－E）的合作关系对于创业企业的发展比风险资本还重要的观点面世以来，学术界开始从风险投资家和创业企业家两者之间的关系为着眼点，研究 VC－E 关系的变动对创新绩效的影响。此研究范式的逻辑思路是：风险投资是一种关系型投资，创业企业家的人力资本与社会资本在创业企业的创建和早期成长阶段有着至关重要的作用；另外，风险投资被视为一种"Smart Money"，基本假设是 VC 为创业企业提供的投资后管理具有增值功能，而要实现这种增值功能，必须在风险投资家（Venture capitalist，VC）和创业企业家（Entrepreneur，E）之间形成良好的合作关系。所以风险投资家与创业企业家之间合作关系的好坏通常对于风险投资的成败与创业企业的创新绩效起着极其重要的作用。

关于 VC－E 合作关系与技术创新的问题现主要存在三种

研究方向：

（1）委托—代理理论方向

委托—代理理论将风险投资视为一种经济交易行为，风险投资家为委托人，创业企业家为代理人，两者由于存在利益目标的冲突和信息不对称面临严重的代理问题。基于代理理论，VC－E 的关系强调风险投资家必须利用正式的制度安排（特别是监控）来缓解和防范代理问题如道德风险、逆向选择。如 Kaplan & Stromberg（2001）的研究结论显示，风险投资家作为委托人采取的筛选、契约和监控行为，对创新绩效有积极作用。显然，基于委托—代理理论解释风险投资家和创业企业家之间的关系时注重监督、激励与风险分担。但是在现实世界，代理风险不仅发生在创业企业家方面，风险投资家也有潜在的机会主义倾向。风险投资家和创业企业家各自拥有的专有知识、独特能力和资源网络因信息不对称引发双重道德风险。而传统的委托—代理理论因无法合理解释双重道德风险而产生一些研究局限。

（2）基于囚徒困境模型的博弈论方向

囚徒困境模型在经济学、社会学和心理学研究中是广泛应用的一种理论模型。作为博弈论中非零和博弈的典型代表，它说明了两个或两个以上相互依赖的个体之间的博弈关系。Cable & Chane（1997）基于囚徒困境模型，从双方达成协议的时间压力、合作的各自收益、沟通的质量和频率、先前的社会关系以及双方在人口统计特征（如心理特征、社会经历、教育、年龄等）上的相似度，分析了 VC－E 建立合作的条件。该研究认为 VC 和 E 通过博弈均在合作中获益，合作是保证投资成功的重要条件。以后的学者沿着此思路研究 VC－E 之间的谈判博弈问题。Cable 和 Shane（1997）并没有利用具体的理论解释合作缘由，只是利用囚徒困境模型解释了合作发生的可能性条件。他们的贡献在于对囚徒困境模型进行初步拓展，未提出具体的理论来解释合作问题。因此，学术界需要从发展合作行为的社会关系视角来考虑风险投资家和创业企业家的合作治理问题。

（3）基于社会交换理论的信任与创新绩效方向

社会交换理论是解释人际之间社会互动的理论。其核心认为个人在人际互动中会衡量互动时所需付出的代价及可能产生的后果，从中理性地选择对自己最有利的事物。理论的中心议题是人，着重研究人与人之间的社会交换关系，其中承诺与互惠是交换理论的基石。社会交换理论认为，风险投资不仅仅是一种经济交易行为，因人力资本在其中的重要作用，显示风险投资更多倾向社会交易关系。信任通过 VC - E 合作关系对技术创新绩效产生的影响效应是目前此研究方向的主流。依据社会交换理论，作为非正式治理机制的信任在组织间发挥着重要的作用。信任可以降低 VC - E 对高成本监控激励机制的需求，促进双方的合作（叶瑛，姜彦福，2006）。De Clercq, Sapienza（2001）认为信任有助于双方通过关系专用投资和知识共享来创造关系租。信任通过促进合作信心提高创业企业的创新绩效（Dean, A. S., Andrew, Z., 2001）。另外，部分学者围绕如何在 VC 和 E 之间形成信任机制展开了研究。Sapienza（1992）实证研究证明，VC - E 开放式沟通为创业企业家赢得更多的信任和自由。Shepherd & Zacharakis（2001）从理论上探讨交互式承诺、过程公平、双方良好契合、开放式沟通等要素对信任的正向影响，并指出合适的控制和信任程度的组合可实现最佳水平的合作。目前，信任对于 VC - E 合作关系的影响成为研究的主流。

对于风险投资家与创业企业家关系问题的研究，现有文献并没有提及合作关系治理对技术创新绩效的影响作用。即便是建立在社会交换理论基础上的信任机制合理解释了合作关系的形成，但对合作关系的变动与随机性以及合作关系的治理等问题却未进行深入研究。本研究从合作关系治理的视角出发，将 VC－E 合作治理机制划分为契约治理机制和关系治理机制，以 VC 投资后管理作为合作关系的行为表现，并将其视为中介变量，构建 VC－E 合作治理机制对技术创新影响的理论模型。同时依托从国内科技型创业企业获取的数据，运用理论分析结合实证研究的方法探讨 VC－E 合作治理机制、VC 投资后管理与技术创新绩效的关系，并引入调节变量过程公平、关系冲突与任务冲突，分析 VC 投资后管理对技术创新的影响，以此弥补现有研究体系在研究内容与方法方面的不足。

1.1.2　研究的学术价值

（1）丰富了组织间合作关系治理机制的理论成果

本研究的合作治理机制—技术创新绩效模型是在 VC－E 关系的特定背景下提出，关注关系治理这一非正式治理机制通过 VC 投资后管理对科技型创业企业的技术创新绩效的作用机理，突破已有研究偏重讨论正式治理机制即契约治理而造成的对 VC－E 合作关系理解的局限。以往文献过于强调契约治理，认为风险投资后管理阶段应注重正式权力对资金的监控和保护，但因为正式权力具有强烈的对抗性和破坏性，致使 VC 投资后管理的价值功能无法实现。关系治理则更重视人际关系的和谐与沟通，将正式权力限定在保护资金的最低限度，以此构建良好的合作氛围，促进 VC 投资后管理的价值增值功能持续实现，进而推动技术创新。本研究将 VC－E 合作治理机制引入 VC－E 合作关系的理论框架，能够使学术界与企业家更好地理解各种治理机制，以寻求 VC－E 合作中契约治理和关系治理的最佳平衡。

（2）丰富了现有 VC 投资后管理与技术创新绩效关系问题的研究体系

尽管现有学术界对 VC 投资后管理与技术创新绩效的关系做了大量的实证研究，但均是考察了两者之间的直接因果关系，并以此得出了分歧性的研究结论。本研究将此双变量模型进行拓展，以 VC－E 合作治理机制为前置因子，VC 投资后管理为中介变量，构建出 VC－E 合作治理机制、VC 投资后管理与技术创新绩效的三变量模型。另外将过程公平、关系冲突、任务冲突作为调节变量引入此模型，考察 VC－E 合作治理机制、VC 投资后管理与技术创新绩效三变量在外部环境变动的情况下如何进行变化。本研究依托中国科技型创业企业的数据展开研究，因而所得出的结论不仅丰富了现有 VC 投资后管理领域的相关理论成果，而且为中国 VC 投资后管理的实践发展提供了一定的指导作用。

（3）丰富了现有 VC 投资后管理与技术创新绩效关系问题的研究视角

本研究以 VC－E 合作关系治理为研究视角，分析 VC－E 合作关系的变化如何通过 VC 投资后管理来影响技术创新绩效。借助委托—代理理论、交易成本理论、资源基础理论与社会交换理论的主要观点，将 VC－E 合作治理机制划分为契约治理机制与关系治理机制，分别考察了这两种机制对 VC 监控行为、VC 增值服务的影响，进而影响技术创新绩效的路径与作用机理。从合作关系治理视角出发构建的 VC－E 合作治理机制、VC 投资后管理与技术创新绩效的三变量概念模型，既探讨了 VC－E 合作关系变动对技术创新绩效的影响，又分析了 VC－E 合作治理机制与 VC 投资后管理的相互作用对技术创新绩效的影响，从而拓展了 VC 投资后管理问题领域的研究视角。作为一种新的理论尝试，可能会推动相关问题的研究。

（4）丰富了国内 VC 投资后管理与技术创新绩效关系问题的研究方法

现有国内研究在研究 VC 投资后管理与技术创新绩效问题时，多借助概念模型或者案例分析，如叶瑛、姜彦福（2006）关于信任与技术创新绩效关系的研究。实证检验等定量分析方法较少应用，尤其是缺乏丰富的经验数据为支撑的研究成果。因此国内关于 VC 投资后管理的研究还比较粗浅，理论与理论之间、理论与数据之间的互相补充、互相支撑还很不完善，与国际上同类问题研究相比存在着相当大的差距。从现有文献来看，我国对 VC 投资后管理与技术创新关系的研究尚处在对国外理论的引介阶段，定性分析的偏多，立足本国情境、采用本土化数据进行定量分析的研究较少。因此，本研究借助数理模型、概念模型、实证模型等多种研究手段，对 VC－E 合作治理机制、VC 投资后管理与技术创新绩效之间关系进行较为系统的分析与评价，具有一定的学术价值。

1.1.3　研究的现实意义

什么样的合作治理机制有利于 VC 投资后管理实现价值增值的功能？通过对契约治理机制和关系治理机制的比较，本书提出相对于契约治理，关系治理更有利于 VC 增值服务，进而提升技术创新绩效。契约治理则更合适资产专用性程度较高的创业企业。因为这类企业具有极高的风险，且由于资产专用性高易导致"敲竹杠"行为，所以 VC 应利用契约治理机制，实行 VC 监控行为为主导的投资后管理，通过有效控制创业企业的投资风险进而实现其价值增值。风险投资家根据投资项目的特点选择适宜的合作治理机制来实现技术创新目标是本研究体现的第一个现实意义。

本研究的视角是合作关系治理，其隐含的假设条件是风险投资家与创业企业家之间的合作关系是一种比资本更能影响投资项目成功的重要资源。风险投资家在实现投资后管理过程中，良好的合作关系氛围是实现投资后管理价值增值功能的保证。若缺乏良好的合作关系，VC 投资后管理，不论是 VC 监控行为或是 VC 增值服务，因为创业企业家的被迫接受，仅仅停留在风险投资家单方面提供的层面上，无法实现其价值增值。若是风险投资家忽视良好合作氛围的培养，强行实施 VC 投资后管理，必将引发与创业企业家正式权力的对抗，进而对技术创新绩效形成负面阻碍。因此，用合作关系治理新视角来审视 VC 投资后管理的效应问题，是本研究的第二个现实意义，它改变传统委托—代理理论下强调正式控制制度—契约以及监控行为来推行 VC 投资后管理的误解，帮助风险投资家和创业企业家树立良好合作关系治理才是成功推行 VC 投资后管理的保证的理念。

本研究的第三个现实意义是帮助风险投资机构建立过程公平和冲突管理的意识。创业企业家与风险投资家建立投资合作关系之后，风险投资家需注意的是，即使实行的投资后管理服务对企业的价值有极大的帮助，也应在 VC 监控或 VC 增值服务过程中注意程序实行的过程公平。换而言之，不论是财务监控、参与董事会、战略决策指导或是提供联盟资源，VC 均需与 E 进行平等商议，注重吸收创业企业家的意见或建议，这种方式实行下的 VC 投资后管理不仅符合企业的真实需求，而且可通过对等商议建立双方的信任机制，使创业企业家自愿向风险投资家请求帮助或接受风险投资家的各项增值服务，以提高 VC 投资后管理的效应。另外，创业企业家出于对自身企业的热爱，无论风险投资家采用何种方式介入创业企业管理都会引发创业企业家本能的反感，因此风险投资家应该学会冲突管理，合理避免关系冲突，巧妙化解任务冲突，利用各种关系治理的手段，建立良好的合作氛围，从而有利于实行 VC 投资后管理，最终促进技术创新绩效的提升。

1.2 研究目的和内容

1.2.1 研究目的

本研究的总体目标是：提出 VC-E 合作治理机制、VC 投资后管理与技术创新绩效的三变量关系的理论框架体系。将 VC-E 合作治理机制视为 VC 投资后管理对技术创新绩效影响的前置因子，从其两个构成维度出发，即契约治理机制和关系治理机制，分别考察它们通过对 VC 投资后管理的两个构成维度即 VC 监控行为、VC 增值服务的影响，进而影响技术创新绩效即创新能力和创新产出的作用机理与路径选择。同时为了考察外部环境对这三变量模型的影响，将过程公平、关系冲突和任务冲突作为调节变量引入此理论模型，以此比较全面地考察了 VC-E 合作治理机制、VC 投资后管理与技术创新绩效的关系，为我国风险投资与创业企业的合作提供有价值的理论参考与实践指导。

为了实现本研究的总体目标，首要解决的问题是寻找 VC-E 合作治理机制的影响因素，然后基于合作关系治理的视角，借助委托—代理理论、交易成本理论、资源基础理论以及社会交换理论的相关思想，分析 VC-E 合作治理机制对技术创新绩效的影响效应。已有研究结果显示，VC 投资后管理是影响技术创新绩效的重要因素，但是其研究结论却存在很大的分歧。有些学者认为 VC 投资后管理对技术创新绩效有正向影响，有些学者却认为两者之间存在负向相关。由此可知，现有的双变量模型只是简单地刻画两者之间直接的因果关系，难以获得对 VC 投资后管理与技术创新之间关系的全面而准确的认识。只有借助多变量与动态化模型才能准确地诠释 VC 投资后管理与技术创新绩效的问题。因此恰当地理解 VC 投资后管理与技术创新之间的关系，理清影响 VC 投资管理问题的各种因素与效应，对建立清晰的理论图景和实践指导有着重要的意义。

本研究在进行深入与细致的文献理论研究工作之后，将借助概念模型对 VC－E 合作治理机制、VC 投资后管理与技术创新绩效三者之间的关系进行刻画与表达，并在此基础上，利用实证研究方法对 VC－E 合作治理机制对技术创新绩效的影响机理进行研究，以此实现以下两个方面的具体研究目标：

（1）理论方面，结合委托—代理理论、交易成本理论、资源基础理论与社会交换理论的主要观点，弥补现有理论在解释 VC－E 合作关系与技术创新绩效关系问题存在的不足。

（2）实际应用方面，通过构建多变量的概念模型较为全面的分析 VC－E 合作治理机制、VC 投资后管理与技术创新绩效之间相互影响的路径与作用机理，为风险投资家与创业企业家建立长期性合作关系提供理论支持与实践指导。

1.2.2 研究内容

为了配合完成上述的研究目标，特设定以下的研究内容：

（1）以风险投资的社会交换行为属性为切入点，确立合作关系治理的视角

由于风险投资家和创业企业家各自拥有对方不具备的信息优势、独特能力和联盟资源网络等专用知识，所以不仅创业企业家有潜在实施信息不对称引发的道德风险和逆向选择的可能性，而且风险投资家也具备激化这两种风险的动机，即风险投资家和创业企业家之间的关系带有双重道德风险的特征。简单的委托—代理范式的逻辑证明与风险投资的现实情况越来越不

相符，因此需要确立新的研究视角。立足风险投资的社会交换行为属性，首先分析风险投资家与创业企业家的互动特性。青木昌彦指出，风险投资是一种特殊的关系型投资。一方面，创业企业家的人力资本与社会资本在企业创建与发展初期起着至关重要的作用；另一方面，风险投资家为了规避投资风险，降低交易成本，会介入企业的经营管理，从事监控行为和增值服务。由此可知，双方的合作关系决定着投资项目的成败。为了形成长期良好的合作关系，VC 与 E 在最初信息不明确的情况下，通过加强互动以获取关系租。其次分析 VC 与 E 互动遵循的规则。依据社会交换理论，组织中的任何交换关系可分为两种交易形态即经济交易关系和社会交易关系。经济交易关系中人们依据经济评量指标来衡量眼前的利益，而社会交易关系注重互惠性与承诺以保持关系的长久。风险投资作为一种长期型、关系型、专用型的投资，致使 VC 与 E 的长期利益紧密联系在一起。若单纯聚焦其经济交易行为的特性，过分注重用经济指标衡量其短期收益不符合风险投资的发展特点。显然依从这种关系的界定互动规则必然会导致正式控制，具有极大的局限。从风险投资的关系型投资特点出发，着重其社会交易关系，以承诺与互惠界定其互动规则，利于双方长期关系的维护。最后，分析合作治理机制。依据网络治理理论，创业企业家和风险投资家处于同一网络中，双方对网络关系的治理与他们之间的合作关系好坏密切相关。网络治理主要分为两种治理机制，即契约治理（Contractual governance）和关系治理（Relational governance）。契约治理是指通过正式的契约来治理交易，包括治理交易的各种正式制度，如政府的法律、公司的章程、员工的激励制度、企业和利益相关者的各种合同等。关系治理是指通过一些关系性规则即非正式契约来治理交易。关系性规则是一些社会过程和社会规则，它们因双方的关系而存在，其中社会过程包括社会交往、信息交流等，社会规则包括信任、团结、相互性等（周新德，2008）。因此风险投资家与创业企业家之间的合作治理机制划为契约治理机制与关系治理机制两个维度。

（2）VC－E合作治理机制的影响因素研究

本研究基于交易成本理论，将资产专用性、不确定性作为投资项目的交易属性，分析其对VC－E合作治理机制的影响，依据社会交换理论将投资吸引力、文化契合度作为投资项目的关系属性分析其对VC－E合作治理机制的影响。同时将契约治理和关系治理作为VC－E合作治理机制的两个重要维度，其中契约治理的两个构面为契约复杂性与契约执行严格性，关系治理的四个构面为开放式沟通、信息共享、信任、共同解决问题。

本研究假设：资产专用性对契约治理有正向影响，对关系治理有正向影响；不确定性对契约治理有负向影响，对关系治理有正向影响；投资吸引力对契约治理有负向影响，对关系治理有正向影响；文化契合度对契约治理有负向影响，对关系治理有正向影响。

运用多元线性回归的方法验证了上述的假设，除不确定性与关系治理的正向关系未得到通过，其余假设均得到实证支持。

（3）VC－E合作治理机制、VC投资后管理与技术创新绩效关系研究

本研究依据资源基础理论将风险投资家重要资源和能力的表现方式VC投资后管理划分为两个维度，即VC监控行为和VC增值服务。VC监控行为是风险投资家为了缓解风险投资过程中存在信息不对称从而引发创业企业家的道德风险而采取的一系列的监督活动。VC增值服务是风险投资家为帮助创业企业尽快提升企业价值而提供的一系列企业经营发展急需的资

源和管理扶持。技术创新绩效划分为创新能力和创新产出两个维度。创新能力是指创业企业进行技术创新管理过程中的能力体现，包括创新管理、管理人员的创新理念和管理过程中的创新激励。创新产出是指创新的最终成果，包括专利数量、新产品的比值、创新成功率、创新成果的评估等。

依托委托—代理理论、资源基础理论与社会交换理论提出有关VC－E合作治理机制、VC投资后管理与技术创新绩效三变量关系的假设，即契约治理与VC监控行为正相关，与VC增值服务呈倒"U"形非线性关系；关系治理与VC监控行为呈负相关，与VC增值服务呈正相关；契约治理与创新能力呈倒"U"形非线性关系，与创新产出呈倒"U"形非线性关系；关系治理与创新能力呈正相关，与创新产出呈正相关；VC监控行为与创新能力呈倒"U"形非线性关系，与创新产出呈倒"U"形非线性关系；VC增值服务与创新能力呈正相关，与创新产出呈正相关。

运用层级回归的方法验证了上述的假设，将VC－E合作治理机制与VC投资后管理相结合，共同分析其对技术创新绩效的作用机理与影响路径。

（4）调节变量研究

本研究依据现有文献研究结果，基于社会交换理论，提出过程公平、关系冲突与任务冲突作为风险投资家与创业企业家合作关系的调节变量，引入到VC－E合作治理机制、VC投资后管理、技术创新绩效的三变量模型。

本研究假设：过程公平在VC监控行为与技术创新绩效之间起着正向调节作用，在VC增值服务与技术创新绩效之间起着正向调节作用；关系冲突在VC监控行为与技术创新绩效之间起着负向调节作用，关系冲突在VC增值服务与技术创新绩效之间起着负向调节作用；任务冲突在VC监控行为与技术创新绩效之间起着正向调节作用，任务冲突在 VC 增值服务与技术创新绩效之间起着正向调节作用。

运用层级回归的方法验证了上述的假设，立足 VC－E 合作关系分析外部环境的变动对 VC 投资后管理与技术创新绩效关系的影响。

综上所述，本研究的概念模型如图 1.1 所示：

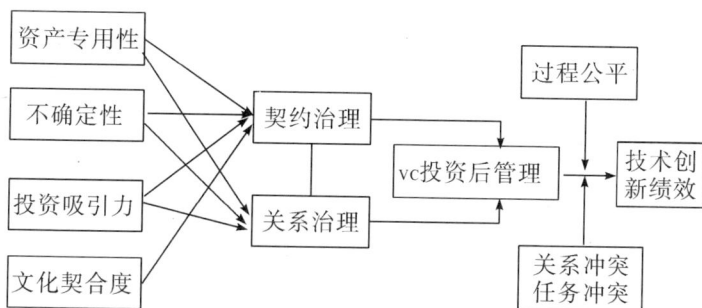

图 1.1　本研究的分析框架

1.3　研究方法与结构安排

1.3.1　研究方法

本研究拟采用理论研究与实证研究相结合的方法对 VC－E 合作治理机制与技术创新绩效关系进行分析。其中理论研究借助数理模型分析 VC－E 合作关系建立的条件与不同合作关系状态下双方预期效益变化的机理；实证研究主要采用探索性因子分析、多元线性回归、层级回归等相关方法，从总体上探究多变量之间的作用路径与影响程度。总体研究技术路线如图 1.2 所示。

（1）理论研究

理论研究目的是借助科学、严谨的管理学理论，运用数理逻辑，构建关键变量的相互影响模型，通过对理论的演绎与推导，发现关键变量之间的相互关系。其推导的结果有助于为实证研究提供合理的假设，为实证研究提供理论依据。本课题的理论研究主要是建立数理模型，分析两个问题：一是 VC－E 合作关系信息的甄别模型。通过构建两阶段模型分析风险投资家与创业企业家在何种情况下建立合作关系。二是 VC－E 合作关系的效益分析模型。研究 VC 和 E 之间合作关系发生变化而引发的效益变动问题。

（2）深度访谈法

深度访谈法是一种以无结构的、直接的、个人的访问为主要手段来收集数据的调查研究方法。在个人访问过程中，由掌握高级访谈技巧的调查员对调查对象进行一对一、面对面的深入访谈，并仔细记录调查对象回答的内容。深度访谈的核心是"深入"，即调查员与调查对象之间展开细谈，其信息的特点是"个性"。研究者可以根据调查对象的状态灵活选择提问的方式、语气与用词。研究者与调查对象的当面交谈容易形成友好的合作气氛，同时能够将研究目的、研究要求与问题解释得更为清晰，可随时根据现场气氛增添附加问题，因此数据与答案更为精确与深入。深度访谈法的主要缺点是费时、成本高，以致样本数量有限。因而在本研究中，深度访谈法是与问卷调查法相结合共同完成。

本研究中，深度访谈法具有双重作用：一是利用深度访谈形成有价值的概念模型。鉴于现阶段国内外文献对 VC－E 合作治理机制对技术创新绩效的研究还不完善，理论基础以及有影响的研究成果相对欠缺，为了形成合理的研究逻辑体系，本研究借助与科技型创业企业的相关管理人员的深度访谈进行探索性研究；二是借助访谈的内容，辅助相关研究假设的提出。

（3）实证研究

本课题的研究问题特性决定了使用多元线性回归、层级回归模型为适宜的研究工具。工作中涉及大量的调研与实证研究任务，方法包括调研方案设计、问卷设计、数据分析与处理等。实证研究的基本步骤：①借助国内外主流研究结果与本课题理论研究的结果，决定使用多元线性回归探寻影响 VC - E 合作治理机制变动的机理，使用层级回归模型分析 VC - E 合作治理机制、VC 投资后管理与技术创新绩效关系的研究。②在概念模型指导下设计调查问卷，同时提出小样本实验（Pilot study）的调研方案，在已有的研究基础上确定研究的主要变量。③利用小样本的数据分析结果从事探索性研究，将变量进行重新分类与定位，以此结果确定大样本的调研方案。④在大样本数据基础上进行验证分析（Confirmatory Factor Analysis，CFA）。预计本课题的探索性研究阶段的样本至少为 50 份。依据验证分析的要求，大样本调研中的有效样本数量不少于 200 份。

1.3.2 结构安排

本研究共分为八章：

第一章，绪论。本章主要就研究背景提出 VC - E 合作治理机制、VC 投资后管理与技术创新绩效关系研究的必要性，明确提出研究意义、研究目的和内容以及采用的技术路线。

第二章，理论基础与文献综述。介绍了研究 VC - E 合作治理机制、VC 投资后管理与技术创新绩效关系问题依托的理论基础——交易成本理论、资源基础理论、委托—代理理论、社会交换理论；回顾 VC - E 合作关系研究的进展、VC - E 合作关系与技术创新绩效的关系、VC 投资后管理的主要内容、VC 监控行为与技术创新绩效、VC 增值服务与技术创新绩效等方面的研究进展。通过文献梳理，总结出现有研究的重要发现及研究中的不足，指出本研究的必要性，为本研究的后续方向提供理论平台。

第三章 VC－E 合作治理机制影响因素的数理模型分析。本章利用两个数理模型对 VC－E 合作治理机制影响因素进行理论演绎。第一个模型是 VC－E 合作关系信息的甄别模型，以技术能力为视角，利用两状态模型分析 VC－E 合作关系建立的条件。第二个模型是 VC－E 合作关系效益模型，主要分析 VC 与 E 在不同合作关系状态下双方的预期收益如何产生变化。

第四章，VC－E 合作治理机制影响因素的实证研究。本章通过对 VC－E 合作治理机制的各影响因素进行探索性因子分析，提炼 VC－E 合作关系中契约治理和关系治理形成与演变的一般规律。之后，利用大样本问卷调查和多元回归分析，探索并验证了 VC－E 合作治理机制的主要影响因素。

第五章，VC－E 合作治理机制对技术创新绩效的作用——模型构建与假设提出。本章在理论分析的基础上，结合国内外的研究成果，构建 VC－E 合作治理机制、VC 投资后管理与技术创新绩效关系的概念模型，并在 VC－E 合作治理机制与技术创新绩效的关系、VC－E 合作治理机制与 VC 投资后管理的关系、VC 投资后管理与技术创新绩效的关系等三组关系的相关理论支撑下，提出了相应的假设。

第六章，VC－E 合作治理机制对技术创新绩效影响的研究方法。本章首先对问卷设计与数据收集过程做了简单的介绍，然后探讨有关变量的测量题项和相关的研究方法。

第七章，VC－E 合作治理机制对技术创新绩效影响的实证研究。本章利用探索性因子分析、层级回归等相关分析方法，利用通过问卷调查所获得的数据，对所提出的概念模型和研究假设进行实证检验，然后将研究结果与预期假设和已有的研究结论进行了比较分析与讨论。

第八章，结论与展望。本章对研究结果进行总结，分析了本研究的研究创新与管理启示，说明了本研究的不足，并提出后续的研究方向。

1.4 本章小结

本章提出了研究的问题与研究意义，概述了研究目的与主要内容，明确研究方法与技术路线，并对本研究的框架做简要的说明，为下文的进一步研究进行铺垫。

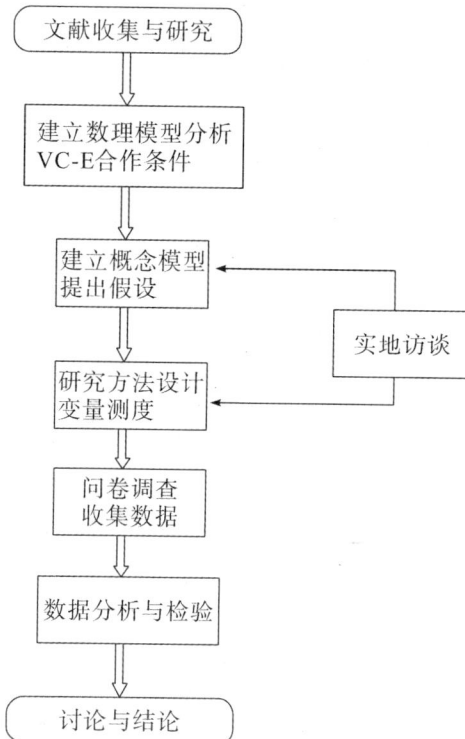

文献收集与研究

建立数理模型分析
VC-E合作条件

建立概念模型
提出假设

实地访谈

研究方法设计
变量测度

问卷调查
收集数据

数据分析与检验

讨论与结论

图 1.2 本研究的技术路线

2

理论基础及文献综述

随着风险投资进入人们的视野，其对科学技术创新的作用不断增强。风险投资家与创业企业家之间的合作关系对风险投资项目的成败起着决定性的作用。自从 Timmons et al. （1986）首次提出风险投资家和创业企业家之间的合作关系比资金更加重要以后，越来越多的学者开始关注这一领域的研究，从不同的研究视角对两者间的合作关系对技术创新影响进行全面、深入的探讨。本章将从 VC - E 合作关系治理的理论基础、VC - E 合作关系与技术创新绩效、VC 投资后管理与技术创新绩效等几个方面对相关的研究进行较为全面的综述，指出本研究的必要性与切入点。

2.1 VC - E 合作关系治理的理论基础

2.1.1 交易成本理论

交易成本理论（Transaction cost economics）相比较古典经济学的优势在于能提供对经济组织，特别是对企业内部进行必要的分析方法。新古典经济学中传统的黑箱分析（Black - box analysis）缺乏对企业内部的研究。交易成本经济学提供的各类可供选择的替代方法可归纳为一个集合体，并冠名为"新制度学派"，它的本质与正统的古典微观经济学的分析方法一致。用威廉姆斯（Williamson，1975）的话说，"新制度经济学家认为，他们正在做的就是对常规分析的补充，而不是对它的取代。"这就意味着，与主流经济学派的方法论具有一致性，交易成本经济学应该是一种能被主流经济学派相容的理论。

交易成本经济学的奠基人是罗纳德·科斯，他在1937年发表的论文《企业的性质》中虽然未提及交易成本这一术语，但是他的著作对后期的研究者起到重要的影响。科斯运用一个貌似简单的问题作为论文的开篇：假如价格机制能够有效地配置资源，为什么在企业的内部尚需组织计划来指导资源的配置？（注：马克思于1867年发表的《资本论》中已经提到这个问题，时间明显早于科斯）为了找寻此问题的答案，科斯对企业出现原因的解释是"创建企业是件有利可图的事情，因为存在着利用价格机制的成本。"造成这种成本的因素有多种：①发现价格需要成本；②谈判与签订契约需要成本。1960年科斯准确地界定交易成本的概念，"为了完成一项市场交易，必须弄清楚谁是某人与之交易者，必须通告人们，某人愿意出售某物，以及愿意在何种条件下进行导致协议的谈判，签订契约并实施为保证契约条款得到遵守所必要的检查，如此等等。"在此交易成本概念的基础上，科斯进一步提出企业存在的原因。他认为价格机制和企业家管理是组织生产的可供替代和选择的方法，"在企业外部，价格变动指导着生产，生产通过市场上一系列的交易而得到调节。在企业内部，这些市场交易消失了，企业家——调节者取代了由交换交易形成的复杂的市场结构，企业家在指导生产。很明显，这些乃是调节生产的可供替代和选择的方法。"（科斯，1937，p388）简而言之，科斯认为，企业出现的原因是通过企业内部管理协调来替代市场协调以节约交易成本，企业是一种靠指导计划来配置资源的契约组织，以一个长期契约代替一系列的市场短期契约，它的显著特征是对价格机制的取代。实质上科斯的企业理论存在明显的缺陷：第一是阿尔奇安和德姆塞茨（1972）所声称，科斯利用市场的相对成本而引发出企业存在的原因，实质上是一种赘述，因为应用管理的相对成本也可推导出市场的存在。第二是费雪（Fischer，1977）发现交易成本观点已经到了滥用的地步，用它似乎可以解释任何问题，这是由于交易成本缺乏一项严密的理论支撑。第三是正如潘罗斯（1980）所指出，科斯将企业的标准理论与企业的经济意义这两个不同的微观经济学观点混淆在一起。企业理论应包含两个方面：一是价格决定和市场理论的重要组成部分，重点是对经济活动的调节；二是揭示企业的性质。科斯的企业理论只关注调节资源配置问题而忽视企业的重要特征——对生产—销售过程的管理。依据傅利耶（Fourie，1989）的观点，市场不能产生生产和销售单位，它只能将它们联系起来。科斯的主要贡献在于解释为什么交易行为会在企业内部产生，但是却没有解释什么样的交易行为会在企业内部产生（Madhok，2002）。科斯之后，企业理论以契约性质的不同逐渐演变为两大流派。一是在企业"完全契约"假设基础上建立的团队生产理论和委托—代理理论。二是企业"不完全契约"假设基础上发展起来的交易成本理论和产权理论。

阿尔奇安和德姆赛茨（1972）在"完全契约"假设前提下提出团队生产理论。他们的观点认为，企业可以看作是一个生产团队，企业具有对生产要素的生产效率与企业规模报酬的统筹能力，不具备优于市场的资源获取能力，但是却具有对企业内部出现机会主义的识别与监管能力。企业被看作是一个"监管机构"，在企业内部，生产由于具有团队的特性，个人的贡献度无法准确度量，为了杜绝团队成员中出现的机会主义，监督者应该被授予剩余索取权。格鲁斯曼和哈特等人（1983）仍然以"完全契约"为假设前提，建立委托—代理理论，明确将企业契约关系的双方主体分为"委托人"和"代理人"。由于信息获取的成本问题，委托人与代理人之间不可避免地存在信息不对称与利益冲突，为了解决双方的利益纠纷，委托人需要设计契约来激励代理人按照自己的意志行事，契约设计的目的不仅要满足代理人的激励与参与约束，而且要满足委托人利益最大化。完全契约理论是将可预见的各种可能事后发生的时间在交易之前尽可能地概括在契约之中，尽量降低委托人利益受损的概率。

　　威廉姆森将经济学分为以新古典经济学为代表的"选择科学"（Science of choice）和以新制度经济学为代表的"契约科学"（Science of contract）。但是需提及的是，在新制度经济学中的契约通常是"不完全契约"（Incomplete Contract）。不完全契约是相对新古典微观经济学、激励理论和边际分析理论中的"完全契约"而言的。威廉姆森的交易成本理论建立的假设前提是"不完全契约"。受赫伯特·西蒙（Herbert Simon，1957，1961）的"受到限制的理性思考"观点的影响，认为当事人具有有限理性。在现实世界中，有限理性的当事人不可能预见未来的各种情况，即使契约中需写入各种可预见的或然事件，也会因为成本太高而无法执行。所以，基于有限理性条件下签订的契约是不完全契约。威廉姆森的交易成本理论的形成源自他的两部著作：一是1975年发表的《市场与管理等级制》，二是1985年发表的《资本主义经济制度》。其理论的核心是将组织看作是一种治理结构，在考察特定交易的微观特征基础上，分析企业边界的划分与治理结构的选择问题。最优的治理结构可以促进交易成本的节约。治理结构的类型包括市场——系列短期契约的集合以及企业内部的科层管理制度，在两种经济制度之间还存在混合型经济制度，在交易成本的影响下，不同性质的交易或契约与不同性质的治理结构相匹配，能最大限度地节约交易成本的治理结构则为最优。依据威廉姆斯的观点，交易成本分为事前交易成本与事后交易成本。遵循埃罗（Arrow. K. J，1969）将交易成本界定为利用经济制度的成本，含义与物理学中的"摩擦"相同。事前交易成本是指起草、谈判、维护一项协议的成本。事后的交易成本是：①当交易偏离原有契约准则而引起的不适应成本；②假如为了纠正事后偏离准则行为当事人双方需付出一定的努力而因此引发的彼此间争执所产生的成本；③建立和运行负责解决纠纷的监管机构所需的成本；④使交易安全且契约保证生效所产生的成本。为什么会产生交易成本呢？威廉姆森（Williamson，1985）认为，有限理性、机会主义与资产专用性是影响交易成本的三个主要因素。机会主义实质上是"狡诈地追求利润的利己主义"，是指信息的不完整或受到歪曲的透露，尤其是指旨在造成信息方面的误导、歪曲、掩盖、搅乱或混淆的蓄意行为。是造成信息不对称的实际条件或人为条件的原因，这种情况使得经济组织的问题变得更为复杂。资产的专用性是指人力资产或实物资产在何种程度上被锁定而投入的一特定贸易关系，即在何种程度上人力资产或实物资产在可供选择的经济活动中具有的价值。资产专用性越高，双边当事人之间的垄断程度越强，对契约执行力度越有影响。尤其在契约执行之前与执行之后，资产专用性对垄断的影响具有典型差别。按照威廉姆森的论点，交易成本存在的前提必须是有限理性、机会主义、资产专用性同时存在，这三个要素不同时存在的话，交易成本就会消失。由于契约具有不完全的特征，再加之有限理性、机会主义、资产专用性，就必须要求第三方（如法庭）来维持契约的关系，这不仅成本巨大而且在现实中无法证实。在此背景下，一种私人秩序或者说治理结构（Governance Structure）就呼之欲出，"注入秩序，转移冲突，实现双方共同利益"。不同性质的交易可以选择不同类型的契约方式，进而选择不同类型的治理结构。最优的治理结构就是能够最大限度地节约事前交易成本与事后交易成本的结构。因此交易成本经济学又被威廉姆森自称为"分离的结构选择分析"（Analysis of discrete structure alternatives）或者称为"比较经济制度分析"。威廉姆森的主要理论贡献在于极大推动了交易成本经济学的发展，在继承科斯的交易成本分析的思想上，对其理论基础进一步精确化与系统化，有效地解决企业的性质以及不同治理结构的选择问题，较好地回答了"购买还是生产"的企业边界划分问题。

以哈特为代表的不完全契约理论称为产权理论，其主要框架的搭建主要归功于格罗斯曼（Grossman，1986）、哈特（Hart，1990）、莫尔（Moore，1995）等人，产权理论对不完全契约的理解是建立在早期的交易成本经济学的基础之上，由哈特、莫尔、西格尔（Segal）等人与马斯金（Maskin）和梯若尔（Tirole）的争辩中逐步完善。在产权理论中，最重要也是其初始研究的问题是企业理论，或者明确地说是企业的一体化问题或者"制造还是购买"（Make－Buy）问题。因为契约是不完全的，若存在关系专用性投资，则必然会引致敲竹杠的行为，所以最佳的做法是当事人一方将契约中难以明确的"剩余价值权利"进行购买，企业的本质就是一组物质资产的集合体，剩余价值控制权就是产权。格罗斯曼和哈特将契约权利分为"具体权利"与"剩余权利"，并指出只有资产所有者才能拥有剩余控制权。GHM模型分析企业一体化的成本与收益，强调在不完全契约的基础上，当事人的事前专用性投资激励条件会因物质资产的剩余控制权或者所有权配置的变化而变化。哈特与霍姆斯特朗进一步拓展了产权理论的研究范围，将视角从资产（Asset）拓展到活动（Activity）。假设企业的活动具有正外部性与负外部性之分，管理者拥有货币利润和私人收益。为了将企业的正外部性内在化，企业之间可以选择合并，但是代价却是管理者丧失部分私人收益。企业的最佳边界应该是两者之间权衡（Trade－off）的结果。相比交易成本理论，产权理论在企业性质问题探讨有所进步的一面在于应用数理模型分析企业一体化的成本与收益，且注重了事前关系专用性投资激励的问题，不足在于忽视事后契约执行的交易费用问题。但是在风险投资领域内，因风险投资家和创业企业家之间的关系更多地倾向于事后交易行为，所以交易成本理论解释双方合作关系的构建与演化的特点更为合理。

2.1.2 资源基础理论

资源基础理论（Resource－based theory）源自 1984 年 Wernerfelt 发表在美国《战略管理杂志》上的名为《企业资源学说》的论文。此文以 Penrose 的《企业成长论》和 Lippman & Rumelt 的《不确定模仿：竞争条件下企业间效率差异》为基础，鲜明地提出企业在制定战略时内部环境的影响力超过企业的外部环境，企业内部资源对利润获取或者长期竞争优势的维持有重要意义，对创造市场优势有决定性作用，企业内部的组织能力、资源和知识的积累是解释企业获取超额收益的主要原因，由此成为 20 世纪 80 年代最有影响力的关于企业资源的论文。之后，以 Wernerfelt 的观点为基础，Rumelt、Lippman、Winter、Barney、Demsetz、Dierickx & Cool、Peteraf、Montgomery、Grant、Teece 等一大批研究人员在此领域得出来的大量学术成果，统一特指为企业资源基础论。

资源基础论认为，企业是资源的集合体，每种资源都有多种用途（Penrose，1959）。Penrose 根据研究的需要，将资源分为人力资源与实物资源两类。Eriksn & Mikkelsen（1996）则将资源按研究目的的不同分为三类：有形资源，如厂房和投资资本；无形资源，如专利和商标；知识资源，如与产品和工艺相关且主要存在个人本身、文件、计算机或类似的存储和交流媒介中。

对于资源与战略关系问题的研究多集中在企业如何获得"竞争优势"，即着重研究如何给企业定位以便企业更好地使用各种投入要素与特殊要素的使用权，以产生"理查德租金"（Richard rent），或通过采取不同于竞争对手的经营战略使企业获得经济利益。Bowman（1974）认为，战略是对租金的持续追求，租金是超过资源所有者机会成本的收益。租金从产生的源泉和可持续性角度来划分可分为四类：第一，因拥有价值稀缺的资源而获得理查德租金，产生的资源包括有价值的土地所有权、区位优势、专利和版权等；第二，因政府保护或在潜在竞争障碍较高时的勾结行为而产生的垄断租金（Monopoly rent）；第三，在不确定的复杂环境下用于承担风险和源于企业家洞察力的企业家租金或熊彼特租金，它是由于知识的扩散而"自破坏"的一种租金；第四，在资源为企业专有时，企业可以获得租金，资源的最佳与次佳利用价值之间的差异构成准租金（Quasi - rent），它产生于实体资本、人力资源和专用资产，又称帕累托租金或者马歇尔租金。产业组织理论的战略观是从企业外部环境和产业结构研究垄断租金的获取和维持（如波特的五种竞争力模型），资源基础理论则是从企业内部的资源条件出发研究理查德租金、熊彼特租金和马歇尔租金的产生与维持。

租金的概念在企业资源论的相关著作中占据着重要的位置。原因是租金在此的定义不同于传统的产业组织理论分析中的利润概念。它包含着战略的思想，隐含着资源稀缺和生产力差异的内容。当然它也不同于结构—行为—绩效理论中的垄断利润。结构—行为—绩效理论假定产业中存在相同的技术，其得到的唯一逻辑性结论是：串谋或者有效定位可产生较高的利润，企业的位势受到市场进入壁垒的保护。而企业资源论则假设资源是异质且不可转移的，据此得出结论：企业的最佳绩效来源于资源的配置、开发和保护。正如 Teece，Pisano & Shuen（1990）所说："资源基础分析之所以把拥有优势才能的企业看作是获取高额利润的组织结构，不是因为企业相对长期成本提高了价格，而是在于企业具有较低的市场成本，或者向市场提供了高质量的产品或效用。"

什么资源能产生长期租金？Peteraf（1993）在《竞争优势的基础》中提到，能获取持续竞争优势的资源应符合四项标准：①异质性（Heterogeneity）。资源异质性导致效率差异就可产生租金。②竞争的事前限制（Ex ante limits to competition）。为获得租金，资源必须以低于其净现值的价格获取，否则未来的租金会被资源的收购价格抵消。③竞争的售后限制（Ex post limits to competition）。产生租金的资源必须为竞争对手难以模仿而且难以替代。④不完全流动性（Imperfect mobility）。资源对于企业而言具有相对的专用性，否则资源所有者将在与企业讨价还价中夺取大部分租金。

如何界定企业的资源？Welnerfelt（1984）指出，资源是任何能被企业认为是优势或者弱势的事物。Barney（1991）将资源界定为"任何能使企业构想和实施提高其效率和收益的战略性事物"。Sanches，Heene & Thomas（1996）则认为，资源是对于市场机会和市场威胁进行识别和作出适当性反应的有用资产。伊丹敬之（1984）提出无形资源的概念并将其界定为"以信息为基础的资源或者动态资源的组合"。在此基础上，Hall（1991，1992）完善了无形资源的内涵，认为无形资源应与功能、文化、地位与规则的能力相联系，将企业的无形资源与能力充分结合起来。

资源学派研究的另一个内容是企业多元化与资源相关性的问题。Teece（1980）指出，企业多元化是更好地利用过剩且能产生租金的资源的方法，尤其对于知识性资源，选择多元化是企业经营的最佳途径。企业在日常运作中逐渐积累了过剩的资源。经营任务的常规化释放了大量的人力资源，使其处于过剩状态。对于物质资源来说，其非分割性特征决定现有用途尚未被完全利用。这些过剩的资源由于交易成本的存在阻碍了资源的市场交易行为的连续，所以只有企业的多元化才能充分利用过剩的资源。Montgomery & Bernerfelt（1988）实证研究得出的结果是：企业获取的平均租金随着企业的多元化程度的提高而逐渐递减。而 Constantino，Markide and Peter. Williamson（1994）则认为企业的多元化有助于产生新的资源。风险投资家和创业企业家分别专长于不同的知识领域。风险投资家的专用知识主要集中在创建个人网络资源、企业经营管理经验、财务运作规律等领域。而创业企业家的专用知识表现在技术开发、挖掘市场机会等方面（Cable & Shane，1997）。正是知识的专用性导致双方的资源禀赋存在差异（李昌奕，2005）。这需要创业企业家和风险投资家在一定程度上实现合作，进行互补资源的融合，以提升双方的竞争实力。VC－E 合作的行为表现是 VC 投资后管理，通过风险投资家的有效介入，推动双方资源的融合，提升企业的创新能力。作为 VC－E 合作的具体行为，VC 投资后管理是创业企业成功的必要条件（Cable & Shane，1997）。一方面，风险投资家利用自身的专有知识帮助创业企业获取成长中所需的资源，另一方面，风险投资家为了实现高资本增值收益，保证创业企业增值活动的顺利进行，也愿意通过投资后管理拓展创业企业外源资源的获取网络，以此扶持创业企业建立和发展以提升创新能力为目标的优势资源。

2.1.3 委托—代理理论

委托—代理理论（Principle - agency theory）在过去三十多年里，作为契约理论的基础得到快速的发展。其理论核心在于研究在利益冲突和信息不对称的条件下，委托人如何设计最优契约来激励代理人行为（Sappington，1991）。委托—代理理论遵循的是以"经济人"为首要假设条件的新古典经济学研究范式，主要的假设条件有：①委托人和代理人存在利益冲突。作为"经济人"的委托人和代理人，行为目标均是实现自身效用的最大化。代理人为了得到更多的收益，其前提是更多的努力和付出。委托人重结果，而代理人则更为关心付出努力的程度。委托人的收益与代理人的成本呈正相关（付出的努力），而代理人的收益则是委托人成本的主要构成（支付的报酬）。因此，委托人和代理人之间存在利益目标的冲突。正是由于存在利益目标的冲突，代理人存在使用委托人委托的资源决策权谋取私利的倾向，即产生代理问题。由此，委托人和代理人之间需要建立正式控制机制（契约）来协调双方冲突的利益目标。②委托人和代理人存在信息不对称问题。在委托代理背景下，委托人无法直接观察到代理人的努力程度，第三方亦无法取证或证实代理人工作是否努力，只有代理人自身清楚付出的努力水平。由于委托代理理论将代理结果与代理人努力程度紧密相关，若委托人无法清晰掌握代理人的努力水平，代理人便可利用自身的信息优势谋取私利，从而产生代理问题。代理人努力程度的不可观察性或不可证实性意味着契约条款无法对代理人行为进行明确限定，即便包含这一要素，出现违约之后，因缺乏可证实条件的支撑，第三方很难执行制裁权力。由此，委托人必须尽可能地设计功能齐全的契约控制机制，诱使代理人自愿选择符合委托人利益的最优努力水平。由上述假设可知，一旦委托人与代理人存在利益冲突且信息不对称时，代理人会具有"道德风险"倾向，为追求自身利益最大化，而利用信息优势损害委托人的利益，产生实质性代理问题。鉴于信息不对称和委托人与代理人利益冲突的普遍性，代理人的道德风险和代理问题屡屡不止，委托—代理理论颇受学者们的关注。

委托—代理理论的主要内容分为道德风险理论和逆向选择理论。20 世纪 80 年代以来，道德风险理论在代理人的多阶段博弈的道德风险模型、委托人的道德风险和多代理人模型、多项任务委托—代理模型、多个委托人模型和最优委托权安排模型等方面取得了重要发展。应当指出的是，代理人的道德风险问题尽管是委托代理理论的主题，但是委托人的道德风险也不容忽视，即"根据合同，当观测到的产出效益高时，委托人应该支付给代理人相匹配的报酬，但委托人可能谎称产出不高而逃避履约责任，从而把本该支付给代理人的收入占为己有。"（张维迎，1996）如果代理人预测到委托人的道德风险，也就不会努力工作。为了解决双重道德风险问题，马尔科森（1984）和罗森（1986）通过构建模型提出了基于序数的激励合同。逆向选择是指由于信息不对称问题的存在造成市场"柠檬效应"。具体为，委托人不知道代理人的真实能力，只能依据市场上代理人的平均能力水平提供报酬，而高水平的代理人预见此情形会退出市场，委托人预见高水平代理人退出市场就会进一步降低平均工资，导致更多的代理人退出市场，如此循环以致市场最终崩溃。以信息经济学为基础的信号传递模型（Signaling model）及信息甄别模型（Screening model）是分析逆向选择问题的两类主要模型，它为解决投资过程中的逆向选择问题提供了理论指导和技术支持。

委托—代理理论目前存在多种研究方向，如双边委托—代理理论、多代理人理论、多任务代理理论、共同代理理论等。

这些理论尽管研究内容不同，但均遵循同一研究范式：委托人以实现自身效用最大化为目标，将拥有资源的部分决策权授予代理人，以要求代理人提供符合委托人利益目标的行为或服务。代理人追求自身效用最大化的目标，在利益冲突和信息不对称的催化作用下通常在行使委托人授予的资源决策权过程中会因受外界诱惑谋取私利而损害委托人利益，由此产生代理问题。为了防范代理问题，委托人必须建立一套有效的正式控制机制约束、规范、激励代理人的行为。正式控制机制的基本路径为：委托人设计契约—代理人依据具体条件接受或拒绝契约—代理人实现努力—随机状态下代理结果—委托人根据代理结果进行支付。

契约作为防范和化解代理问题的正式控制手段，在设计过程中需满足下列条件：第一，代理人总是选择使自己的期望效用最大化的行为，任何委托人希望代理人采取的行动都只能通过代理人的效用最大化行为实现，这就是激励相容约束原则。第二，代理人从接受得到的期望效用不能小于不接受契约时得到的最大期望效用（即保留效用），这是参与约束原则。第三，按照这一契约，委托人在付给了代理人的报酬后所获得的效用最大化，采用的任何契约都不会使委托人的效用得以增加。

20 世纪 70 年代以后，委托—代理理论由企业两权分离的现象研究转向所有者如何约束和激励企业经营者，借助信息经济学的研究成果，一些学者在不对称信息和不确定环境下对企业经营者代理行为进行研究。Williamson（1969）、Spence（1971）、Ross（1973）、Mirrlees（1974）、Holmstrom（1979）、Grossman & Hart（1983）等人关于委托—代理理论的观点为企业经营者代理行为的研究提供了重要的理论研究工具。典型的委托代理模型为：风险厌恶的代理人选择一个隐蔽或不可观测的努力水平 $C(e)$，经营产出为 $O(e)$，并获得薪酬 $S(e)$，代理人的效用为 S（e）－C（e），委托人的效用是 O（e）－S（e）。依据最优契约的条件，委托人在实现效用最大化时需满足两个限制条件：一是激励相容约束条件（Incentive compatibility constrain），即代理人选择的最优努力水平应该使自身效用即 S（e）－C（e）最大化；另一个是参与约束条件（Participation constrain），即代理人所获得的期望效用必须大于代理人的保留效用或者其机会成本。通常在处理代理问题的模型时，首先考虑的是信息对称的情况，然后再进一步考察信息不对称的情况。信息对称是指代理人的行为可以观察，委托人可以直接通过观察代理人的行为分别给予奖励或惩罚。换而言之，在信息对称条件下，委托人可设计强制契约（Forcing contract），此种契约不需要遵循激励相容约束，代理人根据契约选择最优努力水平后，依据代理结果支付代理人最优努力水平的报酬。在信息不对称的条件下，因为代理人的努力程度无法观察且无法证实，则在契约设计时，需遵循激励相容原则，诱使代理人选择最优的努力水平。代理人在自利心态下往往追求自身效用最大化，无论委托人如何使用契约激励条款诱使代理人，代理人总会选择满足自身效用最大化的经济行为，因此强制契约在信息不对称的条件下失效。委托人只能在遵循代理人参与约束和激励相容约束条件下，才能制定出最优契约诱使代理人选择其期望的行为。

现有研究结果显示，分析代理问题时构建的模型主要分为三类：一是状态空间模型化方法（State space formulation），最早使用者是 Spence & Zeckauser（1971）和 Rose（1973），该模型的优势在于将每一种技术关系直观表现出来。二是分布函数的参数化方法（Parameterized distribution formulation），提出者为 Wirrlees（1974，1976）和 Homlstrom（1979）。该方法是将状态空间模型化方法中的自然状态（外生变量）的分布函数转换为产出的分布函数，与状态空间模型化方法的效用函数是对自然状态取期望值的方法不同，该模型是对产出取期望值。三是一般化分布方法（General distribution formulation），提出者为 Gjesdal（1982）。他认为代理人在不同行为之间进行选择等于是在不同的分布函数之间进行选择，于是他将分布函数当作选择的变量，将委托代理模型进行了简化，得到更具有普遍意义的一般化模型（Daniel，S. & Mark，W.，2003）。

风险投资运作过程中，VC 和 E 不仅面临着双重道德风险问题，而且面临着创业企业存在的不确定性引发的市场风险。国内学者张卫国（2005）的研究表明，风险投资过程中双重道德风险可能的表现形式为：投资方的投入不足；投资方为了窃取企业家的技术或商业机密而进行风险投资；投资方同时投资于企业的竞争者并给予其更多的帮助；投资方以是否继续投资为威胁条件要求提高利润的分配比例；企业家的努力不足；企业家将资金投向风险过高的投资策略；企业家会继续投资于无效但有私人收益的策略；企业家为了获取资金而进行的"粉饰"（Window dressing）等。郭建鸾（2004）的研究结论显示，创业企业的不确定性主要来自以下几个方面：①技术方面，企业处在技术创新前沿，缺乏成熟技术和产品的支撑，其创新前景存在较大的不确定性；②市场方面，一种新产品从研制、开发到试生产、规模化生产，周期比较长，期间面临的市场需求也存在较大的不确定性；③管理决策方面，高新技术项目的复杂性和不确定性，给企业的决策带来极大的不稳定因素，这增强了其技术的风险特征，强化了收益的不确定性。为了缓解和防范风险投资领域内的代理风险即道德风险和逆向选择问题，弱化企业创新的不确定性，投资前，风险投资家必须对项目进行严格筛选，实行尽职调查；投资后，对企业实行监控（马乐声，汪波，陈德棉，2006）。为了解决风险投资家与创业企业家之间的代理风险问题，学者们的建议是，在投资后，对创业企业的经营管理过程实行严格的监控。如 Kaplan & Stromberg（2003）提出了三种方法来化解风险投资中的道德风险问题：①制定严格的契约约束风险投资家和创业企业家的交易行为。在 VC - E 之间实行现金流权和控制权的分配，从而激励创业企业家为投资项目的成功而努力工作。②风险投资家需在投资之间进行尽职调查，以此事先筛选出风险高、效益差的投资项目。③风险投资家在投资后对创业企业的经营管理进行监督和控制。由此可知，VC 投资后管理能够帮助创业企业家获取企业的相关信息，改善两者之间信息不对称的状况，降低道德风险和逆向选择的程度。

2.1.4 社会交换理论

社会交换理论（Social exchange theory）兴起于 20 世纪 50 年代，哈佛大学的 Homans（1958）及哥伦比亚大学的 Blau（1964）是其理论的创始者。交换理论是以人类学、经济学及行为心理学为理论基础，来诠释人际之间社会互动的理论。其理论认为个人在人际互动中会衡量互动时所需付出的代价及可能产生的后果，从中理性地选择对自己最有利的事物。理论中心议题是人，它研究人与人之间的社会交换关系，其中报酬与互惠概念是交换理论的基石。正如 Homans（1961）在《交换的社会行为》中提到，人际关系的互动行为是一种过程。在这个过程中双方皆参与并交换有价值的资源。人们只有在觉得交换关系具有吸引力时，才会继续保持与对方互动。另外，Blau（1964）指出，社会互动首先在社会团体中存在。人们被某种社会团体吸引的原因是可从此团体中获取更多的报酬，同时希望参与此社会团体。为了能够顺利被此团体接纳，他们必须向团体成员提供报酬。由此可知，人们基于种种原因相互形成了互动关系。一旦关系联结形成，各自会提供情感、尊敬、爱等内隐性（Intrinsic）报酬，以及金钱、体力劳动等外显性（Extrinsic）报酬，用以强化维持和关系联结。

对于人与人之间形成互动的原因问题的解释，学者提出了互利规范的概念，即人们彼此相互帮助时，会期待对方在未来有所回报。这种回报的期待心理可能来自两个方面：一是主动提出援助，期待对方在未来加以实现；二是针对对方提供的协助而采取相匹配的行为或物件进行回应。Blau（1964）提出社会交换理论以后，很多学者采用此理论观点用以分析组织中工作态度与工作行为等研究主题。就理论本身来讲，Blau 建议，组织中的任何交换关系可以区分成两种交易形态，即经济交易关系（Economic exchange relationship）与社会交易关系（Social exchange relationship）。在经济交易关系范畴中，人们交易形态集中在眼前利益的衡量，因此交易关系是否成立，关键在于交易双方对于对方所付出的交易标的物是否具有价值而定。付出与所得的评量比率，便成为交易决策的基础。而在社会交易关系中，人与人之间交易关系的成立，已经跳脱出经济评量的准则。促进交易关系演变的核心在于彼此互动关系的品质，双方互动关系品质愈好，交易决策中眼前经济利益的权重系数越低，取而代之的是对交易利益所得的预期。在社会交易关系中，主导交易成立的逻辑在于互惠性（Reciprocation）准则。Gouldner（1960）的回报规范主要指出，人们应该会去帮助那些曾经帮助过他的人，或是人们不会去伤害那些曾经帮助过他们的人。相较于西方社会，所谓"互惠性"的观念早已根植于华人社会。在华人社会里传统的人情关系占据主导，帮助与被帮助之间有着微妙的回报关系。助人者必须不求回报以表圣人之心，但是受惠者却必须在受到恩惠后未来的某一时候予以回报。Blau（1964）所提出的社会交换理论中，信任（Trust）与关系（Relationship）是两种很重要的概念。由于在交换过程中，有时无法保证对某种恩惠作出适当的回报，所以个体通常培养一种与别人的友好关系，使对方更有理由相信，他不会逃避在其关系中的义务。因此信任对于稳定的社会关系非常重要，而关系形态正是信任的重要表征。对于社会交换理论中信任的作用，Aulakh et al.（1996）提出，信任在组织间关系中可以承担三种功能：一是信任可以避免投机行为；二是信任可以取代科层式治理；三是信任可以产生竞争优势。Gulati（1995）亦指出，企业的历史合作经验产生了组织间的信任，组织间相互熟悉会抵消交易对手可能的投机行为。Rousseau et al.（1998）研究结果显示，组织间信任非常重要。信任能使合作行为成为可能；信任促进组织形态的变更，如网络关系的发展；信任降低组织间伤害性的冲突、降低交易成本、容易构成临时的工作小组等。

社会交换理论的核心是将人与人之间的社会互动视为一种理性的、会计算得失的资源交换行为，公平分配、互惠性、承诺是该理论的主要规范及法则。依据 Blau（1964）、Bock & Kim（2002）、Griffith et al.（2006）所诠释的社会交换理论的内涵，其主要构面包括信任、互惠、权利、承诺、社会分化、理性求利、相互依赖及共同价值。近年来运用社会交换理论研究 VC - E 合作关系的学者（Bottazzi et al. 2006；Berggren & Jordahl，2006；Guiso et al. 2008），大多偏重信任与互惠等作为 VC - E 关系的核心构面。

2.2　VC - E 合作关系问题研究

风险投资是一个跨越众多学科领域的复杂融资行为，不同学科均从特定的研究视角，运用相关的概念和术语对风险投资的运行特征进行考察和分析。对于风险投资家和创业企业家之间合作关系在风险投资领域内的影响作用，不同理论依据不同的观察路径，给出了不同的解释，因而衍生出不同的研究方向。目前已有的关于 VC－E 合作关系的研究主要采取两种途径。第一种研究是将风险投资视为单纯经济交易行为，着重风险防范和监控行为为核心的正式控制机制研究。委托—代理理论（Jensen & Meckling，1976）聚焦于解释源自经济交易行为引发的代理风险和来自代理者的逆向选择与非正当交易。以风险投资为具体的研究情境，基于委托—代理理论的学者重点强调风险投资家如何评估和筛选投资项目，如何运用正式控制机制管理与创业企业家的合作关系。与委托代理理论相反，交易成本理论（Williamson，1991）认为，市场交易者应该基于最小化交易成本的思想来进行经济行为决策。因此，风险投资家和创业企业家最为关注的问题是，在合作中如何实现交易成本最小化。然而，不论是风险投资家或是创业企业家都拥有对方缺乏的专有性资产，以至双方形成"套牢"的关系，这样的情况对交易成本最小化极为不利。为此，交易成本理论或是委托—代理理论都不能合理地解释 VC－E 的合作关系与非科层控制性。另外，这两种理论对于下列两个问题也都无法给出合理的诠释，即不确定性如何影响 VC 或 E 预测交易成本结果的能力以及 VC－E 关系如何演化为基于"关系自我执行机制"的高效管理行为（Williamson，1991）。

　　第二种研究途径是将风险投资行为看作是一种组织间关系，考察 VC－E 关系立足于合作意图而非是机会主义倾向（Cable & Shane，1997）。最新研究结果显示，VC－E 关系依赖于互惠行为而非正式控制机制（Sapienza & Korsgaard，1996；De Clercq & Sapienza，2001；Busenitz，Fiet and Moesel，2004；Weber & Gobel，2005；De Clercq & Sapienza，2006）。风险投资家与创业企业家之间的关系租的形成以及如何受到社会控制机制（Social control mechanisms）如信任的影响的问题成为现在关注的重心（De Clercq & Sapienza，2001；De Clercq & Sapienza，2005）。尽管这些研究强调风险投资家和创业企业家之间的社会交换和相互依赖，但是它们依然未能解释正式控制机制和社会控制机制对于 VC－E 合作关系的作用机理。下面简要叙述现有 VC－E 合作关系问题的主要研究成果。

2.2.1 基于传统委托—代理理论研究 VC－E 合作关系的局限

VC－E 合作关系问题，国外早期的大部分文献和国内现有的绝大部分文献都是以委托—代理理论作为研究基础。学者们通常将风险投资机构或风险投资机构的"边界人"——风险投资家视为委托人，其目标在于获取投资收益回报的最大化；将接受风险投资资助的创业企业或创业企业的"边界人"——创业企业家看作是代理人，其目标在于追求个人货币收益和非货币收益的最大化。因此委托人与代理人之间本能存在利益目标的冲突。由于两者之间存在信息不对称问题，致使利益目标冲突演变得更为激烈。Sapienza et al.（1996）认为，创业企业家通过隐瞒企业的相关信息，影响了风险投资家对企业发展状况的真实评估，进而影响其下一轮次的投资决策。正是信息不对称问题的存在，激发了创业企业家产生侵占风险投资家利益的动机和行为。如创业企业家与风险投资家当初的承诺遇到执行困难时，出于谋取私利的目的，创业企业家可能将风险投资家的资金挪为他用（Cable et al.，1997）。创业企业家机会主义行为引发的代理风险是基于谋取私利的意图违背双方签订的契约条款所导致的不确定性（Fiet，1995）。从这个概念可以看出，VC 和 E 维持合作关系的机制依赖于契约。委托—代理理论的核心在于探讨如何防范道德风险（Moral hazard）和逆向选择（Adverse selection）（Amit et al.，1990a）。道德风险是指参与契约的一方所面临的对方可能改变行为而损害到本方利益的风险。逆向选择是指由于交易双方信息不对称和市场价格下降产生的劣质品驱逐优质品，进而出现市场交易平均质量下降的现象。在金融市场上表现为，市场中那些最有可能造成不利结果的融资者，往往是那些寻求资金最为积极而且最可能得到资金的人。对于这两类风险的防范和化解，委托—代理理论给予的答案是风险投资家应采用正式的制度安排即契约以主的监控手段来解决代理问题（Gompers P.，Lerner J.，1999；Amit R. et al.，1990；Sahlman，W.，1990；Gorman M.，Sahlman W.，1989）。

委托—代理理论以创业企业家即代理人的机会主义行为作为潜在的假设，将 VC 与 E 看作是单纯的非对等的委托—代理关系，这与现实世界不相符合。在风险投资实际运作过程中，风险投资家和创业企业家各自拥有对方不具备的专有知识、信息优势以及独特的网络资源。双方都有意图和动机实行机会主义。创业企业家出于自身的利益严守技术细节，过分夸大企业业绩或弱化不利信息，或者将资金转向到自己感兴趣的活动领域。而风险投资家过分关注短期利润而不是扶持企业的长期发展，在企业经营绩效恶化时迫使创业企业放弃长期发展而追逐短期收益。或者面对众多的投资项目，风险投资家可能不会对特定的创业企业提供足够的时间和专有知识帮助企业发展。正如 Wright 和 Robbie（1998）的研究指出，风险投资家和创业企业家的机会主义倾向是均等的，双方都拥有信息优势和机会使对方承受代理风险。为此，Sapienza（1998）提出，无论是将创业企业家还是风险投资家的机会主义行为作为潜在的假设前提，这都是不合理的。Wijbenga et al.（2007）经验研究证明，仅仅依据委托—代理理论形成的 VC 和 E 治理行为以及这些治理行为对创业企业增值的假设未得到很好的支持。

因此，基于委托—代理理论，风险投资家使用正式契约来约束创业企业家的行为，并以契约强迫创业企业家与之进行合作，仅仅是一种单向的合作意愿。Cable 和 Shane（1997）对于用委托—代理理论来解释 VC‐E 的关系提出质疑，并指出风险投资家和创业企业家之间的关系并非是一种不对等的关系，可以沿用传统的委托—代理理论，即委托人可凭借契约来控制代理人。VC 和 E 均具有机会主义倾向即风险投资领域实质存在着双重道德风险问题，仅采用单边委托代理理论来研究风险投资家和创业企业家之间的关系是不够的，单纯强调契约对创业企业家行为的约束功能也是不合理的。委托—代理理论尽管较好地解释了风险投资家对创业企业家的监管和控制行为，但是并没有充分考虑到创业企业家的合作动机和信心。如果风险投资家选择了背叛策略侵害了创业企业家的利益，那么创业企业家又该如何保持合作信心呢？显然，委托—代理理论无法对此进行合理解释。简言之，委托—代理理论刻画的是一种单向控制关系，它仅仅关注风险投资家如何防范创业企业家的机会主义行为，却忽略了创业企业家对风险投资家机会主义倾向的担心。

2.2.2 基于组织间关系的 VC‐E 合作关系的多元化研究

（1）囚徒困境模型（Prisoner dilemma modeling）视角的研究

囚徒困境模型在经济学、社会学和心理学研究中是广泛应用的一种模型。作为博弈论中非零和博弈的典型代表，它说明了两个或两个以上相互依赖的个体之间的博弈关系。其本质是：即使合作可能带来更优的整体利益，但是单独个体仍是从竞争性、狭隘的自我利益出发来进行决策。囚徒困境理论强调了个体理性和集体理性的冲突。在相互信息欠缺的条件下，个体将背叛视为最优，而对于集体而言，合作是最优行为。但是，现实中的博弈并非是单次的，而是多次重复，个体前一轮合作或者背叛的决策对个体的下一轮决策产生影响，每个参与博弈的个体可通过上一轮对方的决策信息来掌控下一轮博弈中的核心因素，以此实现集体的共同理性。

Cable 和 Shane（1997）首次应用囚徒困境模型分析了风险投资家和创业企业家之间合作关系形成的条件。双方要形成合作关系必须依从下列条件：①合作可能性取决于 VC 和 E 达成协议的时间压力，且两者呈正相关。时间压力是指不断增加的时间成本和截止日期的逼近。对于创业企业家来说，时间压力表现为现金断流、机会的时效性、对被竞争对手模仿的担忧。对风险投资家来说，时间压力表现为资本的时间价值、对良好投资机会流失的担忧。②合作可能性与双方权利均等成正相关。权利源自过去的良好业绩、拥有对方互补资源等。③双方在人口统计特征的相似度与合作可能呈正相关。人口统计特征包括心理特征、社会经历、教育程度和年龄等。Cable 和 Shane（1997）研究还表明，VC 和 E 选择合作可获得投资收益，合作策略是实现投资成功的必要条件。同时，由于风险投资家和创业企业家之间的社会关系是一个长期发展的问题，所以两者之间的关系具有动态性。

囚徒困境模型潜在的假设是交易个体基于竞争、狭隘的自利目的进行行为决策，即使合作可以实现更高的整体效益。单独交易个体在囚徒困境模型中收益结构包括：①背叛带来的额外收益的诱惑；②共同合作的奖励；③共同背叛所得惩罚；④被对方背叛所获的受骗支付。该收益结构内容显示，交易个体在无法确知对手任何决策信息的条件下，选择背叛是其最佳的行为选择，即使合作会使整体效用最大化（Komorita et al.，1991）。从这个角度来说，囚徒困境模型解决了委托—代理问题无法解释的存在于风险投资家和创业企业家之间的不确定性、目标冲突的问题,对委托—代理理论提供了有益的补充。上文述及的 Cable 和 Shane 的研究利用的是静态囚徒困境模型解释风险投资家与创业企业家建立合作关系的可能性,并指出由于两者之间存在社会关系的发展,所以风险投资家和创业企业家之间的关系具有动态变化的特征,这为后来的学者将 VC - E 关系视为动态性提供了很好的佐证(Sapienza,1989)。

但是 Cable 和 Shane(1997)并没有详细解释合作缘由,只是利用囚徒困境模型解释了合作发生的可能性条件。他们的贡献在于初步对囚徒困境模型进行拓展,却未提出具体的理论来解释合作形成的原因。因此,学术界需要从发展合作行为的社会关系视角来考虑 VC 和 E 的合作关系问题。正如 Sweeting(1991)所提及的,风险投资家正在努力寻找能与他们友好相处且相互信任的创业企业团队成员,在双方发生交易行为之前,这种相互理解与信任引发的收益是非常明显的。为此,Sapienza 和 Korsgard(1996)沿着社会关系方向应用社会公平理论来进一步探讨风险投资家和创业企业家之间关系的问题。

(2)社会公平理论(Social justice theory)视角的研究

Sapienza 和 Korsgaard(1996)首次强调,如何促使风险投资家信任创业企业家,是研究风险投资家与创业企业家关系中的重要问题。为此,他们提出了社会公平理论(Social justice theory)。其核心在于,无论决策导致什么样的结果,只要个体认为决策过程是公平与公正的,那么交易个体双方就会倾向采取合作行动(张岚等,2003)。对决策过程是否公正的感知受对方及时反馈和自身对决策的影响力的牵制(Clercq & Sapienza,2001)。Sapienza 和 Korsgaard(1996)应用社会公平理论分析信任机制建立的途径。即只要创业企业家在投资项目运作过程中使用的程序是公正的,充分考虑了投资人的利益,就会促使创业企业家和风险投资家之间建立信任关系。其具体的研究方法主要是考察风险投资家对双方共同参与的经营行为如共享信息的时效性、风险投资家在创业企业经营决策中的影响程度的主观感受,借此检验双方信任机制建立的渠道。他们的理论贡献在于正式将信任引入了 VC－E 合作关系的研究领域。在此之前,信任是一个委托—代理理论严重忽视的概念,众多的经济学家根本不考虑它在交易行为中的作用,甚至 Williamson(1975)在其交易成本理论中只字未提信任的作用。

信任作为一个重要的变量进入 VC－E 关系的研究领域引发了系列问题,如:正式控制能完全解释合作关系中的合作信心问题吗? 还有什么因素会影响 VC－E 的关系? 等等。为此,Cable 和 Shane(1997)的观点是:当双方缺乏信任感时,正式控制机制(如对背叛的惩罚)可提高双方合作的可能性。尽管当时认可度较高的委托代理理论和囚徒困境模型鲜有提及"信任",但是现实中风险投资家和创业企业家均认为信任是影响双方合作关系的重要因素。对于信任在未来研究中引起的重视程度,完全超出了 Sapienza 和 Korsgaard 的想象。在他们的研究中,信任的重要性不是他们的初始研究意图,而是将信任作为假设前提条件,研究 VC－E 之间信息的时效性与 VC 对企业决策方向影响程度之间的关系,而不是研究信任与合作行为的关系。

即便如此,信任变量的出现,对当前正式控制机制在 VC－E 合作研究中占据的主导地位依然引起了不小的反响。由此可见,社会公平理论不仅解释了风险投资家和创业企业家之间的关系,还为未来的研究引入了一个重要的变量——信任,为该领域开展更加细致、完善的研究提供了一条新思路。至此之后,越来越多的风险投资研究者开始关注被委托—代理理论和囚徒困境模型所忽略的"信任"。

（3）组织间学习理论（Interorganizational learning）视角的研究

组织学习是企业构建自身能力体系的重要手段之一。组织通过与其他组织建立协作与交易关系以期方便地熟悉对方的知识结构与能力体系，并将对方的知识与自身的知识存量交叉、融合以产生新知识，进而提高企业的能力。组织间学习理论（Interorganizational learning）认为，企业之间在相互学习过程中，会发生彼此知识存量的碰撞。当学习的新知识与已有知识存量密切相关时，学习的效果最好（Bower 和 Hilgard，1981）。在风险投资领域，风险投资家和创业企业家各自均拥有专有知识和一般知识。一般知识是对特定行业竞争力或是对特定技术取得成功的基本条件所形成的共识。专有知识是风险投资家和创业企业家依据自身的技术和行业经验累积而成的专门化知识，具有强烈的个体依附性，如：创业企业家对特定高新技术的深入了解、风险投资家丰富的经营管理和投资运营的经验等。依据组织学习理论，风险投资家和创业企业家自身的知识存量与对方专有知识具有紧密的联系，这为双方的学习提供了极大的可能。创业企业家对新技术开发的市场机会的敏感性、对有形资源与无形资源结合的能力，都将使风险投资家受益；而风险投资家擅长建立网络关系、降低资金的获取成本和科学评估企业价值等方面的经验，也可使创业企业家受益非凡（张岚等，2003）。

从风险投资家和创业企业家彼此相互学习的角度，Busenitz et al.（2004）研究了 VC 向 E 提供的战略性信息与创业企业风险缓解的正向关系，但其实证研究结果表明，上述关系在统计意义上并不显著。De Clercq & Sapienza（2001）研究了风险投资家从创业企业中学习到所需知识的条件，同时验证了 VC 先前的投资经历、VC 和 E 的知识重叠程度、VC 对 E 的信任、创业企业的经营绩效对组织间学习的影响。Henrik et al.

（2007）构建了一个关于创业企业家学习的动态模型，解释了风险投资家在创业企业家学习过程中所起的作用，进而对创业企业经营绩效的影响效应。作者提出两种通用的学习模式，分别将其命名为假设检验模式和诠释模式，均被证明为与学习过程密切相关。模型构造中将创业企业家学习内容和学习过程划分为四类，即实验、评价、鲁莽行为、未经证实的假设，并利用这些类别考察风险投资家如何利用自身专业知识以不同的形式帮助企业提升价值的问题。

（4）社会网络理论（Social network theory）视角的研究

网络组织是一种以企业间协调的方式来组织交易和生产活动（杨瑞龙，2003），它既不同于市场也不同于企业科层的新中间组织形式。20 世纪 70 年代随着网络组织的快速发展，促使了网络治理理论的产生和发展。网络治理作为一个组织演化的产物，是在经济全球化、网络经济兴起、以知识经济为代表的新经济力量崛起的背景下，依托网络技术、现代信息技术和制造技术而形成的新治理模式。因为网络组织具有明显的社会性，所以以网络组织为治理对象的网络治理明显不同于传统的科层治理与市场治理模式。Larson（1992）将风险投资家与创业企业家之间的关系视为一种网络关系，认为两者之间的合作关系与网络关系的管理密切相关。同时指出，较稳定、持久的创业企业家与风险投资家的关系都以较多的合作和多样化交易为特征，其基础是相互合作和互惠，而不是机会主义。这与 Powell（1990）提出的社会网络观点极为一致。Powell 认为人际关系、声誉和信任是解释网络交易结构持久性和稳定性的重要因素，不同于科斯提出的以价格作为控制机制的市场治理或以行政命令为控制机制的科层治理，网络治理的手段依赖合作、沟通、信任、和互惠。

Florida & Kenney（1988）刻画了以风险投资机构为核心的四层网络关系：第一层网络由提供资金的各类投资者（包

括养老基金的有限合伙人和风险投资基金的一般合伙人）以及其他与风险投资机构有往来的投资者；第二层网络由寻求投资机会的潜在客户所构成，如已经成功的创业企业家、部分风险投资家、律师、会计师、研究结构、高等院校等；第三层网络由提供特定行业服务如律师事务所、会计师事务所、市场研究公司、咨询公司等中介机构所组成；第四层网络由能为创业企业提供管理、技术等人力资源服务的专业人士构成如过去的投资对象、猎头公司和值得信赖的同事等。Sapienza（2000）在此基础上还提出了第五层网络，主要由提供各种金融服务的专业人士所构成，如证券包销商、律师、资本市场专家、银行家及意欲购买企业的企业家等。对于风险投资家和创业企业家在网络中承担的作用，Fried & Hisrich（1995）指出，创业企业家所期待的风险投资家在网络中的作用主要是为其带来非货币性资源，包括金融团体网络、商业建议和精神支持。Jennifer et al.（2007）首次将社会网络理论与战略管理理论相结合分析风险投资家的网络资源对于创业企业经营绩效的影响。社会网络理论认为关系紧密程度影响着信息的传播，企业在行业中的嵌入程度同样影响企业经营绩效。战略管理理论同样认为企业在行业中的位置会影响其经营绩效。基于这两种理论分析框架，经过实证检验发现，关系联结度强的风险投资家网络资源利于提高创业企业的成功率。Torkel, S. et al.（2012）在分析 VC - E 合作关系时没有采用传统的委托—代理理论，而是基于资源基础观，立足风险投资家的网络资源如何影响创业企业的创新绩效。经过案例研究发现，风险投资家与创业企业家之间的关系根植于更广阔的社会网络，风险投资家的治理有利于创业企业家开拓自身的网络资源，并在其过程中提升向合伙伙伴如供应商和顾客获取组织资源和技术资源的能力。

（5）心理契约理论（Psychological contract theory）视角的研究

心理契约从 20 世纪 60 年代被引入管理领域之后颇受学者的关注。其核心内容强调，在员工与组织之间的相关关系中除了正式契约规定的内容之外，还存在隐含的、非正式的、未公开说明的相互期望和理解，它们构成了心理契约的内容。Morrison & Robinson（1997）指出心理契约是一个雇员对其与组织之间相互义务的一系列信念，这些信念建立在对承诺的主观理解基础上，但并不一定被组织或者其代理人所意识到。依据此理论，Annaleena & Hans（2004）借助心理契约理论研究了心理契约违背行为对 VC－E 之间关系的影响。通过此研究，作者试图探寻心理契约违背、风险投资家态度与行为三者之间的互动关系。在风险投资家和创业企业家合作过程中，心理契约违背主要有四种表现形式，如创业企业家在利益目标、战略决策方面的分歧、能力的不胜任、推脱责任、创业企业家的机会主义行为。实证研究结果显示，这四种心理契约违背行为在 VC－E 合作过程中非常普遍，它们对两者的合作绩效产生消极作用。正因为如此，风险投资家在管理投资项目时倾向积极介入而非消极等待。当遇到突发事件时，风险投资家的反应跟其理解到的创业企业家心理契约违背引发的损失程度有关。另外，风险投资家的态度与行为亦会受到双方合作关系的影响。

Annaleena, P. & Hans, L.（2006）运用实证研究方法探讨了风险投资家对于创业企业家心理契约违背引发的失望行为的反应程度。研究结果发现，当风险投资家置身于不同的社会环境，他对同一失望事件的反应程度会有所不同。当风险投资家处在与同僚关系密切且管理经验丰富人员构成的社会环境中，通常在投资管理过程中采取积极且富于创新的管理方法。相反，若其处于与同僚关系强度偏弱且资金与商业网络狭窄的环境中，采用的管理方法明显逊于前者。

2.3　VC - E 合作关系对技术创新绩效的影响

现有文献对于 VC - E 合作关系对技术创新绩效的影响的研究主要集中在 VC - E 之间的信任对于技术创新绩效的影响。信任是一个非常复杂的社会和心理现象。不同的学者从不同的角度对信任作出不同的定义和解释。有的学者从认知和预期的角度，将信任界定为一种信念。如 Morgan & Hunt（1994）指出信任是指合作的一方对另一方的可靠性和诚实度有足够的信心。有些学者从行为选择和意愿的角度，将信任看作是一种行为。如 Hosmer（1995）将信任界定为是个体面临预期损失大于预期收益的突发事件时所作出的一种非理性选择行为。有些学者将这两方面的内涵进行综合，如 Moorman、Deshpande 和 Zaltman（1993）将信任界定为由于对合作伙伴有信心而愿意依赖对方。Anderson 和 Narus（1990）认为信任是企业相信合作伙伴会采取对本企业有正向结果的行为，而不会作出导致负面结果的非期望行为；信任是代理人对其交易伙伴的一种期望；交易伙伴会以一种相互可接受的方式行事，即交易过程中都不会利用对方的弱点而谋取私利。具体到合作企业间的信任，张醒洲、唐莹莹（2005）认为，合作企业间的信任应包括以下几层含义：①相互信任是合作各方在面向不确定未来时表现出的相互间信赖，由于太多不确定性的存在使得企业间的相互信任显得很珍贵；②建立在相互信任基础上的合作关系相当脆弱，即合作各方以有限理性代替完全理性，以默契代替合约，以感情代替程序，一旦合作企业中出现不诚实的行为，其带来的损失远远超过彼此信赖所带来的收益。

Cable & Shane（1997）认为信任普遍存在于风险投资家与创业企业家的合作关系之中。其理由为：第一，风险投资家和创业企业家之间任何一方都面临着因对方采取期望行为之外的行动而遭受损失的可能性。例如，对方滥用自己披露的商业或技术信息谋利，对方误导自己制定难以实现的目标等。因此，信任存在的前提条件是交易者面临着风险。这种风险既不同于代理风险，也不同于财务风险，更不同于因有效决策所需信息与实际掌握信息存在差距而带来的不确定性。第二，风险投资企业通常采用分阶段投资方式，促使了双方在价值创造方面的利益共享和相互依赖的关系（叶瑛，姜彦福，2006）。

长久以来，委托—代理理论在风险投资领域占据主导地位，将正式控制机制和所有权激励作为管理两者合作关系的重要手段。但是 VC 和 E 之间的合作和双赢才是最重要的（Sahlman，1990）。Sapienza & Gupta（1994）运用实证研究方法分析了 VC - E 合作关系对技术创新的影响。结果表明，经常与创业企业家进行开放式沟通的风险投资家更为成功，适当的信息沟通能为创业企业家带来更大的信任与自由。Greve & Salaff（2003）经验研究显示，在企业成长过程中，风险投资家与创业企业家的信任可促使风险投资家尽可能通过人际关系联系未来可能对创业企业发展有帮助的联系人，然后将帮助创业企业与那些能提供关键资源和客户的重要合作者建立网络关系。

Busenitz、Fiet 和 Moesel（2004）以美国 183 家有风险投资背景的企业为研究对象，收集其在 1989—2000 年的相关数据，实证分析了 VC - E 合作关系对创业企业创新绩效的影响。研究结果显示，程序公正可由地位、中立、信任表现出来，程序公正对创业企业的创新绩效有积极的影响作用。Clercq & Sapienza（2005）以美国 298 家创业企业为研究对象，利用访谈和问卷调查的方法，实证检验了关系资本如信任、社会关系、目标一致性等和承诺与风险投资家对创业企业感知绩效的关系。回归分析和结构方程的分析结果显示，创业企业的信任与风险投资家对创业企业感知的绩效之间存在正相关的关系。信任能有效帮助风险投资家正确感知创业企业的经营业绩，因此 VC－E 合作过程中非常看重彼此之间信任的建立。

国内学者叶瑛、姜彦福（2009）应用 11 对 VC－E 合作关系案例研究了双方的信任对创业企业创新绩效的影响机理和效应。研究结果发现，VC－E 之间的信任可通过促进互补资源的融合、降低交易费用、提高创业团队的士气等途径来改善创业企业的创新绩效。但由于信任具有多维度，所以导致不同维度的信任对于企业创新绩效的作用机理各有不同。

2.4　VC 投资后管理对技术创新绩效的影响

2.4.1　VC 投资后管理的内容

风险投资在经济发展中的重要作用激发了人们对它的研究兴趣。投资后管理是风险投资的重要环节，对企业价值增值有着重要的影响。VC 投资后管理包括了除现金投入外其他的一切投入。Tyebjee & Bruno（1984）将 VC 投资后管理的内容归纳为四个方面：帮助招募关键员工，帮助制订战略计划，帮助追加资本，帮助组织兼并收购或公开上市等。随着风险投资实践的发展，国内外学者在 Tyebjee & Bruno 研究结果的基础上继续深化 VC 投资后管理的主要内容。

MacMillan、Kulow、Khoylian（1989）利用定量分析研究了风险投资家进行的 20 项管理介入行为。其中频繁进行的管理活动有 6 项，分别是：充当管理团队的参谋、获取权益融资资源、同投资者集团进行沟通与协调、监控财务绩效、监控运营绩效。稀少涉及管理活动为：挑选供应商及设备、开发产品或服务的技术、开发实际的产品或者服务、测试和评价市场营销计划、制订市场营销计划。

Macmillan et al.（1988）将投资后管理归纳为五个方面：①研发与营运方面（Development and operations）：选择买主和设备、研发产品与服务技巧、研发正确的产品或服务、征求顾客与销售渠道、制订营销计划和监视或评估营销计划。②管理人员聘用方面（Management selection）：面试和选择管理团队、寻找管理团队候选人。③人员管理方面（Personnel management）：激励人员、担任董事会成员、人员危机处理与问题。④财务管理方面（Financial participation）：获取负债融资渠道、获取权益融资和监控财务业绩。⑤其他：与投资人会面、监控营运绩效、制定企业发展战略、更换管理人员等。

Sapienza（1992）以风险投资家和创业企业家为调查对象，指出投资后管理包括以下方面：商议和讨论作用、业务经营咨询、指导、财务顾问、协助企业运营、招募管理人员、加强企业的业务联系、加强行业合作。

Barney et al.（1996）以 205 家有风险投资支持的企业为样本，对收集的数据作因子分析，发现风险投资家为创业企业提供的帮助可以分为两类：一是经营管理建议，如财务建议、提供合理化的经营建议、提供合理化的管理建议等；二是运营支持，如为创业企业介绍客户、介绍供应商、帮助创业企业招募员工。

Dotzler（2001）通过向有风险投资背景的创业企业发放问卷调查，结果显示 VC 投资后管理活动包括融资帮助、战略建议、招募高层管理者、充当 CEO 智囊团、组织和激励体系建设、监控管理层业绩、营销、工程技术咨询、与其他专业服务机构联系等多个方面。

Flynn & Forman et al.（2001）运用实证研究归纳出风险

投资家进行投资后管理的五个方面：消费者信息收集、竞争对手分析和营销方案研究，参与讨论、关注决策及投入专业人员，参与调研、聘用专业员工，全面理解信息技术、控制成本、利润控制、控制质量、评估员工以及出席董事会，提供资本、原材料和专业人才。

Kaplan & Stromberg（2002）从协议角度提出风险投资家应承担的六种投入：现金流权、投票权和董事会权利的分离；多种类型股票的权利；不断变化的权利分配；在绩效较差时控制和清算企业；规定非竞争性条款，加大企业家离开企业的成本；现金流权、控制权和相机控制权等作为补充的控制机制。Gabrielsson & Huse（2002）则将投资后管理的内容归纳为 16 种：帮助获取外部资金，与管理人员进行讨论和协商，加强企业财务能力，给予经济上的保障，参与董事会决策，网络效应的支持，管理能力的提升，建立业务战略或业务模式，业务的专业化提升，促进企业的外部联系，提升谈判能力，指导和激励企业，提升营销能力，招募核心员工，提升技术水平，改良产品属性。

Torres & Murray（2003）将投资后管理行为简要划分为三类，即来自风险资本家声誉的利益、学习和信息优势、共享资源。Saetre（2003）指出 9 种增值行为对创业企业家起到显著作用：招募企业外部的 CEO，增加信用担保，联系行业网络，联系上下游关系，提供一般行业知识的建议，提供专业知识建议，严格报表内容，了解行业动态，了解消费者动态。

Knyphausen‐Aufse（2005）将风险投资家进行投资后管理的作用划分为创业导向、战略的制定和落实、技术能力和社会资本。Maula et al.（2005）将 28 项增值服务划分为 9 个类别：帮助寻找投资者、帮助招聘核心员工、帮助建立合作关系、帮助开拓国内市场、帮助开拓国外市场、给予营销建议、给予竞争策略建议，技术方面建议和组织建设方面的建议。

David & Steven（2008）依据实证分析的结果，将投资后管理行为分为外源导向和内源导向两个类别。其中外源导向的增值行为包括帮助创业企业合法化和帮助创业企业扩张，内源导向的增值服务为招募管理人员、授权经营、提供战略规划、管理咨询、生产运营指导。

国内学者率先研究"投资后管理"问题的当属王益和许小松，他们曾在 1999 年发表的论文将"Post - investment activities"首次译为"投资后管理"，并指出其包含的内容为"设立控制机制以保护投资、为企业提供管理咨询、募集追加资本、将企业带入资本市场运作以顺利实现必要的兼并、收购和发行上市"。项喜章（2002）指出，风险投资后管理应分为"监督与控制"、"增值服务"两个部分。风险投资家向创业企业提供的各种管理咨询服务统称为增值服务，具体内容包括：帮助寻找重要的管理人员；参与制订战略与经营计划；帮助企业筹集后续资金；帮助寻找重要的客户和供应商；帮助聘请外部专家；帮助实现并购或公开上市等。监控行为则包括：分期注入资本；控制投票权；适时替换不称职管理人员。付玉秀（2003）通过问卷调查的方式发现，我国风险投资家主要实施的监控行为依次为参加董事会、审查财务报告、与创业企业家会晤、实地考察、派驻财务人员、派驻高层管理人员、利用中介机构监控创业企业，其提供的增值服务重要程度依次为参与制订战略与经营计划、辅助财会管理、帮助企业筹集后续资金、帮助聘请外部专家、提供管理技术/经验知识、传授营销技能开拓市场、帮助寻找重要客户与供应商、帮助寻找和选择重要管理人员、帮助实现并购和公开上市等。

张丰和金智（2009）运用层次分析方法对风险投资后管理行为进行了研究，结果表明，增值服务所占的权重是

0.588，监控管理所占的权重是 0.412。实证研究结果表明，创业企业家更重视风险投资家提供的增值服务。在增值服务中，按重视程度排列依次为财务支持、管理咨询、社会网络、人事支持，监管行为依次排序为参与管理、财务控制、信息追踪等。刘二丽（2011）根据访谈结果，主张增值服务是由风险投资家以企业参谋、教练的身份为创业企业提供的增值活动，被视为一种"软"的管理参与，主要包括风险投资企业为创业企业提供的战略支持、关系网络资源的支持、人力资源管理的支持、后续融资支持、生产运作支持等。风险投资家对创业企业家的监控主要涉及参与创业企业董事会、审查企业财务报告、实地考察、与创业企业家会晤、派驻财务人员等。

2.4.2 VC 监控行为对技术创新绩效的影响

为了防范 VC - E 合作过程中的代理风险以及尽量最小化交易成本，在投资协议签订之后，风险投资家通过成为董事会成员或者其他非正式方式对其投资的创业企业进行持续的监督和控制。由此，各位学者将研究重点集中在 VC 监控行为与技术创新绩效关系的问题上，现有研究成果如下：

MacMillan、Kulow、Khoylian（1989）研究发现，在风险投资家的中等介入水平下，对企业运作情况的监控与以销售量、市场份额、利润和投资回报率来衡量的创业企业经营绩效是正相关。

Lerner（1995）研究发现，风险投资家在创业企业家技术成果转化过程中帮助企业制订营销策划和对营销的具体方案提出参考建议，帮助企业提高创新能力，加快技术成果和转化，促进企业快速成长。Jain & Kini（1995）的实证研究发现，市场能够认识到风险投资家的监督价值，在 IPO 时给予风险投资家支持的创业企业更高的估值，而且风险投资家的监控程度与企业的上市业绩呈显著正相关。

Fried、Bruton、Hisruch（1998）通过对美国 68 家风险投资机构的问卷调查，发现有风险投资背景的企业较之无风险投资支持的企业而言，具有较高的平均增长率，主要原因在于风险投资家在监控创业企业发展过程中起着显著的积极作用。

Kaplan & Stromberg（2001）指出，适度的监控是平衡风险投资家与创业企业家的信息不对称，以便更好地了解企业，而非一味地压制管理层的创新天赋和技能。拥有创业企业的股权是风险投资家监控程度的主要表现，股权比例越大，表示风险投资家对创业企业的董事会权、投票权和清算权等控制权的掌控力度越大，对企业的监管力度也越大。

Baeyens & Manigart（2003）认为风险投资家通过监督、观察和价值增值等服务，减少了创业企业信息不对称和金融风险，从而增强了创业企业的合法性，对其后续融资服务产生重要的影响，也为企业的进一步扩张打下基础。风险投资家通过董事会对创业企业的监控，在一定程度上可以帮助企业作出利于发展的决定。

Stuck & Weinggarten（2005）经过对 1303 家电子类科技型创业企业近 10 年的实证调查，结果显示，风险投资家并非其自我标榜式的风险爱好者，而是对风险极度敏感且追逐利益为首要目标的风险厌恶者。因此，他们在投资运作过程中非常注重监控行为以尽量化解投资风险，甚至为了尽快谋利而不惜将未成熟的创业企业进行 IPO，这些行为严重阻碍了企业创新能力的提升。

国内学者党兴华等人（2008）在对创业企业控制权结构与企业成长能力的实证研究中发现，风险投资家在创业企业董事会中所占的比例与创业企业成长能力之间呈高度相关关系，风险投资家在董事会中所占比例越大，对企业的成长约束也就越大，形成"控制"与"成长"两难处境。

侯建仁等人（2009）对风险投资家的股权结构与创业绩效的问题进行了实证分析。结果显示，风险投资家相对创业企业家的持股比例的增加，对企业的控制权的掌握将使得风险投资家通过提升企业投资回报和预期收益以尽早包装企业上市成为可能，并因此造成企业的创新能力和未来的成长性下降。

龙勇等（2010）认为，风险投资家监控行为最为明显的结果是改善企业治理结构，通过改善董事的素质、股权的适度集中以及对管理人员的激励政策等对企业的创新绩效产生积极的影响。

2.4.3　VC 增值行为对技术创新绩效的影响

风险投资的增值服务对经济的发展有着重要的作用，特别是在促进技术创新、改善经济效率、帮助提升创业企业的市场价值等方面有显著的积极影响。

Sapienza、Manigart 和 Vermeir（1996）实地访谈了美国、英国、荷兰与法国的风险投资家，结果显示，风险投资家们一致认为对创业企业的战略指导有着极其重要的作用（如商业计划指导、提供财务建议、经营管理建议、管理团队建设）。

Hellman 等（2000）以硅谷的 173 家创业企业为样本数据，实证检验了风险投资家在构建企业内部组织形态中起到的积极作用。同时还发现创业企业在风险投资家的帮助下可使企业在人力资源政策、专业营销与销售员工的招募以及股票期权计划的采用等得到较大的专业提升方面。除此之外，研究结论显示，风险投资背景的创业企业 CEO 由企业创建者更换为职业经理人的几率大于无风险投资背景的企业。由于风险投资家提供的各种投入都有成本约束，所以其管理服务行为必然会帮助企业提升价值。

Hellman 和 Puri（2000）继续使用硅谷的 173 家创业企业的数据，研究产品市场的绩效是否与风险投资家有关。结果显示，创新性的企业更可能获得风险投资家的支持。此外研究发现获得风险资本投资的企业能够更快将产品推向市场。

Kaplan 和 Stromberg（2000）通过对美国风险投资案例的分析，发现风险投资家期望能够为企业提供的各种支持和服务主要包括制订商业计划、协助进行收购、协助寻找战略伙伴、设计员工激励措施等。这些研究发现与专家的意见是一致的，即 VCs 在识别有价值的创新和将产品带向市场方面具有优势。

Engel（2000）认为，由于自身固定资产规模较小、技术创新的风险较高、创新产品市场的不确定性因素极大等原因的存在，科技型创业企业很难筹措到资金维持企业的运作。风险投资家的出现帮助创业企业家解决了融资缺口问题。

Lee，Lee & Penning（2001）利用韩国137家创业企业收集的数据分析技术创新绩效的主要影响因素，结果发现，科技型创业企业的创新绩效与其融资资源呈显著正相关。

Davila，Foster and Gupta（2003）的研究发现，拥有良好声誉的风险投资家对创业企业往往起着认证的作用，即一旦创业企业与拥有良好声誉的风险投资家合作，同行或者外部投资者对其创新能力和创新技术的信任度会大为提升，由此吸引更多投资者对创业企业的资金投入。拥有充足资金保证的创业企业就有能力雇佣和留住优秀的高科技人才，从而促进企业创新能力的不断提升。

Pratch（2005）通过案例研究发现，风险投资家帮助创业企业家在产品市场化、提供销售渠道、优化顾客群等经营管理战略方面的规划对于处在早期阶段的科技型创业企业尤其重要。创业企业成立初期，市场环境复杂，技术前景不确定，这些因素造成他们很难找到外源性融资渠道支持其创新目标的实施，其自身缺乏管理经验的现实也使他们很难对其商业计划、扩张目标和经营战略规划的可行性与科学性进行客观分析，不免出现对创新产品的市场前景要么低估、要么过于乐观的预测结果，风险投资家的管理介入恰好帮助创业企业家在进行重大决策之时起着参谋与教练的作用，帮助创业企业家客观与科学地分析企业的发展前景，以促进企业的创新能力和创新绩效。

Arthursa & Busenitz（2005）指出，科技型创业企业提供的后续融资服务对企业的生存、发展与战略选择有着重要的影响，进而影响着创业企业的创新产出。

Gebhardt（2006）的研究结果显示，创业企业由于经营历史短暂，缺少足够的固定资产作抵押，加之高风险、高不确定性特征，使得传统的融资方式要么对其退避三舍，要么要求高额的信息费用、签约费用和监督费用。而风险投资不仅能通过限制融资量、分阶段融资等手段避免创业企业的经营风险，同时介入创业企业的经营环节对其提供经营战略指导，有效避免了传统金融机构遭遇的问题。风险投资家丰富的管理经验、技术行业背景等专有知识协助创业企业家更好实现创业企业的技术、资本与管理的完美结合，最终提高了创业企业的创新能力和均衡状态下的创新产出绩效。

Fabio，B. et al.（2011）着重研究风险投资家对创业企业增值服务的影响效应。该研究将风险投资家的"筛选效应进行隔离"，专注于研究风险投资在投资协议签订之后的管理介入对创业企业的影响。经过对意大利538家高新技术企业近10年的数据考察，发现VC的增值服务对于创业企业的技术创新有显著的正向影响。

Torkel，S. & Alexandra，W.（2012）深入研究了风险投资的治理对技术创新绩效的影响。该研究基于资源基础理论，在Hakansson和Waluszewski（2002）的研究基础上，进一步分析风险投资对技术创新的影响。通过对瑞典生物制药企业的相关数据分析，发现风险投资家与创业企业家根植于同一网络，风险投资家的治理行为有助于创业企业拓展其网络资源，向关键合作伙伴获取的组织资源和技术资源有利于提升企业的创新能力。

国内学者陈昕（2005）认为，风险投资家帮助创业企业追加后续融资，有利于提高企业的创新效率，实现创业企业的快速增值。

孟卫东等（2009）研究结论显示，风险投资家的增值服务可以提升创新投入能力、创新研发能力、创新管理能力以及创新转化能力等企业技术创新能力。

侯建仁等（2009）以 450 家高科技创业企业为样本，从投资回报、获利性、成长性等实证检验了风险投资家的增值服务对创业企业创新绩效的影响。研究结果表明：风险投资及其参与期限对风险投资绩效和获利性有负向作用，对成长绩效无显著影响；但是随着风险投资家的持股比例增加，其控制权越来越大将有利于企业投资绩效和获利性的提升，但同时会显著降低企业的成长性。

龙勇、王陆鸽（2010）应用结构方程模型方法检验风险投资增值服务对企业技术创新的影响。结果发现，VC 增值服务对于高新技术企业技术创新绩效有积极的影响，技术创新绩效的两个维度即技术创新过程绩效和产出绩效之间存在显著的正相关关系。

龙勇等（2011）采用结构方程模型实证检验了风险投资的增值服务对高新技术企业技术联盟策略的影响，研究结果显示，风险投资的非资本增值服务通过正向影响企业的吸收能力进而对企业的创新发展战略产生积极的正向影响。

2.5　国内外研究简评

通过对国内上述文献的梳理与分析，发现已有研究存在以下不足：

（1）现有研究显示 VC 投资后管理的研究视角呈现多元化

态势，但鲜有对 VC-E 合作关系的研究。从早期侧重从风险投资家个体行为的研究演化为风险投资家和创业企业家关系互动对技术创新的影响，借助网络理论的最新研究成果将 VC-E 合作关系视为一种网络关系，进而考察 VC-E 在网络结构中的中心位置或关系联结强度与技术创新绩效的关系，这些研究进一步拓展了 VC 投资后管理问题的研究领域，但是学者们却忽视了 VC-E 合作关系的基础性研究，诸如：VC-E 合作关系如何构建与维护；如何实现 VC 投资管理和谐；如何对 VC-E 合作关系治理；在权益不对称和资源依赖的条件下，VC-E 关系在投资后管理阶段如何管理冲突等等。这些问题都有待研究。

（2）相关研究对 VC 投资后管理与技术创新绩效的研究结论不一致，因此有必要利用调节变量在中国情境下进一步验证 VC 投资后管理与技术创新绩效的关系。通过对已有文献的整理，笔者发现学者们对 VC 投资后管理与技术创新绩效关系问题的研究结论有相当大的分歧。有的学者认为，风险投资家的投资后管理由于在企业管理环节发挥积极作用进而是技术创新的重要影响因素。另外一些学者则质疑 VC 投资后管理具有价值增值功能，甚至认为 VC 的管理介入会阻碍技术创新进程。因而 VC 投资后管理与技术创新绩效关系仍需进行深入研究，需要考虑两者所处的外部环境与两者本身合作关系变动的影响，另外，尚需要采集更多的数据，特别是中国这种处在高速发展的经济转轨型国家的样本数据对此问题的检验显得尤为重要。

（3）现有国内研究 VC 投资后管理与技术创新绩效关系问题的定量研究比较缺乏。国内大多数学者在研究风险投资对技术创新的影响作用时，通常采用的是比较分析方法，即利用二手的统计数据将有风险支持的企业与无风险支持的企业在技创新绩效方面进行对比分析。还有部分学者采用的是比较风险投资与 R&D 在促进技术创新方面的差异，以此得出风险投资与技术创新关系的研究结果。很少有学者利用访谈或问卷调查等形式，从创业企业家或是风险投资家的角度通过他们对 VC 投资后管理的主观评价来收集数据，进而使用相关的统计方法实证检验 VC 投资后管理与技术创新关系的影响效应。因此，为了缩小国内外在 VC 投资后管理与技术创新绩效关系问题的研究差距，有必要采用问卷调查、访谈与统计分析相结合的实证方法推进此类问题的研究。

（4）现有文献中还未出现 VC-E 合作关系治理机制的研究。与此问题相关度极大的是信任与技术创新绩效关系的问题的研究。信任在 VC-E 之间关系中的影响作用越来越受到重视，学者们根据不同研究角度得出了较丰富的结果，如信任与关系租、信任与资源互补、团队士气、信任与知识贡献、信任与合作信心等。但是很少研究信任产生原因、信任机制的由来、信任归属的关系治理机制对技术创新影响、关系治理与契约治理等合作治理机制对技术创新影响等问题的研究。因此，VC-E 合作关系治理、VC 投资后管理与技术创新绩效的关系迫切需要深入分析和验证。

（5）学者们对于 VC 投资后管理问题的研究均带有地区的特殊性因素，致使研究结论具有地域局限。现有文献在分析 VC 投资后管理对于技术创新影响效果问题时，研究对象以欧美发达国家的风险投资业为主，其中又以美国风险投资业为样本数据来源的研究居多。尽管美国是全球风险投资业发展最为成功的国家，也是市场经济最发达的国家之一，但是并不意味着基于美国市场数据而得来的研究结论适合其他国家和地区。现有中国正处在经济转轨时期，产业结构面临着巨大的调整，政府发展技术创新战略的导向定然对现有的产业政策有着强烈的冲击，风险投资业作为技术创新的有力支撑，在现有政策环境下必将面临着巨大的发展契机。因此有必要在借鉴国外学者研究成果的基础上，以中国市场的数据深入研究 VC 投资后管理对技术创新的影响，从而为中国高新技术产业与风险投资产业的发展提供重要的参考。

针对现有研究存在的不足，本研究将依托交易成本理论、委托—代理理论、社会交换理论、资源基础理论等，立足现有研究结果，将风险投资与技术创新关系的问题进行拓展与深化。以 VC 投资后管理与技术创新关系为研究切入点，试图解释现有研究中关于 VC 投资后管理对技术创新绩效的影响存在差异性结论的原因。为此将研究的视线延展到 VC 投资后管理的前置影响因素，认为 VC - E 合作治理机制是 VC 投资后管理的前置因子，以过程公平、关系冲突、任务冲突作为 VC 投资后管理与技术创新绩效之间的调节变量，从而较为全面地分析 VC 投资后管理与技术创新绩效的问题。具体的研究过程是，将 VC 投资后管理视为中介变量，构造 VC - E 合作治理机制与技术创新绩效的概念模型，在考虑调节变量的作用下，较深入地分析风险投资对技术创新的影响。通过对 VC - E 合作治理机制、VC 投资后管理、技术创新绩效三者关系的实证研究，明确 VC - E 合作治理机制、VC 投资后管理对技术创新绩效的影响，以期为风险投资家的投资后管理实践提供理论支持和指导。同时为 VC 投资后管理与技术创新关系问题的相关理论的深化和发展作出一定的贡献。

2.6 本章小结

本章从 VC - E 合作关系研究现状出发，对 VC - E 合作治理的理论基础作了系统的回顾与梳理，说明了风险投资家与创业企业家之间进行合作治理的必要性，进而对 VC 投资管理即 VC－E 合作关系的表现形式的内容、VC 监控行为与技术创新绩效的关系、VC 增值服务与技术创新绩效的关系等进行综述，并总结现有文献中的重要结论与现存不足。本章的论述不仅梳理出了 VC－E 合作关系与 VC 投资后管理的研究脉络，而且还指出未来需继续深化的研究内容，提出了本研究的必要性，为后来章节中提出的概念模型作好了理论铺垫。

3

VC‐E 合作治理机制影响
因素的数理模型分析

第一章和第二章已阐述了本研究的主要研究内容和国内外关于该研究领域的主要研究成果。本章在第二章文献综述的基础上对 VC‐E 合作关系的建立与影响双方合作治理机制的因素以及不同合作关系条件下双方预期效益的变化等问题进行数理模型推演。

3.1 VC‐E 合作关系的建立

3.1.1 VC‐E 合作关系建立的条件识别模型：技术能力为视角

风险投资是一种集融资与投资于一体，将资本供应与管理支持有机结合在一起的创新性金融工具。风险投资作为金融与科技交叉的新融资制度，打破传统投融资体系所形成的惯例，不仅为孕育新经济增长点的创业企业提供新的资金支持渠道，而且还以其管理专长全面参与企业日常经营，极大规避了创业企业发展中可能遇到的各种困难。从资源配置的角度来看，风险投资是风险资本与创新技术的结合。但是，由于风险资本蕴含着风险投资家的管理知识，创新技术是创新知识的物质表现，因此，风险投资本质上是管理知识与创新知识的结合。

创业企业的初创期，创业企业家除拥有技术表征的创新知识之外，其他涉及技术价值功能实现的知识资本一概缺乏。为了成功地市场化创新技术，创业企业家还必须从外部经济环境中吸收各种资源，如资本、人才与管理等，并将其有效吸收后，转化为自身的技术能力、管理能力、制造能力、营销能力以及资本运作能力等。鉴于风险投资独特的资本特性，即通过向创业企业注入人力资本和知识资本增加企业的市场价值，它已成为创业企业首选的外源融资方式。

（1）创业企业与风险投资建立合作关系的理论依据

创业企业的融资问题自 20 世纪 50 年代末期创业企业进入人们视野以来就是颇受关注的对象。在人们的思想意识中，创业企业与风险投资是一对最佳的融资结合体。美国的"硅谷神话"曾一度证明了此观点的正确性。世界上许多知名的高新技术公司如微软、英特尔、联邦快递等在其公司的早期发展阶段均接受过风险投资的资金扶持。风险投资对高新技术的促进和发展作用使其成为创业企业的最佳融资方式显然已成为共识。但是，近期文献实证研究结果显示，在众多创业企业中，往往只有极少数的企业能够获得风险投资。有的研究结果甚至显示，风险投资并非如人们想象那样，能有效地促进高新企业技术发展，反而由于其逐利的本性会阻碍新技术的提升。Weingarteny（2005）研究了 823 家高新企业技术创新的发展轨迹，发现风险投资阻碍技术创新的原因之一是风险投资家不是自我标榜的风险爱好者。在现实条件中，银行的债权融资仍是创业企业外部融资依赖度最高的融资方式，即使在受风险投资青睐的高新技术密集度的产业，如通信、软件、医药等产业，风险投资比例也不到 50%，在这些产业中仍有大量企业选择银行融资。至于传统的制造业与零售业得到风险投资的机会则更少（Davis，2003；Bettignies & A. Brander，2007）。创业企业的外源融资来源目前依然分为两类即银行与风险投资。银行提供的是债权融资方式，而风险投资提供的是股权融资方式（Kaplan；Stromberg，2001）。银行和风险投资如何影响创业企业的运作？创业企业家选择融资策略的依据是什么？本研究目的是以创业企业自身技术能力与自身积累为研究角度，将企业技术能力与创新模式进行匹配，进而选择最优融资策略为逻辑主线，通过创建两级状态企业技术能力下的契约激励模型来解释创业企业家如何在债权融资与股权融资这两类融资方式中进行抉择，最终建立 VC－E 合作关系。

创业企业运作具有高风险性，银行与风险投资对其进行融资的共同点表现在监管融资对象的运作。两者都通过契约来约束融资对象，当融资企业出现不好的运作态势时，可以运用控制权来保障自身利益。另外，两者都可运用阶段融资来控制创业企业的经营活动。对于银行与风险投资融资差异问题，现已有不少文献涉及。Sahlman（1990）首次比较银行与风险投资的不同，认为银行融资对象是各类企业，而风险投资的融资企业具有高风险性且拥有极低概率的高收益，企业现金流分布呈右偏斜。Kaplan 和 Stromberg（2001）认为银行与风险投资对融资对象的监管程度是不同的。银行实行监管目的在于避免融资对象的违约、恶意经营、抵押品价值衰退等行为引发贷款收益受损，以此保障预期利润。而风险投资家的监管程度要远远大于银行。风险投资家通过参加企业的董事会、拥有投票权等行为来积极主动监管融资企业的经营管理活动，一旦创业企业经营失败，他有权利更换企业经理以此保障自身收益。与银行的监管行为相比，风险投资家更积极主动且监管行为频繁。

Winton 和 Yerramilli（2008）从资金构成的角度分析银行与风险投资的差异。其论点指出银行赋予其投资者资金高流动性，这使得银行在选择融资对象时须避免流动性冲击。与此相反，风险投资家对其投资者有严格资金约束，其代价是运用高额回报率来弥补投资者资金的流动性缺失。因此风险投资家会尽力追逐高风险且高收益的项目。

近期有部分文献以创业企业创新项目的属性为考察对象来研究银行与风险投资的选择问题。Landier（2003）研究结果显示影响创业企业家融资决策的主要因素是项目的成功概率，项目成功概率小则意味着风险高，创业企业家谈判力度弱，若想获得风险投资的融资支持必会出让企业的控制权。另外，理性的创业企业家面临失败概率高的运作环境，会选择安全系数高的保守项目，并选择银行融资与低效监管。当面临失败概率小的运作环境时，会选择高风险项目，选择风险投资与高效监管。Ueda（2004）仔细分析了当创业企业家在银行与风险投资之间选择时，信息不对称产生的隐藏行为而非道德风险会对他的融资决策产生影响。最重要的影响因素是项目的相对重要性与知识产权的保护程度。高强度的知识产权保护力度会驱使创业企业家选择风险投资。Dybvig 和 Wang（2002）认为创业企业家存在道德风险问题，风险投资家对其的约束是提高监管力度致使股权融资成本增高，而银行的债权融资对此却毫无约束力度。因此创业企业家会选择银行的债权融资，并通过故意行为造成项目失败借认窃取现金。创业企业家的道德风险会促使他们选择银行为最佳融资方式，尽管这是一种非理性选择。Bettignies 和 A. Brander（2007）则从控制权分配理论的角度研究创业企业家如何在银行与风险投资之间理性选择。研究结果显示，创业企业家若选择风险投资，则必须以出让企业控制权作为代价，若选择银行融资可以保留企业的控制权。当风险投资家的边际生产力高于风险企业家的边际生产力时，风险投资则优于银行。

　　上述文献在研究银行与风险投资的比较中，未考虑创业企业技术能力、自身积累与产品创新模式的匹配对创业企业家的融资选择所产生的影响。与本研究关联密切的是 Winton 和 Yerramilli（2008）发表的论文，在 Winton 和 Yerramilli 提出的模型基础上进行拓展，将创业企业技术能力和创新模式两个重要变量引入模型，并结合企业自身积累分布函数分析创业企业家如何在银行与风险投资之间作最优选择。模型力求捕捉上文中所提及的银行与风险投资差异性质，着重分析融资过程中的创业企业家与融资机构的两大冲突：一是企业技术能力差时，创业企业家为维持自身控制权和非货币利益，极力要求继续运行产品创新模式，而融资机构为维护预期利益则要求企业停止运行任何创新模式，进而实施清算。二是当企业技术能力好时，是推行高风险的自主创新模式，还是实施低风险的模仿创新模式？本研究的模型以此冲突为核心，分析影响创业企业家融资决策的因素，以及建立 VC－E 合作关系的前置条件。

　　（2）模型构建

　　①假设条件

　　1）企业利润 $\pi > 0$ 或 $\pi < 0$。即企业的产品创新项目结果只有两种，盈利或亏损。

　　2）不存在创业企业家与外源融资机构之间的相互贿赂而产生的逆向选择问题。

　　3）$P_m M_{RP} < M_{IP} < P_h M_{RP}$。

　　4）外源融资机构由风险投资家（VC）和银行（B）构成。VC 提供股权融资和实行主动监管行为，B 提供债权融资与被动监管行为。

　　5）VC 的融资成本为 $C(y_1)$，B 的融资成本为 $C(y_2)$，市场无风险利率为 r。

模型涉及的主体有风险投资家（VC）、创业企业家（E）和银行家（B）。E 准备进行一项可市场化的产品创新项目，由于自身资金积累（Bootstrap）的限制，需借助外源融资来推动此项目的完成。假设项目的总投资额度为 I，E 的自身积累是 X，外源融资为 I - X。同时假设创业企业创新项目的成功与否取决于技术能力。创业企业的技术能力分好与坏两种一级状态，当创业企业技术能力坏时，E 无法进行产品创新行为，只能将企业进行清算（Liquidation）；当创业企业技术能力好时，E 可以继续实行产品创新行为。但是由产品创新项目产生的现金流分布需取决于创业企业的二级状态和产品创新模式种类，即企业技术能力非常好（High Technological Ability）与企业技术能力中等（Medium Technological Ability）；产品创新模式分为自主创新模式（Self - innovation Pattern，模型中定义为 RP）和模仿创新模式（Imitation Pattern，IP）。在创业企业技术能力好时，无论非常好还是中等，E 实行模仿创新模式必定会获得现金流 M_{IP}。但是，E 在创业企业技术能力好时若实行自主创新模式，现金流 M_{RP} 实现则会取决于技术能力的二级状态，即创业企业技术能力非常好时，自主创新模式成功概率为 P_h，创业企业技术能力中等则自主创新模式成功的概率为 P_m，三种现金流的关系是 $P_m M_{RP} < M_{IP} < P_h M_{RP}$。

产品创新项目周期为 T，依据创业企业融资具有阶段性的特征，融资周期分为四个时点分别表示为 T_0，$T_{1/2}$，T_1，T_2。

a. 在 T_0，依据创业企业发布的信息，可判断创业企业技术能力好的概率是 θ，技术能力坏为 1 - θ，在二级状态条件下，企业技术能力非常好的概率是 φ，企业技术能力中等的概率是 1 - φ。因此，E 在企业技术能力好的条件下推行自主创新模式能实现最大现金流的平均概率为 q，即 $q = φρ_h + (1 - φ) ρ_m$。

b. $T_{1/2}$ 是外源融资机构识别企业技术能力状态的时点。外源融资机构决定一项投资项目均会对融资对象的相关信息进行识别，以判断其真伪。银行由于贷款服务对象众多，只能对融资对象提供被动监管，成本函数表示为 $C(B_p)$。与银行相比，VC 具有高新技术背景且经验丰富，使他们能准确识别项目的可行性与预期收益，同时提供管理咨询与市场拓展等服务来增加企业的价值。因此风险投资家实行的监管是主动的，其成本函数是 $C(S_a)$。主动监管行为不仅可以准确地识别企业技术能力的一级状态，同时可以识别出技术能力的二级状态。而被动监管行为则只能辨别出创业企业的一级状态。这两者成本函数的关系是：$C(S_a) = C(B_p) + \dfrac{\theta m_g}{1 + r}$。其中 m_g 是 VC 追加的监管成本以此识别出创业企业技术能力的二级状态。r 是市场的无风险利率。

c. T_1 是企业技术能力信息的揭示期。在这期间，创业企业家根据企业技术能力可以采用三种行为。一是企业清算行为。当创业企业技术能力坏，则创业企业家无法实施产品创新行为，E 实行企业清算，可以得到现金流 L。二是实行自主创新模式。创业企业技术能力好时，可以实行产品创新模式，其预期现金流为 M_{RP}。三是推行模仿创新模式。当创业企业技术能力好时，实行模仿创新模式，无论技术能力的二级状态如何，均可实现最大现金流 M_{IP}，实现概率为 1。

d. T_2 是预期现金流产生时期。T_0 至 T_2 期间只产生一次现金流，其分别为 L，M_{RP}，M_{IP}。

外源融资机构由风险投资公司和银行构成。融资策略分为股权融资与债权融资，依据风险投资与银行自身的运营特点与投资偏好，定义风险投资家偏好是股权融资，银行偏好是债权融资。创业企业家需要的外部融资总额 $y = I - X$。假设 $y =$

$y_1 + y_2$，其中 y_1 表示股权份额，y_2 表示债权份额。α 表示创业企业家提供的股权回报率，且 $0 < \alpha < 1$，β 表示创业企业家提供的债权回报率，且 $\beta > 1$。假设 $R_{IP} = \beta y_2$，$R_{RP} = \dfrac{\alpha y_1}{x + y_1} E$（$V$），其中 R_{IP}，R_{RP} 分别表示银行与风险投资家的预期收益，$E(V)$ 为创业企业家成功实行产品创新模式后所得的项目预期收益。

风险投资家提供主动监管行为时以企业的自身积累来判定自主创新模式的成功概率 p_i（$i = h$，m），认为企业自身积累越多，创业企业家实施自主创新模式的成功概率越高，反之亦然。即对 p_i，若 $x_1 < x_2$，则有 $F(p_i | p_2) < F(p_i | x_2)$，

令 $\hat{p}_i(x) = \int f(p_i | x) \, dp_i$，

其方差 $\hat{\sigma}(x) = \int [p_i - \hat{p}_i(x)]^2 f(p_i | x) \, dp_i$，

则 $p_i(x) = \hat{p}_i(x) + \hat{\sigma}(x) \varepsilon(x)$，$\varepsilon(x)$ 为随机误差项，其分布服从 $N(0，1)$。

依据现实条件，创业企业家的收益由两部分构成（Diamond，1993）：一是货币性收益，事前由契约规定所得。二是非货币性收益，根据不完全契约理论，非货币性收益无法事前在契约中进行约定。在模型中，C_{RP} 和 C_{IP} 分别代表创业企业家在运作自主创新与模仿创新过程中所获得的非货币性福利，并假设 $C_{RP} > C_{IP}$，当企业的技术能力差而被融资机构要求清算时，创业企业家因失去控制权而造成非货币性福利为 0。当企业技术能力好时 E 推行模仿创新模式，企业的预期收益 $V_{IP} = M_{IP} + C_{IP}$，当企业技术能力非常好时，E 运作自主创新模式的预期收益 $V_{hRP} = P_h M_{RP} + C_{RP}$。

②模型分析

根据上述的假设，银行实行被动监管行为时，创业企业的

产品创新模式产生的预期收益函数为：

$$E_{P,B}(V) = \begin{cases} (1-\theta) L + \theta (qM_{RP} + C_{RP}) & qM_{RP} \geqslant R_{IP} \\ (1-\theta) L + \theta (M_{IP} + C_{IP}) & \text{其他} \end{cases}$$

$$(3.1)$$

银行的融资约束条件为：

$$E_{P,B}(R) - C(B_P) - C(y_2) \geqslant y_2 \qquad (3.2)$$

$$E_{B,P} = \beta y_2 (1-\theta) R_L + \theta (\max\{qR_{RP}, R_{IP}\}) \qquad (3.3)$$

创业企业家的预期收益函数为：

$$U_{E,P} = E_{P,B}(V) \left(1 - \frac{\alpha y_1}{x + y_1}\right) - \beta y_2 - c(x) \qquad (3.4)$$

创业企业家的支付函数为：

$$E_{E,P} = \frac{\alpha y_1}{x + y_1} E_{E,P}(V) + \beta y_2 \qquad (3.5)$$

风险投资家实行主动性监管时创业企业的总预期收益函数：

$$E_{A,VC}(V) = \begin{cases} (1-\theta) L + \theta (qM_{RP} + C_{RP}) & p_m M_{RP} \geqslant R_{IP} \\ (1-\theta) L + \theta [(1-\varphi)(M_{IP} + C_{IP}) + \varphi p_h M_{RP} + C_{RP}] & \text{其他} \end{cases}$$

$$(3.6)$$

企业付给风险投资家的报酬即支付函数：

$$E_{A,VC}(R) = (1-\theta) R_L$$

$$+ \theta\{(1-\theta) \max(p_m R_{RP} R_{IP}) + \varphi\max(p_h R_{RP}, R_{IP})\}$$

$$= \frac{\alpha y_1}{x + y_1} E_{A,VA}(V) \qquad (3.7)$$

风险投资家的融资约束为：

$$E_{A,VC}(R) - C(y_1) - C(R_P) - \frac{\theta m_g}{1 + r} \geqslant y_1$$

$$\rightarrow \frac{\alpha y_1}{x + y_1} E_{A,VC}(V) - C(y_1) - C(R_P) - \frac{\theta m_g}{1 + r} \geqslant y_1 \qquad (3.8)$$

1）外源融资为银行的均衡分析

银行被动监管行为可以识别出创业企业技术能力的一级状态而不能判断企业技术能力的二级状态。另外，银行若要界定创业企业家实行自主创新模式成功的平均概率须依靠创业企业家自身积累的分布 X。创业企业家在银行被动监管条件下可以采取两种行为，B_1 和 B_2。B_1 是创业企业家在技术能力好时采用自主创新模式，B_2 是创业企业家在技术能力好时推行模仿创新模式。由于自主创新模式会增大创业企业家的控制权，而且非货币利益大于模仿创新模式所产生的非货币收益，所以创业企业家偏好自主创新模式，即使企业的技术能力处于坏的状态。对于银行而言，风险与预期收益是选择融资项目的主要参考变量，在监管过程中，它会极力说服创业企业家推行利润高、风险小的产品创新模式。这意味着在 T_1，创业企业家与银行会产生博弈，唯一能增加创业企业家的谈判力度是：若 $qM_{RP} > M_{IP}$，则 B_1 会成立。

当 $qM_{RP} > M_{IP}$ 成立，银行同意 B_1，由函数式（3.1）可推出创业企业家的预期效用函数为：

$$U_{E,B_1} = (1-\theta)L + \theta(qM_{RP} + C_{RP}) - \beta y_2 - C(x) \tag{3.9}$$

由（3.3）可以推出银行的预期效用函数为：

$$U_{B,B_1} = (1-\theta)R_L + \theta q R_{RP} - C(y_2) - C(b_P) \tag{3.10}$$

B_1 条件下银行的参与融资约束条件是：

$$(1-\theta)R_L + \theta q R_{RP} - C(y_2) - C(b_P) \geq y_2$$

$$\rightarrow q R_{RP} \geq \frac{y_2 + C(b_p) + C(y_2) - (1-\theta)R_L}{\theta} = \widehat{D_1} \tag{3.11}$$

从函数式（3.11）可得知，$R_L = L$ 时，$q R_{RP}$ 为最小，βy_2 的值变为最小，由函数式（3.9）可知，此时创业企业家的预期收益值最大。若银行同意执行 B_1，$q R_{RP}$ 的最小值为 D_1。即创业企业家需要支付的债权融资的报酬面值最小为 $\hat{D}_1$。

$qM_{RP} > R_{IP}$，创业企业家有充分的谈判力度，银行同意在企业技术能力好的状态下推行自主创新模式。T_0 期创业企业家向银行提供的支付契约变为 $(R_L^*, R_{IP}^*, R_{RP}^*)$。

a. 当 $\hat{D}_1 \leqslant M_{IP}$，若风险投资家预期收益最大，同时银行的融资约束条件满足，则 $R_L^* = L$，$R_{IP}^* = \hat{D}_1$，$R_{RP}^* = \hat{D}_1$，即新的支付契约变为 $(L, \hat{D}_1, \hat{D}_1)$。

b. 当 $\hat{D}_1 > M_{IP}$，若在满足银行融资约束的条件下是创业企业家预期收益最大，则 $R_L^* = L$，$R_{IP}^* = M_{IP}$，$R_{RP}^* = \dfrac{\hat{D}_1}{q}$。

即新的支付契约为 $(L, M_{IP}, \dfrac{\hat{D}_1}{q})$。

函数式（3.10）表示银行在 B_1 条件下的预期收益函数，根据此函数式，银行提供债权 y_2 的最优解为：

$$\max_{y_2, \beta} U_{B, B_1} = \max_{y_2, \beta} \int \left[(1 - \theta) L + \theta q(x)(\beta y_2) \right.$$
$$\left. - C(y_2) - C(b_P) \right] \rho(q) \, dq \quad (3.12)$$

因为 $q(x) = \hat{q}(x) + \hat{\sigma}(x) \varepsilon(x)$，则 y_2 的一阶条件是：

$$\frac{\theta \beta \hat{q}(x) - C'(y_2)}{\beta \hat{\sigma}(x)} = -\frac{E(u'_{B, B_1}, \varepsilon)}{E(u'_{B, B_1})} \quad (3.13)$$

因为 $E(\varepsilon) = 0$，$u'_{B, B_1} < 0$，所以 $E(u'_{B, B_1}, \varepsilon) = \text{cov}(u'_{B, B_1}, \varepsilon) < 0$，上式变为：

$$\frac{\theta \beta \hat{q}(x) - C'(y_2)}{\beta \hat{\sigma}(x)} = -\frac{\text{cov}(u'_{B, B_1}, \varepsilon)}{E(u'_{B, B_1})} \quad (3.14)$$

假设 $F(y_2) = -\dfrac{cov(u'_{B,B_1}, \varepsilon)}{E(u'_{B,B_1})}$，$F(y_2)$ 表示银行的风险规避度。$F(y_2) > 0$ 说明银行为风险厌恶者。从函数式 (3.14) 可以推导出 $\dfrac{\partial F(y_2)}{\partial \hat{q}(x)} > 0$，$\dfrac{\partial F(y_2)}{\partial \hat{\sigma}(x)} < 0$，说明创业企业家自身积累 x 的分布状态会影响银行的决策，即创业企业家自身积累越大，银行会认为自主创新模式成功的概率 q 值越大，银行对融资项目的投资信心也会增加，反之则越小。

同理，从函数式 (3.14) 可推导出关于 β 的偏导数 $\dfrac{\partial F(y_2)}{\partial \beta} = \dfrac{1}{\beta^2} \cdot \dfrac{C'(y_2)}{\hat{\sigma}(x)} > 0$，银行的风险规避度与债权回报率呈正相关，说明银行风险规避度越大，要求的债权投资的回报率 β 值越大。将函数式 (3.13) 变形为 $C'(y_2) = \theta\beta\hat{q}(x) - \beta\sigma(x)F(y_2)$，$C'(y_2)$ 表示银行用于债权投资资金的边际成本，且 $\dfrac{\partial C'(y_2)}{\partial \beta} > 0$，说明当银行资金的边际成本增大时，银行需要债权融资的回报率 β 亦随之增加，两者呈正比例关系。

当 $qM_{RP} < R_{IP}$，创业企业家尽管愿意执行自主创新模式，但是由于缺乏谈判力度，银行会运用监管权力要求实行模仿创新模式，实现 B_2。在 B_2 条件下，创业企业家的预期效益函数为：

$$U_{E,B_2} = (1-\theta)L + \theta(M_{IP} + C_{IP}) - \beta y_2 - C(x)$$

$$(3.15)$$

银行的融资约束条件变为：

$$(1-\theta)R_L + \theta R_{IP} - C(y_2) - C(b_P) \geqslant y_2$$

$$\rightarrow R_{IP} \geqslant \frac{y_2 + C(b_P) + C(y_2) - (1-\theta)\hat{S}_L}{\theta} = \hat{D}_2$$

当 $S_L = L$，S_{IP} 的值最小，即 βy_2 的值最小，这是创业企业家的预期效益最大。假设 D_2 为满足银行融资约束条件的最小债权融资收益的面值，而（R^*_L，R^*_{IP}，R^*_{RP}）为创业企业家提供的支付契约。

a. 当 $\widehat{D_2} \geqslant qM_{RP}$ 时，满足 E 的预期收益最大且符合银行融资约束的最优支付为：$R^*_L = L$，$R^*_{IP} = \widehat{D_2}$，$R^*_{RP} = \widehat{D_2}$。

b. 当 $\widehat{D_2} < qM_{RP}$ 时，E 实现预期收益最大且满足银行融资约束的最优支付不存在，因为在这个条件下，E 会选择自主创新模式而放弃模仿创新模式。

银行的预期收益函数：$U_{B,B_1} = (1-\theta)L + \theta(\beta y_2) - C(y_2) - C(b_P)$。因为创业企业在技术状态好时运作模仿创新模式的成功率为 1，所以银行在此条件时不用考虑企业自身积累与产品创新模式的关系。由上式可以得出，银行要实现预期收益最大，取决于资金的流动成本为最小，满足银行最优的 y_2 的一阶条件为：$\dfrac{\partial U_{B,B_1}}{\partial y_2} = \theta\beta - C'(y_2)$。此函数式显示银行债权融资的数量与 θ、β 均呈正比，与资金的边际成本呈反比。这说明若银行同意创业企业家运作 B_2，企业技术能力好的概率越大，银行债权融资的信心越大，或债权投资的回报率越高，创业企业家吸引银行融资几率越大，但是若银行资金的边际成本越高，提供的债权融资额度越小。

由上述对银行融资的分析，得出以下结论：

Ⅰ. 当创业企业家有充分谈判力度时，即 $qM_{RP} > M_{IP}$ 且 $qM_{RP} > R_{IP}$，企业会在技术能力好的状态下执行自主创新模式，且向银行提供的支付契约（R^*_L，R^*_{IP}，R^*_{RP}）。（a）当 $\widehat{D_1} \leqslant M_{IP}$，则 $R^*_L = L$，$R^*_{IP} = \widehat{D_1}$，$R^*_{RP} = \widehat{D_1}$，即支付契约

为（L，$\overset{\frown}{D_1}$，$\overset{\frown}{D_1}$）。（b）当 $\overset{\frown}{D_1} > M_{IP}$，则 $R^*_L = L$，$R^*_{IP} = M_{IP}$，

$R^*_{RP} = \dfrac{\overset{\frown}{D_1}}{q}$。支付契约变为 $\left(L，M_{IP}，\dfrac{\overset{\frown}{D_1}}{q}\right)$。当 $qM_{RP} < R_{IP}$ 时，

创业企业家缺乏谈判力度，企业会在技术能力好时执行模仿创新模式，向银行提供的支付契约只有在 $\overset{\frown}{D_2} \geqslant qM_{RP}$ 时成立，即

$R^*_L = L$，$R^*_{IP} = \overset{\frown}{D_2}$，$R^*_{RP} = \overset{\frown}{D_2}$，支付契约为（L，$\overset{\frown}{D_2}$，$\overset{\frown}{D_2}$）。

Ⅱ. 创业企业家选择银行为融资对象，在技术能力强运行自主创新模式时，决定预期收益函数的主要变量是 θ 与自主创新模式的平均概率 q，而运行模仿创新模式，决定预期收益函数的主要变量是 θ。

Ⅲ. 银行是风险厌恶者，其投资信心取决于创业企业的自身积累 X。判定自主创新模式成功的平均概率由创业企业自身积累决定且两者呈正相关。另外，银行的资金边际成本与债权报酬 β 呈正比。

Ⅳ. 当 $qM_{RP} \geqslant \overset{\frown}{D_1}$，创业企业家会认为行为 B_1 优于行为 B_2。当 $M_{IP} > \overset{\frown}{D_1}$ 且 $qM_{RP} < M_{IP}$ 时，创业企业家认为 B_2 优于 B_1。

2）外源融资为风险投资的均衡分析

风险投资家的主动监管行为不仅能识别技术能力的一级状态而且能准确判断创业企业技术能力的二级状态，即技术能力非常好与技术能力中等。在技术能力非常好的条件下，创业企业家是非常愿意实行自主创新模式的，依据假设条件，这是最优的选择。在此需进一步深入讨论的是，当技术能力中等时，创业企业家面临两种选择。A_1 是实行产品自主创新模式，A_2 是实行产品模仿创新模式。

当 $qM_{RP} > R_{IP}$ 时，创业企业家具有判断力度让风险投资家同意执行 A_1，此时依据函数式（3.6）创业企业家的预期收益

函数为：

$$U_{E,A_1} = [(1-\theta)L + \theta[(1-\theta)(p_m M_{RP} + C_{RP})$$

$$+ \varphi(p_h M_{RP} + C_{RP})]] \times (1 - \alpha \frac{y_1}{x+y_1}) - C(x) \quad (3.16)$$

风险投资家的预期收益函数为：

$$U_{VC,A_1} = (1-\theta)R_L + \theta[(1-\varphi)P_m R_{RP}$$

$$+ \varphi P_h R_{RP}] - C(y_1) - C(S_P) - \theta m_g/1 + r = (1-\theta)R_L$$

$$+ \theta q R_{RP} - C(y_1) - C(S_P) - \frac{\theta m_g}{1+r} \quad (3.17)$$

风险投资家的参与融资约束条件由函数式（3.8）变为：

$$(1-\theta)R_L + \theta q R_{RP} - C(y_1) - C(S_P) - \frac{\theta m_g}{1+r} \geq y_1$$

$$(3.18)$$

由于风险投资家提供的是主动监管行为，因此其激励补偿条件为：

$$U_{VC,A_1}(S_A) - U_{VC,A_1}(S_P) \geq \frac{\theta m_g}{1+r} \quad (3.19)$$

与 B_1 银行实行被动监管行为获得预期收益函数（3.10）相比，风险投资家实行主动监管行为后的预期收益要减少 $\frac{\theta m_g}{1+r}$，且不论风险投资的流动性成本远远高于银行资金的流动成本。对于创业企业家而言，A_1 条件下的预期收益函数（3.16）与 B_1 条件下的预期收益函数（3.9）相比，其影响预期收益的不确定因素增多，同时收益也下降，无法满足风险投资家融资约束和激励补偿条件。因此，当企业技术能力中等时，创业企业家与风险投资家均不会同意执行自主创新模式，B_1 要优于 A_1。

当 $q M_{RP} \geq R_{IP}$ 时，创业企业家丧失谈判力度，只能在企业技术能力中等时执行 A_2 依据函数式（3.6）创业企业家的预期收益函数变为：

$$U_{E,A_2} = \{ (1-\theta) L + \theta [(1-\varphi)(M_{IP}+C_{IP})$$
$$+\varphi(P_h M_{RP}+C_{RP})]\} \times \left(1-\alpha \frac{y_1}{x+y_1}\right) - C(X) \quad (3.20)$$

风险投资家的预期收益函数：

$$U_{VC,A_2} = (1-\theta) R_L + \theta \{ (1-\theta) R_{IP} + \varphi p_h R_{RP}\}$$
$$-C(y_1) - C(s_P) - \frac{\theta m_g}{1+r} = \alpha \times \frac{y_1}{x+y_1} \{ (1-\theta) L$$
$$+\theta [(1-\varphi)(M_{IP}+C_{IP}) + \varphi(\hat{P_h}(x)$$
$$+\hat{\sigma}(x)\varepsilon(x)) X_{RP}+C_{RP}]\} - C(y_1) - C(s_P) - \frac{\theta m_g}{1+r}$$
$$(3.21)$$

依据上式风险投资家提供的 y_1 最优解为：

$$\frac{\theta\varphi\hat{P_h}(x)+(1-\theta)L+\theta(1-\varphi)(M_{IP}+C_{IP})-\frac{(x+y_1)^2 C'(y_1)}{\alpha X}}{\hat{\sigma}(X)}$$

$$= -\frac{E(u'_{VC,A_2},\varepsilon)}{E(u'_{VC,A_2})}$$
$$= -\frac{cov(u'_{VC,A_2},\varepsilon)}{E(u'_{VC,A_2})} \quad (3.22)$$

根据函数式（3.22），因为 cov（U'_{AC,A_2}，ε）＜0，所以风险投资家对项目的风险规避度 $F(y_1) = -\frac{cov(u'_{VC,A_2},\varepsilon)}{E(u'_{VC,A_2})}>$ 0，风险投资家的风险规避度大于零，属于风险厌恶者。函数式（3.14）与（3.22）相比较，可以得知，风险投资家的风险规避程度要小于银行。

由函数式（3.22）可推导 $\frac{\partial F(y_1)}{\partial \hat{P_h}(x)}>0$ 且 $\frac{\partial F(y_1)}{\partial \hat{\sigma}(x)}<0$

成立。这说明风险投资家通过主动监管行为，准确识别创业企业在技术能力二级状态下的自身积累的分布情况，当企业技术能力中等时推行模仿创新模式，风险投资家通过企业的自身积累判断项目的预期收益概率，企业自身积累越大，风险投资家的投资信心越足。

函数式（3.22）的偏导数 $\dfrac{\partial F(y_1)}{\partial x} = \alpha C'(y_1)\hat{\sigma}(x)$ $(y_1^2 - x^2)$，此等式显示，风险投资家会随着创业企业家自身积累的增加而增加股权投资。当 $y_1 = x$ 时，创业企业家为了获得股权融资，其转让的股权或控制权最大比例为50%。

当 $qM_{RP} < R_{IP}$，风险投资家同意运行 A_2，其前提条件是 VC 在主动监管行为下的预期收益，用公式表示为：

$$\theta(R_A - R_P) \geqslant \frac{\theta m_g}{1 + r} \qquad (3.23)$$

R_A 表示创业企业家在风险投资家实行主动监管行为下的支付函数，R_P 则表示创业企业家在风险投资家实行被动监管下的支付函数。在 A_2 条件下，R_A 的函数式表示为：

$$R_A = (1 - \theta) R_{IP} + \varphi p_h R_{RP} \qquad (3.24)$$

对于 R_P 的支付函数应分为两种情况，一是在被动监管下，创业企业家在技术好条件下推行模仿创新模式，$R_P = R_{IP}$，而当创业企业家在技术好的条件下实行自主创新模式，$R_P = qR_{RP}$。

依据函数式（3.23）和（24），可以得知：

$$\theta(1 - \theta)(R_{IP} - p_m R_{RP}) \geqslant \frac{\theta m_g}{1 + r} \qquad (3.25)$$

和 $\quad \theta\varphi(p_h R_{RP} - R_{IP}) \geqslant \dfrac{\theta m_g}{1 + r} \qquad (3.26)$

由（25）和（26）可以得出风险投资家在 A_2 提供主动监

管行为时的激励补偿：$\dfrac{\theta m_g}{1+r} \leqslant \dfrac{\theta\varphi\ (1-\varphi)\ (p_h-p_m)}{q}$，由于 p_h

和 p_m 均是企业自身积累 x 的函数，因此上式变为：

$$\frac{\theta m_g}{1+r} \leqslant \frac{\theta\varphi\ (1-\varphi)\ (p_h\ (x)\ -p_m\ (x))}{q\ (x)} \tag{3.27}$$

函数式（3.27）的经济含义是风险投资家进行主动监管行

为的追加成本的最大值为 $\dfrac{\theta\varphi\ (1-\varphi)\ (p_h\ (x)\ -p_m\ (x))}{q\ (x)}$，若

追加的成本超过此边界值，风险投资家不会进行主动监管。

依据上述推导，在 A_2 条件下，风险投资家的激励补偿条

件下，即函数式（3.27）和融资约束条件：

$$(1-\theta)\ R_L +\theta\{(1-\theta)\ R_{IP} +\varphi p_h R_{RP}\}$$

$$-C\ (y_1)\ -C\ (S_P)\ -\frac{\theta m_g}{1+r} \geqslant y_1 \tag{3.28}$$

假设在 A_2 的创业企业家的给出的符合风险投资家融资约

束条件的契约为（R^*_L，R^*_{IP}，R^*_{RP}），依据函数式（3.27）

和（3.28）得出：

$$(1-\theta)\ R_L +\theta q R_{RP} \geqslant y_1 +C\ (y_1)\ +C\ (S_P)$$

$$(1-\theta)\ R_L +\theta q R_{IP} \geqslant y_1 +C\ (y_1)\ +C\ (S_P)$$

因为 $R_{RP} < q M_{RP}$，$R_{IP} < M_{IP}$，可得出：

$$R^*_L = \min\left[\frac{y_1 +C(y_1) +C(s_P) -\theta\min(qM_{RP}, M_{IP})}{(1-\theta)}, L\right]$$

$$\tag{3.29}$$

因为 $R^*_{IP} \leqslant \dfrac{y_1 +C(y_1) +C(s_P) -(1-\theta)R^*_L}{\theta q}$，所以

$$R^*_{IP} = \min\left[\frac{y_1 +C(y_1) +C(s_P) -(1-\theta)R^*_L}{\theta q}, M_{IP}\right]$$

$$\tag{3.30}$$

同理：

$$R_{RP}^* = \min\left[\frac{y_1 + C(y_1) + C(s_P) - (1-\theta)R_L^*}{\theta}, qM_{RP}\right]$$

(3.31)

上述分析可以得出的结论是：

Ⅰ. 在创业企业技术中等条件下实现企业的自主创新模式，这是创业企业家与风险投资家均不会同意的行为。

Ⅱ. 创业企业家选择 A_2 优于 A_1 必须严格遵循两条限制条件：一是 $p_m M_{RP} < M_{IP} < p_h M_{RP}$，二是 $\dfrac{\theta m_g}{1+r} \leq \dfrac{\theta \varphi (1-\varphi)(p_h(x) - p_m(x))}{q(x)}$。同时依据风险投资家的融资约束条件，创业企业家提供的新融资契约为 $(R_L^*, R_{IP}^*, R_{RP}^*)$，其中：

$$R_L^* = \min\left[\frac{y_1 + C(y_1) + C(s_P) - \theta\min(qM_{RP}, M_{IP})}{(1-\theta)}, L\right];$$

$$R_{IP}^* = \min\left[\frac{y_1 + C(y_1) + C(s_P) - (1-\theta)R_L^*}{\theta q}, M_{IP}\right];$$

$$R_{RP}^* = \min\left[\frac{y_1 + C(y_1) + C(s_P) - (1-\theta)R_L^*}{\theta}, qM_{RP}\right]$$

Ⅲ. 风险投资者相对银行偏好风险，即当创业企业家发现运行的产品创新模式风险大且成功概率小时，会选择出让企业控制权的方式向风险投资家融资，但控制权出让比例最大为 50%。

Ⅳ. 创业企业家最优的支付方式是向风险投资家提供可转换的证券。由函数式（3.29）、（3.30）和（3.31）显示，在 A_2 条件下，满足风险投资家融资约束与激励条件的支付若改为可转换的证券，即当企业清算时，风险投资家有优先权得到全部的现金，即 $R_L^* = L$ 时，则

$$R_{IP}^* = \min\left[\frac{y_1 + C(y_1) + C(s_P) - (1-\theta)L}{\theta q}, M_{IP}\right],$$

$$R^*_{RP} = \min\left[\frac{y_1 + C(y_1) + C(s_P) - (1-\theta)L}{\theta}, qM_{RP}\right],$$

这类契约对风险投资家有较大的吸引力度。

（3）模型结论进一步比较

本文模型中提及的四种行为，B_1 是创业企业家在技术能力好时采用自主创新模式，B_2 是创业企业家在技术能力好时推行模仿创新模式，A_1 是在技术能力中等状态实行产品自主创新模式，A_2 是技术能力中等状态实行产品模仿创新模式。现在依据企业的预期现金流分布于技术能力与产品创新模式相匹配的原则，分析创业企业家如何决定最佳的融资行为。

在上述四种行为比较中，只要 $qM_{RP} \geqslant D_1$，B_1 是创业企业家最优的融资行为选择。依据假设条件（3.3）和银行融资均衡分析结论（3.4），创业企业家会认为 B_1 所产生的现金流和非货币收益始终优于行为 B_2。与 A_2 相比，就控制权而言，B_1 的控制权是大于 A_2 的，自然创业企业家的非货币收益也优于 A_2。如果创业企业家要选择 A_2，其前提条件必须是 A_2 带来的现金流要大于 B_1 的现金流与非货币收益的总和≥但是需要风险投资家放弃主动监管而采取被动监管，这与 A_2 假设条件相违背，所以，在可行的条件下，B_1 为最优。

选择 A_2 为最优的融资行为的条件比较比较严格，其前提是行为 B_1 不可行，即 $qM_{RP} < D_1$ 且 $qM_{RP} < R_{IP}$，同时还要满足风险投资家的激励补偿条件

$$\frac{\theta m_g}{1+r} \leqslant \frac{\theta \varphi (1-\varphi)(p_h(x) - p_m(x))}{q(x)}$$ 和融资约束条件

即函数式（3.28），只有上述条件成立，创业企业家会选择 A_2 最优。如果上述条件有任何一项不成立，且 $M_{IP} > D_1$，$qM_{RP} < R_{IP}$，则创业企业家会选择行为 B_2 为最优。

上述分析显示：创业企业家实质偏好银行融资。因为在银

行的融资模式下，创业企业家不会出让企业的控制权，由此获得由控制权带来的非货币收益。而要得到风险投资家的融资支持必须出让部分控制权，最多达到50%，融资成本较高。在两者融资方式的比较中，创业企业家会在融资收益与融资成本之间进行仔细权衡。若选择风险投资，必定会比较融资收益与出让控制权造成的非货币收益损失之间的差异。当产品创新模式的预期现金流分布右偏，即预期收益率较低且成功概率小，或者创新模式下主动监管策略的成本不高，即出让控制权的非货币性收益损失低时，创业企业家会选择风险投资方式，建立VC－E合作关系（Wang lan，Long Yong，2011）。

（4）结论

本文模型将创业企业的外源融资机构分为银行与风险投资，并以创业企业的技术能力与自身积累为重要变量，注重分析不同产品创新模式下银行与风险投资融资特性，以此研究创业企业如何实现不同产品创新模式与适宜融资策略相匹配的问题。研究结果发现，在企业技术能力差的情况下，银行与风险投资家均不愿继续投资，要求企业进行清算以偿还部分投资。企业技术能力好时，虽然银行实行被动监管策略，但它可依据企业的自身积累来判定自主创新模式的平均成功概率水平。风险投资家则会运用主动监管策略，同时会准确识别出企业技术能力在中等条件下与企业的自身积累的真实状况，来判定自主创新模式的成功概率。与银行相比，风险投资家的风险规避度低，在均衡状态下对自主创新模式更具有乐观精神，当发现企业推行自主创新模式时风险较大，成功概率较低，现金流分布偏斜度大且企业自身积累小时，会选择风险投资这种融资方式。当创新模式运作风险低，预期收益值大且企业自身积累大时，创业企业家会选择银行融资。同时，风险投资的融资代价是要求创业企业家交出企业控制权，这一结论在现实条件下可以得到支撑。依据北京中关村的相关数据，高新技术企业在融资阶段一旦认为项目的成功率高且自有资金较大时会首选银行为融资对象，因为银行不会要求企业交出控制权，同时因为银行不具有相关专业技术背景，不会出现银行盗用企业创新项目独自谋利的现象。最后，风险投资的执行条件具有严格的限制，其资金筹集成本决定了它要求高额的回报率，而银行的执行条件相对宽松。只要企业自身积累高，创新模式风险低，创业企业家会选择银行为最佳融资对象，反之会将风险投资为最优的外源融资。

3.1.2 VC－E合作关系的形成

组织合作关系的研究主要集中在形成和治理两个方面。组织间关系的形成与发展实质上是合作双方通过衡量关系成本和收益而不断调整合作方式的结果，而对于已经形成的组织间合作关系的稳定性和发挥作用的程度决定于组织间关系的治理机制（马占杰，2010）。

（1）VC－E良好合作关系建立的重要性

风险投资运行过程中的风险投资家和创业企业家彼此之间是相互独立的个体，它们之间不能相互替代或者相互取代，两者之间的联系表现为不同个体之间的资本权益方面的联系。因此，在风险资本运作过程中，风险投资家和创业企业家必须相互合作才能保证投资项目的成功。风险投资一旦投资于创业企业，投资项目运行的前途和命运便维系于创业企业成长的预期目标之上。风险资本实现增值的任务和目的便转向并依赖创业企业的发展和壮大。可见，风险投资与创业企业之间形成"联体成长"的格局。风险投资家和创业企业家在实现创业企业的成长和创业企业的价值增值目标上取得了一致，并以此为共同目标和建立合作关系。实质上，VC－E合作关系是一种受外部环境影响的一种强制性的合作关系。风险投资最终能否取得预期的增值回报，创业企业能否实现预期的成长目标，都将取决于风险投资家与创业企业家能否形成良好的合作关系和合作能力。VC－E 良好的合作关系源自他们之间围绕着创业企业成长目标的相互调适和相互匹配。可以说，那些成功的风险投资，无一例外的都是风险投资家与创业企业家建立良好合作关系的结果。而那些不能进行良好合作甚至发生严重冲突和矛盾的风险投资家和创业企业家对创业企业的发展造成极大的障碍，最终导致创业企业的彻底失败。

研究风险投资和创业企业管理的学者们从多个角度分析了导致风险投资与其支持的创业企业经营失败的原因。形成的一致性结论是：风险投资和创业企业经营绩效的改善需要双方形成相互信任、相互合作的组织关系。就创业企业来说，VC－E 合作关系的重要性超越了风险投资的资金注入，即成功的合作关系是提高风险投资支持的创业企业绩效的必要条件。

第一，风险投资不同于传统投资方式，会积极介入创业企业的经营管理，帮助企业制定战略规划，即提供增加企业价值的各种服务。从创业企业角度来说，VC 增值服务若能符合创业企业发展的需求，使其在经营过程中得到有真实意义的指导并从中获益。关键的因素是创业企业家能与风险投资家进行开放式互动，并对其增值服务满意且充分信任，而不是将 VC 增值服务仅仅停留在风险投资家一厢情愿单方面提供的层面上。良好的合作关系与彼此间的充分信任是 VC 增值服务能真正有效地转化为绩效的必要条件。

第二，良好的 VC－E 合作关系是形成高效资源整合机制的前提。风险投资运行过程比一般的资本运作和企业运作表现出更长的纵向链条的特征。一个完整的风险投资运行链条包括融资与投资两个重要环节。即投资者将资金投向风险投资机构，风险投资机构再将资金投向创业企业以及创业企业成功发展后风险投资的退出。这个运行链条涉及的每个环节都可独立为单一的运行阶段。在实践领域，除了投资者与风险投资家之间运行关系较为简单之外，其他每个环节和阶段都可细化为更多的环节或阶段。而风险投资运行顺利则必须强调运行环节和阶段之间依次递进，这就使风险投资运作程序组合成为依次连接的投资链条，其运作长度和复杂程度远远超过了一般传统的资本运作和企业运作。那么是什么因素能将如此长链的运作顺利推进呢？这就是风险投资运作中良好合作关系促进不同资源整合的机制形成的结果。

资源整合是不同要素资源围绕共同目标进行的质量与数量的匹配。在同一企业内部，不同要素资源的连接和整合由于资源本身的流动性和转化性是一个动态的过程。而对于风险投资的运行则资源连接和整合机制的复杂程度更高。这是因为，风险投资不仅涉及多种类型的企业（如风险投资机构和创业企业等），而且还涉及资本在风险投资与创业企业之间的多次转移；不仅包括不同单个企业内部资源的动态连接和整合，还包括企业之间资源的动态连接和整合。另外，风险投资运行中的每一次要素资源的变化都会引起资源的新一轮整合。因此，风险投资运行对高效的要素资源连接和整合机制有着强烈的需求，而风险投资家和创业企业家良好的合作关系和相互信任对高效资源整合机制的形成起着重要的作用。

第三，风险投资家和创业企业家各自的人力资本特征具有显著的专有性，只有双方的密切合作才能有效促使彼此之间的知识共享。风险投资家利用自身的技术背景和从业经验、擅长建立社会网络、廉价获取资金等，对特定行业的发展趋势和商业模式有着独到的见解。创业企业家则拥有杰出的技术能力和机会识别能力，能迅速把握新兴的市场机会且懂得如何高效整合各种有形、无形资源来开发和利用这些市场机会。这些专有知识依附个体而存在，不存在大规模的人才备选市场。由于缺乏有效的风险投资家和创业企业家市场，致使这类人才的搜寻成本和转换成本非常高昂，在风险投资运作过程中试图替换风险投资家或者创业企业家必须付出极高的交易成本。在这种知识专有和市场失效的情况下，创业企业要取得良好的发展绩效，VC－E的良好合作关系就显得尤其重要。

第四，嵌入在特定社会网络中的风险投资家和创业企业家的合作遵循了网络治理规则。根据网络理论，嵌入关系是企业间的主要联结关系，其将导致企业间的交易行为不再仅仅局限为经济行为，合作、信任、信息交换、协商解决问题等在企业间的交易过程中起着重要作用。对于风险投资和创业企业交换缄默知识频繁的企业组织，网络治理是最佳的制度选择。因为网络治理是由多个独立企业构成的具有可选择性、持久性和结构性的集合。这些企业提供的产品和服务的交易合约受制于社会规范而非法律条文。网络治理从相关企业之间的关系出发，通过企业外部治理和协调，保证网络组织成员之间的有效协调、整合和维护，防止企业间的机会主义行为，从而实现网络整体价值的最大化。而非网络治理是企业仅考虑内外部资源和能力的协调配置，使企业获取更多的利润。无论是单边治理还是双边治理，均是以建立高效的激励机制和约束机制确保利益目标的实现。相异于非网络治理，关系规范、声誉和信任是网络治理的主要途径，它们有力确保企业之间交易结构的稳定性。Larson（1992）指出，相对稳定的创业企业网络结构都是以创业企业家与风险投资家良好的合作关系为前提，多次交易和高度信任为基本特征。声誉和信任对于风险投资家和创业企业家之间的重复性交易合约运行起着重要保证作用。

2. VC－E合作关系的形成阶段

VC－E合作关系的形成包括两个阶段，即伙伴搜寻和伙伴匹配。风险投资机构和创业企业受到自身利益的驱使会积极寻找合作者以实现自身的利益需求。双方在融资契约签订之前，会通过多种方式，如在网上发布公告或者招标书吸引合作伙伴。风险投资家会利用事前尽职调查详细了解潜在合作者的相关信息，而创业企业家会利用各类中介机构收集合作方的确切信息。双方采取这些措施的目的在于找寻与自身具有良好匹配性的企业，便于融资契约签订之后建立良好合作关系和提高投资项目的成功率。

①伙伴搜寻

出于各自的利益需求，风险投资家和创业企业家会积极寻找外部合作者，利用其互补性优势资源来实现自身预期的利益目标。

Tyebjee & Bruno 以及 Wells、Poindexter 等学者将风险投资家进行项目决策的行为分为五个连续过程，即交易开始阶段（Deal Origination）、筛选阶段（Screening）、评估阶段（Evaluation）、构建契约阶段（Structuring）、投资后管理阶段（Post - investment Activities）。交易开始阶段指风险投资家识别和发现潜在的投资机会；筛选阶段是在众多潜在投资机会中依据特定标准初选出小部分投资项目进行深入分析；评估阶段指对经过筛选后初步认定的创业企业的未来成长性进行评价；构建契约阶段是风险投资家与经过评估价值认可后的创业企业进行谈判并签订交易契约；投资后管理阶段为风险投资家设立控制与约束机制，保护投资资本的利益而进行监控与增值服务，最终将创业企业进行资本化运作以顺利实现兼并收购和发行上市。在这投资决策的五个阶段中，伙伴搜寻涉及了决策过程的前三个阶段，即交易开始阶段、筛选阶段和评估阶段。图 3.1 描述了风险投资家项目决策过程。

1）交易开始阶段

风险投资家奉行的经典原则之一是"选择正确的投资项

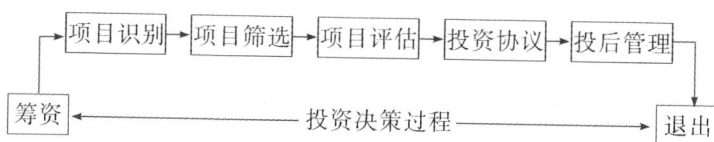

图 3.1　风险投资家项目决策过程

目远比经营管理项目重要"。作为风险投资潜在合作伙伴的创业企业往往是没有任何经营记录的新创企业。一旦风险投资家以权益资本投向创业企业，因其缺乏流通性而致使股权不能顺利转让，必须长期持有。同时鉴于阶段性融资的特性，还需在获得投资收益回报之前不断进行投资，所以风险资本实质上具有极高的风险性。为了降低风险，风险投资家必须正确而有效地对潜在的合作伙伴有关信息进行广泛搜寻，认真对待各种投资项目的收集、识别、筛选和评估工作，挑选出最具有发展潜力的创业企业进行合作。

交易开始阶段主要是风险投资家识别和收集创业企业的提案或投资申请，无须作出评价或判断，也不需要对应用指标进行评估。投资项目来源于自身积极收集或各类中介机构的引荐以及创业家主动申请。风险投资家在选择投资项目的时候更多依赖中介机构的推荐，确切地说，通过风险投资信息网络来完成项目的识别。根据 Bygrave（1992）的研究，风险投资家构建的信息网络成员涉及不同地域、不同性质的风险投资家，还包括会计师、律师、投资机构等各种中介机构。当创业企业家向此信息网络机构递交投资申请，由于网络信息传播的快捷，投资申请书因此很快在网络成员之间流动。同时该项目的受理度也会大幅度提高。对于那些处在种子期和创建期的投资项目，多数是创业企业家主动联系风险投资家。鉴于这类项目的风险性较高且不确定性较强，风险投资家会依据筛选标准，选择符合投资策略的方案进行评估。对于某些声誉较弱的风险投资家则会亲自收集项目，凭借自身的投资经验和技术背景，有效识别出符合产业和技术发展趋势且有较高市场潜力的项目。尤其对于风险投资业尚不发达的国家，往往需要投资技能高超的风险投资家主动寻找良好的投资项目来建立合作关系。

2）筛选阶段

风险投资家对项目的筛选实质上就是搜寻潜在的合作伙伴，是在大量的创业企业或投资机会中搜寻或识别出具有潜在竞争优势的项目进行尽职调查与评估。在筛选过程中，风险投资家会依据创业企业所处的行业、项目发展阶段、所需投资规模以及地理位置等问题对投资对象进行深入、细致的考察与分析，尤其是投资项目所处的行业与发展阶段是风险投资家重点考察的对象，这两个因素决定着投资项目的潜在竞争优势与市场价值。

投资项目的行业应与风险投资家的技术专长和投资策略一致。一般而言，风险投资家因技术背景和投资经验，会对某行业或者特定的几个行业的运作规律非常熟悉。因此在其筛选投资项目时，通常考虑自身精通的行业。只有对投资的创业企业所处的行业有着深刻的认知，风险投资家才能利用已有的投资经验和宽广的网络关系，帮助企业解决技术、市场和管理等方面的问题，更好地提供增值服务，以便更好地与创业企业家互动与沟通，取得预期的投资收益。

对于投资项目的发展阶段的选择则取决于风险投资家的投资偏好。有的风险投资家偏好种子期和创建期的项目，有些则喜好成熟期的项目。依据投资理论，处于不同阶段的投资项目面临的风险不同，收益不同。处于种子期和创建期的项目面临的不确定性因素多，风险也比较大，收益亦较高；而处在成熟阶段的投资项目，技术与市场的不确定性因素较少，风险较低，收益亦较低。风险投资家要在综合权衡投资风险和收益的基础上，合理确定投资方向。依据 Gompers（1998）的结论，风险投资家专注投资某一特定阶段的创业企业，有利于积累投资经验，化解和规避投资风险，提高投资收益。

除此之外，创业企业的地域特征也是风险投资家筛选项目的指标。从管理学角度来讲，确定合理的投资项目或搜寻潜在的合作伙伴，需要仔细权衡管理成本和管理收益。Gaidella（2000）提出，创业企业所在的地域特征对风险投资家的投资决策起着重要的影响。若两者地理距离太远，风险投资家无法参与创业企业的经营之中，监管与增值功能均无法实现，从而造成高额的管理成本。为了便于监管与增值服务于创业企业，风险投资家通常选择具有地理距离较近、地处发达市场、毗邻科研院校等特征的创业企业为投资对象与合作伙伴。

3）评估阶段

评估阶段是风险投资家对筛选初步通过的投资方案进行详细考察与分析以形成最终的投资决策。评估的内容分为三方面：创业企业家及其管理团队、创业企业整体风险和收益、创业企业的外部环境。

首先，创业企业家与其管理团队是创业企业的灵魂，与投资项目成功有着直接的关系。风险投资家评估投资项目时，要求最为严格的标准就是：创业企业家与其管理团队必须有足够的能力胜任此项工作。风险投资领域曾一度盛行的投资理念是：投资二流技术、一流的管理团队，胜过投资于一流技术、二流的管理团队。所以创业企业家的能力和管理团队的人员构成是决定创业企业运营成功的前提条件。

第二，创业企业自身整体的风险和收益是决定投资项目成功的核心因素。创业企业整体收益和风险分析涉及两个部分，即创业企业整体特征，如地理位置、所处行业、企业发展阶段、投资规模、预期收益等。另一部分则是创业企业开发的产品或服务的特点，如产品或服务的独特性、防模仿性、市场开拓性、创新性等。

第三，创业企业的外部环境是创业企业成功的保证。它主要包括三个方面：创业企业面临的市场环境、创业企业面临的制度环境、创业企业的社会网络等。市场环境包括市场的规模性、成长性、稳定性等，制度环境涉及政治、法制、政策、文化等因素，创业企业的社会网络涉及政府机构、科研院校、金融机构、供应商、消费者以及营销商等。上述三方面决定创业企业运行的成败，在对其评估时均对应相应的指标体系。通过对这些指标的细致分析和研究，可以进一步揭示出这些因素对风险投资的影响，进而在风险投资家确定适宜的投资项目、选择合适的合作伙伴时，注意对这些因素产生的风险进行控制，进而提高投资收益。表 3.1 中总结了风险投资家对于创业企业进行评估的指标和评估的内容。

表 3.1　　　　　　风险投资家评估指标体系与内容

评估指标		评价内容
创业企业家及其管理团队	一、创业企业家 1. 经营管理能力 2. 市场营销能力 3. 社会交往能力 4. 金融管理能力 5. 市场应变能力 6. 风险预见能力 7. 技术创新能力 8. 创业企业家的品性	战略制定、组织架构、激励机制、薪酬福利等； 市场洞察力、需求预测力、市场反应力、市场理念等； 社会关系网络、信息资源网络、社会感召力； 融资能力、资金配置、财务管理； 危机化解措施； 风险敏感度、风险防范措施； 技术理念、产品开发能力、产品创新模式、技术领先度； 领导素质、对成就的渴望、职业操守、团队精神、守信程度、心理成熟度；
	二、管理团队成员 1. 团队成员构成 2. 团队成员素质	成员的优势互补性、关系契合度、信任程度； 学历、技术专长、行业经验、个人品性、团队意识。

表3.1(续)

评估指标		评价内容
创业企业整体特征	一、创业企业整体性质 1. 预期收益水平 2. 风险水平 3. 人事制度 4. 组织结构 5. 财务指标 6. 企业文化 7. 行业特征 8. 投资规模 9. 发展阶段 10. 地理位置	收益水平达到一定的标准; 系统风险和非系统风险控制在一定的程度; 人事录用、人事选拔、人事开发、人事考评、人事激励; 合理的组织结构应适合创业企业发展的需要; 赢利能力、偿债能力、资产管理比率; 具有导向功能、凝聚功能、激励功能、约束功能; 朝阳行业优于夕阳行业; 投资规模合理,符合风险投资家的投资策略; 投资应包含各种阶段,不局限于某特定阶段; 与风险投资家保持适度的地理距离,方便互动;
	二、产品/服务 1. 技术因素 2. 经济因素	技术具有先进性、可行性、独创性; 市场需求满足性、市场变化适应性。

表3.1（续）

评估指标		评价内容
外部环境与外部网络	一、市场环境 1. 市场的规模性 2. 市场的成长性 3. 市场的稳定性 4. 市场进入的壁垒 5. 市场的竞争性 6. 市场的退出	市场份额比重越大越好； 市场成长越快越好； 市场稳定性越强越好； 市场进入壁垒在既定成本内越高越好； 保持一定的竞争优势； 退出渠道顺畅且多元；
	二、外部网络 1. 与政府机构的关系 2. 与金融机构的关系 3. 与供应商的关系 4. 与营销商的关系 5. 与消费者的关系	政策把握度、从政府中获取信息、与政府人员互动频率； 与银行人员互动频率、熟悉银行各种金融工具与流程； 供应商了解创业企业物资需求、完善的信息交流制度； 向销售商提供各种便利服务、加强双方信息交流； 充分考虑消费者利益、具有冲突化解能力；
外部环境与外部网络	三、制度环境 1. 社会政治环境 2. 宏观经济环境 3. 法制环境 4. 文化环境 5. 自然环境	政治稳定性、政策连续性、战争风险； 宏观经济处于繁荣阶段； 相关法律制度健全、法律执行情况； 人们的价值观念、行为规范、风俗习惯、宗教观点； 自然资源、气候、人口；
其他指标	1. 商业计划书 2. 创业企业家出让的股权比例	信息充分、分析全面、内容真实、计划周详、战略可行； 符合风险投资家对投资收益的要求。

注：资料来源于方少华所著《中国式风险投资》。

②伙伴匹配

合作伙伴的匹配是双方就投资项目反复进行谈判协商的过程。风险投资家与创业企业家的合理匹配能够使双方达到预期目标满意的结果，有利于提高风险投资项目的成功率，对风险投资家与创业企业家的长期合作和发展具有重要意义。风险投资家通过在诸多商业计划书中依据特定的评价指标筛选出具有良好成长潜力的项目，然后与创业企业家展开谈判以便深入了解企业，进行项目各环节的匹配，最终与目标创业企业家确立合作关系。

风险投资家投资决策过程中的构建契约阶段实质上是风险投资家与创业企业家实现合作伙伴匹配的过程。项目评估阶段完成之后，如果风险投资家认为投资项目的前景良好，则会进行投资形式和估值的谈判。实质上，谈判是构建契约时双方互动的物质媒介。通常创业企业家会得到一个条款清单，概括谈判涉及的主要内容。这个过程可能会持续数个月。因为创业企业家可能并不太清楚谈判的内容，他将会承担什么责任，风险投资家会得到多少股份，现有的管理团队是否会发生变化等问题，均需要其花费时间进行研究。另外，由于风险投资家与创业企业家还需要反复论证投资项目的价值和可行性以及双方的合作意图，所以谈判的时间往往持续数周至半年时间。在谈判过程中主要解决的问题：一是出资额与股份分配，包括创业企业家的技术发明与专利等作为技术能力象征的股份估算；二是创建企业的组织机构和双方各自的管理职能；三是风险投资家监控权利的利用与界定；四是风险投资者退出权利的行使范围。谈判过程中风险投资家与创业企业家就主要解决问题方面频繁互动，彼此相互了解对方的相关信息。就风险投资家来说，可以根据创业企业家的投资计划对未来的投资价值进行分析，并通过对其技术、管理层、技能、经验、经营计划、知识产权以及工作进展等方面的评估，决定企业面临风险的大小，计算出创业企业的净现值。而创业企业家也会收集到有关风险投资家声誉、投资经验和投资实力等信息。两者之间的匹配最终取决于双方对创业企业价值的评估，一旦双方的评估价值趋于一致，就会进入签订协议的阶段，最终确立合作关系。

合作关系匹配中影响双方谈判力度的主要因素有：

a. 风险资本市场的规模。风险资本市场的资金规模越大，对风险投资项目的需求就越多，造成过多资金追逐投资项目的现象，致使创业企业占据谈判的主动权，风险投资家的谈判力度较弱。由此，创业企业家可以凭借较低的融资成本获取风险投资的支持。

b. 风险资本的退出战略。风险投资的退出战略影响创业企业家与风险投资家之间的均衡关系。退出战略越多元，创业企业家占据的主动权越大，创业企业的价值上升就越快，风险投资家谈判控制力度越弱。

c. 风险不确定性。创业企业面临的风险不确定性越高，其市场价值越低，创业企业家在与风险投资家谈判过程中的谈判力度会逐渐减弱。

d. IPO 市场条件。一般情况下，IPO 市场条件越好，即股票市场走势乐观，创业企业市场价值前景越好，其谈判控制权越强。相反，则风险投资家的谈判力度会增强。当谈判条件确定之后，风险投资家与创业企业家正式签订代表双方责任和预期利益的合同，两者之间的合作关系由此而正式建立。创业企业家可以得到资金，以继续实现投资计划书中的预期目标，风险投资家则拥有创业企业的股份，并在其董事会中占有一定的席位。由于风险投资较之传统投资的特殊性，多数的风险投资家会积极介入企业的日常经营管理，对企业如何改善经营以获取更多利润提出建议，帮助企业招募优秀的管理人员和专业技术人士，定期审查会计师事务所提交的财务报告以及时跟踪企业的真实经营状况。

总之，一旦风险投资家与创业企业家正式签订投资契约，双方的合作关系就在投资后管理阶段正式形成并产生重要的影响作用。

3.2　VC－E合作关系治理的影响因素

组织间合作关系研究包括形成和治理两个方面。VC－E
在风险投资决策过程中的契约签订阶段建立合作关系之后，如
何形成良好的合作以提升创业企业的创新绩效是投资后管理阶
段面临的重要问题。即合作关系治理才是决定合作伙伴关系稳
定与发挥作用的关键因素。

3.2.1　VC－E合作关系治理的对象——交易成本

（1）交易成本

交易成本（Transaction cost）又名交易费用，最早由美国
经济学家罗纳德·科斯（Coase，R. H.，1937）提出。他在
《企业的性质》一文中将交易成本界定为"通过价格机制组织
生产的，最明显的成本就是所有发现相对价格的成本"。对于
企业而言，通过价格机制产生的成本主要与搜寻市场价格的行
为有关，它包括市场交易的谈判成本、签订契约成本、形成长
期契约之后节省的成本、签订系列短期契约的成本等。交易成
本理论的核心在于对企业的本质加以解释。由于经济体系中企
业的专业化分工与市场价格机制的运行，市场中出现专业化分
工的现象，但是由于使用市场的价格机制成本相对偏高，而企
业则可以降低这种交易成本而成为人类追求经济效率所形成的
组织体。若交易成本不存在，企业则失去了存在的意义。但是
企业不可能仅仅因为交易成本而存在，或者因为交易成本而发
展。所以企业边界最终取决于企业内部的交易成本与市场交易
成本这两者边际支出的对比。

由于交易成本泛指所有为促成交易而形成的成本，因此很

难进行明确的分类与界定。Williamson（1975）依据交易的共性将交易成本分为搜寻成本、信息成本、议价成本、决策成本与监督交易进行的成本。搜寻成本是指搜集商品信息与交易对象信息所产生的费用。信息成本是取得交易对象信息与和交易对象进行信息交换所需的成本。议价成本是针对契约、价格、商品品质进行讨价还价的成本。决策成本是进行相关决策与签订契约所需的企业内部成本。监督交易进行的成本是指监督交易对象是否按照契约内容进行交易的成本，如追踪产品品质、监督生产等。Williamson（1985）以契约签订为视角，将交易成本分为与契约谈判相关的事前交易成本和契约签订之后监督契约运作的事后交易成本。Dahlman（1979）则依据交易行为涉及的主要内容，将交易成本分为搜寻信息的成本、协商与决策成本、契约成本、监督成本、执行成本与转化成本，并指出交易成本就是指当交易行为发生时，所随同产生的信息搜寻、条件谈判与交易实施等各项成本。张五常（2000）进一步扩大交易成本的内涵，把交易成本视为包括信息成本、谈判成本、拟定和实施契约成本、监督控制成本等一系列制度成本。

交易成本发生的原因在于人性因素与交易环境因素交互影响下产生市场失灵行为而造成的交易困难所致（Williamson，1975）。这些因素大致包括以下几类：

①有限理性（Bounded rationality），指交易行为人在追求效益极大化时因自身心智、知识与情绪等条件限制所产生的约束行为。有限理性描述的是"意识理性却只能达到有限程度理性"的人类行为（Simon，1961）。一方面因为人们受到生理、精神上的限制，使得人们在接收、记忆及判断信息及复杂问题时，难以完全理性而不出任何错误，即因为个体在知识、预测能力、技术和时间上的限制，需要借助组织来达成交易目的（Simon，1957）。另一方面，人们还因受到语言上的限制，当其需要与人沟通时，很难用文字、数字或图表等表意符号来

使他人完全了解其欲表达的知识与感觉（Williamson，1975）。总之，有限理性是由于个人不具备获取或者处理完整的决策信息的能力而造成其行为不完全理性。

②机会主义（Opportunism），指交易行为人为实现自我利益而侵犯他人利益的行为，此行为因增加交易双方彼此之间的不信任与冲突而导致交易过程监督成本的上升，最终降低经济效率。机会主义源自"人类作出的决策均来自自利动机"的假设，也就是说在交易过程中，交易行为人会为了图谋自身利益而作出一些策略行为，比如利用交易伙伴信息的不对称或其他狡诈手段来欺瞒对方。有这样的自利动机存在，交易双方容易滋生彼此间的猜疑和不信任，由此使得交易过程中的协商与监督成本增加。

③不确定性与复杂性（Uncertainty and complexity），指交易行为所处的环境中充满不可预期性和各种变数无法掌控未来收益，因此交易双方为防范彼此利益损失将未来的不确定性与复杂性纳入契约条款，致使交易过程中因契约条款的增加而提高契约订立的议价成本，增添了交易行为的阻碍力度。交易环境中，未来可能发生的情况，对方可能作出的行为，均是无法完全被预测的。此时交易行为依存的环境不确定性与复杂性将催生有限理性，使得交易双方没有充分的能力去理性考虑或处理众多涉及未来行为资讯而作出科学的决策。因此在交易双方的交易与契约订立过程中，就会产生协商成本，造成无效率的现象（Williamson，1975）。

④少数交易（Small - number bargaining），指交易行为中因涉及的资源与信息具有专属性（Proprietary）而无法在市场中大规模流通，因交易对象减少以及造成市场被少数人垄断，使得市场运作失灵。少数交易发生在交易行为人的信息、知识有限的条件下，市场交易由少数人独占或寡占，或者因交易者

曾有过一次交易的专属经验（Idiosyncratic experience），其后的交易就限于与过去交易过的对象进行合作的现象。实质上，少数交易的产生是由于知识的异质性（Idiosyncratic knowledge）、信息的不完全流动与人性的投机主义倾向决定的。若在多数交易的情况下，交易行为人可以多方比较进行决策，由此形成均衡的市场竞争，但是若在少数交易条件下，市场上交易对象有限，市场机制失灵的情况由此而产生。

⑤信息不对称（Information asymmetry），因交易环境的不确定性和谋求自身利益产生的机会主义倾向，交易行为人往往掌握不同程度的信息，使得市场的先驱者拥有较多的有利信息而获益，并形成少数交易。交易行为依存的交易环境中存在许多不确定性因素，加上人性中存在的机会主义倾向和有限理性，信息不对称的情况就不可避免。特别是对于掌控信息较多的交易行为人倾向欺瞒信息相对不足的交易者来谋取私利，使得交易过程中的谈判及事后监督成本的增加。

⑥关系氛围（Atmosphere），指交易行为人因彼此之间的不信任且经常处于冲突状态，无法形成良好的交易关系，使得交易行为仅局限在形式而彼此缺乏情感的互动，由此增加不必要的交易障碍及成本。氛围作为交易双方基于对彼此的认知所造成的交易关系氛围，若交易双方处于相互猜疑或不信任的氛围中，其交易过程中的各项成本也会因此受到影响而增加。

Williamson（1975）认为上述的因素彼此之间关系密切，且并非单个对交易行为产生影响，而是彼此间的交互作用影响着交易行为。图3.2描述了上述基于人性及环境因素的交互作用引发的市场机制失灵而形成的交易成本。

（2）VC－E合作关系治理中交易成本的主要表现形式

风险投资是资金丰裕的投资人委托专业的风险投资机构为新兴的、具有良好市场潜力的以高新科技产业为主的创业企业

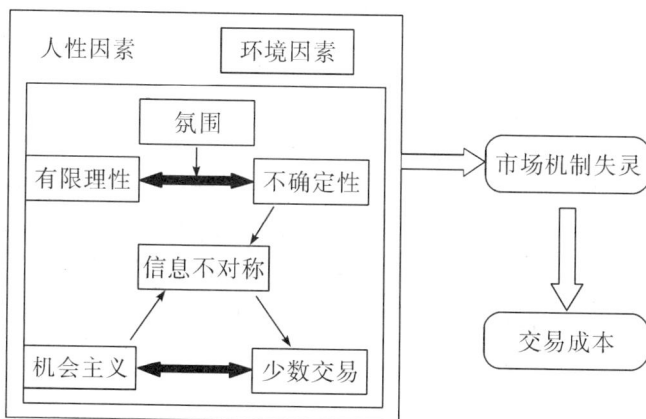

图 3.2   交易成本的形成机理

资料来源：Williamson（1975）。

提供权益资本，并通过资本经营服务直接参与企业的日常管理，当企业发展到一定阶段以上市、并购等方式退出企业并获得高额投资收益从而继续进行新一轮企业创业活动的投资形式。不同于传统投资，它是具有高风险、高收益特性的投资形态，结合资金、技术、管理与市场等方面的分工，在培育高科技技术产业方面起到重要的促进作用。在风险投资领域，特别是科技型创业企业在技术创新过程中面临的风险多产生于交易双方因知识的专有性和专用性的差异，而产生以信息成本为核心的高额交易成本。

根据交易成本理论，结合风险投资运作的特点，风险投资的交易成本包括下列部分：

①事前交易成本，具体为风险投资家与创业企业家在投资契约签订之前所涉及各交易行为所产生的成本。

按照其投资签订的一般进程，交易成本产生的主要环节为：

1）筹资和项目筛选。风险投资家在此阶段实施的交易行为包括筹资、管理资金、寻找最佳投资对象、谈判并投资，对投资进行资本运作管理并实现效益目标，尽力满足投资者的需求。投资者主要有富裕个人、大型企业、银行等金融机构以及政府部门、基金会、养老金、保险公司等。针对不同类别的投资者，风险投资家采用不同的筹资方式，相应产生的筹资成本也会有所不同。特别对于风险投资机构仍选择私募为主的权益筹资，其筹资成本主要指发行股票和留用利润所发生的支出，包括优先股、普通股以及留用利润的成本。另外，投资项目的筛选需要花费风险投资家大量的时间和精力，即学习成本和不确定性成本。

2）项目评估。在此阶段，若风险投资家对投资项目感兴趣，会与创业企业家接触进而了解企业管理团队的基本信息。同时会对创业企业的经营状况进行实地考察，即对投资项目实施尽职调查，目的在于全面掌握企业的技术、市场潜力以及管理团队的确切信息，以便准确评估投资项目的价值。风险投资家进行尽职调查，如参观公司、与关键人员面谈、对仪器设备和营销渠道进行估价、与潜在客户接触、向技术专家和管理专家咨询等花费的费用可统称为信息成本。

3）项目谈判。风险投资项目审查与评估阶段结束之后，若风险投资家认为此项目有良好的发展前景，就可进入投资形式和估价的谈判环节。通常创业企业家会得到一个条款清单，概括出项目谈判的所有内容，由于内容复杂与多元，造成此谈判环节持续的时间极长，甚至长达数月。对于创业企业家而言，需要花费大量的时间和精力理解清单的内容，如融资成本、提供给风险投资家的股份比例、管理团队如何整顿、董事会结构的变化等。这些环节涉及的成本被称为谈判成本。

4）契约签订。经过一番讨价还价之后，风险投资家与创业企业家进入契约签订阶段。与传统投资不同的是，风险投资必须通过特别股权安排来防范投资风险，即分段投资来控制风险，通过联合投资来分担风险，这种复杂的投资计划使得各种投资协议的签订不仅付出巨额的劳动成本，而且由于风险投资的信息高度不对称，以致这类投资契约的签订进展极其缓慢。

②事后交易成本，即风险投资契约生效后，为保证投资项目的成功，风险投资家与创业企业家之间彼此相互监督与履行投资协议的成本。

1）监控行为。由于风险投资家与创业企业家之间存在信息不对称，致使投资契约签订之后，风险投资家不可能得到有关创业企业家行为的完全信息，并且掌握信息的程度远远低于创业企业家。Hart（1995）认为，信息的不对称导致不同利益主体依循不同利益驱动机制而作出利益背离的行为选择，企业内部监控行为实施可以使缺乏有效外部约束机制的风险投资呈现良好的发展态势。风险投资契约中的监控行为包括：制定有效的监控标准和实施公正的监控手段，用激励措施促使监控主体合理行使监控行为，被监控者进行评价并引导他趋向共同利益目标，建立完善的组织模式保证监控职能的有效性和稳定性等。上述行为涉及的费用可称为监控成本。

2）契约变更。风险投资契约生效后，风险投资家依据契约规定拥有创业企业的股份，并可以在其董事会中占据一定的席位。多数风险投资家扮演着咨询者的角色，主要就企业运营过程中出现的问题提出合理的建议，或者帮助企业招募新员工、物色优秀的管理人才、定期审查企业的财务报表等。一旦企业的运行未达到预期的利润，风险投资家有权更换管理人员和接受合并、并购等经济行为。另外，风险投资契约一般规定风险投资家的权益资本为优先股，在企业经营到适当时期可使其在企业的所有权扩大。这些均隶属于契约变更范围，所涉及的费用被称为契约变更成本。

3）增值行为。风险投资家通过增值行为使得创业企业在尽可能短的时间内快速提升企业的市场价值。相比监控行为的约束性质，增值行为是一种主动地、顾问式地帮助企业运行管理。通过增值行为，风险投资家可以获得的益处有缩短投资周期，尽快实现资本利得，获得资本市场中良好的声誉。风险投资家的增值行为因创业企业的性质不同而注重的服务方向与程度不同。一般包括参与企业的战略制定与审查、充当创业团队的参谋、通过后续融资帮助、雇佣和更换高层管理人员、丰富社会资本等行为。这些行为涉及的费用可界定为执行成本。

4）退出资本。当风险投资家伴随创业企业走过最具风险的阶段之后，必须依靠有效的资本退出渠道释放资本并进入下一个投资循环，否则风险投资会丧失活力，不能增值和滚动发展。风险投资家投资于创业企业不是为了获取企业长久的控制权，只是实现其追求与高风险相匹配的超额利润。因此，经过一定的投资周期，无论创业企业取得成功或者面临失败，风险资本都会从创业企业中退出。风险投资现有的退出渠道主要有股票上市（IPO）、股份转让、整体收购、股权回购、破产清算等。无论何种退出方式，都需要花费风险投资家与创业企业家大量的时间和精力，消耗极高的退资成本。

风险投资领域内的交易成本源自技术创新过程中的各种风险。技术从研发到市场化阶段面临着各种不确定性，成为高风险的策源地。这种高风险引发交易双方高额的交易成本。同时，技术以产权形态在要素市场、创业企业在产品市场等进行交易时，仍存在多种交易成本。VC－E合作关系治理能约束双方的交易行为，形成良好的合作关系，从而有效节约交易成本。从风险投资实践来看，高风险下形成的交易成本与投资收益存在相互对应关系。高风险的交易成本转化得越早，其可能获得的预期收益就越大。随着创业企业演化至成长期和成熟期，技术创新行为引发的风险降低会使交易成本随之下降，这时的投资回报收益率也相对较低。交易成本与创业企业不同技

术创新阶段的高风险性存在——对应关系，风险投资家和创业
企业之间合作关系的治理因有效化解技术创新过程的不确定性
导致的风险，从而改善双方的交易成本，最终将节约的交易成
本转化为风险投资的预期收益。

3.2.2 VC－E 合作关系治理的影响因素

（1）VC－E 信息不对称

风险投资家决定对创业企业进行投资并不意味着该项目一
定会成功。在风险投资的运作过程中，有很多因素影响着创业
企业的运作绩效。有些因素可以人为控制，有些因素却不可预
知。这些不可预知的因素具有极不确定的特征，且严重干扰着
项目的运行，因此被学术界定为风险投资风险。其中，风险投
资家与创业企业家之间的信息不对称问题在投资后续管理阶段
的干扰作用最大，是 VC－E 合作关系治理的核心因素。

信息不对称是指参与交易双方对交易事件的知识或概率分
布的掌握程度不同，即一方知道而另一方不知道，或者另一方
知晓得更多。这些状况让第三方无法验证，即使能够验证也要
花费大量的成本才可实现。在风险投资领域内，该问题的表现
是创业企业家掌握了有关投资项目的大量信息，他可能为了自
己的私利，通过采取隐瞒信息甚至欺骗的手段，减少努力程度
或者将资金挪用作其他不利于项目发展而利于创业企业家自身
利益的用途，甚至在项目已明显不能或不应再持续下去的时候
仍然骗取风险投资家的信任和继续融资。依据契约经济学理
论，若信息不对称发生的时间在契约订立之前，被称为"事
前非对称"，相应产生的问题是"逆向选择"，即有信息劣势
的交易方不能正确地选择高质量的交易合作伙伴。如果信息不
对称发生的时间在契约订立之后，称为"事后非对称"，其相
应产生的问题是"道德风险"，即拥有信息优势的交易方可能

采取以损害对方利益谋取自身利益的行为。从信息不对称的内容来看，事后的信息不对称包括两个方面的内容：一是交易一方对自身行为（Action）的隐藏，即隐藏行为；二是交易一方故意将专有知识（Knowledge）或信息（Information））进行隐藏，即隐藏信息。风险投资中，由于科技型创业企业在技术创新过程中存在信息的高度运动性和信息的高度不确定性，就形成了信息的高度不对称性。这种信息的高度不对称表现为投资主体之间、投资内容和时间等分布上的高度不对称性，导致在缔结契约时风险投资家与创业企业家之间关系具有动态性、复杂性和多样性。另外，创业企业由于成立的时间较短，信用记录较少且管理不规范，致使外部投资人获取企业内部信息的搜寻成本和交易成本较高，由此产生的信息不对称问题较之其他类型的企业而言要严重得多。

道德风险是事后信息不对称造成的主要管理问题，是影响投资效益的主要因素。风险投资家的目标是谋求投资回报的最大化，而创业企业家的目标是追求个人货币收益和非货币收益的最大化，两者之间的利益目标存在根本性冲突。另外，企业内部的大部分信息，如企业利润分布函数、产品的市场潜力、技术的可行性等，均由创业企业家自己掌控，风险投资家很难通过企业的财务报表了解企业的真实运作情况，这就使企业家容易滋生风险投资家利益的动机，即出现道德风险的可能。

②VC－E 机会主义行为

风险投资家与创业企业家由于自身有限理性的约束，使得彼此之间的监督和控制对方的履约能力受到限制，特别是当有限理性与不确定性混合在一起时，合作双方缔结详细陈述各种状态下各方权利与义务的完整契约有相当大的困难。因此几乎世上所有的契约都是不完善的。依据不完善契约理论，当契约不完善的缺陷出现时，就必须要求参与方通过谈判来适应不可

预见的突发事件，此时会有极大可能发生机会主义的讨价还价
行为。

VC－E合作关系建立之后，风险投资家将会受到创业企
业家的两类机会主义行为的威胁：

第一，管理性机会主义（Managerial opportunism）。投资
契约签订以后，创业企业家在进行投资项目运作期间，出于自
身利益的追求，会采取某些行动来损害风险投资家的利益以谋
取私利。比如在研发项目上过度耗费资金、要求非合理的高福
利待遇、消极工作态度等行为。因为这些行为一般发生在投资
项目的管理环节，且以过分消耗风险投资家的财富为目的，所
以被界定为管理性机会主义行为。

第二，竞争性机会主义（Competitive opportunism）。投资
契约签订以后，创业企业家将来自风险投资家的资金并不投入
在契约指定的项目中，而是擅自将资金挪用到对自身发展更为
有利的一家新的创业企业，或者为了谋取更多的私利，违背合
同的约定将技术诀窍和技术秘密擅自泄露给竞争企业或者担当
竞争企业的技术顾问，使风险投资家的利益遭受巨大的损害。
由于创业企业家的这些机会主义行为增加了竞争企业的技术能
力，同时削弱了风险投资家资助的创业企业的竞争优势，因此
这类机会主义行为被称为竞争性机会主义。

上述创业企业家的两类机会主义行为中，对投资项目运作
产生的负面效应最大的是竞争性机会主义。它对投资项目的影
响主要表现在：

第一，如果创业企业家运用风险投资家的资金重新建立一
家全新的企业，必然会对风险投资家资助的那家创业企业带来
竞争威胁，使原本凭借独家垄断的技术优势被市场竞争力削
弱，从而影响风险投资家获取高额的投资收益。

第二，创业企业家私自侵占了源自创业企业的资产、技术

和知识的经济利益，而这些资产、技术与知识来自与风险投资家资助的创业企业，原本应由风险投资家与创业企业家共享的利益却变成了创业企业家的私利。同时，因创业企业家私自转让创新技术与知识而剥夺了创业企业继续发展的机会，致使创业企业运作失败。创业企业家的竞争性机会主义的上述两种负面影响最终造成的是风险投资家利益的严重损失。风险投资家为了避免机会主义行为的发生，最为有效的措施就是在契约签订时，制定特别的条款约束创业企业家竞争性机会主义倾向和管理性机会主义倾向。但是由于契约成本与执行成本的约束，风险投资家只有在意识到这两类机会主义威胁度较高时，才会利用契约机制来进行防范。

VC - E 合作关系中具有机会主义倾向的参与方一般会凭借自身的优势地位侵害交易对方的利益，并且导致合作关系的破裂。因此应对风险投资家和创业企业家之间的机会主义行为进行有效治理。其治理的关键是设计一套正式或者非正式的利益协调机制，使得 VC 与 E 各方的责、权、利之间达成平衡，从而建立持久的合作关系。一般而言，对于 VC - E 合作关系之间的机会主义的治理归纳为两类，即契约治理和关系治理。契约治理是运用严密和详尽的法律契约条款界定交易双方的利益关系。而关系治理是以社会关系规范为基础，约束双方的交易行为，是契约治理的有效补充（黄玉杰，2009）。

3.3　VC - E 合作关系治理实现条件的分析模型

3.3.1　基本模型

风险投资项目的持续周期为 $[T_0, T]$。T_0 为投资起始期，在此期间，创业企业家拥有一项具有良好市场价值的技术创新项目，但是由于受到"资金缺口"的约束，必须向风险投资家寻求融资帮助。T 为投资终止期，即当创新项目无法实现预期收益目标时，风险投资家与创业企业家会中断彼此之间的合作关系。在风险投资运作期间，风险投资家（VC）为了降低投资风险，会采用阶段性融资的投资模式，即在 T_0 时，仅投入一定规模的种子资金 V_0 来启动创新项目并向创业企业家（E）提供长期性质的契约，规定激励约束机制与投资后续计划。VC 提供的契约呈现典型的单方面承诺（One-side commitment）的特征。契约的不完善性致使条款仅详细规定了风险投资家的应尽责任与义务，但无法明确约束创业企业家投资后续阶段的经营行为。由于不确定性的存在，契约无法约束创业企业家的机会主义行为，即 E 在投资周期内随时会出现违约现象。假设 V_t 为 VC-E 合作关系中断时创新项目实现的收益，即中断期收益（Termination payoff），是发生在 t 期 VC 与 E 因关系恶化而终结合作关系时创新项目已产生的收益。借鉴 Neher（1999）的研究结果，VC 与 E 各自拥有的技术与知识具有极高资产专用性，其市场价值无法自由转化，所以合作关系中断期实现的项目收益远远低于创新项目内在性质所决定的预期收益（Kiyotaki & Moore，1997）。简单来说，创新项目在未得到充分实现的条件下不能产生现金流。

①合作中断期收益函数

假定 VC-E 合作关系首次中断期应为两者合作的起始期，即 T_0。此时中断期收益就是风险投资家投资初期的资金为 V_0。它的边际收益函数应该随着投资时间的变化而变化，当投资时间为 $[t, t+dt]$ 时，中断期的边际收益函数 dV_t 应为：

$$dV_t = \varphi\left(c_t, \eta_t\right) V_t d_t - l_t V_t d_t + \theta V_t d_t + s V_t dB_t \quad (3.32)$$

在等式（3.32）中 B 为标准布朗运动（Brownian Motion）

的随机变量。$C_t V_t d_t$ 和 $\eta_t V_t d_t$ 分别表示为 VC 和 E 在 $[t, t+dt]$ 期间的资本投资产生的收益和努力程度带来的收益。C_t 和 η_t 则分别表示的是随着 V_t 变化的 VC 的资本投入率和 E 的努力程度。$l_t V_t d_t$ 为创新项目的营运成本，即当 $C_t = 0$，$\eta_t = 0$ 时，$dV_t = -l_t V_t d_t$。$\theta V_t d_t$ 为由于创新项目的创新幅度所决定的收益，即项目技术创新幅度越大，其潜在市场价值越大。$sV_t dB_t$ 表示的是项目内生性风险。

中断期收益在此模型中呈现对数正态分布而非单纯的正态分布（Cochrane，2005），影响中断期收益在每一轮投资周期变化的因素包括以下四种：

①投入性产出（Discretionary output）：投入性产出是指技术创新项目实施过程中的各种投入所产生的直接效益，投入包括 VC 的金融资本和 E 的人力资本。技术创新项目的生产函数 $\varphi(c_t, \eta_t) = Ac_t^\alpha \eta_t^\beta$。风险投资的运作过程是 VC 金融资本和 E 人力资本的结合。但是由于第三方无法监督创业企业家的努力以及无法察觉其不努力引发的直接损失，所以风险投资家需在契约中制定相应的激励机制和补偿机制促进创业企业家积极的工作。

②营运成本（Operating cost）：$l_t V_t d_t$ 表示创新项目在实际运作中所花费的各类成本，包括资产折旧、产品贬值、随生产规模扩大而增加的固定支出等。参数 l_t 是营运成本比率，在投资周期内，逐渐递增且凸。它确保 VC－E 中断合作在限定时期发生。

③项目内生性风险（Intrinsic risk）：$sV_t dB_t$ 表示创新项目在 $[t, t+dt]$ 期间面临的风险，s 表示由项目性质决定的风险率，在投资周期恒常不变。

④项目内生性产出（Intrinsic output）：参数 θ 是创新项目内在性质即创新程度所决定的收益增长率，随着创新的幅度增

长而提升。一般而言，突变创新项目的内生性产出高于渐进创新项目的内生性产出。由于信息的不对称，VC 和 E 对与创新项目内生价值知晓的程度不一。即便如此，双方对于参数 θ 的决定仍选择同一标准，即创新项目的实际表现来决定其价值。即参数 θ 的分布遵循贝叶斯规则，VC 和 E 利用专业知识和技能判断参数 θ 分布分别为 $\theta \sim N(\mu_0^{VC}, \sigma_0^2)$ 和 $\theta \sim N(\mu_0^E, \sigma_0^2)$。由于风险投资家对于创新项目的内生性产出判断是依据一系列评价指标得出，其客观性与准确度较高，所以本模型中的参数 θ 源自分布 $N(\mu_0^{VC}, \sigma_0^2)$。由此界定创新项目不确定性引发收益的变化率为：

$$\xi_t dt = d \ln V_t - (\varphi(c_t, \eta_t) - 0.5s^2 - l_t) dt = \theta dt + sdB_t$$

$$(3.33)$$

结合 Oksendal（2003）的研究结果，VC 的投入率 c_t 和 E 的努力率 η_t 是可观察到的信息，投资期间每一阶段 $t \geq 0$ 时的参数 θ 分布服从 $\theta \sim N(\mu_t^\lambda, \sigma_t^2)$，$\lambda = VC, E$，其中：

$$\sigma_t^2 = \frac{s^2 \sigma_0^2}{s^2 + t\sigma_0^2}$$

$$(3.34)$$

$$\mu_t^\lambda = \frac{s^2 \mu_0^\lambda + \sigma_0^2 \int_{u=0}^t \xi_u du}{s^2 + t\sigma_0^2}, \quad \lambda = VC, E$$

$$(3.35)$$

在上式中涉及的创新项目创新幅度估值的期望 μ_t^λ 满足下列的随机方程：

$$d\mu_t^\lambda = \frac{\sigma_0^2}{s^2 + t\sigma_0^2}$$

$$[d \ln V_t - (\varphi(c_t, \eta_t) - 0.5s^2 - l_t) dt - \mu_t^\lambda dt], \lambda = VC, E$$

$$(3.36)$$

从等式（3.32）和（3.36），σ_t^μ 为创新项目创新性质的平均估价值的标准方差，其函数式为：

$$\sigma_t^u = \frac{s\sigma_0^2}{s^2 + t\sigma_0^2} \tag{3.37}$$

需注意的是，VC 和 E 对项目创新程度估计的期望值之间的差距随着时间的增长而逐渐下降且最终趋于一致，如下表示：

$$\Delta_t = \mu_t^E - \mu_t^{VC} = \frac{s^2\Delta_0}{s^2 + t\sigma_0^2} = \frac{\sigma_t^2}{\sigma_0^2}\Delta_0 \tag{3.38}$$

由等式（3.38）得知，VC 与 E 之间存在信息不对称的问题，造成两者对创新项目的估价值出现歧义。但是随着投资时间的延续，Δ_t 呈现逐渐下降的趋势，并且信息不对称与项目的当期风险呈正向线性关系。与 Landier 和 Thesmar（2005）以及 Sahlman（1990）的研究结论一致，创业企业家对创新项目极其乐观，所以 $\Delta_0 \geq 0$，同时 Δ_t 随着时间增加逐渐下降，σ_t^2 随着时间增加逐渐下降。

（2）VC‐E 合作关系的契约治理

假定在投资阶段对于中断期收益 $\{V_t, t \geq 0\}$ 的信息收集来自信息集合 $\{F_t\}$。并假定风险投资项目在未进入市场化阶段，即项目运作过程中不会产生任何现金流。VC 与 E 之间的契约规定 VC 的投资是分阶段进行，当 VC 与 E 每一轮投资结束即中断合作关系时清算行为产生中断期收益。只要 VC 或 E 单方面非理性中止合作关系，两者都不能获取预期投资收益。鉴于 E 的机会主义倾向可驱使其在投资周期内任何时间都可能选择中断合作关系的行为，所以契约规定，理性合作中断是由于 VC 分阶段投资计划所产生，每一轮投资的预期收益目标实现之后，双方重新谈判决定是否进入下一轮投资。在中断期 $t \geq 0$ 时，中断期收益由双方共同决定。由此假定理性契约应考虑三种变量，即（P，c，k）。P 和 c 具有随机性，且满足信息集合 $\{F_t\}$，k 是 VC 和 E 理性中断合作关系的时间点，亦满足信息集合 $\{F_t\}$。P_t 是创业企业家在中断期 t 得到的收益，

$V_t - P_t$ 是风险投资家在中断期 t 得到的收益。C_t 为 VC 在 t 时期的投入率，k 为中断合作关系的任意时间点。$V_k - P_k$ 是风险投资家在 k 时得到投资收益而非补偿。

VC 的资金实力决定其在投资初始期具有极强的谈判力，在签订契约过程中起着主导作用。依据创新项目的周期性发展特点，VC 向 E 提供的是一种长期性契约。契约中详细规定风险投资家分阶段投资的计划，项目中断时间以及项目中断后创业企业家的投资收益。但是鉴于有限理性与信息不对称性的影响，契约具有不完善特性，无法完全约束创业企业家的事后行为。因为机会主义倾向的存在，创业企业家处于自身利益的考虑会动态性地选择其努力程度。他可以积极实行创新项目计划，也可以消极对待创新项目的运行。创业企业家可随意违背契约以窃取部分源自 VC－E 合作关系的收益。因此，理想的契约应具有使创业企业家自行约束其机会主义行为的功能，使创业企业家在契约规定的理性合作中断期之前不会产生违约行为。

（3）VC 的预期效用函数

VC 管理的风险资本来自追逐高额投资收益的风险外部投资者（Venture Investors）。他们依据市场声誉判断风险投资家的投资管理能力与基于项目预期收益向风险投资家提供风险资本。本研究关注的是 VC 的一项投资行为，风险投资家的投资绩效仅与此投资项目的创新绩效相关。

由上文可知，创新项目的市场价值在 t 期为 V_t。当 VC 与 E 理性合作中断，风险投资家得到的中断期收益即 $V_t - P_t$，扣除风险投资家的投入成本即 $C_t V_t d_t$，投资者在 $[t, t+dt]$（若项目可延续）应得到的收益函数应为：

$$d R_{VI} = [V_{t+dt} - V_t] - [P_{t+dt} - P_t] - c_t V_t d t \quad (3.39)$$

假定投资者在选择风险投资项目时，需得到最低收益率的保证，即 R_b，而创业企业家的投资收益在投资初期至投资结束这段时间中也会受到机会成本即无风险利率的影响。因此等式（3.39）演变为：

$$d\,BR_{VI} = [V_t\,(1 + R_b d\,t) - V_t]$$
$$- [P_t\,(1 + rd\,t) - P_t] - c_t V_t d\,t \qquad (3.40)$$

其中 $V_t\,(1 + R_b d\,t)$ 是结束期创新项目价值在无风险市场中的价值表现。$P_t\,(1 + rd\,t)$ 是创业企业家在创新项目结束期获得的收益，它是 VC 与 E 投资初期在契约中规定的预期收益 P_t，经过一定时期之后，由于无风险利率 r 的影响而演变至此。比较（3.39）与（3.40），如果投资者发现继续风险投资的收益要高于理性中断期之后将资金转向无风险市场的收益，那么投资者会延续风险投资的周期。因此，考虑无风险市场与无风险利率的影响，等式（3.39）与（3.40）之间存在着风险投资与无风险市场之间收益差额即资产超额溢价（Excess return on assets，ExROA）。资产超额溢价率是投资者实现的风险投资收益与无风险收益的差额与创新项目收益之比，即：

$$ExROA_{t+dt} = \frac{d\,V_t - d\,P_t - c_t V_t d\,t - rPd\,t_t}{V_t} - R_b d\,t \qquad (3.41)$$

需要注意的是，在（3.41）中创新项目的超额收益包括风险基金营运成本与 VC 补偿成本。所以每阶段 VC 从投资者中得到的补偿收入应该是资产超额收益的递增仿射函数（Increasing Affine Function），即：

$$VCP_{t+dt} = A + BE_t^{VC}\,(ExROA_{t+dt})，B > 0 \qquad (3.42)$$

其中，E_t^{VC} 是风险投资家在 t 期预计创新项目的收益，因为投资者对创新项目的信息来自风险投资家提供的各种财务报告，所以对于其项目的收益，投资者的观点与风险投资家是趋于一致的。B 则是风险投资家在契约中规定按项目收益的一定比例作为其报酬以补偿其投入的时间与精力即业绩报酬敏感度，A

则为 VC 管理风险基金的基本报酬即收入固定比例。为了简化模型，假设 A＝0，B＝1，VC 为风险中立者，所以 VC 的预期效用函数为：

$$U_{VC} = E_0^{VC}\left[\int_0^k e^{-rt} E_t^{VC}\left(ExROA_{t+dt}\right)\right]$$

$$= E_0^{VC}\left[\int_0^k e^{-rt} ExROA_{t+d}\right]$$

$$= E_0^{VC}\left[\int_0^k e^{-rt}\left(\frac{dV_t - dP_t^- - c_t V_t dt - rP_t dt}{V_t} - R_b dt\right)\right]$$

$$(3.43)$$

从函数式（3.43）中可得出，U_{VC} 是风险投资家根据自身的经验和信息对创新项目内生性创新幅度所决定的市场价值的预期，上述的第二个等式源自风险投资家重复预期的规则，第三个等式根据公式（3.41）推导而成。追求预期效用的极大化是风险投资家进行创新项目投资的主观目标。

（4）E 的预期效用函数

根据已有多数文献，E 的跨期偏好与主观贴现率呈线性相关（DeMarzo & Fishman，2004）。主观贴现率具有随机性，直接显示创业企业家承担风险成本的变动情况。创业企业家在实际项目运作过程中所投入的努力包括有效与无效两部分。有效努力可从项目投资收益会获得补偿，但无效努力则为项目运作的成本由创业企业家自己承担。在本研究将此部分界定为 E 承担风险的成本。假如 E 的理性中断期收益为 P_k，他的努力集合为 $\{\eta_t\}$，所以 E 在投资初始期的预期效用函数为：

$$U_E = E_0^E\left[e^{-rk-\frac{1}{2}\varpi^2 k - \varpi B_k}P_k - \int_0^k e^{-rk-\frac{1}{2}\varpi^2 t - \varpi B_t}f\eta_t^\delta V_t dt\right]$$

$$(3.44)$$

$e^{-rk-\frac{1}{2}\varpi^2 k - \varpi B_k}$ 为 E 在 t 期理性中断合作关系后预期收益的贴现率。$\varpi > 0$ 测度的是 E 承担风险的成本，表现的是创业企业家在贴现市场遇到风险而无法正常贴现的概率。函数式（3.44）中显示的 E 预期效用是 E 基于自身的技术能力对创新项目内生性创新程度决定的市场价值的主观性评估。$f\eta_t^{\delta}V_t dt$ 表示的是 E 在 $[t, t+dt]$ 时期无效努力产生的成本。η_t^{δ} 是创业企业家在 t 期时的无效努力。无效努力因不能产生直接投资收益，所以无法得到 VC 的经济补偿。f 是无效努力的边际成本，随着创新项目规模的增加，E 的无效努力比例亦会增加。

借鉴 Duffie（2001）的研究成果，$e^{-\frac{1}{2}\varpi^2 - \varpi B_t}$ 是一个平方可积鞅（Square–integrable martingale），也是相当于原来概率测度中依据 Radon–Nikodym 定理衍生出的一个新概率测度。原函数式（3.44）变为：

$$U_E = \bar{E}_0^E \left[e^{-rk}P_k - \int_0^k e^{-rt}f\eta_t^{\delta}V_t dt \right] \tag{3.45}$$

上式中 E 对创新项目理性中断期收益的预期源自新概率测度，函数式（3.45）显示，作为风险中立的创业企业家的预期效用函数建立在风险调整概率的基础之上。确切地说，风险调整概率是估值概率而非真实概率，反映出的是创业企业家承担风险的成本。通过 Girsanov 定理（Duffie，2001），基于 E 估值概率，E 理性中断期收益变为：

$$dV_t^E = (\varphi(c_t, \eta_t) - l_t - \varpi s) V_t dt + \theta V_t dt + sV_t dB_t^E \tag{3.46}$$

其中：

$$B_t^E = B_t + \varpi t \tag{3.47}$$

公式（3.47）遵循的是布朗运动，在 B_t^E 运动过程中，理性中断期收益如函数式（3.46）在 E 估值概率条件下变化。

（5）VC–E 文化契合度

VC–E 文化契合度是指双方在行为理念与价值认知规则的一致性。其作用体现在对创新项目内生性产出参数 θ 分布的判定上。VC－E文化契合度越高，Δ_t 越趋近于零。在风险投资项目运行中的任何时期 t，创业企业家一旦发现其预期效用函数没有实现最大化的目标，他就会非理性中断与风险投资家的合作关系。若非理性中断期收益低于合作延续后的后续收益，E会作出继续与VC合作的决策。因此E与VC的文化契合度实现的前提条件是：E在非理性中断期收益 P_t 低于其合作延续带来的后续收益（Continuation value），即 CU_t。

$$CU_t^E = \bar{E}_t^E \left[e^{-r(k-t)} P_k - P_t - \int_t^k e^{-r(u-t)} f \eta_u^\delta V_u d u \right] \quad (3.48)$$

上式中 $\bar{E}_t^E$ 表示的是创业企业家在估值概率的基础上根据 t 期收集的信息对 t 之后的后续期投资收益的预期。由等式（3.43）得知，作为风险中立的风险投资家在 t 期之后的合作后续效用函数则变为：

$$CU_t^{VC} = E_t^{VC}$$

$$\left[\int_t^k e^{-r(u-t)} \left(\frac{d V_u - d P_u - c_u V_u d u - r P_u d u}{V_u} - R_b d u \right) \right] \quad (3.49)$$

其中，E_t^{VC} 表示的是风险投资家基于自身技能和经验通过在 t 时收集的信息对创新项目后续合作的预期收益的估计。函数式（3.48）和（3.49）显示，VC－E文化契合的条件必须同时满足两者效用函数极大化，一旦出现任何一方的后续收益低于非理性中断期收益，两者的文化契合度将会受到影响。对于风险投资家来说，当后续收益为0时，就会中断与创业企业家合作并对创新项目进行清算，尽力兑现非理性中断期收益。同理亦适用创业企业家。

3.3.2 模型均衡分析

假定上述模型中提及的参数满足下列条件：

假设1：$(1-\alpha)\ \delta/\beta > 2$

假设 2：$\Delta_0 < \varpi s$

上述条件在于确保风险投资家与创业企业家之间能达成均衡契约。假设 1 确保创业企业家努力的无效性函数曲度高于临界值，且此值与产出对努力的灵敏程度相关。假设 2 确保的是创业企业家不应过高估计创新项目价值而盲目乐观，不宜超过其承担的风险成本。

（1）均衡契约治理实现的条件与表现形式

假设最优契约中 VC 分配给 E 的收益服从以下的条件：

$$d P_t = a_t V_t d t + b_t d V_t \qquad (3.50)$$

a_t 和 b_t 属于信息集合 $\{F_t\}$ 且均 >0，在契约中规定创业企业家收益 P 满足：

$$P_k = P_0 + \int_0^K [a_t V_t d t + b_t d V_t] \qquad (3.51)$$

因为风险投资一般采用分阶段投资模式以化解投资风险，所以风险投资家与创业企业家之间长期契约可看作一组连续的单期契约构成，每一阶段投资缔结一份单期契约。任何投资期 t 内，创业企业家与风险投资家相互谈判，彼此博弈，最终形成满足双方预期效用函数的契约。风险投资家在每期签订契约时均有权利决定与创业企业家延续合作或终止合作，前提是后续投资收益需高于当期收益。假设 dt 是连续投资期中出现的时间间隔，在此，风险投资家可决定是继续投资或者放弃投资，T-dt 表示投资未中断的时间，创新项目内生性创新程度决定的价值增长率 $\theta \sim N (\mu_{T-dt}^\lambda, \sigma_{T-dt}^2)$。$\mu_{T-dt}^\lambda$ 表示为风险投资家和创业企业家分别运用自身的技术和信息对创新项目投资收益的期望，由于两者之间存在信息的不对称，因此 VC 和 E 的创新项目投资收益期望分别为 μ_{T-dt}^{VC} 和 μ_{T-dt}^E。为了后续推导的方便，假定 $t = T - d t$。

①均衡契约治理下 ［T-d t, T］ E 努力程度函数

因为 $t = T - dt$，所以 $[T - dt, T]$ 变为 $[t, t + dt]$。在此期间，假设风险投资家的资本投入比率为 c，同时创业企业家按契约由公式（3.50）中规定收益报酬参数为（a，b）。若 E 的努力为 η，那么在 $[t, t + dt]$ 期间，其后续投资收益由等式（3.48）演化为：

$$CU_t^E = \bar{E}_t^E [e^{-rdt} (P_t + dP_t) - P_t - f\eta_t^\delta V_t dt]$$

$$= \bar{E}_t^E (aV_t dt + bdV_t - f\eta_t^\delta V_t dt - rP_t dt) \qquad (3.52)$$

因为 $dt \to 0$，所以忽略 dt，由（3.46）可得：

$$CU_t^E = [(a + b (Ac^\alpha \eta_t^\beta - l_t + \mu_t^E - \varpi s) - f\eta_t^\delta) V_t$$
$$- rP_t] dt \qquad (3.53)$$

又因为，η，l，μ 在投资期恒定不变，所以创业企业家努力函数为：

$$\eta (b, c_t) = \left(\frac{A\beta c_t^\alpha b}{\delta f} \right)^{\frac{1}{\delta - \beta}} \qquad (3.54)$$

由函数式（3.54）可知，创业企业家在 $[t + dt]$ 期间的最优努力程度决定于两个关键因素，即风险投资家在当期的资本投入率 c，与当期契约规定创业企业家业绩薪酬敏感度 b。

②均衡契约治理下 $[T - dt, T]$ 期 VC 的资本投入率

风险投资家通过选择资本投入率 c 和契约中的投资收益分享比例（a，b）（a 是 E 固定薪酬比例，b 是业绩薪酬比例）来激励创业企业家的工作热情，以期保证创业企业家积极推动创新项目的发展。由于风险投资家掌握资本优势，所以在谈判过程中往往掌握主动权，可选择继续投资或选择放弃投资，以致他可以在投资期的任何时间点 $t = T - dt$ 有权决定（a，b）。对于风险投资家而言，最优（a，b）的条件是无论在任何时间 $t = T - dt$，创业企业家的边际后续收益恒等于 0，即：

$$CU_t^{EN} \equiv 0 \qquad (3.55)$$

从等式（3.53）推导出参数 a，b，c 在 $[t, t+dt]$ 期间的关系，结合（3.55），应为：

$$a(b, c_t) = f\eta(b, c_t)^\delta$$
$$- b[Ac^\alpha \eta(b, c_t)^\beta - l_t + \mu^{EN} - \varpi s]$$
$$+ r\frac{P_t}{V_t} \tag{3.56}$$

假使 E 实现努力最大化，由等式（3.49）可知，VC 在 t 期后续投资效用函数为：

$$CU_t^{VC} = E_t^{VC}$$

$$\left[\frac{(1-b)dV_t - a(b, c)V_t dt - c_t V_t dt - rP_t dt}{V_t} - R_b dt\right]$$
$$\tag{3.57}$$

将 E 的最优努力（3.54）代入（3.57），则：

$$CU_t^{VC} = \pi_t(b, c)dt \tag{3.58}$$

且：

$$\pi_t(b, c) = \Delta_t b - \varpi sb + \varphi(b)c_t^{\alpha\frac{\delta}{\delta-\beta}}$$
$$- c_t + \mu_t^{VC} - l_t - R_b \tag{3.59}$$

其中 Δ_t 表示在 t 期 VC 与 E 之间信息不对称的程度，由等式（3.38）可得项目生产函数：

$$\varphi(b) = A^{\frac{\delta}{\delta-\beta}}\left(\frac{1}{f}\right)^{\frac{\beta}{\delta-\beta}}\left[\left(\frac{\beta b}{\delta}\right)^{\frac{\beta}{\delta-\beta}}\left(1 - \frac{\beta b}{\delta}\right)\right] \tag{3.60}$$

风险投资家为了获取最大化的后续投资效用，必须考虑资本投入率 c 和提供给创业企业家的投资回报比例 b。本研究先推导出最优契约治理时资本投入函数，它应是 E 业绩薪酬敏感度 b 的函数。只要 VC 资本投入率确定，则 E 业绩薪酬敏感度随之也可得到确定。由等式（3.59）可知，VC 最优资本投入率 c_t 是关于 b 的函数，即 $c_t(b)$ 成立。等式（3.60）显示，项目生产函数 φ 的核心变量为 b，当 $b \geq \delta/\beta$ 时，$\varphi(b)$

为非负函数，若 Δ_t 随着 t 的增加而递减，依据假设条件 2 和等式（3.59），风险投资家要实现均衡契约，就不会选择 b≥δ/β。只有 0≤b≤δ/β 且 φ（b）>0 才能保证 π_t（b，c_t）为凹函数且 0＜c_t＜1。由此推出：

$$c_t（b）= \bar{M}\varphi（b）^{\frac{\delta-\beta}{(1-\alpha)\delta-\beta}} \tag{3.61}$$

$$\pi_t（b，c_t（b））= \Delta_t b - \varpi sb + Mc（b）+（\mu_t^{VC} - l_t - R_b） \tag{3.62}$$

$\bar{M}$ 与 M 是为正的常数，且决定于 β、α、δ 和 A，若风险投资家为了实现最优契约治理，则他在契约中决定授予创业企业家的最优报酬比例 b 为：

$$b_t^* = \arg\max \pi_t（b，c_t（b）），\quad 0＜b＜\delta/\beta \tag{3.63}$$

由上述推导，可得出最优契约治理的条件：

结论1：根据假设条件1，风险投资家最优的资本投入率 c 为 b 的函数，在（0，1]区间，函数性质为正，逐渐递增且凹。在[1，δ/β]区间逐渐递减，当 b＝1 时，风险投资家的资本投入率为最大。

结论2：根据假设条件1和2，创业企业家在契约中得到的最优业绩薪酬敏感度 b_t^* 满足等式（3.32），且 $b_t^* \in$（0，1）。

（2）VC－E 均衡契约治理实现条件的深入讨论

现在设 t＝T－2dt，且投资周期在（T－2dt）之前没有出现任何投资中断的现象。若 VC 的资本投入率为 c，E 在契约中享受的补偿条件为（a，b），其努力程度为 η，那么根据等式（3.48），他的后续效用函数为：

$$CU_t^E = \bar{E}_t^E \left[（aV_t dt + bd V_t - f\eta_t^\delta V_t dt - rP_t dt）+ e^{-rdt} CU_{t+dt}^E \right]$$

$$= \bar{E}_t^E \left[（aV_t dt + bd V_t - f\eta_t^\delta V_t dt - rP_t dt）\right] \tag{3.64}$$

在等式（3.64）中，第一行函数式源自创业企业家在经历不同阶段的融资谈判时，重复使用的后续投资收益估计，第二行函数式表示为，若 E 实现后续投资收益最大化，则其边际效用恒等于 0，即等式（3.55），经过推导，等式（3.64）与等式（3.52）一致。上文中曾论述的 E 的最优努力程度 η（a，b）与等式（3.54）一致。关于 E 在契约中固定补偿比例 a（b，c_t）与等式（3.56）相同。可以得知，不论风险投资家与创业企业家之间经过多少轮融资谈判，本研究推导出的结论都一样适用。对于风险投资家而言，基于 E 的最大化努力，VC 在 t 期后续投资效用为：

$$CU_t^{VC} = E_t^{VC}$$

$$\left[\frac{(1-b) \, dV_t - a(b, c_t) \, V_t dt - c_t V_t dt - rP_t dt - R_b dt}{V_t} + e^{-rd \, t} \max(CU_{t+dt}^{VC}, \, 0) \right]$$

$$= \pi_t(b, c_t) \, dt + e^{-rd \, t} E_t^{VC} \max(CU_{t+dt}^{VC}, \, 0) \tag{3.65}$$

等式（3.65）中的第二行函数式由等式（3.57）和（3.58）得来。因为在风险投资项目运作过程中，风险投资家不仅提供资金，而且还介入企业的日常管理活动以帮助企业增值。所以，与传统投资相比，VC 可以观察出 E 在工作中是否尽力，并根据 E 的历史业绩来判断投资项目后续的价值。在投资后续期即 t + dt，函数式 μ_{t+dt}^{VC} 和 μ_{t+dt}^{E} 依赖 VC 的资本投入率或 E 的努力程度。由（3.58）和（3.59）得知，等式（3.65）第二行函数式已经表示出风险投资家在 t 期的后续投资收益不再决定于 E 的努力程度 η，而是满足等式（3.61）和（3.63）之后，即实现 b^* 和 $c(b^*)$，风险投资家在 t 期的后续投资收益会实现最大化。

通过对上述最优契约治理条件的进一步深入分析，可得出以下的结论：

结论 3：基于假设条件 1，若 VC 与 E 之间在 [0，T] 期间文化契合度高，未出现任何非理性中断行为，那么双方的契约治理必须符合下列条件：

①风险投资家提供给创业企业家的业绩薪酬敏感度 b 需满足 $b_t^* = \arg\max \pi_t(b, c_t(b))$，$0 < b < \delta/\beta$。

②风险投资家 t 期最优资本投入比率 c 需满足 $c(b_t^*) = \overline{M}\varphi(b_t^*)^{\frac{\delta-\beta}{(1-\alpha)\delta-\beta}}$。

③风险投资家提供给创业企业家固定薪酬比例需满足 $a(b_t^*, c_t^*) = f\eta(b_t^*, c_t^*)^\delta - b(Ac_t^\alpha\eta(b_t^*, c_t^*)^\beta) - l_t + \mu^{EN} - \varpi s) + r\dfrac{P_t}{V_t}$。

④创业企业家的最优努力程度 $\eta(a, b)$ 应满足 $\eta(b_t^*, c_t^*) = \left(\dfrac{A\beta c_t^{*\alpha}b_t^*}{\varpi f}\right)^{\frac{1}{\varpi-\beta}}$。

⑤风险投资家在 t 期估计的最优后续投资收益应满足：

$$CU_t^{VC} = \pi_t(a_t^*, b_t^*)\,dt + e^{-rdt}E_t^{VC}[\max(CU_{t+dt}^{VC}, 0)]$$

$$(3.66)$$

3.3.3 VC－E 合作关系延续的实现条件

由上文可知，信息不对称函数 Δ_t 和风险函数即方差 σ_t^2，依据等式（3.38）可知，均是关于时间 t 的函数。从结论 1 和结论 3 可知，风险投资家与创业企业家之间实现动态均衡时，创业企业家业绩薪酬敏感度 b、努力程度 η、风险投资家的资本投入率 c 在每个投资阶段均是确定的且为正。VC 与 E 之间契约治理中涉及的唯一随机且基于 V_t 才能实现的变量是 E 的固定薪酬比例 a_t^*。而且由于 b，η，c 是连续性函数，所以，结合结论 3，最优契约治理决定于 b_t^*，假定 VC 的定期资本投入函数为：

$$\begin{aligned}C_t(b) &= \pi_t(b, c_t(b)) - \mu_t^{VC} + l_t + R_b \\ &= \Delta_t b - \varpi sb + Mc_t(b)\end{aligned}$$

$$(3.67)$$

和最优契约 $C_t^* = \max C_t$（b），$0 < b < 1$ (3.68)

很明显，只要创业企业家实现最优的业绩薪酬敏感度，风险投资家与创业企业家之间的最优契约治理就得以实现。风险投资家就会持续投资，实现风险资本的定期投入功能，也就是VC－E 的合作关系得以持续。定期资本投入函数 C_t（b）主要涉及以下三部分内容：

第一，源自 E 过分自信的租金。由 $\Delta_t b$ 中可知，创业企业家对创新项目价值估计越高，越显示出自己对此项目的合作信心。风险投资家也可从其判断出项目的市场潜在价值而向创业企业家提供适宜的 b。

第二，风险成本。ϖ sb 反映的是作为风险厌恶者的创业企业家承担风险的成本。

第三，投资收益。Mc_t（b）是风险投资家基于资本投入率和创业企业家的努力程度而产生的投资项目收益预期。

（1）VC－E 合作关系治理的特性

风险投资项目实际运行过程中，风险投资家与创业企业家之间签订的均衡契约具有不少鲜明的特征，正如等式（3.50）显示，在［t，t＋dt］期间，创业企业家投资收益由两部分构成：一是按固定比例分享创新项目在 t 期实现的预期收益 Vt，即 $a_t^* V_t dt$；二是按业绩薪酬敏感度 b 实现的收益，这部分收益来自于创新项目收益的增长，即创新项目整体收益率增长速度越快，创业企业家的业绩薪酬越高。总之 $b_t^* dV_t$ 是一个随机变量且具有高风险的特征。b 值越大，E 面临的风险越高。对于风险投资家而言，他在任意的理性中断期都具有很高的谈判力度，可以选择延续投资行为或者结束投资行为。一般来说，随着投资项目投资周期的延长，风险投资家往往选择 a_t^* 逐渐递减，而 b_t^* 逐渐递增。$a_t^* V_t dt$ 作为创业企业家的固定薪酬比例，其功能类似"债权"，而 $b_t^* dV_t$ 则与"股权"性质类似。不论是固定比例薪酬或是业绩比例薪酬，创业企业家在理性合作中断期之前是不能兑现这些收益的。因此理性中断期收益 V_t 中的 $\int_0^k a_t^* V_t \, dt$ 是从投资初始期到中断期逐渐积累起来的固定比例薪酬，或者可视为逐渐累积的"债权"收益，$\int_0^k b_t^* \, d V_t$ 是投资运作期间逐渐积累的创新项目绩效递增的部分比例收益，为创业企业家分享的业绩薪酬比例，可看作逐渐积累的"股权"收益。

在风险投资的任何阶段 t，风险投资家的投资收益份额都为 $V_t - P_t$。即风险资本在中断期报酬为 $-\int_0^k a_t^* V_t \, dt + \int_0^k (1 - b_t^*) \, d V_t$。由此，风险投资家的投资收益既包括有"债权"特征，又包括有"股权"特性。这与先前的文献如 Sahlman（1990）以及 Kaplan 和 Stromberg（2003）的研究结论一致。他们的研究结论证实，风险投资家在进行投资项目运作时，为了降低投资风险，最优的投资工具应是既具有债权功能又有股权性质的优先股。风险资本收益的复杂路径依赖于 E 收益的不确定性，说明 VC 与 E 之间最优契约中提及的投资工具必须具有债权和股权的双重特性，正如 Kaplan 和 Stromberg（2003）的研究结论一样，可转换证券正是具有债权和股权的双重优势而被大多数风险投资家视为最佳的投资工具。

风险投资家的资金优势使其在谈判中往往处于主导地位。只需在每个投资阶段，风险投资家实现的预期收益与其资本投入相当，风险投资家就会继续实施投资行为。由上文可知，风险投资家从投资初始期到投资中断期，资本投入累积为 $\int_0^k c_t^* V_t \, dt$。此结论与 Kaplan & Stromberg（2003）实证研究结果一致。即实践领域中数据显示，风险投资家进行企业清算时，要求自己的收益不低于投入的资本。但是，并非所有的风险投资项目都能成功收回投资成本，尤其是风险投资家与创业企业家合作关系中断期发生的时间较早，如项目的种子期，由于失败风险高无法实现投资收益目标时，风险投资家只有承担项目失败所带来的经济损失。正如 Cochrane（2005）研究结果指出，现实中大约有9%的投资项目无法收回投资成本。

风险契约另一显著特征是 E 在投资周期内股份的保留权问题。在本文的研究中，如果创业企业家决定在契约规定的中断期 t 之前的时间点 k 就决定中断与风险投资家的合作关系，那么他在 k 时获取的收益 $P_k = \int_0^k (a_t^* V_t d t + b_t^* d V_t)$ 应低于契约规定的中断期收益 P_t。

（2）VC–E 合作关系治理的影响因素

下文主要分析的是信息对称、文化契合度、信息不对称等因素对 VC–E 合作关系治理的影响。

①信息对称

在此情境下，风险投资家和创业企业家均是风险中立者，并且对于投资项目的性质彼此信息共享。即在投资周期的任何阶段 t，$\Delta_t = 0$，$\varpi = 0$。由于双方共享信息与共同解决问题，彼此交流无障碍，所以两者之间代理成本为 0。依据等式（3.67），来自 E 乐观的租金与风险成本均为 0。由假设条件 1 可知，此时可实现项目投资收益最大化，即 b = 1。同时可以得知，均衡契约中关于 E 业绩薪酬敏感度 b、E 的努力程度 η、VC 的资本投入比率不会随时间而变，而 VC 的资本投入比率 c 会达到最大化。这些结果的产生均依从以下的事实，即 VC 与 E 之间存在高度信息交流渠道，彼此的信息共享让他们对投资项目的发展趋势已然形成共识，即使运作中面临突发问题，也会共同解决以提高创新绩效。换言之，由于双方信息高度对称，即使投资项目存在内生风险或外在风险，也不会影响风险投资家的资本投入比率和创业企业家的努力程度。

②VC－E文化契合度

VC－E文化契合是指 VC 与 E 之间由于理念与规则的统一而建立认同性信任，彼此对事物的观念以致利益目标高度一致。在此情境下，不仅信息对称而且双方利益目标一致，由此产生双方在投资项目运作方式方面行为高度统一。即风险资本的定期资本投入函数需满足下列条件：

$$C_t \ (b) \ = C \ (b) \ = -\varpi sb + Mc \ (b) \tag{3.69}$$

等式（3.69）显示风险资本定期投入函数与时间无关，是一个服从假设条件 1 的严格的凹函数。b 和 c 以及 η 的时间路径为恒定。假定 b^*、c^*、η^* 分别表示均衡契约下的 E 的业绩薪酬敏感度、VC 资本投入率和 E 努力程度。

由假设条件 1 可知，当 b＝1，VC 实现最优资本投入率，这意味着 c'（1）＝0，C'（1）＜0。因 C'（b^*）＝0，依据凹函数特性，则 b^*＜1，VC－E 高度文化契合状态下，E 业绩薪酬敏感度小于信息对称状态的业绩薪酬比例。相应的，c^* 和 η^* 都小于信息对称情境下风险中立的 VC 与 E 对于风险和项目性质形成共识时的 VC 资本投入率和 E 努力程度。

③信息不对称

现实中风险投资运作的特点是风险投资家与创业企业家之间存在严重的信息不对称，因此风险投资家资本定期投入需满足下列函数：

$$C_t \ (b) \ = \frac{\Delta_0}{\sigma_0^2}\sigma_t^2 b + C \ (b) \tag{3.70}$$

若风险 $\sigma_t \to 0$，就意味最优的 $b_t^* \to b^*$，那么最优（（c_t^*，η_t^*）$\to$（c^*，η^*）。在上文中我们已经得到推论，即当 VC 与 E 之间出现高度文化契合，要保证风险投资家的资本定期正常投入的条件是充分实现（b^*，c^*，η^*）。当信息不对称时，VC 资本投入率、E 业绩薪酬敏感度、E 努力程度均是无限趋近于其在两者文化高度契合下的最大值。所以这三种变量具有动态变化的特性，是实现风险投资家在信息不对称条件下保持资本定期投入的必要条件。

结论 4：风险投资家的资本若要实现定期连续性运作，必须满足的条件为：E 的业绩薪酬敏感度 b_t^*、E 的努力程度 η_t^*、VC 资本投入率 c_t^* 均随 $t \to \infty$ 单调递减，且 $b_t^* \to b^*$，$\eta_t^* \to \eta^*$，$c_t^* \to c^*$。

结论 4 合理说明创业企业家的努力程度与其对创新项目的乐观心态具有正相关关系，而其乐观的心态与文化契合度呈正相关关系。当 E 认为创新项目成功的概率越高，越容易激发他在工作中的积极性，投入在工作中的时间和精力越多。作为风险厌恶者来说，项目内生性风险越高，E 承担风险成本的意愿越低。即 E 承担风险意愿与项目内生性风险呈负相关。关于 VC 资本投入比率和 E 努力程度与创新产出之间的关系也非常密切。VC 资本投资比率和 E 努力程度对创新产出具有显著的正相关关系。当 E 对创新项目非常乐观时，他愿意接受的风险程度就会越高，所以在契约中，他要求业绩薪酬比例就会越高，在工作中投入的努力程度也会越高。但是随着时间的流逝，E 会逐渐了解创新项目的实际情况，对创新项目的认知变得越来越理性，因此会不断修正投资初始期对创新项目盲目乐观的态度，合作热情的理性回归促使其更注重对风险的认知，业绩薪酬敏感度与工作努力程度随着时间逐渐下降。同理，VC 一旦发现 E 的乐观心态与努力程度下降后，随之会降低资本投入比率。

（3）决定 VC－E 合作关系治理的核心变量

由上文的模型分析可以得知，VC 资本投入率 c、E 的业绩薪酬敏感度 b 以及努力程度 η 是决定 VC 与 E 是否能形成均衡合作关系的核心变量。而 VC 资本投入率 c、E 的业绩薪酬敏感度 b 以及努力程度 η 变化路径与下述变量密切相关：

1）与 E 风险成本 ϖ 负相关；

2）与项目初始外在风险 σ_0 负相关；

3）与项目内生性风险负相关；

4）与投资初始期信息不对称程度 Δ_0 负相关；

5）与 E 努力的成本 f 负相关。E 业绩薪酬敏感度 b 随着风险成本增加而增加，原因在于 E 承担风险成本增加引发了 VC 与 E 之间共担风险成本的上升。

当创新项目的外在风险增加如市场风险等，会降低 VC 与 E 之间信息不对称程度，这是因为市场"信号与噪音比率"增加，外在风险越大，E 与 VC 的学习能力越强，彼此之间信息流通与转移的速度加快，所以降低信息不对称问题。在每一轮的投资周期，VC 都能从 E 的乐观态度中获取对创新项目的经济租金，但是一旦 VC 与 E 风险共担成本的增加就会使 E 的业绩薪酬敏感度下降，而固定薪酬比例会增加，所以 VC 从 E 乐观态度中获取的租金会下降。另一方面，项目内生性风险的增加会使 VC 与 E 的学习能力下降，关于项目的信息交流与转移因学习障碍而无法充分交流，致使信息不对称程度加深，同时，项目内生性风险也会引发 E 风险成本增加。基于假设条件 2，风险成本一旦超过 E 预期收益，E 会降低业绩薪酬比例，要求增加固定薪酬比例，而一旦固定薪酬比例提高，E 的工作积极性减弱，努力程度下降，相应地，VC 的资本投入率会随之下降。

E 乐观态度的增加会导致 VC 在每一轮投资周期中获取的经济租金增加。这是因为 VC 为了激励 E 努力工作。一般会在契约中规定相应的补偿机制弥补 E 努力工作带来的时间和精力损失。VC 提供给 E 的薪酬结构由固定比例薪酬与业绩薪酬比例所购成，其中业绩薪酬比例更能有效的激励 E，促使其实现最大化的努力程度。根据假设条件 1，只要固定薪酬比例下降，VC 就能节约提供给 E 的薪酬成本，实现经济租金，同时 E 业绩薪酬敏感度上升，意味着投资项目有良好的市场前景，在 E 极大化努力程度的推动下，VC 和 E 均能实现最优的投资收益。

（4）VC‑E 合作关系持续的实现条件

VC‑E 合作关系持续期受制于 VC 的投资中断期决策的影响，一旦 VC 的投资周期终止，就意味着 VC‑E 合作关系结束。那么 VC 是依据什么因素做出最优中断期的决策？t 为 VC 任意一轮的投资周期，依据上面的研究结果，VC 进行下一轮投资带来的后续价值呈递增趋势，μ_t^{VC} 表示项目质量的预期，是 VC 依据当前投资条件对项目未来价值的估计。当 VC 估计项目后续价值为正时，他才会继续投资该项目。实质上，风险投资家实施阶段性投资模式时，每一轮投资都会存在预期估计的价值临界值。每一轮投资的延续取决于此临界点，当后续价值超过此临界值，风险投资家才会继续下一轮的资本投入。

结论 5：VC 的每一轮投资运作会设定预期收益估值的临界值，即 μ_t^*，当且仅当 VC 估计的后续价值高于此临界值时，VC 才会决定继续下一轮的投资。即须服从：$\mu_t^{VC} > \mu_t^*$。

假设 $Y_t^* dt = (c_t^{*\alpha} \eta_t^{*\beta} - 0.5s^2 - l_t) dt$，其中 Y 表示创新项目内生性创新程度决定的价值，由等式（3.33）可知，创新项目的价值有两个部分构成：项目内生性创新价值与随机性市场价值，即：

$$d \ln V_t = Y_t^* dt + \xi_t dt$$

依据上式可推出：

$$\ln V_t - \ln V_0 = \int_0^t d \ln V_u = \left(\int_0^t Y_u^* du \right) + \left(\int_0^t \xi_u du \right)$$

因为等式（3.35）显示 μ_t 的函数式，所以据此得出：

当且仅当 $V_t \geq V_t^*$ 时，$\mu_t \geq \mu_t^*$ 就可成立。

此时，$V_t^* = V_0 \left[\left(\int_0^t Y_u^* \, du \right) + \frac{(s^2 + t\sigma_0^2)\, \mu_t^* - s^2 \mu_0}{\sigma_0^2} \right]$

V_t^* 是风险投资家在进行资本运作时，决定是否继续下一轮投资的创新绩效的临界值。即 V_t^* 意味着此时投资收益与投资成本持平，换言之，是衡量投资绩效的指标。如果 VC 估计项目的后续价值 $V_t > V_t^*$，创新项目才有机会获取后续投资，VC－E 合作关系得以持续。在实践中，风险投资家常常运用绩效目标管理 VC－E 之间的合作关系。如果现实中投资项目的后续价值高于预期设定的绩效目标，双方的合作关系就得以持续，反之，双方的合作关系因此而终止。

除此之外，模型显示 VC－E 合作关系的持续还受到下列因素的影响：首先，VC－E 合作关系持续会受到文化契合度的影响。VC－E 文化契合度越高，E 对项目预期收益越乐观。在投资初始期，E 对创新项目预期收益越乐观，VC 越愿意与 E 建立长期的合作关系。因为，VC 在 E 乐观心态中可获得经济租金，而且这部分经济租金与 E 乐观心态成正比。其次，VC－E 合作关系持续会受到风险成本的影响。风险成本来自项目的不确定性，其与 E 承担的风险成本呈正比。当 E 承担风险成本增加时，必然引发 VC 与 E 共担风险成本的增加，因此 VC 会降低对投资项目后续价值的评估，致使 VC 投资的理性中断期决策时间提前，VC－E 合作关系破裂。最后，信息不对称引发 E 努力成本增加，进而影响 VC－E 合作关系的持续。信息不对称的存在使创业企业家谋获自利的机会增多，即 E 努力成本增加。若缺乏有效的契约激励机制，E 投入到项目运作中的努力成本就会减弱，VC 对投资后续价值的估计也会降低，相应地，VC 实施理性中断期决策的时间就会提前。由此可得出：

结论 6：VC－E 合作关系持续期与文化契合度呈正相关，

与不确定性、信息不对称呈负相关关系。

3.3.4　结论

上述 VC - E 合作关系治理模型动态性分析了信息不对称、不确定性、文化契合度对 VC 与 E 之间合作关系治理的影响。VC - E 合作关系的典型特征主要是利益存在冲突、收益存在风险、项目性质不确定性、项目信息不对称、投资具有阶段性、契约具有动态性等。与这些特点密切相关的影响因素有创新项目不确定性即项目内生性风险与外生风险、信息不对称即对项目创新程度的判断不一致、文化契合度即 E 乐观心态等。

不确定性表现为创新项目的内生性风险与外生性风险。项目内生性风险与外生性风险对 VC - E 合作关系治理的影响效应是相反的。项目内生性风险与 VC - E 合作关系持续呈负相关，而项目外生性风险对 VC 与 E 的合作关系延续却起着正向作用。文化契合度影响着 E 对创新项目的乐观心态。当 E 对项目的市场前景越乐观，则 VC 对项目的预期收益越高，投资信心越强，VC - E 合作关系持续期越长。不确定性与文化契合度相互的影响导致了均衡契约治理的多元化和分阶段投资模式。同时，本文模型结论认为 VC - E 均衡契约治理需充分结合"债权"与"股权"的优势，这样才能有效地化解 VC - E 关系缺陷引发的潜在低效率风险。这与以往文献的研究结论高度一致。

此外，本书模型还得出以下重要结论：E 的机会主义倾向决定于其努力成本，即 E 努力成本越高，越倾向实施机会主义行为。对于 VC 来说，阶段性投资的延续依赖于每一轮投资收益目标的实现，否则会因投资成本的补偿不足停止下一轮的投资。在 VC - E 合作关系的众多影响因素中，因为投资模式的选择、投资收益率以及契约构成形式最终受制于风险投资家

和创业企业家的文化契合度，双方文化契合度越高，VC 与 E
对创新项目的认知协同度越高，E 越易于产生乐观心态，进而
双方合作关系趋向于信息对称状态。可见，文化契合度对于
VC-E 合作关系治理与合作关系延续起着主导作用。

3.4 本章小结

本章借助数理模型分析了 VC-E 合作关系建立的条件，
以及 VC-E 合作关系治理的对象交易成本的具体表现形式。
另外，基于交易成本理论，应用数理模型探寻了 VC-E 合作
关系治理的影响因素与合作关系延续的实现条件。根据
VC-E 合作关系条件识别模型的分析可以得知，创业企业家
与风险投资家建立合作关系时，需立足自身技术能力的特性，
当创业企业在技术能力差的状态下推行模仿性创新时，尽管项
目风险较小，但因投资回报较低，风险投资家不会选择与其合
作。当创业企业在技术能力好的状态下推行自主性创新，即使
项目风险较大，但因现金流分布偏斜度大且预期收益较高的诱
惑，风险投资家会以掌握企业部分控制权为代价与创业企业家
建立合作关系。由 VC-E 合作关系治理模型可以得出的结论
为：信息不对称、不确定性、文化契合度等因素对 VC-E 合
作关系有重要的影响。VC-E 文化契合度越高，创业企业家
对项目成功的心态越乐观，风险投资家越愿意与创业企业家建
立长期的合作关系，契约治理表现出多元化。项目的不确定导
致创业企业家和风险投资家的风险承担成本增加，降低了风险
投资家对投资后续价值的评估，进而影响 VC-E 合作关系的
延续。信息不对称增加了创业企业家的努力成本进而引发其机
会主义行为，最终影响 VC-E 合作关系的持续。

4

VC－E 合作治理机制
影响因素的实证研究

本章借助第三章数理模型的研究结果，将 VC－E 合作治理机制的影响因素和变动过程进行实证研究，以此进一步探寻 VC－E 合作治理机制变化的一般规律。

4.1 VC－E 合作关系治理

VC－E 合作关系治理就是为了确保风险投资项目的成功运作，实现风险投资家和创业企业家的预期效益目标。风险投资家和创业企业家围绕着风险投资项目的实施而制定一系列交易结构，建立严密的交易系统和交易过程，其目的均是处理不同利益主体之间责、权、利的关系，以及彼此之间形成约束、监督、激励与风险分担等的制度安排。VC－E 合作关系治理的水平将决定着风险投资项目运作的成败。根据已有的文献研究，将 VC－E 合作关系治理分为契约治理和关系治理两个维度，研究它们对创业企业创新绩效的影响。委托代理理论、交易成本理论、网络理论等都对契约治理与关系治理影响创业企业创新绩效的机理作出了相关的解释。强调通过契约治理，制定符合风险投资运作特点的契约策略；通过关系治理，弥补契约治理不完善的地方，降低彼此的交易摩擦和交易成本，化解相互间的机会主义倾向，增强双方的合作信心和凝聚力，以提高创业企业的管理绩效。

4.1.1 VC－E 合作关系的契约治理（Contractual governance）

古典契约理论将契约认为是约束交易者行为且减少交易过程中的风险和不确定性的治理机制，认为机会主义风险可以通过正式的契约条文加以有效控制。若条款清晰且准确规定合作者任何一方出现违约且侵占他人利益的行为，受害方可有权据此在法庭上得到补偿。这种补偿一般以消耗时间和正常执行业务的能力为代价。由于有限理性与不确定性的约束，契约治理存在自身的缺陷与不足。这是因为：第一，契约语言的模糊或不明确致使某些内容缺失或出现歧义。第二，有限理性使合作双方通过建立完善契约来管理交易行为几乎无法实现。第三，合作伙伴的信息不对称以及地位的不对等使得缔约成本可能出现超出未来解决问题的成本。第四，事前契约无法完全估计合作双方未来的交易行为，加之某些不太正式的协议难以监督与履约，所以契约治理不能完全杜绝机会主义行为（黄玉杰，2009）。

契约治理是指利用契约条款约束交易参与者的行为。正式契约显示参与者对未来行为的承诺与规范。契约条目越复杂，承诺的内容、规范的原则与争端解决过程越详尽。例如，复杂的契约应该明确地规定合作伙伴双方的责任、义务与权利，并清晰地说明监管措施和惩罚制度，最重要的是须阐明产出绩效的评估体系。依据交易成本理论，企业经理的首要任务是尽量以最少的交易成本来安排企业之间的关系协议，目的在于确保合作者保质保量地完成交易行为。因此，企业经理应根据各种交易行为的属性选择与之相匹配的关系治理协议。正是由于交易风险的存在，契约条款必须详尽地界定参与者的未来行为以保障他们的利益目标。契约保障性功能的实现在于降低交易成本，减少经济摩擦，提高交易绩效（Joskow，1988；Macneil，1978；Heide，1994）。由此，契约制定得越复杂，花费的成本越高。只有当交易双方欲防范会造成巨大损失的风险时，他们才会愿意承担设计此类复杂性契约的成本。

根据交易成本理论，市场中存在三种交易风险需要契约条款来保障交易参与者的利益。这三种交易风险分别为：资产专用性、绩效测度困难性、不确定性。

（1）资产专用性是在不牺牲生产价值的条件下，资产可用于不同用途和不同使用者利用的程度；是主要针对交易者之间具体关系属性而进行的专用性物质资本与人力资本投入，与合作者交易关系密切相关。一旦合作者发生变化，这类资本因不能自由转换而丧失部分市场价值，它与沉没成本的概念紧密相关。对于资产专用性产生的原因，古典经济学与新古典经济学的观点相异。古典经济学认为当交易参与者彼此不相关才出现资产专用性问题，而新古典经济学指出参与者身份是资产专用性产生的最为关键的因素（Williamson，1991）。例如，风险投资家必须为创业企业家就企业经营开发一套专门的咨询服务，而创业企业家需要建立特殊的通信设施以便保持与风险投资家的联系，以便更好地理解风险投资家的思维模式、运作程序，最终提高创新绩效。在此背景下，保持长期性交易对提高合作者之间的交易效率极其重要。一旦双方的合作关系中断，就会导致交易双方之间为维持关系而进行的投资丧失部分甚至全部的市场价值。中断合作关系的影响因素的存在使得参与者总是在积极寻求专用性投资报酬的补偿方法。为了防范"套牢"和"敲竹杠",企业经理采用新古典经济学中的契约特性来保证合作关系的长期延续,在契约中,不仅明确规定交易者的行为范式和违约条件,而且还设计未来争端的解决框架。实践行为显示,交易中的资产专用性与契约复杂程度呈正相关(Joskow,1988)。

(2)绩效测度困难性是市场中的第二类交易风险。在市场交易行为中,当市场绩效与生产效率密切相关且易于评估时,参与者的交易行为成功概率就会提高,反之,参与者就会面临极大的市场风险。当市场绩效与生产效率脱节,参与者就会滋生懈怠行为,不积极执行契约条款。对此,企业经理一般会有两种选择。一是选择实现较低的市场绩效,因为他们不具备测度市场绩效的能力。二是通过配置更多的资源以复杂契约的形式提高市场绩效的测度能力。例如,在契约中可详细规定第三方监督规则,建立重要信息定期报告制度,或者在条件允许的情况下,设计市场绩效的预期评估值,当现实市场绩效超过预期评估值时则认为交易行为成功,反之则认为是失败。由此,当市场绩效难以测度时,为确保交易行为的成功,企业经理就必须设计复杂程度偏高的契约治理。

(3)不确定性是市场中的第三类交易风险。在风险投资市场,不确定性来自技术创新。一般而言,市场中的价格机制就是供给与需求之间自发调整的手段(Williamson,1991)。然而对于市场中复杂的调整需要参与者之间的协调,简单的市场治理由于缺乏协调功能而不能自如地应对多变且复杂的市场调整。但是契约却具有协调的性质。当创新技术多变且突变时,参与者可以通过契约条款和契约制定程序促进合作双方的谈判以化解技术创新突变引发的不确定性风险。

高度的不确定性、绩效测度困难、资产专用性等综合交易风险的存在致使契约缔结变得越发困难。比如,高度不确定性存在的前提下,缺乏适度的保护条款,创业企业家或者风险投资家不愿进行过多的专用性资产投资，致使创新绩效减弱。绩效测度困难也会造成相似的结果。若技术发展速度迅速，且绩效测度的困难度随着技术发展的速度不断增加，那么契约治理的缺陷与不足的制约作用将会越来越大。Williamson（1985）曾提到，当上述的三类交易风险的任何一种组合出现，都可以让市场中的交易行为演变成为极端不确定性所产生的结果。企业要么选择科层治理，要么选择更短期、更公平的交易方式。

鉴于风险投资项目具有高风险和高收益特征，运作周期长且运作环节复杂，VC - E 合作关系的契约治理要求风险投资家和创业企业家双方之间的契约条款力求详细和周密，要在双方的责任、义务方面进行明确的定义，特别是技术创新环节与收益分配层面需要进行严格的界定与执行。因此本研究将契约复杂性以及履行契约的严格性，作为界定 VC - E 合作关系契约治理的程度。

契约治理在风险投资运作过程中起着非常关键的作用。风险投资家与创业企业家通过契约条规就特定的行为领域达成一致的协议（Masten，1996）。商业计划、服务项目协议、绩效指标与薪资激励制度等规范了风险投资交易双方的角色定位、行为表现以及争端解决机制（Poppo & Zenger，2002）。损益账目、效率计算、财务报告制度等系列约束措施能帮助风险投资家和创业企业家彼此监督双方的交易行为以及评估双方的行为绩效。

通过具体规则约束风险投资家和创业企业家的交易行为和提升彼此监管效率，契约治理能有效地化解交易双方的机会主义风险，并限制交易的任何一方利用违约谋取额外租金的行为（Williamson，1985）。此外，契约治理还具有协调交易双方工作努力程度的功能（Gulati，1995；Sobrero & Schrader，1998；Ryall &，Sampson，2006）。Mayer & Argyres 研究发现企业之间的契约条款不仅包括双方的责任和义务，更重要的是规定交易双方必须建立信息互动机制，促进双方之间信息充分流动以保证契约协调功能的实现（Mayer &，Argyres，2004）。若事前在契约中能有效预测交易双方的未来行为趋势和构造信息交流机制，那么契约治理就能高效率地实现协调风险投资家和创业企业家之间交易行为，有效促进双方的劳动效率。

在风险投资的运作过程中，VC－E 合作关系的契约治理成本不仅发生在契约签订之后，而且还发生在契约签订之前，例如风险投资家的投资清单、尽职调查等都会产生相应的成本，创业企业家在事前与契约治理相关的成本主要发生在商业计划书、与风险投资家互动等方面。在风险投资家和创业企业家双方刚建立合作关系时，彼此之间的谈判与博弈产生的成本是事前契约治理成本，而契约签订之后，彼此之间的监督与激励、信息交流与共享、收益分配等相关环节产生的成本则是事后契约治理成本。

4.1.2　VC－E 合作关系的关系治理（Relational governance）

关系治理的概念源自美国法学家 Macneil 提出的关系契约理论（Relational Contract Theory），此理论立足于社会生活中人与人之间的交换关系特点，分析在不同缔约条件下交易行为的变化。该理论指出，每项交易均嵌在一种复杂的关系之中，在分析每种交易特点时应该理解该交易包含的复杂关系的所有要素。为此 Macneil 形成一种与传统截然不同的契约法思想。在此之后，管理学者们在 Macneil 的观点的基础上，运用实证方法研究了关系契约中的治理行为。他们先沿用 Macneil 提出的"关系规范"（Relational norms）的概念，探讨了关系规范的作用，进而界定了另一个重要的概念——关系治理（Relational governance）。

关系规范是指一些社会过程和社会规则，它们因交换双方的关系而存在，对参与者的行为产生影响，使得交易在没有第三方（包括制度与仲裁者）加入的情况下也能顺利进行，其作用甚至超过正式的制度安排。Poppo 和 Zenger（2002）研究众多社会学与管理学的文献之后，得出的结论是：关系规范和正式契约的功能一样，能够起到降低交易成本和减少交易风险的作用，并认为关系规范的这些功能就是治理作用。于是一些学者提出，关系规范就是"关系治理"。

交易成本理论和社会交换理论站在不同视角下对企业之间交易的关系治理作出了解释。Williamson（1991）认为企业之间交易治理除市场与科层之外，还存在第三种交易治理模式——混合模式（Hybrid）。他认为，交易行为可运用多边治理，通过制度、仲裁等第三方干预，也可应用双边治理，即依赖自我履约机制的关系治理。就激励、适应性调整、官僚成本来说，关系治理效率介于市场与科层之间。与市场治理相比，关系治理激励较弱但利于参与者的协调；与科层治理相比，关系治理缺乏统一性但利于更大的激励强度。对某些交易行为而言，就各种扰动的必要性调整既非完全自发，也不是在权威指导下进行，而是要求实现两者的混合。交易成本理论强调参与关系治理的合作伙伴在对未来关系进行预期的基础上作出相应的决策时，更注重企业交易双方的谋算性经济效应。社会交换理论研究的主要是交易主体以往的历史经验如信任对未来交易或预期收益的影响，注重的是交易双方社会规则的认同效应（Zaheer & Venkatraman，1995；Gulati，1999）。

包括交易成本经济学家在内，许多学者认为，组织之间关系的治理不仅仅局限于正式契约治理。组织之间的交易是一种典型根植于社会网络之中的重复互动。社会网络中价值产生与商议过程引发了关系治理。相比契约治理，关系治理通过良好的人际关系互动和沟通可有效地降低交易成本（Dye，1996；Dyer & Singh，1998）。在关系治理背景下，交易行为人义务、承诺与预期行为的实施都是在社会交往中得以实现，与此同时，参与者的社会交往加强了彼此之间的规范灵活性、凝聚力和信息共享。行为规范的灵活性提升对突发性事件的反应力，而凝聚力加强合作双方的交易关系，促进双方共同解决问题以及形成行动一致性的承诺。至于信息共享则可以促进合作双方信息相互转移与交流，增强彼此学习对方技术与经验的意愿，从而帮助双方高效率地解决合作过程中的各种问题。由于合作双方承诺行为规范、互利和合作，因此双方能够建立长期持续的合作关系。

通过社会交往与行为规范，关系治理可以有效缓解正式契约治理所关注的三类交易风险即资产专用性、绩效测定困难性、不确定性。长期合作预期结合关系治理，可使企业产生强烈进行关系专用性投资的动机。这更有利于双方合作关系的稳定。相似的是，拥有长期合作期望的企业不再强调短期合作中如何实现精确测度绩效的问题，同时交易中短期不公平行为会在长期合作时期得到纠正。最后，企业之间的合作和互利可以有效提升化解不确定风险的能力。管理领域中大量文献曾提到，规范、信息共享和承诺能帮助企业化解交易风险（Hesterly & Borgatti，1997；Adler，2001）。

关系治理广义上说是增强交易双方之间信任和社会认同的机制（Dyer & Singh，1998；Martinz & Jarillo，1989），既强调合作伙伴建立互惠互信长期交往的合作关系，也兼顾激励机制和约束机制协调双方的合作关系。如创业企业的日常管理行为如团队建设、董事会构成、高层管理人员的转换、战略决策以及团队冲突的解决主要依赖于风险投资家和创业企业家频繁沟通和共同解决问题的方式。通过交易双方频繁互动构建信任和社会认同，关系治理可化解 VC－E 合作关系中出现的机会主义行为。另外，风险投资家与创业企业家在不断重复的互动过程中，学习对方的技术优势和专业经验，拓展社会关系网络。随着两者亲密关系的建立，彼此之间的依赖与凝聚力逐渐增强，在双方都愿意面对随机出现的问题付出额外的努力行为以及彼此间互惠与承诺，构筑风险投资家与创业企业家之间的信任。同时在互动过程中逐渐收集合作者的相关信息以合理预测其未来的行为趋势（Granovetter，1985）。由此，关系治理能有效协调合作双方的交易关系，通过开放式沟通、非机会主义偏好与共赢模式来化解合作双方在投资项目运行期间出现的各种冲突（Kale et al.，2000；Powell，1990）。作为关系治理的主要机制，规范、承诺与互惠增强了风险投资家与创业企业家之间的合作信心和相互依存度，即使在合作中遇见事前未预料到的突发事件，由于合作者相互的信任，也不会出现违约而彼此侵占对方利益的行为。关系治理除了可化解机会主义风险之外，还可协调合作双方的利益关系。合作者之间重复性的互动行为促进了企业之间信息交流与转移的路径依赖、共同理念的形成以及任务环境的分享。

关系治理主要涉及以下的内容：首先，信任是关系治理的基础。对于风险投资家与创业企业家之间的合作关系，双方是以信任的态度和方法来解决与缓和合作过程中潜在的不确定性。在信任关系下，交易双方不以短期的机会主义行为为导向，而是注重长期的重复交易，减少交易摩擦，最终达到减少交易成本的目的，提高风险投资项目的运作效率。因此对于风险投资家和创业企业家来说，在适当的投资流程规范和服务范畴约定的基础上，增强双方的相互信任是关系治理的重要内容。

其次，信息共享是关系治理的核心。一旦出现利益冲突，合作双方应积极采用有效沟通的方式，提高信息透明度，探讨冲突产生的根源。如果冲突来源于项目本身，合作伙伴应共同解决而非相互推诿与划分责任。如果冲突是由主观原因或是沟通不畅所引发，合作双方应加强协调，保持理性，提高彼此的信息透明度。在风险投资实践领域，由于风险投资家与创业企业家缺乏有效沟通而导致合作关系恶劣，最终致使风险投资项目失败的案例比比皆是。信息共享是建立在全方位开放式的沟通渠道基础上，环节涉及研发、生产与营销，层面包括管理层、技术层与生产层之间的沟通。只有风险投资家和创业企业家之间有效地沟通才能明确各自需求与期望，同时了解对方的技术能力与服务水平以及冲突出现的真正原因，通过建设争议解决机制，使双方真正成为利益共享、风险共担的战略合作伙伴。

最后，声誉是关系治理的外在表现。当契约不完善时，如果只进行一次交易行为，产生机会主义行为的概率很高。但如果交易重复进行下去，那么机会主义行为将致使参与者声誉受损而影响后续交易行为，由此可知，市场中的重复交互行为可以促使声誉产生。若交易行为者认为，良好的声誉可以增强未来的交易机会，那么良好的声誉就可以防止企业机会主义行为的发生（Oxley，1997）。因此基于声誉的重复交互可以作为支持合作的一种关系治理的外在表现形式，减少机会主义和道德风险。声誉的作用不是帮助合作双方建立持久的交易关系，而是在于交易双方可以观察其业务行为进而对未来行为作出合理预测。借助于伙伴选择效应、威慑效应、信号传递效应以及网络举荐效应，声誉在关系治理机制中较好发挥对机会主义行为的抑制作用。

关系治理是基于信任，交易双方以合作态度和方法对待和处理企业之间的相互关系，重点关注的是合作关系的质量。当交易双方频繁重复互动中，合作系统不断对彼此关系进行专门化的适应调整，产生交易主体之间的相互导向（Mutual orientation）。这种导向会提供一种架构，在此架构体系之中，合作伙伴之间的关系不仅得到进一步提升，而且相互适应会逐步增加以降低交易摩擦，以提高交易效率。同时，对长期重复发生相互关系的预期又会进一步加强合作关系的质量。因此，交易主体频繁发生的相互关系不但没增加相关的交易成本，而且在相互重复发生关系的预期下，双方更愿意分享信息而增进彼此了解，提供相互适应能力。再者，关系治理在时间与资源配置方面花费了大量的成本。因为关系治理依赖的是企业员工之间重复性的互动行为，即需通过面对面的会议形式强化相互间的联系与了解。例如，跨国企业的高层管理人员和核心技术人员若要熟悉和了解分散在世界各地的分公司员工的特性，就必须花费大量的时间和精力到各分公司以会议的形式面见员工。即便在现有通信技术的帮助下，以视频会议取代现场会议来节约旅行成本，但是却无法建立人与人之间的亲密情感。缺乏信任的员工关系不能彻底解决劳动生产率低下的问题。若是单纯采用高薪补偿机制，没有员工之间的依赖与凝聚力，企业只是沦为冷酷的生产机器。只有采用关系治理，人们之间建立信任机制，达成观念共识，才会在协调氛围中共同解决企业难题，提高企业的经营管理绩效。

经济学和社会学领域大量文献显示，关系治理能有效化解合作伙伴在交易过程中面临的各类风险。经济学家看重关系治理的理性与谋算性，特别强调对未来合作关系的延续会促进当前的交易效率。而社会学家则从社会学角度着重研究合作者的交易历史如何促进行为规范与社会网络的形成（Uzzi，1997）。于是，信任在社会学家眼中被视为根植于特定交易关系中的规则。一旦合作者被看作是值得信赖的交易行为人，其未来的交易行为就被合作伙伴预期估计为可信赖范式。对于经济学家来说，信任是利润产生的前提。尤其对于重复交易行为，此条件尤为重要。博弈理论指出，参与者对未来合作收益的预期激励其对构建现有合作关系的热情（Baker，Gibbons & Murphy，

2002）。但是 Williamson（1996）却认为，交易行为中谈及信任会带有一定的欺骗性，依从经济学逻辑思路，交易行为始终是一种谋算关系，所以真正能刻画交易特性的应是谋算性风险而非谋算性信任。即便如此，经济学与社会学关于信任和合作的论点有大量相同之处。比如，两者均认同重复交易能提高交易效率，参与者在重复互动中可充分收集有关合作者的信息，以此判断其是否值得信任。

来自实践领域内的结论显示，关系治理与信任密切相关，正是合作双方存在信任才会提升交易效率（Zaheer & Venkatraman，1995；Zaheer，McEvily & Perrone，1998）。然而，密集社会网络与复杂的社会联结致使关系治理的发展与维护需要耗费大量的时间与资源，而且，仅限于密集社会网络中的交易行为会限制企业获取新的信息和搜寻新的合作机会（Gargiulo & Benassi，2000）。所以，企业发展关系治理需要依从一定的前提条件，即当前面临的风险造成的负面效应非常显著。除此之外，关系治理的成本也无法估量。即便如此，大量现有文献的结论依然显示关系治理对于交易绩效有显著的正向作用。

4.2 VC－E 合作治理机制的影响因素

本节根据文献研究的选择，将影响 VC－E 合作治理机制的核心因素选定为：资产专用性、不确定性、投资吸引力、文化契合度。

4.2.1 资产专用性（Asset specificity）

资产专用性是资产只能服务于特定产品和劳务生产的性质，一旦转换用途，其市场价值大为降低（Williamson，

1991a)。它能够为企业带来准租金（Quasi-rents）（Klein et al.，1978），提升企业市场价值（Teece，1986），增加企业的市场竞争优势（Rumelt，1991；Ireland et al.，2003）。与资产专用性对应的概念是资产通用性，即资产在不发生明显贬值的情况下实现重新配置。资产专用性具有两方面特征：高效率性和低适应性。高效率性是由于专用性资产基于生产、经营的特殊要求设计，并且经过长期的适应和磨合，可实现重复生产的高效率、高质量，满足专业生产要求。如专用仪器与模具的出现使大规模批量生产成为现实。低适应性是专用性资产因其特殊功能导致资产的使用面狭窄，在企业环境发生变化时因不能适应而严重贬值。依据 Williamson（1996）的观点，企业资产专用性可分为五类：①地区专用性；②机器设备专用性；③人力资本专用性；④顾客专用性；⑤商标专用性。资产专用性程度越高，转变难度越大，造成的转换成本越大。

资产专用性主要满足企业特定交易的需要，如提升产品的质量，减少成本以及生产相异于竞争对手的产品。但是，大多数企业无形资产的专用性程度较高，比如研发投资、企业声誉和商标等。对于创业企业来讲，资产专用性与创业企业家人力资本的特殊属性密切相关。交易成本理论认为，由于资产专用性的存在，当交易主体一方进行了专用性投资之后，会产生专用性准租，即承租人最优使用价值与另一承租人次优使用价值的差额。显然，资产专用性程度越大，专用性准租也就越大。专用性准租的存在是机会主义行为产生的根源。交易主体以退出交易进行威胁争夺专用性准租的行为即是机会主义行为。其后果就是企业外部投资者无法获得成本补偿与价值增值。于是，从自身利润最大化角度出发，外部投资者投入的资本总量必然小于双方整体利润最大化的投资量。正是机会主义倾向导致了专用性投资的不足。

　　资产专用性对风险投资领域中创业企业的负面影响主要体现在资本结构选择与控制权配置两个方面。首先，资产专用性影响企业资本结构的选择。专用性资产不能轻易转换其市场价值，并且由于其较低的流动性价值而引发较高的破产成本。Williamson 认为，当企业选择债权—股权相混合的资本结构时，追求最低成本的治理结构是企业发展的中心目标。依据交易成本理论，专用性资产拥有量较大的企业往往面临着较高的交易成本。因为当企业向银行以债权方式融资时，专用性资产的抵押价值较低，从而导致企业的债权融资成本增高。因此，拥有较大比例专用性资产的科技型创业企业的主要融资方式是股权融资（Wang lan，Long Yong，2011）。风险投资家是其最佳的融资对象。风险投资家通过介入企业的日常经营管理而化解创业企业家的机会主义风险，由此降低交易成本。其次，创业企业家人力资本的不可分割与不可转让，恶化了风险投资家的"套牢"问题。对于科技型创业企业来说，创造价值最大的源泉是人力资本。优越的人力资本条件增强了创业企业家的谈判力度。他可以随时威胁风险投资家"退出"项目的运作。一旦风险投资家预测到创业企业家的潜在机会主义倾向，就会减少对其投资额度。那些具有良好市场潜力的风险投资项目会因无法得到充足的资金支持以失败而告终。解决"套牢"问题的方法之一是将企业控制权让渡给专用性资产的拥有者（Hart，1995）。创业企业家因人力资本专用性程度较高，应拥有创业企业的高比例股权，掌控企业的控制权。至少在创业企业的初期，创业企业家应获得企业的控制权（Wang Lan，Long Yong，2010）。已有文献的研究结果显示，资产专用性程度较高的企业，初期的资金来自自身的储蓄，企业发展到一定的阶段可接受风险投资家的股权融资，到企业成熟阶段可接受债权融资。

　　科技型创业企业运作期间，创业企业家不仅需要具备管理技能，而且还要为企业的发展提供资金、知识与人力资本（Hart & Moore，1994；Audretsch et al.，2009）。专用性人力资本与其他无形资产的性质一样，专门满足企业的特定需求，无法轻易用于其他的用途。企业外部的交易者对此类资本很难实现有效的监管和合理的估价（Williamson，1975；Kochar，2001；Vincente－Lorente，2001）。对于创业企业来说，资产专用性引发两种问题：一是资产专用性越强，其流动性越差；二是创业企业家人力资本的专用性容易产生"套牢"和"敲竹杠"等问题，接着引发机会主义风险。

风险投资领域中创业企业家的资产专用性极强。对于创业企业来说，真正决定市场价值和企业未来发展趋势的主要资产不是土地、设备、自然资源等有形资产，而是以人力资本为核心的无形资产。现实中部分创业企业没有厂房和设备，产品的生产过程外包给其他企业，但是却拥有核心技术团队。从某种程度上讲，创业企业家的人力资本是企业价值的源泉。创业企业的建立始发于创业家的创业劳动——技术发明，是创业劳动市场化的物质表现。探寻创业企业的资产专用性就必须立足于对科技创新劳动的理解。当代的科技创新劳动是科学与技术内在禀性融合在一起的高智力劳动，不同于一般的复杂劳动和智力劳动，呈现出自身特有的异质性。其依附的个体即创业企业家主要从事的科学技术创新活动随着市场深化与细化程度的提升，目标更明确，技术攻关领域更尖端。为了满足个性化的消费需求，创业企业家往往专注特定的活动对象和活动空间，致使其人力资本的劳动内容带有高度专业化特性。它要求创业企业家接受专门化的教育与训练，培育创造性的思维能力，以及掌握更为精、尖、新的技术知识和前沿理论的实践经验和实验能力。与高度专业化劳动内容相匹配的是技术创新劳动形态的专用性。高度专业化的学习、研究、创造与实践等系列行为经过一段时间的沉淀而逐渐演化为特定的思维能力和技术能力，从而表现出劳动形态的专用性。由此看来，作为创业企业家的人力资本物质载体的劳动内容与劳动形态因具有高度的专用性，所以人力资本具有同一属性。正是创业企业家的专用性人力资本使投资项目得以增值。这些依附于核心技术人员的人力资本如技术诀窍、专利等的识别和估价非常困难，资产的变现存在较大的不确定性。一旦转移其用途，往往会形成"沉没"资产，造成价值的巨大损失，因此专用性资产一般具有较低的市场转换能力和较高的转换成本。

风险投资家对于创业企业家提供的资产包括有形资产即金融资本和无形资产即人力资本。金融交易行为中资产专用性与金融资产的流动性与可转换能力相关。流动性高的金融资产专用性差，通用性强；流动性和可转换能力差的金融资产，专用性强，通用性差。风险投资项目中的金融资产作为一种权益资本，从介入到退出拥有很长的资金存续期。在这段时间内，风险投资家的金融资产流动性差，专用性强。在人力资本方面同样具有很强的专用性。风险投资是一个经验性非常强的行业。风险投资家的行业经验与其从业年限成正相关。行业经验丰富的风险投资家对创业企业提供增值服务的能力越强。并且随着其从业年限的增长，面临的投资机会逐渐增多，风险投资家人力资本专用性表现越强。相比传统投资家，风险投资家更容易理解处于创业初期的创业家才能或创意所包含的实际市场潜力，且更愿意接受高风险的挑战。也就是说，那些能够识别创业家才能并能够提供资本的风险投资家本身就是创造组织租金的"专用性"资产（杨瑞龙等，2001）。风险投资家人力资本的表现形式分事前的识别和事后的管理。事前识别能力可以筛选出最具有市场潜力的投资项目，而事后的管理可帮助创业企业的市场价值由潜在变为现实，并且还可增值。创业企业在众多外源融资机构中选择风险投资家的支持，看中的是风险投资家独有的增值行为。从创业企业角度来讲，风险投资家的增值行为能顺利转化为创业绩效的前提是增值行为的针对性，即增值行为的内容应与当期企业发展中面临的问题密切相关。正如Barney 等（1996）所指出，创业企业从风险投资家的增值行为中获益是帮助企业整合互补资源，形成更具有价值、稀缺和更难以模仿的竞争优势，并产生协同效应。因此，风险投资家的增值行为在投资项目运作周期内具有专用性。另外，面对竞争激烈的资本市场，风险投资家不仅应拥有充足的资金，而且还应在管理服务环节具有核心竞争优势。所以，为了在同业中占据主导地位，风险投资家仍会不断增强专用性资产投入（杨瑞龙，杨其静，2001）。

Klein et al.（1978）、Williamson（1985）等指出，交易双方的资产专用性程度较高时，契约不完善性就会引出交易主体的机会主义行为，而且资产专用性带来的可占用准租金使机会主义行为由可能变成现实，产生"敲竹杠"的问题。为了防范双方的机会主义行为，就需要在事前订立详细的契约条目，明确事后的交易数量、交易价格与利益分配。Dyer（1997）指出，交易主体的资产专用性程度越高，拟订的契约条目越复杂。不仅如此，高程度的资产专用性还会导致长期性契约的形成，且资产专用性程度越高，契约治理的期限越长。为了应对机会主义风险，契约条目设计中包括对可预见事件损失的补偿和不可预见事件损失的补偿。可预见事件损失的补偿与契约设计的详细程度相关，而不可预见事件损失的补偿则与契约设计的灵活程度相关（Poppo & Zenger，2002）。与机会主义风险密切相关的是不可预见事件，因此资产专用性程度增强，就意味着不可预见事件的发生频率提高，契约设计的灵活程度就需要大力提升。依据交易成本理论，交易成本会随着资产专用性程度的增加而增加，但是与契约订立相关的交易成本却会随着资产专用性程度的增加而递减（Dyer，1997）。例如，复杂的契约治理减低或削弱与资产专用性有关的利润谈判行为发生的频率，由此降低交易成本。因此，为了降低资产专用性程度增高时引发的交易成本，需要制定更为复杂和更灵活的契约条目。有经验研究验证了这种关系：资产专用性增强契约条款的复杂程度（Joskow，1988）。在风险投资家与创业企业家合作期间，当其合理预测到突发事件可能影响投资项目的进程和绩效，拥有专用性资产的创业企业家希望在事前订立契约的过程中对风险进行控制和弱化，因此倾向于在投资契约中详细描述处理突发事件的程序和规则。由此，提出假设：

假设 1a：VC - E 合作关系中创业企业的资产专用性程度越高，契约治理的程度就越高。

在 VC - E 合作关系中，若创业企业的资产专用性程度越高，风险投资项目中潜在的机会主义风险就越大。无论是风险投资家还是创业企业家，均希望求助于关系治理，以避免双方的机会主义行为，降低交易成本。涉及专用性资产越多的投资项目，风险投资家与创业企业家被"套牢"的概率就会增大，任何一方出现违约行为都会为彼此招致更大的损失。即使契约条款对双方的利益进行了适当的保护，但是仅仅依赖契约约束和契约赔付，不足以弥补机会主义行为引发的损失。由于契约治理具有强烈的对抗性和破坏性，在实际运行过程中代价极高。而关系治理能通过促进双方合作关系来创造出关系租，从而更有效地化解机会主义风险，降低交易成本，提高交易效率。

交易行为中专用性资产具有显著的锁定效应，从而导致"套牢"或"敲竹杠"的机会主义行为发生。资产专用性程度越高，合作双方彼此之间的依赖性越强，在没有制度阻拦的条件下，资产专用性投资较强的一方被交易另一方的机会主义行为损害的可能性越大。由于双方的利益矛盾和冲突不可能在事前解决，而是被拖延到事后，这样合作双方的机会主义行为使谈判和履约变得异常艰难。关系治理解决机会主义行为引发的"套牢"问题的执行机制是"声誉约束"。在考虑声誉作用前提下，因为交易双方通过重复博弈带来的收益高于违约行为产生的收益，所以可以作为防止"敲竹杠"问题的有效机制。当交易一方实施机会主义的"敲竹杠"行为之后，除了受到第三方执行的明示制裁，还会受到合作伙伴的私人制裁，私人制裁的结果包括契约中断后的损失和市场上的声誉损失。私人制裁的损失就是关系治理的"自我执行范围"（Self－enforcing range）。在这个范围内"套牢"或"敲竹杠"不会发生。信任是组织关系治理的另一自动履约机制。为了防止合作伙伴的机会主义，通常在契约中制定详细的防范措施，而信任的作用体现在提高交易主体的自我履约意识，减少契约复杂程度，进而降低契约制定成本、监督和激励成本，使总交易成本下降。已有研究显示，彼此信任的组织之间趋向沟通和理解，实现不同背景的融合，增强产品设计、生产制造与市场营销等环节的信息共享，缩短产品市场化的周期，进而提升企业网络的组织运作效率。卢曼认为，信任实质上为一种系统简化机制，通过它可以降低环境的复杂性和系统的复杂性，减少事物运作环节，因而具有简化功能。信任的存在不仅有助于增强合作伙伴之间的合作向心力，提高关系质量，而且作为合作关系形成的催化剂，促进交易双方实现协同效应。由此可知，信任是关系治理中化解机会主义行为风险，提高合作效率的基础性机制，贯穿治理逻辑的全过程，发挥着重要的协调功能。当资产专用性程度越高时，这种基本机制发挥的治理作用越强，即关系治理的程度越高。

由上述可知，创业企业的资产专用性较高时，就需要双方之间较高水平的关系治理来协调双方利益差异引发的矛盾和冲突，特别是资产专用性程度引发的机会主义风险对双方利益影响作用极大时，关系治理的幅度会随之大幅度提升。Joseph et al.（2006）曾探讨契约治理和关系治理对企业专用性资产的影响作用，通过实践研究证明，当企业之间的信任水平提高、倾向于长期合作以及愿意提供帮助时，契约治理对专用性资产的正向影响明显削弱，关系治理与专用性资产之间形成显著正相关。为此提出假设：

假设 1b：VC－E 合作关系中创业企业的资产专用性程度越高，关系治理的程度就越高。

4.2.2 不确定性（Uncertainty）

根据交易成本理论，企业面临的不确定性包括行为与环境两方面内容。环境不确定性被视为企业外部的不确定性，而行为不确定性则被认为是企业内部的不确定性。David 和 Han（2004）经过对已有文献研究结果的梳理，发现大多数学者关注的是环境不确定性，而疏于研究行为不确定性。然而，当行为不确定性被排除在特定研究领域之外时，环境不确定性会捕捉到行为不确定性的影响效应（Carson et al.，2006）。环境不确定性是指环境变动的不可预测性以及对外部环境变动的预测能力的低效性。这种类型的不确定性与导致市场条件、价格和技术频繁变动的影响因素的突变性相关。行为不确定性是指交易主体的行为不可预知性。行为不确定性主要包括评估提供服务的难度，决定产品和服务的标准，提供客观评估体系。因为这些行为依附个体并随个体特征的变化而变化，同时企业服务的无形特征造成客观标准的确定十分困难，所以行为不确定性着重在于交易者个体的行为特征而非是企业的运作特点。本书的研究对象是科技型创业企业，所以在此关注的是环境不确定性，即技术不确定性和市场不确定性。

技术不确定性是企业创新所需的信息量和现存的信息量之间存在很大差异（Galbraith，1977）。这种技术的不确定性因技术常常处于变化状态而增加企业间的沟通成本。它包括技术结果的不确定性、技术前景的不确定性、技术效果的不确定性、技术周期的不确定性以及配套技术的不确定性。市场不确定性是指企业从事经济活动所面临赢利和亏损的可能性。主要包括市场容量的不确定性、市场价格的不确定性、市场战略的不确定性等。应对不确定性带来的交易风险，契约条款成为必然的选择。风险投资融资契约作为协调风险投资家和创业企业家的风险和利益的工具，准确反映了各种不确定性的程度与特性。实质上，不确定性就是契约双方必须面对的约束条件，反映了契约双方最大化行为的结果。因为不同的风险投资项目包含的不确定性的程度与特性有所不同，所以相应契约条款的设定也会出现差异。对赌协议（Valuation adjustment mechanism）作为目前风险投资市场中应对不确定性较为常见的融资契约，是风险投资家与创业企业家为确保各自的投资利益而作出的一系列融资条款的安排。通常表现为风险投资家和创业企业家依据受资企业的经营业绩指标，对企业未来的不确定性状况作出各种约定。一旦约定的条件出现，由风险投资家行使估值调整权利来弥补高估企业价值的损失；反之，则由创业企业家行使相应权利来弥补企业价值被低估的效益损失。对赌协议体现的是风险投资家与创业企业家对企业价值不同的预期，面对不确定性为确保各自利益而作出的一系列金融条款安排，其目的在于保障风险投资家的投资利益。对赌协议显示了风险投资家和创业企业家对企业未来经营前景的不确定性合理预测并希望在一定程度上事先锁定投资风险。通过企业估值调整权利配置，风险投资家可有效约束创业团队对企业价值和未来成长性作出稳健与可信的判断，激励创业企业家改善企业的经营管理，提升企业的盈利能力和价值。对于创业企业家来说，对赌协议可尽快化解企业融资缺口，实现快速扩张的目的。实质上，对赌协议是风险投资家和创业企业家之间以未来企业价值预期为基础而作出的激励与约束性的不完全契约安排。

创业企业面临的不确定性越大，交易风险也就越大。因不能预知企业生产与经营绩效的未来走向，交易双方需灵活地处理交易关系，而不是束缚和锁定在僵硬的契约条款之中（Geyskens et al.，2006）。因此，不确定性越高，企业越倾向选择灵活且易于调整的契约条款。Poppo & Zenger（2002）曾指出，企业面对技术不确定性程度较高时，易于选择宽松的契约治理方式。风险投资领域中，鉴于双方都是风险厌恶者，不管是风险投资家还是创业企业家，都不愿独立承担风险，希望通过契约对交易风险进行合理分担。但是在不确定性环境中，双方进行风险合理分担的难度较高，并且变化无常的环境意味着存在较高的机会主义风险（Gulati et al.，2005）。若在订立契约时，未能获得准确的信息而致使契约条款偏离理性，就会给对方提供实施机会主义行为的机会，并且不确定的环境更能激发交易主体放弃共同利益而追求自利行为。面对不确定性的交易环境，交易双方为了避免自身陷入错误的契约条款之中，交易双方会在契约制定之前预先保留再次谈判的空间，根据实际情况调整契约条目的适用范围，而不是将契约条款设置得过硬。若缺乏调整的空间，就会影响契约的顺利履行。即便再次谈判会产生一定的成本，但相对于错误的契约条款造成的损失，交易双方都可以承受。风险投资家与创业企业家就创业企业未来绩效签订的对赌协议中，惯例的做法是双方事先确定估值调整区间，若不确定性事件发生并给风险投资家或创业企业家造成损失，就利用调整条款进行相应的弥补。由此可知，对于不确定性的风险投资项目，契约条款就显得比较灵活而富有弹性。基于此，提出假设：

假设2a：VC-E合作关系中创业企业的不确定性程度越高，契约治理的程度就越低。

Poppo和Zenger（2002）认为，随着企业不确定性程度的增加，企业的交易风险随之增加，交易关系中潜在的机会主义行为因受到激发而不断增强。面对如此情境，越来越多的企业管理者倾向于通过关系治理来约束对方的机会主义行为。比如，一旦出现过早中断合作关系、侵占专用性资产的准租、调整经营策略等行为而致使交易成本增加时，企业管理者会使用关系治理机制来降低交易成本。关系治理有效预防自利行为的作用机理表现为以下几个方面：首先，社会责任引导交易主体遵守社会规范，即使对于口头协议的约定，交易双方也要出于维护社会责任的目的，给予及时履行（Macauly，1963；Uzzi，1997）。其次，社会规范约束交易主体的行为模式。因为交易主体在彼此满足双方基本社会需求的时候，会形成一定的关系范式，如从属关系、依赖关系等。这些关系范式会对其交易行为产生严格的约束作用（Uzzi，1997；Granovetter，1992）。最后，声誉作为明确的惩罚机制保障交易双方在选择潜在交易伙伴时的优先取舍权。交易者的行为影响着其在未来交易网络中的位置，一旦交易者出现为谋求私利而损害共同利益的行为，那么在未来交易中会因受到潜在交易伙伴的摒弃而被驱逐出交易网络。对于交易主体来说，在不确定性环境中建立和维持在社会网络中的声誉已经非常不容易，更不用说转型经济时期，声誉对企业显得尤为珍贵（Johnson，McMillan & Woodruff，2002；Peng & Luo，2000）。另外，社会网络成员之间不论对资金或者交易都会遵守理性的行为规范，因此交易者在考虑潜在交易伙伴时，往往会选择同一社会网络的成员。

关系治理之所以能有效约束交易者的机会主义行为，是因为社会规范和社会规则承担着一种类似保护交易者利益的功能。具体来说，交易主体承诺投入一定规模的投资来发展双边关系，并且在实施增值行为时，需要对方遵守社会规范和社会规则（Dyer，1997）。否则因无法理性预测对方的行为而产生防范心理，最终影响交易关系的延续。如果交易者过早中断交易行为的成本很高，他就不会轻易选择以牺牲共同利益来换取自我利益的机会主义行为。所以，交易者之间合作关系的延续取决于中断交易的成本与延续合作关系的收益比较。若延续合作关系产生的经济与社会收益强于中断交易的成本，则交易者不会轻易选择过早中断交易的这种机会主义行为。总之，交易者对延续合作关系的期望决定了交易行为的关系治理特征（MacNeil，1978）。

无论交易者拥有何种合作意图，关系治理的核心是交易双方未来的行为需严格遵守社会规范和社会规则，即使存在不确定性问题。Jensen et al.（2006）认为，不确定性是由目标、利益和信息、知识等因素的差异性所引起，也由合作双方缺乏信任所产生。为了实现共同的利益目标，需要建立权利体系、设定规则和建立社会规范。这样才能促进交易双方形成共同的价值和信念，减少不确定性风险。行为一致性和信任的存在，使交易伙伴一旦面临稳定的预期价值，自然会选择合作而非机会主义行为。信任是一种塑造和稳定组织间关系的重要因素（Kadefors，2003），企业面临的不确定性因素越多，越需要建立共同的利益目标，强化双方共同的价值、信念，在彼此信任基础上，准确预测对方行为趋势，降低不确定性带来的风险。另外，信息共享作为关系治理的另一核心特征，降低了机会主义风险和无效率交易风险。在中国，信息流动具有地域性和私人性，交易双方宽广的社会关系网络为其提供充足的信息，以此促进联合规划和应对不确定性（Boisot & Child，1996；Li，Park & Li，2003）。若缺乏可供信息共享的渠道，交易者非但不能合理评价彼此的交易贡献，而且还会滋生大量谋取资产专用性准租的机会主义行为（Heide & John，1992）。因此，成本信息与专有信息的共享有利于化解源自战略性隐藏信息行为的机会主义风险。通过良好合作关系产生的共同行动和嵌入规范，交易双方妥善解决彼此调整压力导致的矛盾和冲突以期合作关系的延续和最大化交易价值。于是，关系治理促进交易双方利益的协调和行为适应，推动了混合治理的组织模式的发展。

风险投资家与创业企业家在彼此合作关系治理中，需仔细权衡交易风险和治理模式的匹配问题。当其面临的市场和技术不确定性增强，交易风险随之增大，契约治理虽然对不确定性有明确约定，但是无法详尽所有的不确定性状况，关系治理因其独有的灵活性和治理路径，通过强化规范、共同理念，有效降低不确定性引发的交易风险。根据 Poppo & Zenger（2002）实证结果可知，企业面临的不确定性程度越高，企业管理者选择关系治理的幅度越大。由此提出假设：

假设 2b：VC - E 合作关系中创业企业的不确定性程度越高，关系治理的程度就越高。

4.2.3 投资吸引力（Investment attraction）

根据社会交换理论（Social exchange theory，SET），人与人之间的互动就像一场交易。风险投资家与创业企业家建立和维持投资关系的意愿受到互动关系中的投资报酬与条件的影响。现有社会交换理论中有四个分支：交换行为主义，如 Homans（1958）；交换结构理论，如 Blau（1964）；交换结果矩阵，如 Kelley 和 Thibaut（1978）；交换网络理论，如 Emerson（1962）。本研究沿用交换结果矩阵的研究结论，用比较水准（Comparison level，CL）和替代方案的比较水准（Comparison level for alternatives，CL_{alt}）作为衡量交易关系结果。CL 是指交易伙伴是衡量交易关系是否具有吸引力或者自身是否对此交易关系满意的标准，即个体对交易关系感到满意所需达到的数值。CL_{alt}是指交易伙伴用来决定自己是维持或放弃此种交易关系的标准，即可以另觅满足的数值，属于一种竞争值。这两种标准都非常重要，均可反映出交易关系中出现的一种真实结果，即交易情境可以要求交易者维持交易关系，即使他自身对此并不满意。CL 目的在于促进关系满足，只有经过盘算评估，才可设定交易利弊得失的底线。CL_{alt}则在于促进关系的稳定，只有与此交易关系之外的其他最佳关系结果进行比较之后才能决定关系是否继续维持。在风险投资家与创业企业家实现互动之前，各自都会事先预期可能的结果，并根据此预期而盘算评估交易行为的满意度。在此，本书应用比较水准和替代方案比较水准作为衡量风险投资家与创业企业家之间的投资关系，即以投资吸引力作为双方对交易关系评估结果来衡量风险投资项目预期收益与实际收益的差异。

创业企业与风险投资之间的投资吸引力是促进投资关系对接的关键因素。在现实中，风险投资家认为成功的创业企业应具备以下的条件：①高素质的创业企业家，有献身精神，有决策能力，有信心，有勇气，思路清晰，待人诚恳，有出色的领导水平且能激励下属为共同目标而努力工作。②商业计划书真实客观，盈利模式清晰，信息充足，分析全面，计划周详，目标和战略定位合理。③新产品或新技术有巨大的市场前景，企业有良好的生存发展空间。④经营战略远见卓识，企业发展目标清晰，企业竞争优势明确。⑤企业管理团队完备，有高效运转的组织结构。社会交换理论认为，吸引是引发社会交换的前提。当风险投资家和创业企业家互相发现对方拥有自己所需的资源，而又确信对方愿意提供这种资源时，他们之间就产生相互吸引力即投资吸引力。当双方之间的投资吸引力越大时，融资作为特殊的社会交换行为的互动频率就越高。正如 Homans

（1961）在《交换的社会行为》中提到，人际间的互动行为是一种过程，在这个过程中双方都参与并交换有价值的资源，人们只有觉得交换关系具有吸引力时，才会继续与对方互动。另外，Blau（1964）认为社会互动首先存在于社会团体之内，人们之所以会被某一团体吸引，是因为个人可从此团队中获得更多的报酬，而且希望被此团体成员所接纳。因此，为了被接纳，他们必须向团体成员提供某些报酬。一旦人们基于种种理由相互结合产生各种连结，各自会彼此提供金钱、体力劳动等外显报酬（Extrinsic turnover）和情感、敬仰、喜爱等内隐性报酬（Intrinsic turnover），用以维持和强化交换关系，从而形成相互依赖。

当风险投资家与创业企业家之间产生了投资吸引力，意味着他们之间存在资源需求和相互依赖的关系。资金缺口使创业企业不得不求助于风险投资家，并以优厚的融资条件吸引风险资本的支持。两者因资源相互依赖产生的社会交易关系为创业企业获取所需资源提供了平台，其优势在于为 VC 和 E 提供从经济交易关系中无法获得的隐形资源如技术、经验、社会网络资源等。VC 和 E 之间的投资吸引力实质上是一种合作激励。当投资吸引力越大时，双方的资源需求和相互依赖程度就越大，合作激励产生的效应也就越显著。合作激励提供了对机会主义行为的约束，但因合作长期性和预期收益仅能弱化机会主义风险而不能完全将其化解，所以此时通常交易主体会签订较为松散的框架性合作契约，以指导彼此的未来交易行为。Zacharakis et al.（2010）研究结果显示，风险投资家与创业企业家之间的合作激励能有效约束机会主义风险。另外 Williamson（1975）提出，正式契约的主要功能在于防范交易关系中出现的机会主义风险。机会主义行为倾向越大，就越需要在契约中制定详细的条款约束对方的交易行为，即条款复杂程度与执行力度越强；反之，机会主义风险越小，正式契约条款的复杂程度与执行力度就弱。由此提出：

假设 3a：VC - E 合作关系中创业企业投资吸引力越高，契约治理程度就越低。

与契约治理相比，关系治理着重交易主体之间的频繁互动以建立信任、尊重与友好的关系来维持双方良好的合作氛围和有效化解冲突。本质上来讲，关系治理是利用交易主体之间的关系交往来影响彼此间的交易行为，借此提高双方自我履约意识，属于双边治理，无须利用第三方监督机制来保证合作的顺利完成。Gulati（1995），Uzzi（1997）等观点指出，关系治理是更为有效的、低成本的自我实施保护机制。在风险投资项目运作过程中，由于投资周期长、任务繁琐、创新不确定性高等特性，相比契约治理，以关系治理来实现风险投资家和创业企业家持续性合作承诺的效率则更高。为此 Heide & John（1992）指出，关系治理实质上就是通过合作伙伴共有的一系列隐性规则或规范来协调双方的活动进而对合作关系进行管理。Das 和 Teng（2001）率先提出社会控制的概念，它通过合作伙伴之间共享的价值理念和行为规范，约束双方的交易行为，应用良好的沟通和协调化解双方之间存在的矛盾与冲突，从而建立紧密的合作关系。在社会控制机制下双方共同制定的目标减低了彼此利益目标偏好的差异程度，进而提升各自承诺与价值共享效用，所以社会控制机制的实质就是关系治理。

正如上文所言，VC - E 之间的投资吸引力造成风险投资家和创业企业家相互依赖的关系，同时产生合作激励，促使双方为了共同的利益目标联合行动以提高创新项目的成功概率，缩短新产品和新服务的市场化周期。利益目标的趋同与行动的一致，均要求风险投资家和创业企业家调整自身的行为以适应对方，这加速了双方之间信息共享，降低机会主义风险，最终减少交易成本。Murray（1996）指出，当风险投资家与创业企业家之间的资源与技能出现高度互补和相互依赖时，双方会形成良好的合作关系。Sapienza et al. （2000）认为，风险投资家与创业企业家之间存在较高的投资吸引力时，双方互动频率增多，用于彼此沟通和联系的时间和精力也随之增加。Clercq和 Sapienza （2006）运用 298 家美国风险投资公司样本数据实证研究 VC - E 合作关系质量与创业企业绩效关系的问题中发现，风险投资家和创业企业家资源需求与相互依赖程度越深，相互间学习行为更易促进双方信息共享和共同解决问题，并产生更高的关系租。基于此，提出假设：

假设 3b：VC - E 合作关系中创业企业投资吸引力越高，关系治理程度就越高。

4.2.4 文化契合度 （Cultural fit）

风险投资家和创业企业家在合作过程中，组织间的文化差异性对合作关系治理带来不小挑战。组织之间的文化差异影响双方的交易成本，甚至产生思维方式、行为方式的严重冲突。忽视 VC - E 合作关系中的文化差异性是导致合作关系失败的重要原因之一，这种情况在外国风险投资家与本土的科技型创业企业之间尤其严重。文化契合度 （Cultural Fit） 作为一种社会控制机制和风险决定因素，决定着 VC - E 合作关系的发展趋势。同时对于风险投资家和创业企业家之间的资源共享、交换和整合产生重要的影响。Scholl （2003） 在研究团队效应问题时率先提出契合度的概念来刻画开放式关系 （Openness of inter - personal relationship）。本书在其基础上，结合 Weber & Weber （2007） 和 Carolina et al. （2010） 的研究结果，将文化契合度分为以下四个维度：意图契合 （Conative fit）、能力和认知力契合 （Competence and cognitive Fit）、情感契合 （Affective fit）、规范契合 （Normative fit）。

意图契合是指交易主体意图建立合作关系和形成一致性目标以缓解彼此利益目标冲突对交易关系产生的负面效应（Gemunden et al.，1999）。风险投资家和创业企业家若想构建良好的合作关系，前提条件是创业企业家必须感知风险投资家行为的公平性。如果两者在投资项目运作过程中，创业企业家无法体会风险投资家行为的公平，他就会认为两者处于不平等地位，自身行为受控于风险投资家（Cable & Shane，1997），以至产生信息隐藏和延误创新等消极行为（Korsgaard et al.，1995）。因此，共同目标与行为公平是风险投资家与创业企业家意图契合以实现良好合作关系的重要条件。能力和认知力契合是指交易主体的技能与认知力相似程度较高。能力主要为交易主体学习各种隐性知识的技能。而认知力则是交易主体察觉和理解显性知识的能力（Nooteboom，2000；Weber & Weber，2007）。对于交易主体已有的知识基础来说，隐性知识和显性知识的学习与吸收能力有彼此重合的部分，但是此部分范围既不能太小也不能太大。由此可知能力重叠可帮助风险投资家和创业企业家在各类知识的学习过程中提高自身的专业化水平，并利用自身的比较优势在合作过程中极大化合作价值（Cable & Shane，1997）。为此，当风险投资家与创业企业家存在能力与认知力契合时，彼此更容易学习对方的各种知识，提升自己的专业技能，最终提高创新绩效。

情感契合是指交易双方在情感交流方面能充分实现和睦相处。Scherer 和 Tran（2001）强调，情感和谐对于新建立的交易关系如风险投资家与创业企业家非常重要。此观点得到了 Scholl（1996；2003）的有效验证。其研究结果显示，情感契合促进交易双方建立信任并形成开放式关系，由此提升知识共享的效率。Weber（2007）研究发现，在兼并领域，兼并企业之间个人或组织情感契合不高时，会对事后兼并组织一体化带来负面效应。再者，如果交易双方存在高度的情感契合，彼此就很容易产生信任，进而提升合作的意愿。大量文献研究结果显示，情感契合的正向效应在于自发选择行为而非是角色规定行为，双方体现人际间关心而非强调自利行为（McAllister，1995）。总之，McAllister（1995）指出，情感契合源自双方对非自利行为的理解。在风险投资项目运作期间，风险投资家与创业企业家情感契合应表现为：双方信息交流过程中，创业企业家必须感知风险投资家的行为不是自利和非利他。因此风险投资家对创业企业家对其自利行为感知的评价可被用作衡量情感契合的指标。

规范契合是指交易主体在关系规范和价值观方面的相似度。关系规范是指人们在社会中的行为规则和标准，它根植于群体成员广泛认可的行为理念，可预测群体成员在特定条件下的行为趋势（Elster，1989；Fehr & Fischbacher，2004）。根据Weber 和 Weber（2007）的研究结果，相同的行为规范可有效地促进风险投资家和创业企业家之间的信息共享，因为"他们觉得之所以应该采取如此行为是因为他们面临共同的利益，希望彼此平等合作。"这与 Sapienza（1989）和 Timmons & Bygrave（1986）的研究结论相似。Timmons & Bygrave 在实际调查中发现，风险投资家和创业企业家均非常看重规范与价值观的趋同性。风险投资家的组织文化与创业企业家组织文化之间的差异正好反映了他们各自态度和规范的不同，所以风险投资家与创业企业家各自的组织文化可被选为规范契合的显性指标。

文化契合度表示交易伙伴经营价值观与管理行为理念的相似度，若两者的文化契合度较弱，表明交易双方存在不同的经营价值观和不同的管理行为模式，是企业文化冲突的根源。在两个组织初建合作关系阶段，企业需要判断双方之间的行为理念和关系规范等企业文化的兼容性。文化契合度越高，两个组织间文化的兼容性与文化的相似性就越高。Hamel（1991）曾指出，文化关系的不对称能阻碍合伙人之间知识的传递与解释。由此可知，文化契合度对于交易双方构建合作关系和有效沟通非常重要。文化契合度越强，表示企业之间的文化相似度越高，双方进行合作的程度越高，反之亦然。Weber（2007）指出，交易主体之间的文化契合度与知识转移和知识共享有显著的正向效应。风险投资家和创业企业家各自拥有的知识都具有极强的专有性。风险投资家擅长建立社会网络、低价获得资金等，对特定行业的发展趋势和商业模式有着独到的见解。创业企业家对新兴市场的市场机会非常敏感，并懂得如何利用各种有形、无形资源去开发利用这些市场机会（叶瑛，姜彦福，2006）。这些专有知识因依附个体而存在的特性，意味着其搜寻成本和转换成本都很高。当双方文化契合度较低时，组织之间的核心价值观和经营理念容易发生冲突。双方专有知识如果不能进行有效沟通就容易产生文化摩擦，当这种摩擦达到无法协调的程度时，风险投资家和创业企业家就会中断合作关系，导致整个投资项目的运作失败。若双方文化契合度较高，双方专有知识相互转移速度就会增快进而加深彼此知识共享的程度。知识共享是风险投资家和创业企业家之间全方位深度交互以建立关系优势的互动行为。双方在知识共享过程中多渠道的沟通促进了专有知识和信息的转移，使双方能够更好地理解对方的知识存量和行为模式，有助于共同解决问题，提高处理复杂知识的能力，降低信息不对称，以此提高创新绩效（Barney，1994）。

　　文化契合度衡量了风险投资家和创业企业家之间核心价值匹配的状况，因为核心价值观的认同是交易伙伴之间不产生重要冲突的根本原因，共同价值观和经营理念的协同有助于合作关系的增强和持续。文化契合度越高，风险投资家和创业企业家之间存在的文化差异幅度小，双方的核心价值观、关系规范与经营理念高度相似，在此背景下双方的利益目标产生的冲突幅度较小。反之，文化契合度越低，则会因文化差异过大而导致利益目标的严重冲突。依据交易成本理论，冲突的出现导致交易风险增大。为了防范冲突造成的交易风险，企业管理者通常选择制定条款复杂的新古典契约来约束交易者行为，目的在于通过详细的契约条目限制交易者战略性的侵占对方利益的行为（Williamson，1991）。复杂的新古典契约包含许多详细条款，他们明确地刻画了意外事件发生之后，交易双方如何协调彼此行为以减少利益冲突。与古典契约相比，新古典契约具有事后调整功能，即存在"吸收失调行为的容忍区"和"采用契约调整执行前提是信息披露与属实"以及"契约调整失败则采用仲裁"等弹性机制（Williamson，1996）。即使新古典契约仍属于不能包括所有意外事件的不完全契约，但是一旦此类契约遇到未能预测的事件，它能通过事后调整功能有效缓解机会主义风险。古典契约就不具备这种弹性机制，其契约条款仅仅局限交易行为本身，不涉及交易双方的关系。其成立的条件是彼此行为可预测程度高，能用合作初期的业绩来预测未来结果；同时能清楚知道在未来交易发生不同状况时所采纳的应对措施。古典契约是在高度监视下执行、在守法前提下制定法则，依据正式条件解决冲突、谈判与严格的执行契约。与古典契约相比，新古典契约内容更为复杂，条款更加细微，所以企业管理者一般采用新古典契约来应对不断增长的交易风险。许多实证研究也支撑了这一结论，当合作伙伴冲突引发的交易风险增大时，企业管理者更依赖条款复杂的契约治理（Joskow，1988；Poppo & Zenger，2002）。由此可知，风险投资家与创业企业家文化契合度越高，冲突行为发生概率越低，彼此间交易风险程度越弱，所以契约治理程度越低。其假设为：

假设4a：VC-E合作关系中文化契合度越高，契约治理程度就越低。

风险投资家和创业企业家社会背景、关系规范、能力与情感认同度越高，意味着两者间文化契合度越高，显示他们的思维和行为模式的一致性也越高，进而形成具有明显特征的、能够涵盖双方利益和经营策略的可能性也就越大。文化契合度充分体现双方文化差异性与协调性，共同的价值观与理念能减少成员企业之间的矛盾和冲突，强化交易伙伴行为的连续性和一贯性。风险投资项目运作过程中，双方拥有独特的专有知识和专用知识引发了交易合作中的文化差异，它对创业企业的经营理念、行为与绩效会产生负面影响。如果不及时化解，文化差异就会演变为文化冲突最终导致合作关系的终止，致使投资运作项目以失败而告终（王君华，2007）。为此风险投资家和创业企业家必须通过频繁互动、鼓励非正式接触、提高行为和战略的透明度来化解隔阂和陌生，使双方不同的文化理念与价值标准在合作过程中相互渗透和相互交融，最终通过相互学习，取长补短，形成彼此都能接受的既带有各自文化特色又符合合作关系利益的管理理念与行为范式，从而形成双方建立信任机制所依托的文化基础。Steven H（2009）经过对加拿大 10 个兼并企业案例的深入研究，发现文化契合度对兼并企业的经营成功与否起着决定性作用。文化契合度正向影响兼并企业之间的信息沟通与交流。文化契合度越高，企业之间的交流沟通越频繁，进而双方尽快通过相互理解彼此的行为模式而建立信任关系。Majidi（2007）研究结果亦指出，企业之间的文化差异是影响信任建立的关键因素，显著影响企业并购行为产生后的经营绩效。参与并购企业间存在的文化差异越小，越利于双方信息的沟通，也越有益于形成彼此间的信任。

信任是由建立在对他人意图和行为的确定期望基础上的且愿意处在受损失位置的意图所构成的一种心理状态。它不是一种行为，也不是一种选择，而是由行为或选择导致的潜在心理状态。Larson（1992）曾提出，风险投资家和创业企业家相对稳定与持久的关系表现出多次交易和高度信任的特性，其依赖的基础是彼此信任和互惠，而不是机会主义。由此可知，信任可促进风险投资家和创业企业家的合作（叶瑛，姜彦福，2006）。囚徒困境理论揭示，缺乏信任的交易主体即使得知合作为集体最优的选择，但每个交易主体依然根据自身利益，选择背叛行为为各自理性选择。若风险投资家与创业企业家之间不存在信任，要克服双方的机会主义行为的倾向，就需要建立高成本的契约治理，运用明确的监控和激励条款限制双方的交易行为。但是双方之间的信任却能有效激励被信任方自愿采取符合对方关系规范的行为，从而使得双方在下次博弈中确信彼此均会采取利于共同利益的行为，最终建立长期良好合作关系。由此，信任机制的形成不仅减少双方对契约治理的需求，而且促进长期合作关系的形成。另外，信任水平越高，风险投资家和创业企业家交流信息更广泛、互动行为更频繁，这样双方更了解彼此的关系规则和行为范式，更容易合理预测与扑捉对方的行为趋势。如果双方采取合作策略能实现较高的共同利益，那么交易伙伴的行为会变得愈发可信，合作关系的维持力度进而得以增强。

以信任机制为核心的关系治理能有效防范机会主义风险，从而增强交易伙伴的合作信心（Guiso et al.，2008）。在投资运作期间，风险投资家和创业企业家都会面临随时中断合作关系的不合作激励。创业企业家的机会主义倾向表现为隐藏技术诀窍，浮夸企业业绩或弱化负面信息，擅自转换资金用途等；而风险投资家的机会主义倾向则表现为选择投资对象太多以至投入单个创业企业的时间和精力太少，过分追求现期利润而忽略企业长期发展，为谋求声誉迫使未成熟企业过早上市等。信任机制由于能有效协调双方的行为，减少彼此所提供信息的可靠性的怀疑，改善各自处理机会主义风险的能力。同时缓解双方在联合行动和专用投资中可能出现的交易摩擦，减少由于协调双方行为而付出的时间和努力，因而有助于获取更好的交易效率。另外，风险投资家和创业企业家之间重复性的阶段投资合作经历利于双方了解彼此的信息和特征，不仅可以廉价地制定有效契约从而达到降低交易成本的目的，而且还进一步促进双方的互惠行为。互惠是信任形成的基础，这种基于互惠而产生的信任不仅有助于降低机会主义风险，而且减少对契约治理的需求。据此提出假设：

假设4b：VC-E合作关系中文化契合度越高，关系治理程度就越高。

4.2.5　控制变量

在研究 VC-E 合作伙伴关系治理的主要影响因素之前，需要对其他一些可能产生较大影响作用的变量进行控制。首先，企业发展阶段（Stages of the growth）。研究发现，VC-E合作伙伴关系治理随着企业发展阶段呈现非线性变化过程，在企业成长期中关系治理程度有显著的增加趋势。因此企业发展阶段作为一个重要的控制变量首先进入模型。基于 Zahra et al.（2006）的研究结果就科技型创业企业分为初创期（Start-up）和成长期两个阶段（Growth），构造哑元变量来测量企业发展阶段对合作伙伴关系治理的影响。其次，企业规模（Firm size）。企业规模作为创业企业重要特征之一，会对企业的合作关系产生一定的影响。本研究发现，规模越大的创业企业，越有可能通过合作关系构建与风险投资家的良好合作关系，因此对企业规模的效应需加以控制。

综上所述，本研究提出了 VC-E 合作治理机制的影响因素模型，见图4.1。在模型中，影响风险投资家和创业企业家之间合作治理机制的主要因素有资产专用性、不确定性、投资吸引力、文化契合度。资产专用性与不确定性是基于交易成本理论分析其对 VC－E 合作治理机制的影响，而投资吸引力和文化契合度则根植于社会交换理论研究其对 VC－E 合作治理机制的影响。

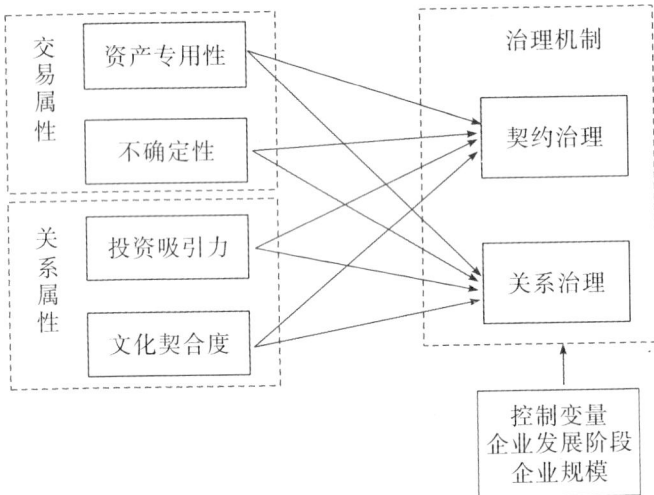

图 4.1　VC－E 合作关系治理影响因素的概念模型

4.3　VC－E 合作关系治理影响因素的实证研究

4.3.1　数据收集

本文研究的抽样对象为具有风险投资背景的科技型创业企业。抽样对象标准的确定参考了以往文献关于科技型创业企业成立的时间、VC－E 合作时间等方面的研究结果，向风险投资机构投资 1 年以上、5 年内尚未 IPO 且成立时间未超过 8 年（McDougall & Robinson，1990）的独立的科技型创业企业发放问卷。行业范围以 IT、电子信息、生物医药等投资案例数量排名靠前的行业为主。地理范围选择以北京、深圳这两个风险投资行业发展态势良好的地区为主，再辅以重庆、西安、成都、武汉等中西部核心城市。另外，样本中风险投资家的属性是正规的独立风险投资机构而非公司型风险投资机构和天使投资人。问卷发放时间为 2010 年 12 月至 2011 年 10 月。抽样方法是通过各地的高新区管委会提供的名单随机抽样并联系科技型创业企业，由企业负责关系管理的一位关键人员参与调查。调查方式有企业访谈、上门调研、电话访谈以及与当地科研机构合作等。重庆和成都的调研主要集中在高新区，采用企业访谈和上门调研为主，其他地区调研则采用电话和与当地科研机构合作的形式。每个地区的调研均得到相关管理机构的支持，较高效率地保证了数据采集的顺畅和可信性。为了使问卷的结构和内容更符合我国风险投资业和科技型创业企业的发展现状，我们在进行大样本调查之前，在重庆和深圳选择了部分企业作为小样本试点调查，同时为了保证调查结果的准确，在开展大样本调查之前尽量消除了调查方法和文字表述等方面的缺陷。

本次问卷总发放的份数是 630 份，回收的有效问卷是 264 份。其中笔者所在的研究团队到实地发放调查问卷有 90 份，有效问卷为 82 份。利用电话访谈的方式填写问卷份数是 200 份，有效问卷是 121 份。除重庆以外的地区均委托当地的研究机构帮助发放调查问卷，份数总额为 340 份，回收 105 份，有效问卷是 61 份。总计回收问卷的份数是 395 份，回收率为 62%，有效问卷份数是 264 份，占比为 41.9%，由此可忽略本次问卷回收的未答复率。

4.3.2 变量测度

采用 SPSS 16.0 软件的多元线性回归模型检验研究假设，

测量量表主要来源现有文献的成熟问卷，同时根据对企业的访谈经验进行适应性调整，再经由相关专家和学者判断问卷的适合性。为了保证测量工具的效度和信度，在资产专用性、不确定性、投资吸引力、契约治理与关系治理等概念的操作性定义及衡量方法上，主要采用国外现有文献中已使用过的量表，再根据研究目的进行适当调整，作为收集实证数据的工具，问卷先由英语翻译成汉语，然后从汉语翻译成英语再与原有量表进行对比，最后由专家评估问卷设计与语义的准确性并加以修订。通过数据的信度和效度分析保证变量测量的科学性和适用性，所涉及的变量采用 Likert 五分量表进行测量。

（1）资产专用性

参照 Stump & Heide（1996），Buvik & Gronhaug（2000），Claro，Hagelaar & Omta（2003），Darline Vandaele & Paul Gemmel（2007）的研究思路，在 Paroma Sanyal & Catherine L. Mann（2010）的量表基础上进行修改，将资产专用性分为人力资本、物质资本、流程资本三个构面，以此形成资产专用性的测量题项：①贵企业为了满足风险投资家的需求而对企业进行大幅度调整；②贵企业为了满足风险投资家的需求投入规模较大的专用资源；③贵企业为了配合风险投资家的业务流程而调整自身的经营流程；④贵企业为了满足风险投资家的需求而投入大量的时间和资金培训员工；⑤贵企业为了满足风险投资家的需求而投入大量时间和资金以拓展知识和技能。

（2）不确定性

借鉴 Cooper（1985），Michael，Song（2001），Poppo & Zenger（2002），Ludwig（2005），Irene，M. et al.（2011）对于不确定的分类，参照 Oriani & Sobrero（2008）的研究思路，将不确定性分为技术不确定性、市场不确定性二个构面，并在此基础上提出测量题项：①贵企业产品面临的市场需求变化迅速；②贵企业产品的市场需求很难预测；③贵企业的产品技术变化迅速；④贵企业的产品技术变化趋势很难预测；⑤贵企业的产品技术非常复杂。

（3）投资吸引力

依据 Edward，B.（1991），Vance，H. F. & Robert D.（1994）Anderson & Narus（1990）等人的研究结果，提出投资吸引力的概念内涵，即投资吸引力是风险投资家依据预期收益目标与实际收益率之间的比较所给予的融资条件评价指标。本研究将投资吸引力分为战略思想、管理能力和收益等三个构面，并以此提出测量题项：①贵企业具有支撑其持续奋斗的资源禀赋；②贵企业对目标市场非常熟悉；③贵企业在 5~10 年内至少获得 10 倍的回报；④贵企业管理者具有优秀的领导才能；⑤贵企业有可观的市场增长前景；⑥贵企业对风险能作出良好的反应。

（4）文化契合度

参照 Cohen & Levinthal（1990），Hofstede（1991），Cable & Shane（1997），Flynn & Chatman（2001），Weber & Weber（2007）对于文化契合度的分析，结合赵岑，姜彦福（2010）的量表，将文化契合度分为意图契合、能力和认知力契合、情感契合、规范契合等四个构面，提出测量题项：①贵企业和风险投资家的利益目标一致；②贵企业和风险投资家都看重过程公平；③至目前为止，贵企业尚未发现风险投资家的自利行为；④贵企业发现与风险投资家的认知能力覆盖范围相似；⑤贵企业发现与风险投资家的认知能力覆盖范围具有显著差异；⑥贵企业与风险投资家对待风险的态度一致；⑦贵企业与风险投资家具有相同的学习意愿。

（5）契约治理

顺承 Das & Teng（1998），Sitkin & Weingart（1995），Makhijia & Ganesh（1997），Poppo & Zenger（2002），Hoetker &

Mellewigt（2009）的研究结果，依托 Ferguson et al.（2005）提出的量表，将契约治理划分为两个维度：契约条款复杂性、契约条款严格性等，并形成测量题项：①贵企业与风险投资家的契约完全依据投资项目特点制定；②契约条款非常明确规定分阶段投资的次数、间隔、额度与投资中止条件；③契约明确规定突发不可预见事件时双方的具体应对措施；④贵企业与风险投资家之间签订的契约页数很多；⑤贵企业与风险投资家合作关系严格建立在契约规定的条文范围之内；⑥贵企业与风险投资家的分歧依靠契约条款来解决；⑦贵企业与风险投资家之间的契约条款可根据贵企业具体需求而进行调整；⑧经营模式一旦发生变化，贵企业与风险投资家之间的契约条款随之发生变化。

（6）关系治理

借鉴 Macneil（1980），Paulin et al.（1997），Brown et al.（2000），Cannon et al.（2000），Poppo & Zenger（2002）对关系治理的界定，参照 Ronald，J. Ferguson et al.（2005）设计的量表，将关系治理分为开放式沟通、信息共享、信任、共同解决问题等四个维度，并以此形成测量题项：①在投资回报方面，风险投资家会与贵企业平等协商解决；②风险投资家积极调整业务流程以适应贵企业的需求；③贵企业与风险投资家之间的分歧可自行解决；④风险投资家会告知贵企业最新产品趋势和修改建议；⑤风险投资家会向贵企业提供准确且及时的融资信息；⑥风险投资家承诺帮助贵企业成功上市；⑦贵企业与风险投资家的合作基础是信任和共同利益；⑧贵企业面临逆境会完全依赖风险投资家；⑨风险投资家会尽全力满足贵企业的合理需求；⑩贵企业与风险投资家共同解决突发性问题；⑪风险投资家帮助贵企业提升创新绩效。

（7）控制变量

企业发展阶段对 VC - E 合作伙伴关系的治理方式选择有

比较明显的影响。本研究科技型创业企业，将企业发展阶段分为初创期、成长期两个阶段，为此构造哑元变量测量企业发展阶段对治理模式的影响。企业规模被认为可以影响合作治理机制的选择，本研究采用 Lin 和 Germain（2003）的量表进行测量。

根据上述的分析，形成表4.1：

表4.1　VC‑E 合作关系治理影响因素的测量题项

变量	测量题项	依据或来源
资产专用性	企业大幅调整目的在于满足风险投资家的需求。企业投入大规模专用资源以满足风险投资家需求；企业调整经营流程以配合风险投资家的业务流程；企业花大量时间和资金培训员工以满足风险投资家的需求；企业花大量时间和资金拓展技能以满足风险投资家的需求；	Stump & Heide，1996；Buvik & Gronhaug，2000；Claro，Hagelaar & Omta，2003；Darline Vandaele & Paul Gemmel，2007；Paroma Sanyal & Catherine L. Man，2010
不确定性	企业产品市场需求变化迅速；企业产品市场需求很难预测；企业产品技术变化迅速；企业产品技术变化趋势很难预测；企业产品技术构成复杂。	Cooper，1985；Michael & Song，2001；Poppo & Zenger，2002；Ludwig，2005；Irene，M. et al.，2011；Oriani & Sobrero，2008
投资吸引力	企业具有支撑其持续奋斗的资源禀赋；企业对目标市场非常熟悉；企业在 5～10 年内至少获得10倍的回报；企业管理者具有优秀的领导才能；企业有可观的市场增长前景；企业对风险能作出良好的反应。	Edward，B.，1991；Vance，H. F. & Robert D.，1994；Anderson & Narus，1990

表4.1(续)

变量	测量题项	依据或来源
文化 契合度	企业与风险投资家利益目标 一致； 企业与风险投资家均看重过程 公平； 至目前为止，企业未发现风险 投资家自利行为； 企业与风险投资家认知能力范 围相似； 企业与风险投资家认知能力范 围有显著差异； 企业与风险投资家的风险态度 一致； 企业与风险投资家学习意愿 一致。	Cohen & Levinthal，1990； Hofstede，1991； Cable & Shane，1997； Flynn & Chatman， 2001；Weber & Weber， 2007；赵岑 & 姜彦 福，2010
契约 治理	契约完全依据投资项目特点 而定； 契约明确规定分阶段投资的次 数、间隔、额度与中止条件； 契约明确规定突发不可预见事 件时双方应对措施； 企业与风险投资家的契约页数 很多； 企业与风险投资家以契约规定 维持合作关系； 企业与风险投资家以契约为凭 化解分歧； 企业与风险投资家的契约可依 具体需求而调整； 企业与风险投资家的契约可随 经营模式而变化。	Das & Teng，1998；Sit- kin & Weingart，1995； Makhijia & Ganesh， 1997；Poppo & Zenger， 2002； Hoetker & Mellewigt，2009；Fergu- son et al.，2005

表4.1(续)

变量	测量题项	依据或来源
关系治理	风险投资家与企业平等协商投资回报问题； 风险投资家积极调整业务流程以适应企业需求； 企业与风险投资家分歧可自行解决； 风险投资家会告知最新产品趋势与修改建议； 风险投资家及时向企业提供准确的融资信息； 风险投资家承诺帮助企业成功上市； 企业与风险投资家合作基础是信任和共同利益； 企业面临逆境会完全依赖风险投资家； 风险投资家尽力满足企业的合理需求； 企业与风险投资家共同解决突发性问题； 风险投资家帮助企业提升创新绩效。	Macneil, 1980; Paulin et al., 1997; Brown et al., 2000; Cannon et al., 2000; Poppo & Zenger, 2002; Ferguson et al., 2005

4.3.3　效度和信度分析

本研究首先通过探索性因子分析变量的内部结构。对于进行探索性因子分析所需要的最低样本容量，到目前为止尚未达成统一的观点。一般认为，样本量为变量数目的5~10倍，或者是样本量达到变量中测量题项的5~10倍。鉴于此次因子分析中需要处理的最多测量题项数量为23项，本研究以264份有效问卷来进行探索性因子分析。

（1）解释变量

依据马庆国（2002）的研究结果，因子分析的前提是样本数据的 KMO 值需大于0.7，Bartlett 统计值显著异于0。

VC - E 合作伙伴关系治理的影响因素的 KMO 值为 0. 817 大于 0. 8，且 Bartlett 统计值显著异于 0，因此适合进一步作探索因子分析。264 份样本中对构建的 23 项影响因素的测量题项进行了探索性因子分析。探索性因子分析结果如表 4 - 2 所示。

在探索性因子分析中，根据特征根大于 1，最大因子载荷值大于 0. 5 的要求，提取出四个因子，即资产专用性、不确定性、投资吸引力、文化契合度。这四个因子的累积解释变异量为 69. 2%。进而观察各测量题项在因子上的载荷值，结果显示：绝大部分题项的因子分析与理论假设相符，四个因子分别可以解释为：因子 1 代表了资产专用性，因子 2 代表了不确定性，因子 3 代表了投资吸引力，因子 4 代表了文化契合度。题项"企业对风险能做出良好的反应"并未落入理论假设投资吸引力因子上，而是落在文化契合度因子上，说明该题项测度信息不准确，因此应将此测量题项从量表中删除。

对删除测量题项后 VC - E 合作伙伴关系治理的影响因素的 22 个题项再次进行探索性因子分析，结果如表 4. 3 所示。所提取的 4 个因子累积解释变异量为 66. 7%，各个题项按照理论假设分布在 4 个因子上，并且因子载荷值在 4 和因子间均具有较好的区分度。由此可知，修正后的 VC - E 治理机制的影响因素具有良好的效度。

表 4.2　　　　　VC－E 合作治理机制影响
因素的探索性因子分析结果（一）

测量题项	因子载荷			
	1	2	3	4
资产专用性 1	0.728	0.283	0.354	0.141
资产专用性 2	0.761	0.319	0.272	0.323
资产专用性 3	0.602	−0.233	0.335	−0.027
资产专用性 4	0.684	0.251	−0.287	0.184
资产专用性 5	0.709	0.302	0.179	0.201
不确定性 1	0.236	0.653	0.076	0.219
不确定性 2	0.437	0.471	0.169	0.037
不确定性 3	0.390	0.697	−0.241	−0.164
不确定性 4	0.560	0.726	0.254	0.153
不确定性 5	0.313	0.760	0.082	0.084
投资吸引力 1	0.427	0.065	0.611	0.142
投资吸引力 2	−0.405	−0.127	0.727	0.123
投资吸引力 3	0.392	0.311	0.709	0.279
投资吸引力 4	−0.281	0.046	0.569	0.082
投资吸引力 5	−0.334	0.232	0.672	0.107
投资吸引力 6	−0.202	0.107	0.065	0.519
文化契合度 1	0.351	−0.225	0.016	0.685
文化契合度 2	−0.375	0.098	0.188	0.784
文化契合度 3	−0.224	−0.136	0.240	0.553
文化契合度 4	0.287	0.321	0.071	0.673
文化契合度 5	0.198	0.114	−0.112	0.681
文化契合度 6	0.113	−0.152	0.106	0.639
文化契合度 7	0.125	0.293	0.261	0.705

注：此表为旋转后的因子载荷矩阵，旋转方法为方差最大法（Varimax）。

表 4.3　　　　　　VC－E 合作治理机制影响因素的

探索性因子分析结果（二）

测量题项	因子载荷			
	1	2	3	4
资产专用性 1	0.745	0.242	0.055	0.233
资产专用性 2	0.661	0.084	0.138	0.165
资产专用性 3	0.738	0.145	0.181	0.231
资产专用性 4	0.710	0.118	0.260	0.096
资产专用性 5	0.617	0.069	0.157	−0.164
不确定性 1	0.099	0.653	0.235	0.153
不确定性 2	0.312	0.573	0.194	0.202
不确定性 3	0.267	0.724	0.171	−0.276
不确定性 4	0.123	0.758	0.155	0.130
不确定性 5	0.152	0.630	0.132	0.112
投资吸引力 1	0.048	0.135	0.782	0.235
投资吸引力 2	0.105	0.214	0.697	0.101
投资吸引力 3	0.140	0.159	0.703	0.192
投资吸引力 4	0.129	0.377	0.554	−0.109
投资吸引力 5	0.167	0.077	0.623	0.045
文化契合度 1	0.215	0.107	0.236	0.670
文化契合度 2	0.223	0.227	0.074	0.723
文化契合度 3	0.095	0.231	0.129	0.638
文化契合度 4	0.412	0.216	0.243	0.740
文化契合度 5	0.295	0.165	0.136	0.795
文化契合度 6	0.178	0.092	0.085	0.593
文化契合度 7	0.106	0.074	0.141	0.667

注：此表为旋转后的因子载荷矩阵，旋转方法为方差最大法（Varimax）。

表 4.4 显示各测量题项的信度分析结果。数据显示题项－总体相关系数均大于 0.35，同时各变量的 Cronbach's α 系数均大于 0.7，说明 VC－E 合作治理机制影响因素各变量的测量题项之间具有较好的内部一致性。

上述数据显示，修正后的 VC－E 合作治理机制影响因素量表具有较好的信度和效度。

表4.4　VC－E合作治理机制影响因素各变量的信度检验

变量	题项	题项－总体相关系数	修正后Cronbach's α系数	Cronbach's α系数
资产专用性	资产专用性1	0.710	0.791	
	资产专用性2	0.652	0.824	
	资产专用性3	0.735	0.840	0.813
	资产专用性4	0.729	0.811	
	资产专用性5	0.641	0.773	
不确定性	不确定性1	0.706	0.863	
	不确定性2	0.812	0.810	
	不确定性3	0.593	0.829	0.841
	不确定性4	0.728	0.795	
	不确定性5	0.659	0.769	
投资吸引力	投资吸引力1	0.737	0.846	
	投资吸引力2	0.709	0.817	
	投资吸引力3	0.689	0.736	0.779
	投资吸引力4	0.714	0.797	
	投资吸引力5	0.805	0.865	
文化契合度	文化契合度1	0.697	0.841	
	文化契合度2	0.755	0.875	
	文化契合度3	0.718	0.880	
	文化契合度4	0.677	0.852	0.862
	文化契合度5	0.580	0.864	
	文化契合度6	0.706	0.788	
	文化契合度7	0.682	0.847	

（2）被解释变量

①契约治理的因子分析

对契约治理的8个测量题项进行因子分析，结果显示：KMO为0.802，大于0.8，Bartlett球形检验的χ^2值为619.501，其结果达到显著水平（P<0.001），表示测量题项存在共同因素，适合进行因子分析。其因子分析结果如表4.5所示：

表4.5　　　　　　契约治理的探索性因子分析

测量题项	因子载荷		Cronbach'sα 系数
	因子 1	因子 2	
契约治理 1			0.804
契约治理 2			
契约治理 3	0.614		
契约治理 4	0.671		
契约治理 5	0.781	0.706	
契约治理 6	0.703	0.648	0.741
契约治理 7		0.590	
契约治理 8		0.722	

注：此表为旋转后的因子载荷矩阵，旋转方法为方差最大法（Varimax）。

表 4.5 中数据显示，契约治理的 8 个题项可简化为 2 个因子。第 1 个因子包含题项 1 ~ 4，主要衡量契约条款复杂性。第 2 个因子包含题项 5 ~ 8，主要衡量契约条款严格性。这 2 个因子累积解释变异量为 63.9%。其中因子 1 解释总方差的 39.2%，因子 2 解释总方差的 24.7%，数据表明契约治理的两个维度即契约条款复杂性、契约条款严格性的效度良好。因子 1 与 2 的 Cronbach's α 系数分别为 0.804 和 0.741，表明其信度很高，显示出各测量题项之间有较好的内部一致性。

②关系治理的因子分析

在对测量关系治理的 11 个题项进行探索性因子分析中，发现题项 9 即"风险投资家尽力满足企业的合理需求"的指标鉴别力较弱。对其余 10 个题项进行因子分析的结果显示，KMO 值 0.816 大于 0.8，表示适合进行因子分析，Bartlett 球形检验的 χ^2 值为 637.102，其结果达到显著水平（P < 0.001），表示各题项之间存在共同因素，适合作因子分析。依据上述结果进行因子分析，数据如表 4.6 显示：

表4.6　　　　　　　　关系治理的探索性因子分析

测量题项	因子载荷				Cronbach's α 系数
	因子 1	因子 2	因子 3	因子 4	
关系治理 1					0.773
关系治理 2					
关系治理 3					
关系治理 4	0.720				0.725
关系治理 5	0.682				
关系治理 6	0.711	0.692	0.738		0.804
关系治理 7		0.757			
关系治理 8			0.655		
关系治理 10			0.709	0.693	0.712
关系治理 11				0.701	

注：此表为旋转后的因子载荷矩阵，旋转方法为方差最大法（Varimax）。

表4.6 中数据显示，衡量关系治理的 10 个题项已简化为 4 个因子。因子 1 表示开放式沟通，包含题项 1～3；因子 2 表示信息共享，包含题项 4 和 5；因子 3 表示信任，包含题项 6 和 7；因子 4 表示共同解决问题，包含题项 10 和 11。这 4 个因子累积解释变异量为 68.7%。其中因子 1 解释了总方差的 19.5%，因子 2 解释了 17.1%，因子 3 解释了 16.5%，因子 4 解释了 15.6%。四个因子的 Cronbach's α 系数分别为 0.773，0.725，0.804，0.712。这些数据表明关系治理的测量题项具有较好的效度和信度，各题项之间具有良好的内部一致性。

4.3.4　多元回归分析

（1）相关分析

在进行回归分析之前，需要初步验证变量之间是否存在相关关系。相关分析结果显示见表 4.7，数据说明，资产专用性、不确定性、投资吸引力、文化契合度与契约治理和关系治理之间存在显著相关关系。

表4.7　　　　　　　　　　　　VC-E合作治理机制影响因素的相关分析（N=264）

变量	1	2	3	4	5	6	7	8	9	10	11	12	13
1 资产专用性	1												
2 不确定性	.105	1											
3 投资吸引力	.097**	.201	1										
4 文化契合度	.085	.117*	.226**	1									
5 契约复杂性	.401***	-.394**	-.218**	-.420**	1								
6 契约严格性	.107*	-.162*	-.078**	-.235**	.081**	1							
7 开放式沟通	.173**	-.154***	.382**	.407***	-.223**	-.095	1						
8 信息共享	.212**	-.086***	.332**	.414**	.034***	.018*	.213**	1					
9 信任	.102*	-.072	.129*	.301*	-.101*	-.230**	.191*	.211*	1				
10 共同解决问题	.474***	-.138**	.232**	.267**	.214*	.142**	.208***	.182*	.213***	1			
11 企业初创期	.039	.071	.053*	.040	.219*	.277*	-.076*	-.120**	-.084	-.110**	1		
12 企业发展期	.016	.054**	.091	.109*	-.103*	-.009**	.188**	.204	.121***	.154*	.093**	1	
13 企业规模	.032*	.073**	.079**	.117**	.002**	.018*	-.197	-.133*	.104	-.200**	.003*	.017*	1

注：表示显著性水平 * P<0.05，** P<0.01，*** P<0.001，双尾检验，回归系数均为标准值.

表 4.7 中的数据显示了契约治理、关系治理与影响因素之间的 Pearson 相关系数，各变量之间的相关关系的具体分析过程如下：

①资产专用性与 VC－E 合作治理机制

资产专用性与契约复杂性的相关系数为 0.401（P < 0.001），与契约严格性的相关系数是 0.107（P > 0.10），显示出两者之间为显著正相关关系。这表明风险投资项目运作期间，风险投资家与创业企业家各自拥有的人力资产、物质资产等专用性程度越高，则契约制定的复杂性程度越高。对于风险投资家来说，丰富的社会网络和投资经验赋予其特殊的投资技能。这些投资技能依据投资行业的不同而呈现不同形态。为此，针对每一项投资运作，风险投资家会花费大量的时间和精力从而形成专用性投入，一旦与创业企业终止合作，这些专用性资产因具有不可转让性会变成"沉淀成本"。因此风险投资家为防止自身专用性资产投入引发"套牢"风险，会制定详细的契约条款约束创业企业家的行为。同理，创业企业家为成功吸引风险投资家的融资支持，也会投入大量的专用性资产，如详细的商业计划书、符合风险投资家需求的通讯设备与员工培训等。依据交易成本理论，资产专用性程度越高，越发容易引起交易伙伴的"敲竹杠"的机会主义行为。如果双方缺乏适当的契约条款加以限制，彼此的"套牢"会引发交易伙伴的机会主义行为而产生严重的经济损失。由此可知，资产专用性程度越高，契约条款越复杂。对于资产专用性与契约严格性之间的关系虽然是正相关，但统计检验不显著，出现这一结果的原因可能是：风险投资家往往具有丰富的投资经验，对于投资过程中的各种突发性事件有很高的应对能力，为了实现预期的利益目标，风险投资家不会简单地依赖契约这一正式权力，而会根据项目的实际规律，采用各种灵活措施激励创业企业家实现共同的利益目标。由此可知，假设1a得到验证。

资产专用性与关系治理的维度——开放式沟通的相关系数是0.173（P<0.01），与信息共享的相关系数是0.212（P<0.001），与信任的相关系数是0.102（P<0.05），与共同解决问题的相关系数是0.474（P<0.001）。实证数据表明，风险投资家与创业企业家的专用性资产投入越多，越倾向于相互沟通，分享信息，共同解决突发事件，进而在信任的基础上形成良好的合作关系。由此可知，VC-E合作过程中，资产专用性程度越高，关系治理的幅度越大，假设1b得到验证。

②不确定性与VC-E合作治理机制

不确定性与契约复杂性的相关系数是-0.394（P<0.01），与契约严格性的相关系数是-0.162（P<0.05），表明风险投资过程中的不确定性与契约治理呈显著负相关。当风险投资家与创业企业家签订契约之时，若尽职调查时发现该项目的不确定性程度较高，会倾向签订一种"对赌协议"。对赌协议是风险投资家与创业企业家对未来不确定情况的一种约定，当约定条件出现，风险投资家就可以行使一种估值调整协议权利，若约定的情况不出现，创业企业家则行使一种权利。项目不确定性越大，估值调整区间越大，估值调整协议权利行使方式越灵活。由此可知投资项目的不确定性越大，契约治理的力度越小，假设2a得到验证。

不确定性与开放式沟通的相关系数是-0.154（P<0.001），与信息共享的相关系数是-0.086（P<0.001），与信任的相关系数-0.072（P>0.10），与共同解决问题的相关系数-0.138（P<0.05）。数据显示，不确定性与开放式沟通、信息共享、共同解决问题之间具有显著的负相关关系，但是与信任虽呈现负相关，却统计检验不显著。风险投资项目实际运作中，若项目涉及的技术不确定性太高，如项目需要大量

的科研工作才能形成真正产品，或者技术突破点在两个以上，或者需依赖其他企业的技术突破等，这些因素的出现会引发风险投资家对创业企业家技术能力的怀疑，即使风险投资家会花费大量的时间和精力追踪企业的技术轨迹。信任只是建立在创业企业家项目的技术出现实质性突破之后。由此可见假设 2b 未得到验证。

③投资吸引力与 VC - E 合作治理机制

投资吸引力与契约复杂性的相关系数是 - 0.218（ P < 0.01），与契约严格性的相关系数是 - 0.078（ P < 0.001）。这说明投资吸引力与契约复杂性、契约严格性呈现出显著的负相关。在实践领域，风险投资家对于精心筛选后的项目进行评估之后，就会产生对项目的投资兴趣。尤其对于投资吸引力较强的项目，风险投资家会竭力满足创业企业家的需求，甚至调整自身的业务流程以适应创业企业的融资需要。优秀的投资项目在风险投资市场因其诱人的市场前景受到大量风险投资家的追捧。而对于投资吸引力较弱的项目，创业企业家必须精心准备商业计划书来吸引风险投资家的兴趣。可见，投资吸引力越强的项目，风险投资家给予的优惠投资条件越丰厚，以此吸引创业企业家。制定契约条款时，风险投资家在充分考虑创业企业家的需求之后，倾向制定高度灵活的契约条款。因此，项目投资吸引力愈高，契约治理程度愈低，假设 3a 得到验证。

投资吸引力与开放式沟通的相关系数是 0.382（ P < 0.05），与信息共享的相关系数是 0.332（ P < 0.001），与信任的相关系数是 0.129（ P < 0.01），与共同解决问题的相关系数是 0.232（ P < 0.01）。数据显示，投资吸引力与关系治理的各维度显著正相关。因为风险投资家追逐利益的本性决定其一旦发现有丰厚投资回报的项目，会运用各种手段尽力去争取到该项目的投资权利。鉴于风险投资家之间的激烈竞争，风险投资家不仅愿意

花费时间和精力与创业企业家开展频繁互动，信息共享，而且还因为创业企业自身良好的技术优势和市场前景，给予其充分的信任，并积极利用自身的网络资源帮助创业企业解决各种问题，以期尽早实现预期效益。实质上，对于投资吸引力强的创业企业，即使在资金丰裕的投资市场中也占据主导作用，资金逐利的本性赋予优势的创业企业家拥有雄厚的谈判力度，以优惠的融资条件换取风险投资家的支持。因此，项目投资吸引力越强，关系治理程度越高，假设 3b 得到验证。

④文化契合度与 VC－E 合作治理机制

文化契合度与契约复杂性的相关系数是 -0.420（P＜0.01），与契约严格性的相关系数是 -0.235（P＜0.05）。这说明文化契合度与契约治理呈负相关关系，且统计检验显著。风险投资家与创业企业家之间的文化差异对其合作关系的形成带来了不小的挑战。企业之间的文化差异影响双方的交易成本，甚至导致思维方式、行为方式的严重冲突。文化契合度越低，企业之间的文化差异性越大，越容易引发冲突。所以作为维护双方利益的正式权力象征——契约就与文化契合度产生了密切的联系。风险投资家与创业企业家之间文化契合度越高，双方思维、行为范式的相似度就越高，契约的复杂性与严格性就相对较低，反之亦然。因此随着风险投资家与创业企业家之间的文化契合度越高，契约治理的程度就越低，假设 4a 得到验证。

文化契合度与开放式沟通的相关系数是 0.407（P＜0.001），与信息共享的相关系数是 0.414（P＜0.05），与信任的相关系数是 0.301（P＜0.01），与共同解决问题的相关系数是 0.267（P＜0.01）。数据显示，文化契合度与开放式沟通、信息共享、信任和共同解决问题是正相关关系，且统计检验显著。文化契合度是衡量风险投资家和创业企业家之间文化匹配状况的指标。交易伙伴之间的文化契合度越高，彼此越容易产生企业核心价值的认同，同时也容易形成良好的沟通和协调机制，推动双方相互学习的意愿。另外，风险投资家和创业企业家之间文化契合度愈高，导致双方行为规范和情感范式高度协调与统一。信任机制产生的基础正是基于同一的关系规范和行为准则，可见文化契合是信任依托的基石。因此，文化契合度愈高，风险投资家和创业企业家的价值观和理念认同性愈高，关系治理发挥的作用也愈大，假设4b 得到验证。

（2）回归分析

①三大回归问题检验

VC－E 合作治理机制的影响因素研究采用多元线性回归方法分析时，需注意三大基本问题（马庆国，2002）。

第一，多重共线性问题的检验。在多元线性回归方法分析中，对回归模型的方差膨胀因子 VIF 计算结果显示，所有模型中的 VIF 值均大于 0 且小于 10，因此可判断自变量之间不具有多重共线性。第二，序列相关问题的检验。影响因素的多元线性回归分析中所有模型的 DW 值均接近于 2，且此次样本的所有题项测量的均是截面数据，因此不存在序列相关问题。第三，异方差问题的检验。将回归模型以标准化预测值为横轴，标准化残差为纵轴进行散点图分析，结果显示，散点图呈现无序状态，因此可判定所有回归模型不存在异方差问题。

②VC－E 合作治理机制影响因素的回归分析

根据概念模型，以 VC－E 治理机制为因变量，以资产专用性、不确定性、投资吸引力、文化契合度为自变量，以企业发展阶段和企业规模为控制变量，建立回归模型。回归结果如表4.8 所示：

表4.8　　　　　VC－E治理机制影响因素的回归模型

	契约治理		关系治理			
	契约复杂性（Model 1）	契约严格性（Model 2）	开放式沟通（Model 3）	信息共享（Model 4）	信任（Model 5）	共同解决问题（Model 6）
资产专用性	0.313 *** (3.085)	0.296 *** (2.541)	0.371 ** (7.782)	0.228 *** (3.013)	0.065 (1.644)	0.262 * (3.577)
不确定性	-0.308 *** (-5.726)	-0.160 ** (-1.025)	-0.099 * (-1.302)	-0.103 *** (-1.872)	-0.121 (-1.149)	-0.184 ** (-3.385)
投资吸引力	-0.284 * (-3.362)	-0.164 *** (-1.952)	0.307 *** (4.012)	0.176 ** (2.774)	0.232 ** (2.823)	0.209 ** (3.017)
文化契合度	-0.201 * (-1.446)	-0.183 ** (-2.013)	0.214 ** (3.058)	0.309 *** (7.702)	0.274 ** (2.335)	0.183 *** (1.842)
控制变量						
企业初创期	0.092 * (1.303)	0.078 * (1.075)	-0.013 * (-0.820)	-0.009 (-0.067)	-0.105 ** (-1.053)	-0.018 * (-0.0436)
企业发展期	-0.051 *** (-0.831)	-0.032 * (-0.877)	0.032 *** (0.991)	0.026 * (0.682)	0.008 ** (1.017)	0.022 *** (0.962)
企业规模	0.096 * (0.903)	0.042 *** (0.241)	-0.006 * (-2.021)	-0.013 * (-0.531)	0.045 * (0.802)	-0.002 ** (-0.093)
F 值	36.122 ***	7.031 ***	9.452 ***	22.093 ***	4.105 ***	16.308 ***
R^2	0.271	0.106	0.370	0.142	0.139	0.092
Ad R^2	0.247	0.083	0.352	0.121	0.116	0.068

注：表中数据为标准化回归系数，括号中为 t 值，* $P < 0.05$，** $P < 0.01$，*** $P < 0.001$。

表4.8中回归模型显示，各模型的 F 值均在 0.000 水平上显著，可见各回归模型效果较好。模型中影响因素对契约的复杂性和开放式沟通解释最高，分别为 24.7% 和 35.2% 的方差量，其次是信息共享和信任，解释了 12.1% 和 11.6% 的方差。企业初创期、企业发展期和企业规模作为控制变量进入回归方程，在此对各影响因素的变动效应加以控制。各控制变量的相关系数显示，企业初创期与契约复杂性正相关（$P < 0.05$），与契约严格性正相关（$P < 0.05$），而企业发展期则与契约复杂性负相关（$P < 0.001$），与契约严格性呈负相关（$P < 0.05$）。在关系治理方面，企业初创期与开放式沟通负相关（$P < 0.05$），与信息共享负相关（$P > 0.10$），与信任负相关

（P＜0.01），与共同解决问题（P＜0.05）负相关。企业发展期与开放式沟通正相关（P＜0.001），与信息共享正相关（P＜0.05），与信任正相关（P＜0.01），与共同解决问题正相关（P＜0.001）。企业规模与契约治理呈显著的正相关关系，而与关系治理却呈现负相关关系。这是因为随着企业规模的扩大，营运的范围与涉及的事务会越繁杂，所以契约条款越复杂，执行契约的力度也越严格。同时，由于企业规模的扩大，交易双方之间的协作与交流就愈发困难，这并不是说风险投资家与创业企业家的主观不努力，而是因为企业规模增大导致交易环境与内容更复杂，这些客观原因造成信息不全面，沟通不顺畅以致无法实现共同解决问题。但是企业规模与信任之间的相关系数却为正，这是因为企业规模的增大显示其资产与经营实力的增加，风险投资家因资本逐利本性依据创业企业家的资金实力和经营实力赋予其谋算性信任。回归模型中的自变量即VC - E 合作治理机制影响因素的效应分析如下：

资产专用性与契约治理。资产专用性与契约复杂性的相关系数是 0.313（P＜0.001），与契约严格性的相关系数是 0.296（P＜0.001），说明两者关系为显著正相关。显示在实践领域，风险投资家与创业企业家之间的投资项目涉及的资产专用性程度越高，双方防范机会主义意识越强，契约治理强度则越大。此结论有效验证假设 1a。

资产专用性与关系治理。资产专用性与开放式沟通的相关系数是 0.371（P＜0.01），与信息共享的相关系数是 0.228（P＜0.001），与信任的相关系数是 0.065（P＞0.10），与共同解决问题的相关系数是 0.262（P＜0.05），说明资产专用性与开放式沟通、信息共享与共同解决问题显著正相关，但是与信任的正相关系数却未通过检验，显示现实中资产专用性与信任的关系还有待进一步研究。上述数据显示了资产专用性程度越高，VC - E 关系治理的力度越大。假设 1b 通过验证。

不确定性与契约治理。不确定性与契约复杂性的相关系数是 - 0. 308（P < 0. 001），与契约严格性的相关系数是 - 0. 160（P < 0. 01），说明 VC - E 合作的投资项目不确定性程度越高，契约治理的程度越低，两者呈现显著负相关关系。假设 2a 通过验证。

不确定性与关系治理。不确定性与开放式沟通的相关系数是 - 0. 099（P < 0. 05），与信息共享的相关系数是 - 0. 103（P < 0. 001），与信任的相关系数是 - 0. 121（P > 0. 10），与共同解决问题的相关系数是 - 0. 184（P < 0. 01），显示不确定性与开放式沟通、信息共享、信任、共同解决问题之间是负相关关系。这说明在风险投资项目运作过程中，项目涉及的不确定性因素越多，风险投资家和创业企业家利用双方的资源共同解决问题的困难越大，同时因为过高的不确定性，风险资本逐利的本性使双方的防范风险强于信任，除非项目中出现实质性突破。因此，对于假设 2b 未得到验证。

投资吸引力与契约治理。投资吸引力与契约复杂性的相关系数是 - 0. 284（P < 0. 05），与契约严格性的相关系数是 - 0. 164（P < 0. 001），显示投资吸引力与契约治理呈现显著的负相关关系，即投资吸引力愈强的项目，契约的治理程度越低，假设 3a 通过验证。

投资吸引力与关系治理。投资吸引力与开放式沟通的相关系数是 0. 307（P < 0. 001），与信息共享的相关系数是 0. 176（P < 0. 01），与信任的相关系数是 0. 232（P < 0. 01），与共同解决问题的相关系数是 0. 209（P < 0. 05），显示投资吸引力与关系治理之间是显著的正相关关系，即投资吸引力愈大，风险投资家与创业企业家之间的关系治理程度愈强。假设 3b 通过验证。

文化契合度与契约治理。文化契合度与契约复杂性的相关系数是 － 0.201（P < 0.05），与契约严格性的相关系数是 － 0.183（P < 0.01），说明文化契合度与契约治理呈现出显著的负相关关系，即风险投资家与创业企业家之间的文化契合度越高，文化差异就越小，契约治理程度越低。假设 4a 通过验证。

文化契合度与关系治理。文化契合度与开放式沟通的相关系数是 0.214（P < 0.01），与信息共享的相关系数是 0.309（P < 0.001），与信任的相关系数是 0.274（P < 0.01），与共同解决问题的相关系数是 0.183（P < 0.001），显示文化契合度与关系治理呈现显著的正相关，即风险投资家与创业企业家之间的文化契合度越高，彼此间的文化差异越小，冲突产生的可能性越低，所以关系治理的程度越高。假设 4b 通过验证。

4.4　结果讨论

4.4.1　实证结果汇总

根据上述的实证分析结果，本章所提出的假设实证检验情况汇总至表4.9，可以看出，提出的假设大部分得到了样本数据的支持。

表 4.9VC－E 合作治理机制影响因素的假设验证情况汇总

序号	假　设	结果
1a	VC－E 合作关系中创业企业的资产专用性程度越高，契约治理的程度就越高	通过
1b	VC－E 合作关系中创业企业的资产专用性程度越高，关系治理的程度就越高	通过

表4.9(续)

序号	假　设	结果
2a	VC－E合作关系中创业企业的不确定性程度越高，契约治理的程度就越低	通过
2b	VC－E合作关系中创业企业的不确定性程度越高，关系治理的程度就越高	未通过
3a	VC－E合作关系中创业企业投资吸引力越高，契约治理程度就越低	通过
3b	VC－E合作关系中创业企业投资吸引力越高，关系治理程度就越高	通过
4a	VC－E合作关系中文化契合度越高，契约治理程度就越低	通过
4b	VC－E合作关系中文化契合度越高，关系治理程度就越高	通过

说明：通过是指全部指标的分析结果对假设提供了支持，未通过是指超过半数指标的分析结果不能对假设提供支持。

4.4.2　进一步讨论

总体上看，与本章理论假设一致，交易属性之一资产专用性与契约治理正相关，与关系治理正相关，另一交易属性——不确定性与契约治理负相关，与关系治理正相关未通过实证检验。关系属性包括投资吸引力和文化契合度两个方面，其中，投资吸引力与契约治理负相关，与关系治理正相关；文化契合度与契约治理负相关，与关系治理正相关。这些结论为我们提高VC－E合作关系的治理效率提供了现实依据。然而，从VC－E合作治理机制的各构成要素来看，每个影响要素与合作治理机制的关系又存在显著差异。

（1）资产专用性与VC－E合作治理机制

本研究结果验证了资产专用性与契约治理正相关的假设。

在这一点上，Poppo & Zenger（2002）、Ronald，J. Ferguson et al.（2005）曾有过类似的讨论，资产专用性会引发"套牢"问题，即一种契约签订后的机会主义行为。具体来说，是在特定交易关系中，交易一方利用专用性资产投资产生的"锁定"效应，侵占另一方的利益即准租金占用。由此，风险投资家与创业企业家在实施具体投资项目运作过程中，通常借助契约来约束彼此的行为，缓解因资产专用性引发的交易风险。并且随着资产专用性程度越高，双方制定的契约条款越复杂，契约的执行力度也越严格。实证数据显示资产专用性与关系治理呈正相关的假设亦得到验证。这与Griffith & Myers（2005）的研究结果相似。风险投资家与创业企业家的资产专用性体现为各自的经验与技能的独特性。这些经验与技能只有与具体投资项目相结合才能创造出经济价值。在投资项目运行过程中，双方投入的专用性资产越多，越显示其对于此合作关系的重视。换言之，专用性资产的投入意味着对合作的意愿和承诺，促进信任的产生。由此可知资产专用性程度越高，风险投资家与创业企业家的关系治理程度越高。

（2）不确定性与 VC－E 合作治理机制

不确定性与契约治理负相关的假设得到实证数据的支持。这说明风险投资项目运作中涉及的不确定性因素越多，契约条款的调整范围和空间越大，在具体履行契约时，需要根据实际情况进行灵活调整。实践中"对赌协议"的普及折射出风险投资项目具有高度不确定性的属性。"对赌协议"中灵活且富有弹性的契约条款恰好印证了不确定性与契约治理的负相关关系。但是不确定性与关系治理的正相关关系却未得到有效的验证。对于这一实证结果，笔者对文献进行了更深入的整理，同时也与企业界人士进行了深度访谈，总结出可能的原因为：风险投资家与创业企业家在合作过程中因不确定性而产生"双边道德风险"（Bachmann & Schindele，2006）。不仅创业企业家在投资运作过程中出现信息操纵或"窗饰"行为，风险投资家出于私利，也会出现"窃取"研究成果、商业秘密等道德风险问题（Cornelli & Yosha，2003）。处于自身利益的保护，风险投资家与创业企业家之间形成彼此防范的心理状态。创业企业家不愿意进行开放式沟通是担心丧失信息优势，而风险投资家则认为在不确定性情境下赋予创业企业信任会阻碍企业经营不善时惩罚措施的实施。所以投资项目不确定性程度越高，实施开放式沟通、信息共享、信任和共同解决问题等关系治理行为越困难。

（3）投资吸引力与 VC－E 合作治理机制

投资吸引力在 VC－E 合作治理机制中的影响作用在实证研究中得到了有力验证。当投资项目具有充分的吸引力时，风险投资家出于逐利的本性尽力满足创业企业家的需求，无论是契约条款的设置，还是契约执行力度，拥有优势技术的创业企业家均有强力的谈判权。因此风险投资家与创业企业家在制定契约时会依据项目的实际发展特点，拟定灵活与弹性的契约条款以确保项目的成功运行。在这一点上，Gompers et al.（2006）曾有过类似的讨论。对于市场潜力极佳的投资项目，风险投资家在契约中制定的激励条款的范围更为宽泛，尤其是在企业控制权、股权和期权等条款方面给予创业企业家优惠权利，目的在于激励创业企业家为企业价值最大化而努力，防止其为了个人利益而损害风险投资家的利益。另外，现有风险投资市场显示出资金追逐优势项目的局面，鉴于风险投资家之间激烈的竞争，为了追逐高额利润，风险投资家不仅在契约治理方面给予创业企业家众多灵活空间，而且还积极花费时间和精力培养与创业企业家的感情，有意识地利用自身社会网络资源帮助创业企业家尽快提升企业价值，给予其资金、设备、技术和管理经验的支持，在双方信任和承诺的基础上，形成信息共享和共同解决问题的合作范式。由此可知，对于投资吸引力越强的项目，风险投资家与创业企业家之间的关系治理程度也越高。

（4）文化契合度与 VC - E 合作治理机制

文化契合度与 VC - E 合作治理机制的相关假设得到有实证数据的有力支持。文化契合度作为衡量组织之间文化差异的指标，对组织际的合作效率有着重要的影响。当风险投资家与创业企业家之间存在较高的文化契合度时，意味着彼此核心价值观和经营理念有高度的相似。在大家遵守统一行为规范的条件下，双方因能合理预测对方的行为趋势，而大为降低交易中的冲突。契约作为一种正式权力可有效约束交易双方的冲突行为，防范机会主义风险而导致的损失。由此，交易双方发生冲突的可能性越大，契约条款的制定越复杂，因为它会尽可能地将未来突发事件以及应对措施囊括其中。文化契合度越高的交易伙伴因双方行为范式与思维理念有高度相似，核心价值观与经营理念的相似驱使他们逐渐形成统一的利益目标，以至契约条款赋予双方平等的协商而非正式权力的严格执行，条款的内容核心更多在于协调双方行为而非惩罚。另外，文化契合度较高的交易伙伴由于文化差异较低，关系规范与行为规则有较好的协同性，容易在合作过程中形成良好的沟通和协调机制，通过不断的沟通和信息共享，吸收彼此优秀的企业文化特征，进而产生彼此间的信任。正如 Ronald, J. Ferguson et al. （2005）所指出，文化契合度越高的交易伙伴，因在合作关系和努力方面保持高度协调和统一，交易风险往往较低。即使存在一些冲突，也能通过良好的沟通机制进行化解，此时关系治理的效力要强于契约治理。可见，文化契合度与契约治理负相关，而与关系治理正相关。

4.5 本章小结

本章首先借鉴了 De Clercq D 和 Sapienza 的理论，分析了风险投资家与创业企业家合作关系的演化过程，进而结合现有文献中的研究结果和实地调查研究，识别出显著影响 VC - E 合作治理机制的四大因素，并将其归属为两个类别。从交易属性角度，提出的影响因素为资产专用性和不确定性；从关系属性角度，提出的影响因素是投资吸引力和文化契合度。接着，在借鉴已有文献的基础上，构建了 VC - E 合作治理机制影响因素的概念模型。经过对 264 份问卷的相关分析和多元回归分析，数据明确显示：资产专用性、不确定性、投资吸引力、文化契合度等因素对契约治理和关系治理有显著的影响作用。具体研究结论为：资产专用性程度越高，契约治理强度越高，关系治理强度越高；不确定程度越高，契约治理程度越低，关系治理程度越低；投资吸引力程度越高，契约治理程度越低，关系治理程度越高；文化契合度越高，契约治理程度越低，关系治理程度越高。

5

VC - E 合作治理机制
对技术创新绩效的作用：
模型构建与假设提出

上一章节详细分析了风险投资家与创业企业家之间合作关系的形成与合作治理机制的影响因素。本章将结合现有文献的研究成果，分析 VC - E 合作治理机制对科技型创业企业的创新绩效的影响，建立 VC - E 合作治理机制、VC 投资后管理与技术创新绩效关系的概念模型，并提出相关研究假设。

5.1 研究基础

以组织间合作关系的契约治理和关系治理结合起来考察治理机制对交易绩效影响的文献并不多见。Poppo & Zenger（2002）和 Ronald 和 J. Ferguson（2005）是其中最具有启发意义的代表。前者明确提出了契约治理和关系治理的前置影响因素和两者对促进交易绩效的互补作用。后者为解读金融服务业边界人合作的本质提供了经验上的契约治理和关系治理的实际可操作的概念内涵。

Poppo & Zenger（2002）的突出贡献在于，开拓性验证了契约治理与关系治理之间存在的互补关系。他们认为：与阻碍或替代关系治理的效应相反，设计良好的契约实质上可以促进良好的合作，维持长期且相互信任的交易关系。完善的契约条款能有效降低和防止交易风险，因此促进双方信任的形成并产生长期的合作期望。另外，完善的契约机制通过提升机会主义行为的惩罚效力而引发合作的延续，为双方形成长期的合作关系提供制度保障。正如交易成本理论中提及：契约条款犹如双方对未来突发事件共同协商的应对措施以帮助交易伙伴提高对未来交易中不可预知风险的适应力，对良好合作关系的形成有极好的促进作用。同样，完备的关系治理也能高效地推动良好契约治理效应。由关系治理引发的合作关系的延续能弥补契约条款因信息不对称所造成的不足和缺陷，进而提升未来交易关系的契约治理效应。再者，关系治理通过信任和关系规范能有效地防范交易中的机会主义行为，而此风险正是契约治理中难以防范的对象。最后，关系治理有效弥补契约治理的缺陷，即使未来不可避免地出现困难和冲突，但相互间承诺愿意坚守这种"套牢"的关系而有效化解交易风险，最终形成良好且持续的合作关系。由此可知，契约治理和关系治理之间不是相互替代与阻碍的关系而是相互提携与补充的关系。受该文献研究结论的启发，本章在分析风险投资家与创业企业家之间合作关系治理对创新绩效影响问题中，借鉴 Poppo & Zenger（2002）关于契约治理和关系治理彼此互补的论点，将 VC－E 合作关系治理机制划分为两个维度，分别是契约治理和关系治理，并在此基础上分析它们对技术创新绩效的作用机理。

Ronald, J. Ferguson（2005）率先将交易关系治理机制问题由制造业转向银行服务业，将研究视角定位在无形商品——服务为交易对象的合作关系的治理对经营绩效的影响。其理论贡献主要表现为两个方面：第一，明确界定契约治理和关系治理的实际可操作的定义（Measuring definition）。在其论文中，Ronald，J. Ferguson et al. 沿用 Cannon et al. （2000）的研究思想，指出契约规则与社会规范彼此存在互动效应。契约治理的执行前提存在交易违约行为，其作用在于规定交易伙伴未来行为与角色功能（Lusch & Brown，1996）。因此契约治理应被视为契约规则在交易中的执行力度。与 Noordewier，John 和 Nevin（1990）的研究结论一致，Ronald，J. Ferguson et al. 将关系治理界定为社会规范在交易过程中的影响力，并从两者概念内涵出发，指出对契约治理和关系治理执行力的评价意味着既定交易行为在什么情况下促使交易关系得以持续。由此契约治理与关系治理的实际可操作的定义应为：薄弱社会规范与依赖契约规则的结合可视为契约治理，而强制的社会规范与非依赖契约规则的治理则表示为关系治理。第二，将理财经理和业务代表分别设为银行与企业的边界人（Boundary-spanner），研究两者的亲密程度对银行经营业绩的影响。Ronald，J. Ferguson et al. 认为理财经理和业务代表的亲密程度与契约治理和关系治理有关，进而影响基于客户视角对银行经营绩效的评价。与以往文献单纯强调组织间的治理机制不同，作者着重分析交易关系中关键人之间关系的治理。基于金融服务业的情境，将组织之间的交易演变为组织边界人之间的交易。这种研究视角的转变深化了治理机制问题的研究层面，从物化组织转变为社会属性的人。这种代表着企业利益而具体从事交易的人被称为企业边界人（Bowen & Schneider，1985）或者被称为交易接触员工（Contact service employees）、企业前锋（Frontline）（Bettencourt & Brown，2003；Sirdeshmukh，Singh & Sabol，2002）。企业边界人代表组织利益与组织形象，通过信息交流与沟通来影响彼此行为。Ronald，J. Ferguson et al. 沿用 Tyler & Stanley

（2001）对企业边界人的界定，认为理财经理是银行与客户企业文化与管理过程界面对接者，他的行为影响着客户对银行经营绩效如服务质量、满意度与拥护度等的评价。同理，理财经理通过与企业的业务代表的互动收集企业的经营信息。因此银行与客户企业之间合作关系的治理就转变为企业边界人之间合作关系的治理。基于此篇文献的研究结论，本章结合风险投资业具体的运作特征，沿用了企业边界人合作关系的治理思想，重点考察风险投资机构的边界人——风险投资家与科技型创业企业的边界人——创业企业家之间的治理机制对创新绩效的影响，另外在设计契约治理和关系治理的测量指标体系依然借鉴 Ronald，J. Ferguson et al. 对契约治理和关系治理的实际可操作的定义，认为薄弱的社会规范和依赖契约规则是契约治理的范畴，而强力的社会规范和非依赖契约规则属于关系治理的范畴。

5.2　理论基础

5.2.1　VC－E 合作治理机制（VC－E cooperative governance mechanism）

风险投资家与创业企业家作为企业边界人，分别代表各自企业的形象和利益，两者之间的合作实质上是企业组织之间的合作。双方一旦建立合作关系必定会对彼此的企业经营绩效产生显著影响。双方合作关系的成功会提升彼此企业的价值，也会因为合作关系的恶化造成利润的下降。因此企业间合作关系逐渐成为企业竞争优势的来源（De Clercq & Sapienza，2001）。依据交易成本理论观点，企业合作关系是一种介于市场化和纵向一体化之间的混合组织形式。在 VC－E 关系背景下，一方面风险投资机构和创业企业在所有权上是相互独立的，有各自的利益目标，不存在行政性的控制与被控制关系；另一方面，风险投资家和创业企业家之间应相互协调以追求共同的利益目标。由此，VC－E 合作关系的成功需解决一个重要的问题，即如何化解集体理性与个体理性的冲突，进而实现帕累托均衡。协调双方的利益目标则成为合作关系治理的主要问题，也是解决机会主义行为的基本原则和思路。

企业合作关系治理机制是指通过有效的经济或管理措施，对合作关系施加影响，进而改善和提升关系绩效的一系列行为和机制。广义的合作关系治理是指采用法律、经济、技术和社会的手段，对企业之间的合作关系进行调整进而提高企业竞争力的过程。它不仅包括关系的过程治理，即合作关系的建立、关系的持续和发展、关系的评价和终止，而且还包括关系结构治理，即契约治理和关系治理。狭义的合作关系治理是指企业合作关系的单一型治理内容，即仅研究关系的过程治理或者关系的结构治理。本研究采用的是狭义的关系治理机制即合作关系的结构治理机制，着重关注 VC－E 合作关系的契约治理和关系治理对科技型创业企业的技术创新绩效的影响作用。

VC－E 合作关系的治理机制从结构治理角度分为契约治理和关系治理（Carter，2007）。这两种治理形式相互补充，对风险投资家和创业企业家之间的合作关系进行治理，以达到双方交易关系的协调，最终提高创业企业的创新绩效。

契约治理是带有正式权力、法律和经济特性的治理机制（Ferguson，Paulin & Bergeron，2005；Lusch & Brown，1996）。这种治理机制描述的是正式契约在交易关系中的执行程度，它主要依赖具有法律意义的契约规则来约束交易双方的行为。契约条款明确且正式地规定交易双方的责任、权利和利益分配。同时详细的契约规则还清晰界定各个交易个体在交易过程中的角色和功能。正因为如此，契约被视为科层治理机制或一体化的一种有效替代。Brown et al.（2006）指出，契约在交易过程的规制作用尽管非常重要，但是不能滥用。如果交易者过分使用契约治理双边交易关系，其正式权力引发的对抗性和破坏性必然对交易伙伴之间的合作绩效产生负面效应。Cox & Thompson（1997）认为，契约治理由四个 R 组成：交易主体的契约关系（Relationship）、交易主体的责任（Responsibilities）、契约对交易突发事件的风险管理（Risk）、契约补偿机制（Reimbursement）。这四部分相互影响，决定契约治理的程度，其相应的契约条款因明确规定交易双方的权利、义务和利益分配，所以对降低交易成本和实现最优效益有着重要意义。每项契约的制定目的都在于促进交易和降低机会主义风险，以作为减少交易风险和不确定性的一种正式机制（Lusch & Brown，1996），能够有效削弱机会主义在交易过程中的生存空间，抑制道德风险和保护交易各方的权益。可见，复杂详尽的契约类似准一体化的功能，能有效控制不确定性、有限理性与机会主义引发的调整、防范与绩效问题。风险投资项目与其他交易相比，存在分阶段投资行为，具有存在周期长、不确定性因素多的特点。因此，风险投资家和创业企业家签订的正式契约能起到约束双方机会主义行为的作用。

契约是针对具体交易项目所制定的具有法律约束力的协议。为了有效预防交易不确定性、有限理性和机会主义行为产生的交易风险问题，合作双方必须在事前详尽罗列未来一切可能发生的事件与应对措施。作为化解机会主义风险的正式机制，契约条款在事前就详细规定双方的责任和权利，且契约条款越复杂，双方在交易中的功能和作用界定得越清晰。另外，交易伙伴在长期交易过程中会面临很多突发事件。尽管契约条目不能穷尽所有的未来不可预见的事件，但是仍有足够适应余地的相关条款来阻止不可预见事件引发的风险，并且契约条款越详细，越复杂，契约的治理和防范风险的力度越大。因此条款的复杂性是契约治理程度的重要属性。

契约治理的另一重要属性是依据法律条款执行第三方强制履约。为了规制与约束交易伙伴的行为，契约条款通常规定违约方必然受到法律的制裁。此外合作双方会设计带有法律约束力的条款如契约的法律效力、交易适用的法律、不可抗力条款、仲裁条款等以及包括对违约方处罚、受害方补偿等条款以确保交易行为正常延续。只要交易双方中任何一方出现违约行为，都会依据法律受到相应的制裁，这恰是契约治理严格性的表现，也是契约治理力度的体现。契约治理越严格，其治理程度越高。尽管现实中违约行为未必受到法律严惩，但是双方私下裁决或委托第三方仲裁也是一种惩戒违约的行为，只是属于非严格执行契约，或者说契约治理程度较弱。总之，契约的严格性是交易双方利益受到法律保障的依据，契约越严格，未来交易预期保障越大，是衡量契约治理程度的又一重要属性。综上所述，依据契约治理在防范机会主义行为、规避不确定性和有限理性等方面的功能，将契约治理的维度分为契约复杂性（Term complication）和契约严格性（Enforcement rigidness）。

关系治理的概念源自美国法学家 Macneil（1978）提出的关系契约理论（Relational governance）。这一理论从研究社会生活中人与人之间的交换关系特点出发，分析不同的缔约方式。该理论认为每项交易都嵌入在一种复杂的关系之中，分析交易的特点必须理解其中包含的各种复杂关系的所有要素，而不同的契约则必须反映出不同交易的特点，从而形成与传统观念不同的契约思想。以后众多学者沿用 Macneil 的思想并结合社会学的观点提炼出各种关系性规则来进行研究，得出的普遍意义的结论是：关系规则与契约条款一样，能够有效降低交易成本和减少交易风险的作用（Poppo & Zenger, 2002）。因这些关系规则具有治理交易关系的作用，所以通称为"关系治理"。关系治理是人与人之间内生性的控制机制，通过嵌入社会纽带环境中依附社会化机制显示其对交易的治理作用，比起契约或第三方强制执行更具有执行力度（Uzzi，1999）。

关系治理是正式与非正式的组织和个体通过经济契约的联结而进行社会化过程中形成以企业制度为核心的关系配置行为。关系治理的基础是交易者行为社会化。社会化是指个人在工作环境中被教导的行为、观点与惯例（Gupta & Govindara-ian，1991）。社会化是一个互动的学习过程，在互动学习的过程中，个人或组织与其他成员主动或被动地交换社会性信息（Social information），透过社会性信息相互沟通期望与态度（Ahuja & Galvin，2003），所以关系治理是透过信任和互动为基础的社会关系网络来协调彼此的行为（Gerwin，2004）。影响信任的因素包括价值观的分享、沟通程度、专用性投资的意愿等。信任是衡量相互作用的关系发展、对交易伙伴的道德与品性的了解程度的重要评价指标（Li et al. 2010）。在交易过程中，双方缺乏信任往往导致交易效率低下如沟通程度低和交易成本的增加，因此需要增加信任强度并减少不确定性，同时在信任的基础上相互承诺与互惠，才能提高彼此间沟通的效率。信任是所有关系形成的核心，也是促进交易伙伴承诺与互惠的关键因素（Kwon & Suh，2004）。当交易伙伴之间存在信任，可能会采用关系治理约束双方的行为，而较长的合作经验也会提高关系治理的运用（Li et al，2009）。交易主体之间的社会化互动可以让不同企业组织间的界限变得比较模糊，并且可促进其共同利益的形成。交易双方经过长期合作之后，伙伴之间的相互作用将有助于深入了解对方品性，由此产生的信任有助于交易效率的提升（Espallardo et al. 2010）。

根据交易成本的观点，当官僚机制失灵，市场中的交易纠纷唯一的调节形式是派阀（Clan）控制，而派阀控制依赖的基础是社会化形成的目标一致性，即关系治理。通过关系治理，派阀控制可以非常有效地调节相互依赖的个体之间的交易。例如交易主体的口头承诺属于非契约治理即正式控制的范畴，但却是社会化的典型特征之一（Williamson，1979）。正是人与人之间关系的社会化机制的存在，促进企业组织之间的信息交流，并增加关系专用性投资，以此降低机会主义行为的发生，化解交易双方的交易风险。已有文献研究结果显示，交易伙伴经常忽略契约条款的法律性约束作用是因为契约条目经常被修改且不完善，关系规范作为指导交易者的正确行为的规则和激励交易者执行社会责任而成为契约的有效补充。共享关系规范和价值观成为关系社会化进程中的典型特征，并在社会化机制的推动下，关系规范促使交易双方理解与赞同彼此未来行为预期，由此形成良好的合作关系（Brown et al. 2000）。合作关系的社会化在交易过程中扮演着激励的角色，促进双方观点与理念的交流，有助于信息共享与共同解决问题。当交易双方对彼此期待都变得比较清晰时，信任亦因此产生。频繁的信息相互沟通是未来期待合作的重要指标，它通过推动彼此之间观点与理念的相似逐渐产生信任，以此阻止机会主义行为（Perrone et al. 2003）。再者，透过关系的社会化进程，交易双方会意识到各自的工作价值观与工作方法之间的差距在缩小，并成功推进合作关系（Cousins et al. 2006）。若存在任何一方不愿花费时间沟通与分享信息来缩减彼此间的差距，最终会导致合作关系破裂。治理机制中的社会化程度的提高有助于交易双方关系的建立与规范的产生。关系源自信任与承诺，规范来自平等互惠的交流、合法的权力与共同价值观与利益。此外，关系社会化进程中，交易伙伴会花费时间了解对方的文化，以确定是否具有潜在的合作组合，若面临不适宜合作的条件会相应调整自己的行为以建立成功的合作结果，减少机会主义的发生。

由上文可知，关系治理涉及关系主义、社会化机制、非正式自我执行治理和程序治理协调等属性。经济学家强调关系治理中的理性、精确计算的一面，强调对未来交易利益的预期促进了当前的合作。社会学家则着重源于社会的道德准则和以往交易中建立的社会关系（Uzzi，1997）。营销渠道文献对于关系治理的操作性定义沿用 Macneil（1980）的观点而进行的实证结果显示，关系规范是促进持续性交易关系形成的重要指标。关系强度则表示关系规范在交易过程中的显示程度。高强度的关系治理与交易双方的互动性、非依赖正式契约等因素密切相关。Glenn & Thomas（2009）将关系治理界定为"基于信任和社会认同上的治理机制"。它的内涵包括团队建立、任务执行、承诺，在企业经营中采用会议、商务旅行等直接管理方式，企业决策共享机制。与契约治理不同，关系治理范围更开放，能创造出契约治理不能化解冲突的有效弥补措施。关系治理的重要特性是强调交易伙伴彼此认同。Kale，Singh & Perlmutter（2000）指出关系治理机制中处理冲突的两种方法是"相互沟通和共同解决问题"。Jap & Ganesan（2000）认为关系治理是"共同规范、联合行动"。Zheng et al.（2005）则指出关系治理是交易双方"信息共享程度、价值目标的一致性、联合运作的程度"。本研究将根据风险投资业运作的典型特征，结合上述提及的研究成果，以社会化机制的功能属性信任、互动、信息分享、关系规范等为核心，将关系治理的维度划分为开放式沟通（Open communication）、信息共享（Sharing information）、信任（Trust）和共同解决问题（Joint problem solving）。

5.2.2　投资后管理（Post - investment activities）

风险投资是由职业资本家投入到新兴的迅速发展有巨大竞争潜力的企业中的一种权益资本（NVCA）。投资后管理是风险投资运作的辅育经营阶段，通过与创业企业家进行有效沟通，协助创业企业经营管理和战略规划，并为其提供社会资源网络等一系列增值行为，最终促进企业价值的快速提升。作为风险投资过程中的重要环节，投资后管理是风险投资家为减少投资风险、确保实现预期投资收益率而采取的重要手段，同时是风险投资区别于银行贷款、企业项目融资的显著区别之一。风险投资过程包括筹资和投资两个阶段，涉及三个投资主体：风险资本家、风险投资家和创业企业家。投资后管理是指发生在风险投资家与创业企业家之间的活动，因此对投资后管理的内涵界定存在两个视角，即风险投资家视角和创业企业家视角。

风险投资家视角下的投资后管理的内涵为：签订投资协议后，从风险资金拨付给创业企业的时间开始，一直到风险投资家退出创业企业为止。在此期间，风险投资家参与创业企业董事会、追踪监控创业企业行为、提供管理咨询与后续财务服务等以帮助企业尽快实现价值增值。此时提及的投资后管理不仅仅局限在增值服务，而且包括风险投资家在签订投资协议之后从事的一切与创业企业相关的各类管理活动，比如风险投资家为防范资金损失而实施的监督和控制行为、风险投资家从事的辛迪加投资行为等。正如 Fried & Hisrich（2005）所指出的，风险投资后管理是指风险投资家除现金投入之外的其他一切非资本投入，它们不仅为创业企业提供管理支持以实现企业增值和防范企业发展风险，而且多种形式的管理介入有效监控创业企业的行为以防止创业企业家损害风险投资家的利益。

创业企业家视角下的投资后管理是指风险投资家针对创业企业所提供的一切管理介入行为的总和，包括管理咨询、解决企业问题、后续融资服务等各种促进企业快速成长的升值行为。Gompers & Lerner（2006）将风险投资过程划分为筹资、投资、管理、退出四个阶段，其中管理就是投资后管理，含义等同于风险投资家的管理介入与管理支持。具体为风险投资家参与创业企业董事会、协助创业企业制定发展战略、帮助创业企业招募高级管理人员、帮助企业获得后续融资等各种增值服务行为。Black & Gilson（2007）指出风险投资家的投资后管理为：向创业企业提供管理支持、声誉资本以及积极的监督和控制。Sapienza（1992）认为，风险投资家的各种管理介入、激励和监督对企业价值提升有着极为重要的影响。

国外学者从不同角度对投资后管理的内容和功能进行了详尽的归纳：从风险投资家的角度来看，MacMillan et al.（1989）通过样本调查发现风险投资家对创业企业家的管理介入程度分为三类，即放任自由、中等监控和密切监控。他们应用非正交变换因子分析方法归纳出投资后管理的四类行为：财务投入、人力资源管理、企业运营管理指导、招募管理人员。Sweeting & Wang（1997）将投资后管理的作用划分为：非正式信息来源、风险投资家与创业企业家沟通、监督和控制企业的经营绩效、为企业实现价值增值。Flynn & Forman et al.（2001）运用实证研究归纳出风险投资家进行投资后管理的五个方面：消费者信息收集、竞争对手分析和营销方案研究、参与讨论、关注决策及投入专业人员；参与调研、聘用专业员工；全面理解信息技术、控制成本、利润控制、控制质量、评估员工以及出席董事会；提供资本、原材料和专业人才。Kaplan & Stromberg（2002）从协议角度提出风险投资家应承担的六种投入：现金流权、投票权和董事会权利的分离；多种类型股票的权利；不断变化的权利分配；在绩效较差时控制和清算企业；规定非竞争性条款，加大企业家离开企业的成本；现金流权、控制权和相机控制权等作为补充的控制机制。Knyphausen－Aufse（2005）将风险投资家进行投资后管理的作用划分为：创业导向、战略的制定和落实、技术能力和社会资本。

从创业企业家角度，Timmons & Bygrave（1986）将风险

投资家从事的投资后管理主要分为四个方面：帮助寻找核心的管理人员，在企业与供应商、客户与银行合作时提供信用担保，协助企业形成发展战略；介绍客户与供应商。Perry（1988）通过对接受风险投资的企业家的调查，发现投资后管理涉及以下环节：更换高层管理人员，企业经营建议，加强与客户联系，推荐企业员工，协助考察管理层候选人员，传授经营技能。Saetre（2003）指出 9 种增值行为对创业企业家起到显著作用：招募企业外部的 CEO，增加信用担保，联系行业网络，联系上下游关系，提供一般行业知识的建议，提供专业知识建议，严格报表内容，了解行业动态和消费者动态。Maula et al.（2005）将 28 项增值服务划分为 9 个类别：帮助寻找投资者，帮助招聘核心员工，帮助建立合作关系，帮助开拓国内市场，帮助开拓国外市场，给予营销建议，给予竞争策略建议，给予技术方面建议和给予组织建设方面的建议。

同时基于风险投资家和创业企业家的角度，Gorman & Sahlman（1989）以问卷调查方式研究 49 组风险投资家与创业企业家之间的投资后管理活动，研究结果发现，风险投资家约花一半的时间监督 9 家创业企业，其中 5 家占据董事席位，同时对其短时间造访频繁。风险投资家年均投入 80 小时造访被投企业，30 小时电话访问。风险投资家最常提供的增值服务为"后续融资服务"、"战略规划"、"招募管理人员"、"营运计划"、"介绍潜在客户"等。Barry et al.（1990）指出作为积极的投资人，风险投资家通过管理介入来增加企业的价值，直接参与管理与担任董事成员是最常见的方式。以 1978—1987 年间的 443 家创业企业为调查对象，发现平均每 2 家创业企业就有风险投资家在其中担任董事会成员。平均每家企业风险投资家占据的股权约为34%。Macmillan et al.（1988）将投资后管理归纳为五个方面：①研发与营运方面（Development and operations）：选择买主和设备、研发产品与服务技巧、研发正确的产品或服务、征求顾客与销售渠道、制订行销计划和监视或评估营销计划；②管理人员聘用方面（Management selection）：面试和选择管理团队、寻找管理团队候选人；③人员管理方面（Personnel management）：激励人员、担任董事会成员、人员危机处理与问题；④财务管理方面（Financial participation）：获取负债融资渠道、获取权益融资和监控财务业绩；⑤其他：与投资人会面、监控营运绩效、制定企业发展战略、更换管理人员等。Barney et al.（1996）以 205 家风险投资支持的企业为样本，运用因子分析方法发现风险投资家对创业企业家提供的管理服务可分为两类：一是经营管理建议，包括财务建议、经营计划、管理咨询等；二是企业运营帮助，包括介绍供应商、客户以及提供营销渠道，招募企业核心管理人员等。Sapienza（1992）以风险投资家和创业企业家为调查对象，指出投资后管理包括以下 8 方面：商议和讨论作用、业务经营咨询、指导、财务顾问、协助企业运营、招募管理人员、加强企业的业务联系、加强行业合作。Gabrielsson & Huse（2002）则将投资后管理的内容归纳为 16 种：帮助获取外部资金、与管理人员进行讨论和协商、加强企业财务能力、给予经济上的保障、参与董事会决策、网络效应的支持、管理能力的提升、建立业务战略或业务模式、业务的专业化提升、促进企业的外部联系、提升谈判能力、指导和激励企业、提升营销能力、招募核心员工、提升技术水平、改良产品属性。Torres & Murray（2003）将投资后管理行为简要划分为三类，即来自风险资本家声誉的利益、学习和信息优势、共享资源。David & Steven（2008）依据实证分析的结果，将投资后管理行为分为外源导向和内源导向两个类别。其中外源导向的增值行为包括帮助创业企业合法化和帮助创业企业扩张，内源导向的增值服务为招募管理人员、授权经营、提供战略规划、管理咨询、生产运营指导。

由上述的内容可知，投资后管理主要起着两个方面的作用：一是帮助创业企业制定正确的战略和实施高效的管理，以促进创业企业价值快速提升；二是风险投资家通过管理介入对创业企业实施监督和控制，防范创业企业家实施机会主义行为来侵占风险投资家的利益。对已有文献归纳和梳理，发现不少学者将风险投资后管理活动分为监控行为和增值行为。Pruthi、Wright & Lockett（2003）以印度创业企业为调研对象，将投资后管理分为监控行为（Supervision and control）和增值行为（Value added service）。监控活动包括监控财务绩效、监控运营绩效、监控创业企业的资金运用、监控创业企业的管理层。增值行为又可分为两个方面：一是战略相关的活动，如制定战略、帮助组建董事会、帮助获取权益融资、充当管理团队的参谋等；二是与企业营运有关的活动，如协助制订生产运作计划和市场营销计划、帮助介绍潜在的客户与供应商、招募管理人员、帮助解决人员激励问题、处理危机等。Knockaert et al.（2005）应用探索性因子分析将投资后管理活动分为监控、战略支持、网络资源支持、营运支持和人力资源管理支持等。其中风险投资家的监控活动包括监控财务状况、监控市场营销状况、监控股权变动、监控CEO报酬、监控追加借款等；增值活动包括制订战略计划、充当管理团队参谋、招募CEO或CFO等高层管理人员、招募新员工、联系潜在客户、组建有效运行的董事会等。

国内学者率先研究"投资后管理"问题的当属王益和许小松，他们曾在1999年发表的论文首次将"Post-investment activities"译为"投资后管理"，并指出其包含的内容为"设立控制机制以保护投资、为企业提供管理咨询、募集追加资本、将企业带入资本市场运作以顺利实现必要的兼并、收购和发行上市。"项喜章（2002）指出，风险投资后管理应分为

"监督与控制"、"增值服务"两个部分。风险投资家为风险企业所提供的一系列的咨询服务统称为增值服务，具体内容包括：帮助寻找重要的管理人员；参与制订战略与经营计划；帮助企业筹集后续资金；帮助寻找重要的客户和供应商；帮助聘请外部专家；帮助实现并购或公开上市等。监控行为则包括：分期注入资本；控制投票权；适时替换不称职管理人员。付玉秀（2003）通过问卷调查的方式发现，我国风险投资家主要实施的监控行为依次为参加董事会、审查财务报告、与创业企业家会晤、实地考察、派驻财务人员、派驻高层管理人员、利用中介机构监控创业企业。其提供的增值服务重要程度依次为：参与制订战略与经营计划、辅助财会管理、帮助企业筹集后续资金、帮助聘请外部专家、提供管理技术/经验知识、传授营销技能开拓市场、帮助寻找重要客户与供应商、帮助寻找和选择重要管理人员、帮助实现并购和公开上市等。张丰和金智（2009）运用层次分析方法对风险投资后管理行为进行了研究，结果表明，增值服务所占的权重是 0.588，监控管理所占的权重是 0.412。实证研究结果表明，创业企业家更重视风险投资家提供的增值行为。在增值行为中，按重视程度排列依次为：财务支持、管理咨询、社会网络、人事支持，监管行为依次排序为参与管理、财务控制、信息追踪等。刘二丽（2011）根据访谈结果，主张增值是由风险投资家以企业参谋、教练的身份为创业企业提供的增值活动，被视为一种"软"的管理参与，主要包括：风险投资企业为创业企业提供的战略支持、关系网络资源的支持、人力资源管理的支持、后速融资支持、生产运作支持等。风险投资家对创业企业家的监控主要涉及参与创业企业董事会、审查企业财务报告、实地考察、与创业企业家会晤、派驻财务人员等。

综合国内外有关投资后管理内容的研究，本研究认为，风险投资家视角下的投资后管理与创业企业家视角下的投资后管理的主要区别是风险投资家辛迪加行为。此种行为被排除在增值活动和监控活动之外。因为从活动的性质来看，辛迪加行为是风险投资家减低风险的投资决策，对创业企业的价值没起到直接的提升作用，即使它间接影响了企业的价值，但是创业企业家仍将其视为风险投资家的一种投资行为。另外因辛迪加行为不具有监控创业企业的目的，所以也没有归属为监控活动范畴。本研究考察的投资后管理的内涵以创业企业家为研究视角，因此将投资后管理的增值行为定义为"风险投资家与创业企业家签订投资协议之后，为帮助企业价值的快速提升而提供的一系列管理咨询服务的总和"（项喜章，2002）；而监控行为界定为风险投资家为了促使创业企业家按照既定的契约条款规定的目标发展，防范企业运作过程中出现的机会主义行为引发的交易风险，而对创业企业家所实施的监督与控制行为。根据样本数据分析与实地调查的结果显示，结合上文提及文献研究的结果，将投资后管理的维度分为 VC 监控行为（Supervision and control）和 VC 增值服务（Value added service），其中监控行为的构面为财务管理、信息追踪、控制权配置，增值服务的构面为联盟资源整合、经营管理指导、后续融资服务。

5.2.3 过程公平（Procedural justice）

过程公平问题的研究意味着交易主体对决策过程的主观感受比决策的结果更为重要（Thibaut & Walker，1975）。Thibaut & Walker（1975）率先在法律领域研究过程公平对程序主体行为和态度的影响。以后的学者将此理论延展到非法律领域。如 Greenberg，Folger 和 Konovsky 等人把过程公平理论应用到管理业绩评估和加薪晋升等人力资源管理领域。这些研究结果进一步说明了过程公平理论的正确性。系统地将过程公平理论引入到企业决策领域的学者是 W. Chan Kim 和 Renee Mauborgne。波士顿咨询集团的 W. Chan Kim 和 ITM 战略研究中心的 Renee

Mauborgne 在研究诚信与组织绩效问题时，发现一个令人困惑的问题，即依据经典经济理论，经济人关注的是结果。但事实证明，人们对产生结果的过程同样关注。他们的研究结果显示，如果个人能感觉到过程公平，那么不论他们在这个交易系统的结果如何，或损失或盈利，他们都会对此交易系统产生信任感并愿意继续与之合作。基于此，他们提出过程公平理论。

交易主体对关系的满意度更多地表现为与交易过程相关，而非是交易结果或是最终决策。过程公平概念的使用有助于明确理解正式和非正式过程对提高判断公正性的影响作用。此理论有三条主要原则：参与、解释和明确期望。参与是个体融入到影响他们决策的制定过程中，充分征询他们的意见并允许他们对其他人的提议和假设进行批判，这能有效聚合集体的智慧，且在决策制定之后，其决策执行的阻力会大为减少。解释是让参与决策的人通晓最终决策的形成过程，让个体知道管理者在决策过程中考虑了他们的意见，并将个体意见与组织总体利益进行了权衡。这些行为能够让个体了解，即使他们的意见被拒绝，依然信任管理者。明确期望是指一旦决策制定并执行之后，管理者应该清楚表达新的管理规则，包括如何评价个体业绩、奖励与惩罚规则与个体具体职责等。实现过程公平的核心因素是规则与政策能够被充分理解。

过程公平是指风险投资运作过程中风险投资家和创业企业家采用公平的程序筹备董事会并进行公司重大决策，在重大决策中不过度考虑单方面利益的程度。过程公平的重要性在于能够充分调动交易主体的积极性、主动性和创造性，是激发交易活力和提高交易绩效的动力。过程公平表明了风险投资家与创业企业家之间互惠且相互依赖的关系（Gilliland，1993；Folger & Konovsky，1989）。尽管风险投资家和创业企业家在创业企业中均持有一定数量的股份，但是风险投资家对企业的控制权明显超越了其股份所赋予的权利。这个特点在分阶段投资行为和不断重复评估创业企业家业绩方面表现的尤为明显（Steier & Greenwood，1995）。此时，创业企业家在经营过程中对公平的感知程度决定着是否愿意与风险投资家继续维持合作关系。

从过程公平理论的角度来看，在一方不能直接决策的情况下，另一方表现出来的过程公平使他们可以相信他们的利益能够得到保护（Sapienze & Korsgaard，1996），否则彼此会怀疑对方未来行为的可预测性，担心自己的利益受到损害，对其合作信心就会降低。Tyler（1989）认为决定个体感知过程公平的因素有以下三种：①地位（Standing）；②中立性（Neutrality）；③信任（Trust）。尽管每一个因素理论含义各不相同，但是都影响了公平感知（Tyler & Lind，1992）。地位，作为风险投资家和创业企业家在交易关系中所处的位置，为其提供了直接表达意见的机会，即话语权。另外地位也赋予交易主体拒绝对方观点的机会，是交易主体感知公平的核心因素（Kim & Mauborgne，1998）。地位的含义明确揭示创业企业家与风险投资家相处过程的满意程度。当风险投资家在交易过程中对创业企业家的意见非常尊重且以平等的态度处理问题，这些信号显示创业企业家在投资项目运作中的贡献非常大。当风险投资家试图将其意见强加于创业企业家，此行为就破坏了VC-E合作关系中的公平感。总之，地位是VC-E合作过程中影响公平感知的重要因素。

中立性是过程公平的另一关键影响要素。它是指风险投资家能够不偏不倚持中立态度去对待其投资的所有创业企业（Kim & Mauborgne，1998）。公平感知的核心是风险投资家在做一个对于创业企业家有着重大影响作用的决策之前应该掌握比较全面的信息。行为的中立，确切地说，是指风险投资家应该依据创业企业家的投入和投资过程行为演变不断调整自身的观点和看法。中立性的风险投资家往往能吸取创业企业家的想法并将其与自身的观点完美融合在一起。风险投资家表明中立性是通过自身愿意依据创业企业家提供的信息来改变其观点。部分缺乏中立性的风险投资家是经过妥协来获取与创业企业密切相关的信息，这样会对投资绩效产生负面效应。另外，缺乏中立性会导致创业企业家在随后的合作与互惠行为中采用否定态度，这对未来的合作关系持续产生严重的阻碍作用。

第三个影响因素是信任。交易伙伴之间的信任可化解侵占他人利益以谋求私利的风险。它揭示了对某些交易伙伴未来行为可预测性的确切程度，尤其是欲与之维持合作关系的交易伙伴。已有文献研究显示，团队合作中的成员均迫切希望了解其他成员参与团队的意图（Tyler & Lind，1992），并以此建立信任关系。VC－E二元体合作关系中，作为投资人利益的代表，风险投资家随时面临被替换的风险。一旦风险投资家不支持创业企业推动新的经营策略如新产品发展计划，创业企业家就会质疑风险投资家的投资动机。并且风险投资家的不支持行为很容易引发创业企业家的负面情绪并挫伤其积极性，最终形成不信任的局面。一旦双方缺乏信任，创业企业家很难自愿按照风险投资家的指导和经营目标来运作投资项目，甚至因运作过程中彼此利益目标的非一致性导致冲突的形成。总之，风险投资家和创业企业家之间应注重信息的充分交流以形成公平的合作关系。

5.2.4　冲突（Conflict）

组织行为理论中定义冲突多用于描述组织成员对其他成员的敌对行为。Coser（1956）指出，冲突是一种交互行为，是对价值观、权势、地位与稀缺资源的争夺。冲突对组织的影响是管理学研究者多年来一直关注的问题。其研究的历程经历三个阶段：第一阶段，学者们认为冲突具有暴乱、非理性、破坏性，是功能失调的结果，是有害的，应该避免的问题；第二阶段，20世纪40～70年代，冲突被认为是不可避免的现象，既然不可避免，就应该按照人际关系一般现象接纳并使之合理化；第三阶段，学者们与实践管理者认为，冲突不应是简单的接纳问题，其本身具有可建设性。这种观点的出现鼓励管理者在组织中保留一定程度的冲突，以使组织保持生命力。

　　冲突（Conflict）是合作双方在愿望和目标不一致或者各方的需求无法协调时的一种关系感知。Wall 和 Callister（1995）指出，冲突是合作成员在关注焦点与兴趣呈现对立或者负面影响的互动过程。根据冲突形成的原因，Amason（1996）将组织中的冲突分为认知冲突和情绪冲突。认知冲突是功能性的，原因在于团队成员对于任务的目标及完成方法的认知不一致，以至形成与工作相关的意见分歧，是团队成员对决策内容的不同意见，包括在观点、思想、看法的不同理解。而情绪冲突是一种功能性紊乱，起因在于个体与个体之间的怀疑或不适应，或者是由于个性差异或人际关系的摩擦、工作中的误解以及挫折等私人不满引发的不协调，属于人际关系的不融合。对于这两者之间的关系，Amason 进一步指出，认知冲突往往引起组织成员之间观点分歧，并由此激发情绪冲突，因此，认知冲突和情绪冲突往往是同时出现在团队中的。Jehn（1995）则提出将冲突分为三种类型：任务冲突、关系冲突和程序冲突。任务冲突与工作内容与目标相关；关系冲突将焦点集中在人际关系方面；程序冲突与如何完成工作有关。关系冲突是指合作成员人际关系的不相容和不协调进而产生负面的情感反应，如紧张情绪、争执等。任务冲突是团队成员针对工作任务内容和目标所持的观点和看法的不一致。程序冲突是针对完成任务所使用的方法、责任的归属、以及资源的配置所引发的相异意见。Jehn 的分类似乎更为合理，因为"关系"比

"情绪"更加具体，而且情绪冲突有可能并不是由于双方关系造成，单独个体的情绪波动也会导致冲突（Robbins，2004）。

在 VC－E 的二元体中，风险投资家与创业企业家由于各自的专业技术背景、认识问题的角度、文化理念、行为模式以及个人偏好的不同致使双方在合作过程中不可避免地存在观点与利益的对立。对于风险投资家和创业企业家而言，虽然在融资契约谈判期间已达成共同利益目标，但是投资后管理阶段双方从自我利益出发而执行的管理决策也会出现相互矛盾的状态。如风险投资家的投资决策需要创业企业家提供足够的信息，但是出于自身利益的保护，创业企业家可能保守技术秘密、过分夸大经营业绩或者弱化不利信息。在资源配置方面，创业企业家会采取类似机会主义行为，将大量时间和精力投入到自身感兴趣的领域而逐渐丧失创业初期的热情，忽略风险投资家的利益目标。另外，风险投资家为了最大化资本价值，更关注现期利润而不是继续投资，创业企业家则出于对成功的渴望和自我价值的实现，希望企业有长远发展，这样风险投资家由于利益迫使创业企业家放弃长远发展以谋求短期收益而产生感情背离，最终引发争执而形成冲突。由上述可知，VC－E 合作关系之中存在多种诱发冲突的因素，根据其原因将两者之间的冲突分为两类：关系冲突（Relation conflict）、任务冲突（Task conflict）。

5.2.5 技术创新绩效（Technological innovation performance）

（1）技术创新

技术创新理论的奠基人熊彼特（J. A. Schumpeter）首先提出了创新的概念，并对技术创新的主要理论问题进行了初步的探讨。他指出："所谓创新就是一种生产函数的转移，或是一种生产要素与生产条件的重新组合，其目的在于获取超额利润。"它包括以下的五种形式：①引入一种新的产品或提供一种产品的新质量；②采用一种新的生产方法；③开辟一个新的市场；④获得一种原料或半成品的新的供给来源；⑤实行一种新的企业组织形式。熊彼特在此没有对技术创新进行严格定义，其创新的外延既包括技术创新，又涉及组织创新和市场创新。以后的学者在此概念的基础上，从不同视角演绎出技术创新的概念。其中影响较大的有：索罗（S. C. Solo 1951）在《资本化过程中的创新：对熊彼特理论的评论》一文中首次从阶段、过程的角度解析熊彼特的定义，提出技术创新成立的两个条件：新思想来源和以后阶段的实现发展。伊诺斯（J L Enos, 1962）提出：技术创新是几种行为综合的结果，包括发明选择、资本投入保证、组织建立、制订计划、招用员工和开辟市场等。曼斯菲尔德（E. Mansfield, 1968）认为，技术创新是从企业对新产品的构思开始，以新产品的销售和交货为终结的探索性活动。林恩从创新时序角度，将技术创新定义为始于技术的商业潜力的认识而终于将其完全转化为商业化产品的整个行为过程。以上述研究为基础，佛里曼（1997）教授比较系统地定义了技术创新，指出技术创新是技术的、工艺的和商业化的全过程，将导致新产品的市场实现和新工艺与装备的商业化应用，即技术创新是新产品、新过程、新系统和新服务的首次商业性实现。

国内学者对技术创新的理论研究也作出了重要贡献。魏江，许庆瑞（1996）系统地论述了技术创新的理论与方法。他认为：技术创新是指从一个新的构思出发到该构想获得成功的商业化应用为止的全部活动。它包括科学发现、发明到研究成果被引入市场、商业化和应用扩散的一系列科学、技术和经营活动的全过程。李京文（1999）认为，"技术创新是一个以市场为导向，以提高国际竞争力为目标，从新产品或新工艺设想的产生，经过研究与开发、工程化、商业化生产直到市场销售的过程。"柳卸林（1993）强调技术创新的新颖程度，将其限于"首次"，即"与新产品的制作、新工艺过程或设备的首次商业应用有关技术的、设计的、制造与商业的活动，包括产品创新、过程创新和扩散。"傅家骥等（1998）全面阐述了技术创新的理论发展、技术创新与组织创新、技术创新的扩散、技术创新与经济的良性循环、技术创新的政策以及中国企业的技术创新，并将技术创新界定为"技术创新是企业家抓住市场的潜在盈利机会，以获得商业利益为目标，重新组织生产条件和要素，建立起效能更强、效率更高和费用更低的生产经营系统，从而推出新的产品、新的生产工艺方法、开辟新的市场、获得新的原料或半成品供给来源或建立企业的新组织，它是包括科技、组织、商业和金融等一系列活动的综合过程。"彭纪生、刘伯军（2003）指出技术创新包括以下内容：过程方面包括从新构思的产生到市场价值实现的全过程；技术方面除了包括传统的生产技术外，还包括经营、管理和组织技术；内容方面既包括产品、工艺和组织制度的创新，也包括各类创新的组合，是对技术创新全包络式的定义。

归纳上述观点，本书在傅家骥教授（1998）提出的技术创新基于宽泛意义角度的概念的基础上，将技术创新简要界定为：企业对新技术、新工艺以及技术组合进行商业化运作以实现其市场价值的重要经济活动。其中，技术组合是将现有的技术要素进行改良式组合，不需经过实质性研发即可实现。

（2）技术创新绩效的概念

技术创新绩效是企业在技术创新过程中产出技术的绩效，主要在企业新开发的产品中体现。从国内外学者总体研究的情况来看，企业技术创新指标研究尚处在不断探索与开拓阶段。对于技术创新绩效的理解主要集中在投入产出效率和产出结果上，体现为技术创新活动的产出和技术创新活动对企业经营的影响。Ransley & Rogets（1998）对企业的最佳 R & D 活动进行了总结，提出以下因素会提升 R & D 效率：技术策略、项目的选择和管理、核心能力、有效性、外部意识、技术转移和人员。Chiesa et al.（1996）将过程和业绩表现描述为技术创新管理的核心指标，他们将技术创新的核心过程定义为一系列能够开展技术活动的过程，包括资源供给、现有系统和工具的充分利用等。James A. Christiansen（2000）基于改进技术创新绩效的目的，对 8 家企业的管理者在改进创新绩效上的努力程度方面进行系统分析，提炼出构成创新绩效的四个组成要素，分别是满足顾客当前需求、将来的需求、速度、成本。前两个要素与顾客需求有关，新产品成功开发必须适合顾客当前或将来的需求。管理者努力增强他们对当前顾客需求的有效反映的能力，同时也必须具备预测顾客将来需求的能力。速度反映了公司创新的时间角度，比如公司新产品多长时间能够推向市场？成本指创新系统本身的成本。衡量对象是否存在浪费，新产品和新工艺是否以较低成本开发，所以他提出，优秀的技术创新绩效应该是满足顾客现有的、未来的需求、在时间上尽可能缩短以及降低相对的成本。Hagedoorn and Cloodt（2003）认为技术创新绩效从狭义上理解是指根据企业将发明创造引入市场的程度来衡量的结果，从广义上来理解是指从概念生成一直到将发明创造引入市场整个过程所取得的包括发明、技术以及创新三方面的绩效。Westerman & Curly（2008）以 IT 产业为研究对象，从创新过程和创新产出两个维度衡量技术创新绩效。其设计的技术创新指标体系包括：技术创新规划的产生、IT 的明星产品、弥补现有技术的 IT 创新、创新战役激烈程度、创新观点被采纳的程度、创新执行程度、发明公开情况、发明被专利认可、发表与交易的程度、创新相关的奖励与酬劳、创新相关的商业价值、R & D 市场价值等。

高建等人（2004）首次提出技术创新绩效的概念，认为技术创新绩效是指企业技术创新过程的效率、产出成果及其对商业成功的贡献，包括技术创新产出绩效和技术创新过程绩效。其中"产出绩效"表现为企业技术创新成果给企业带来的各种不同类型的效益和影响；"过程绩效"表现为企业技术创新过程执行的质量，它通过企业技术创新管理的变量来反映。由此可知，企业较高的技术创新绩效应该是产出和过程两个方面都有良好的绩效表现。盛亚等人（2008）认为技术创新绩效是在一段经营期间的企业技术创新活动所带来的效益，主要体现在新产品的收益和技术积累的综合。作者将技术创新绩效划分为两个维度即市场绩效和技术绩效。市场绩效是指创新产品在市场上的反应情况。技术绩效是指技术创新活动引起的技术创新能力的变化。尹建海等（2008）在审视现有技术创新绩效评价指标体系的基础上，创新发展了平衡记分法及其应用的新领域，提出了更为重视社会生态环境和未来发展的加强型平衡技术创新记分法，从技术创新的效果、技术创新管理、技术创新投入、财务角度和社会效益等五个维度全面构建企业技术创新绩效评价指标体系，使评价的结果更接近于实际情况。

从上述文献分析的结果显示，目前技术创新绩效评价研究中主要关注创新产出绩效，而忽略创新过程绩效（陈劲等，2006）。企业技术创新是一个动态发展、不断提高的过程。创新过程绩效反映了企业创新活动的管理水平，代表企业潜在的、未来的技术创新绩效。优良的创新业绩需要以高效的创新管理过程来保障。所以若要全面、客观地反映技术创新绩效，还需要对创新过程的绩效进行评价以作为产出绩效的补充，这样才能更好地反映企业技术创新的长期发展潜能和潜在创新绩效。风险投资是对创业企业尤其是高科技创业企业提供资本支持，而高科技创业企业非常注重技术创新所带来的经济效益。考虑到风险投资资助下科技型创业企业运行的具体特点，本书借鉴高建等（2004）和盛亚等（2008）对技术创新绩效的概念，把技术创新绩效分为技术创新能力和技术创新产出两个维度，技术创新能力是指创新的管理过程，包括创新管理、管理人员的创新理念和管理过程中的创新激励。技术创新产出是指创新的最终成果，包括专利数量、新产品的比值、创新成功率、创新成果的评估等。

5.3 研究假设

5.3.1 VC-E合作治理机制与VC投资后管理

（1）契约治理与VC监控行为、VC增值服务

交易成本理论将契约定义为：交易成员间订立的具有法律效力的合同，该合同规范和约束每一个成员的行为。通过契约，交易成员都明确自己的权利、职责和义务，也知晓交易收益的分配方式以及违反契约将受到的惩罚。契约治理是通过书面合约形式所决定的可观察的规则或通过权力和所有权等正式权力所决定和执行的规则（Larson & Starr，1993），属于三边规制结构。契约治理利用契约条款约束交易伙伴行为，使之具有可预期性，同时利用正式的渠道传递信息，用规则、程序和制度来控制交易关系。契约治理中投资协议和相关契约是风险投资家的利益保障，是"权利的基石"。关于投资协议和相关契约条款的谈判，一般持续数周和半年时间，远远高于项目的论证时间。可见契约在风险投资领域具有非常重要的地位。投资协议和相关契约通常由风险投资家起草，其设计目的在于保护投资人的利益。内容主要涉及：①项目的股权分配与投资额。②作为投融资工具所使用的证券类型和构成。③风险资本到位的时间与检查标准。④投资期限、转让权、偿付协议与投资退出。⑤创业企业治理结构安排，主要是指激励机制和约束

机制。激励机制包括管理层的股权和期权安排及管理层薪资结构等，约束机制包括管理层雇佣条款、董事会席位安排、重大决策权及表决权的分配、控制追加投资及其他条款等。⑥企业管理层的声明和保证，即创业企业家需要为业务计划中包含的财务数据提供证据。⑦肯定盟约（Affirmative covenants）与否定盟约（Negative covenants）。前者是指创业企业家在风险投资期内应该从事哪些行为，而后者是对创业企业家在风险投资期内不得从事哪些行为的约定。肯定盟约一般包括：投资者获得经营管理记录的渠道、财务报告、预算、资金使用、会计制度、董事会、知识产权保护、遵守法律与协议、债务偿付与税款支付等。若以增强契约治理强度来控制机会主义风险，在现实中则具体表现为增强法律约束、增加投资协议的特别保护条款，如一票否决权、创业企业的股权比例分配等。通过这些约束条件，加强对创业企业的监控力度，防范和规避交易风险的发生。另外，风险投资家运用分阶段投资方式的主要目的是为了有效控制交易风险。如果第一轮投资中创业企业家的行为与风险投资家预想目标相距甚远，而风险投资家又不能选择中止投资，此时在与创业企业家进行增资谈判中，会加入其他相关条款作为继续投资的前提，从而增强投资协议中的监管条款的效力。由此可知融资轮次是衡量风险投资家监控力度的重要指标，每一阶段投资的存续期越短、投资轮次越多，其对创业企业监控的频率和强度就越大。

风险投资家执行监控行为的方式可分为两种，即间接监控和直接监控。若风险投资家当期投资的创业企业数目较多，单一创业企业中占据的股份比例较少，对此，通常采用花费较少时间和精力的间接监控行为。具体表现为，通过定期的董事会、财务预算和销售计划的执行进行跟踪监督。若当期风险投资家投资创业企业的数目较少，占据股份比例较大，需对受资的创业企业进行严格和细致的监管，则会采用直接监管模式。

主要方式为：①派驻财务总监。财务总监负责监督企业资金的运作情况，暂不用的资金可由大股东以借款或委托投资的形式使用，按照企业支出预算，按月度调度给创业企业使用。②派驻成本监控员。成本监控员并不干涉企业的经营管理措施，但对企业的大额支出进行监控，一般是通过货比三家衡量报价是否明显高于市场价位。只要采购报价不高于市场价，成本监控员对采购和支出项目不加干涉。从监控力度来看，直接监控要强于间接监控。

详细的契约是一种准整合模式（混合模式），形成了引导交易参与方行为的垂直企业间的权威关系。作为一种正式的治理机制，契约明确规定交易成员应当采取的行为，构筑交易成员的行为模式，并以契约条款为媒介形成交易成员之间相互交流的平台（刘益等，2007）。因为契约规定了交易成员应当采取的行为，以及对违法契约行为的惩罚（Wuyts & Geyskens, 2005），所以可有效降低有限理性引发的机会主义风险，解决交易伙伴之间由于利益目标的冲突引发的交易风险。如果交易伙伴之间没有订立明确而详尽的契约条款，交易伙伴之间难以预料对方可能采取的行为，同时，当对方采取欺诈、不履行承诺等投机行为时，也难以采取有效措施加以惩戒，这样就难以规避机会主义风险。Das & Teng（2001）指出，契约治理是一个限制过程，监控是其主要功能。契约治理包括行为控制和产出控制两个维度，目的在于使联盟成员在追求期望目标或状态过程中，通过建立标准而使未来行为变得具有可预测性。Luo（2002）认为契约治理是利用契约条款对交易伙伴的行为进行硬性规定。契约治理通过契约条款为风险投资家与创业企业家之间的合作奠定了法律化、制度化的框架。在这个框架中，风险投资家和创业企业家的权利、义务、责任、利益的分配等均通过专业化的条款进行明确规定。因此，契约治理在 VC - E

合作关系中能够发挥控制、协调和激励的功能。其中，控制是契约治理的主要功能，只有对交易伙伴行为进行有效控制，才能确保投资人的利益。控制功能实质上通过交易双方都认可的行为规范，如绩效指标、争端解决、定期报告等措施来监督交易伙伴是否履行了应尽的责任，限制交易双方的机会主义行为等，由此促进合作伙伴切实履行承诺。综上所述，契约作为风险投资家与创业企业家形成合作网络的初级联接点，为了防范交易风险，其条款详细规定了两者关系的形式和条件，也详细规定双方的责任、义务与利益分配机制，以保障交易双方行为在可控模式下运行。若风险投资家面临的潜在机会主义风险越大，其制定的契约条款就会越复杂（Barney，1994），即契约治理程度越高，契约的控制功能实现的力度也就越大。由此提出假设：

假设 1a：VC－E 之间契约治理越强，风险投资家的监控行为就越强。

一定程度的契约治理有助于增强 VC 的增值服务。第一，风险投资家与创业企业家可以通过明晰、完备的契约条款对双方的责任、义务和权利进行界定，来解决风险投资家如何以满足创业企业家的需求来提供增值服务。风险投资家提供的增值服务要真正实现其功能，必须立足创业企业的实际需求，以创业企业运作中面临的问题为出发点来提供相应的管理支持。信息不对称是阻碍风险投资家提供有效增值服务的主要问题。详尽的契约条款因明确双方的责任而有效降低信息不对称问题。风险投资家在未掌握创业家私人信息之前，可以利用契约条款诱使创业企业家透露企业运作的真实信息和技术秘密，以减少信息不对称的负面影响，同时由于增强对创业企业真实信息的了解，风险投资家在利益的驱动下会积极地帮助创业企业解决其运作中的各种问题。第二，契约治理机制通过构建合作运营框架，如清晰的利益目标和公平的绩效评价框架，不仅可以消除双方之间根本利益目标冲突引发的机会主义风险，而且良好的契约条款设计有助于双方形成信任机制。这样，VC增值服务才能在信任的基础上实现其价值创造功能。第三，风险投资家和创业企业家可以通过契约条款制定合作期限，投资轮次、收益分配、信息交流方式、股权分配等方式，对彼此起着监督和激励作用，有利于双方信息交流与沟通，促进彼此共同解决问题的能力，由此提高风险投资家的增值服务水平。

　　但是，过度的契约治理则不利于VC增值服务的顺利开展。首先，过多地使用契约治理会忽视交易过程中人的"社会性"。过分地依靠契约使双方的合作关系逐渐演绎成为一种标准化、程序化和规范化管理，使之丧失对环境突变性的灵活调整力。而风险投资家的增值服务必须依创业企业经营状态的变化而变化，优良且高效的增值服务体现为灵活解决企业经营过程中各种突发性问题。若过分追求契约治理的"规则与理性"，将会使VC增值服务演变为一种刻意的程序与制度，不能依据企业的经营特点的变化而变化，最终丧失其存在的意义。其次，契约治理带有显著强制性特点。过于严格的契约不利于合作伙伴之间信任的建立，甚至会破坏双方的信任关系（Dyer and Singh，1998）。同时，过于严格的契约具有较强的刚性，不能适应动态的竞争环境和技术发展，不利于交易伙伴之间的交流和沟通，阻碍了风险投资家和创业企业家在平等对称的氛围中共享彼此的专有性知识，从而降低了VC增值服务的效率。再次，Ring & Van de Ven（1994）的研究结果显示，过度的契约治理会增加交易双方之间的冲突以及机会主义行为的可能性。Bemheim & Whinston（1998）应用模型验证了越严格的契约越容易导致规定范围之外的机会主义行为的发生。VC增值服务本身带有管理介入的特性，很容易引发创业企业家的反感与防范，一旦风险投资家过分强调第三方执行的契约治理，会使创业企业家不但拒绝接受增值服务，而且会利用各种正式权力进行对抗，最终引发两者之间的激烈冲突以致项目失败告终。最后，契约治理的建立和实施都需要一定的成本，而且治理程度越高，企业内容越详尽、越复杂，并需要加强对风险投资家和创业企业家的行为进行严格监控，这些极大了提高契约治理的成本，备受利益驱动的风险投资家在时间与精力有限的条件下，为了实现利益最大化，只得降低 VC 增值服务水平以节约交易成本。因此，提出假设：

假设 1b：VC－E 之间契约治理与 VC 增值服务呈倒"U"形的非线性关系。

（2）关系治理与 VC 监控行为、VC 增值服务

风险投资家与创业企业家之间的合作活动除了契约治理强调个人利益最大化与自利性的经济属性之外，双方在长期稳定的投资交往过程还具有社会属性。基于社会交换理论，一些学者指出，合作双方的关系治理机制可以让交易伙伴相信对方不会作出损人利己的行为，双方在遵守同一关系规范的条件下，有助于彼此间认同和理解对方的价值观与企业文化，从而使双方的经营理念与价值目标逐渐趋于一致。关系治理的核心——信任机制可以让交易各方产生一种自我约束的意识，从而主动规范自身的行为以防范机会主义行为风险。正如 Dyer & Singh（1998）指出，"自我实施"（Self－enforcing）是关系治理的最主要特点，不需要借助第三方力量的介入。因此关系治理具有高效且成本低廉的特性，强调合作关系随着交易重复而不断演化。关系治理与契约治理相比，契约治理更多利用严格的绩效标准来评估结果，并通过硬性措施禁止和惩罚与预期目标相违背的行为；而关系治理则更多强调相互信任、信息共享和共同解决问题等协调和沟通手段，是交易各方自愿完成合作期望的行为。

在重视关系作用的中国，关系治理对合作关系的形成与延续显得特别重要。风险投资家与创业企业家通过契约建立初次联结之后，随着合作双方交往的不断增多，在良好沟通和协调的帮助下，两者之间的价值观与行为标准逐渐达成一致，从而形成紧密的合作关系。Lou 指出，合作行为是组织间资源配置的相互容忍（Forbearance）而实现的帕累托递进过程（Pareto improvement process），即合作一方收益提高的同时另一方收益并没有被侵占。如果 VC－E 缺乏合作，仅仅依靠契约治理，不能有效治理组织间的合作，尤其在有限理性的约束下，交易双方出现扰动（Distrurance），即使具有高度调整力的契约也难以保证合作的连续性和合作方对解决方案的认可。因此，关系治理机制就成为弥补契约在调整性和执行性不足的重要机制。

在关系治理机制中，开放式沟通、信息共享、信任和共同解决问题是关系治理机制的重要构成，它们从不同路径促使交易主体形成良好的合作关系。在风险投资领域，VC－E 关系治理显著影响 VC 监控行为。首先，关系治理机制的核心——信任有助于降低创业企业家的代理风险，进而影响其监控行为。风险投资家对创业企业监控受制于代理风险和任务不确定性程度（Sapienza, Manigart, Vermeir, 1996）。代理风险是创业企业家采取违背风险投资家意愿的行为的可能性（Jensen & Meckling, 1976）。创业企业家有较强的动机以损失投资共同利益为代价采取自利行为，或是创业企业家的判断不被风险投资家信任，此时均会产生代理风险（Sapienza & Gupta, 1994）。代理风险是影响风险投资家对创业企业监控程度的一个重要因素（Sapienza, Manigart, Vermeir, 1996）。创业企业家从业的时间较短，经验不足，或者初次与风险投资家接触，这时风险投资家判定创业企业家具有很高的代理风险，对其产生的信任度较低，从而加大其监控力度。其次，开放式沟通和信息共享能降低创业企业家的机会主义风险。Sapienza（1992）对51对首席风险投资家和创业企业家的问卷、访谈发现，创业企业家追求变革程度越大，风险投资家与创业企业家接触越频繁，沟通越开放，信息共享程度越大，风险投资家和创业企业家之间的意见分歧越小，依赖监控手段的几率也就越小。Eldridge（2007）的研究结果显示，风险投资家与创业企业家之间信息共享与沟通促使VC将某些重大决策权分配给创业企业家，诸如创业企业家自主构建内部基础设施以进行产品生产和提高服务，从供应商处高质量地采购，与客户建立长期联系等。这些监控程度的放松利于提高企业经营效率。最后，由共同解决问题引发的信任减弱了风险投资家对创业企业家的监控动机。VC-E关系中，创业企业家作为代理方控制资金使用方向，制定并执行战略，风险投资家作为委托方也会面临不投入足够时间、不提供专有知识等机会主义行为的可能。双方在共同解决问题的过程中，形成相互信任而克服彼此的机会主义，减少不合作倾向，同时因为共同解决问题避免采取不合作策略所需要的高成本监控激励机制（叶瑛，姜彦福，2009）。当双方共同解决问题的诚意越大，监控的作用就变得比较小，从监控行为中释放的资源能够促进更广泛沟通和信息共享（Shepherd & Zacharakis，2001）。因此，提出假设：

假设2a：VC-E之间关系治理越强，风险投资家的监控行为就越弱。

VC增值服务的主要构成包括联盟资源整合、战略管理指导、后续融资能力。联盟资源整合是风险投资家将自身投资的全部创业企业的资源通过系统地组织与协调，依据创业企业的发展战略和市场需求将有关资源以联盟的形式重新整合，帮助创业企业寻求资源配置与客户需求的最佳结合点，以增强企业的竞争优势。创业企业结成的联盟按资源属性可分为技术联盟和市场联盟，技术联盟是风险投资家所投资的创业企业之间通过知识外溢和学习机制在技术领域内共享资源、共同开发和制作新产品和新服务的战略联盟。市场联盟是创业企业之间以下游活动为合作范围，以拓展新市场需求来促进技术创新的联盟形式。市场联盟分享的是市场信息、销售网络与营销渠道等市场资源，而技术联盟是共享技术诀窍、技能等技术资源的平台（龙勇，王兰，2012）。战略管理指导是风险投资家利用自身的经营管理经验与专业技能帮助创业企业家确定企业的发展使命，并根据企业外部环境和内部经营资源确定企业发展目标，确保目标的正确落实并使企业使命最终得以实现的动态管理协助过程。后续融资能力是指在风险投资家利用自身丰富的金融知识与网络资源帮助下，创业企业家不断提升持续获得除风险资本之外的外源融资支持的能力。

VC增值服务若想真正帮助创业企业，使其从中获益，最关键的是创业企业家对风险投资家提供的服务满意且充分信任，而不是停留在风险投资家单方面提供增值服务的层次。正如一家风险投资机构的投资经理所说："我们提供的增值服务在于切实帮助企业解决实际的问题。当我们信任创业企业时，其管理层更愿意将他们的困难和问题告诉我们，希望我们通过增值服务帮他们化解困难，当然，在这种情况下，我们也乐意为他们提供更多的增值服务。"（刘二丽，2011）由此可知，双方的信任正是将必要的增值服务持续转化为创新绩效的必要条件。信任作为关系治理的核心机制，对VC增值服务的效力起着决定性影响因素。首先，信任作为信息共享、开放式沟通等行为的基础，促进风险投资家和创业企业家之间良好合作关系建立，从而提高VC增值服务的效率。信息共享是风险投资家和创业企业家之间全方位深度交互以建立关系优势的往复活动。信息共享过程中，风险投资家与创业企业家之间开放式沟通促进了复杂专有知识和信息的转移，使双方能够更好地了解对方的行为范式和思维理念，有助于共同解决问题，最终使VC增值服务与创业企业家实际需求相匹配，实现增值服务的价值创造功能。其次，关系治理能提升风险投资家和创业企业家的互惠和承诺，以增强彼此的相互依赖。当风险投资家和创业企业家通过关系治理形成良好合作关系时，双方更愿意进一步提升承诺，即增加关系专用性投资，也就是提高关系治理的程度。承诺会有效阻止风险投资家或创业企业家选择其他备选伙伴和方案，表现出锁定（Lock - in）在这种合作关系的意愿，使彼此间依赖感增强（叶瑛，姜彦福，2006）。此时，创业企业家对于风险投资家提供的增值服务的怀疑度逐渐下降，从而提高VC增值服务的效率。最后，关系治理会促使风险投资家和创业企业家互补性资源高度融合，以此提高VC增值服务深度与广度。风险投资家和创业企业家并不会完全自觉与自愿地融合互补资源。投资多个创业企业的风险投资家必会分散其专有资源，即风险投资家的时间和精力不会投向单独某创业企业，而是在所有创业企业之间进行分配。在关系治理机制的协调和沟通下，与风险投资家建立良好合作关系的创业企业家可以获得更多的关注与支持（叶瑛，姜彦福，2006）。另外，由于有限理性的约束，创业企业家会出现自利行为，这需要高成本的监控与激励机制防范其机会主义风险。而关系治理却能取代这些监控与激励机制，使风险投资家和创业企业家充分沟通与信息共享，及时化解利益与行为偏差，在信任基础上共同解决企业实际问题，最终VC增值服务帮助企业形成独特的竞争优势。由此提出假设：

假设2b：VC - E之间关系治理越强，风险投资家的增值行为就越强。

5.3.2　VC 投资后管理与技术创新绩效

（1）VC 监控行为与创新能力、创新产出

创新能力是企业在一定的经济技术条件下，以增强企业竞争力，提高企业创新为目的的，对其拥有的用于技术创新的各种资源进行综合利用的能力。具体包括整合创新资源能力和促进创新资源质变的能力。科技型创业企业的运作特点决定了技术创新能力的提高是企业发展的关键因素。如何促使创新能力的提升是创业企业最为关心的问题。风险投资以其高风险、高收益和长期性的运作特点，对于高新技术的发展起着重要的推动作用，尤其是投资后管理中的监控行为对企业创新能力的提升有明显的正向作用（王峻慧，2009）。风险投资家采取监控行为不仅是为了主动控制投资风险，而且还可用于收集创业企业的准确信息，以便有针对性地为所投资的企业提供有效的帮助。监控的功能是将创业企业的生产技术程序和投资管理过程有效结合起来，从而提高创业企业对"潜在利润"的实现能力。Baeyens & Manigart（2003）认为风险投资家通过监督、观察和价值增值等服务，减少了创业企业的信息不对称和金融风险，从而增强了创业企业的合法性，为其后续融资服务产生重要的影响，也为企业的进一步扩张打下基础。风险投资家通过董事会对创业企业的监控，在一定程度上可以帮助企业作出有利于发展的决定。Lerner（1995）研究发现，风险投资家在创业企业家技术成果转化过程中协助企业制定营销策划和对营销的具体方案提出参考建议，以此帮助企业提高创新能力，加快技术成果和转化，促进企业快速成长。另外，风险投资家对创业企业家的分阶段投资作为对资金运作的监控，对企业的创新能力也起着重要的积极作用。创业企业若想获得持续的资金支持，只有通过不断提高自身的研发能力来提高创新产品的成功机率，保证企业有持续创新能力，以此向风险投资家证明其

投资的资金都得到有效的利用，从而获得创业企业家的信任，最终得到风险投资家的后续资金或者其他外源资金的支持。风险投资家的资金监控行为对企业创新能力的提高有着明显的促进作用。

创业企业接受风险投资家的初始投资之后，由于缺乏管理运作经验，风险投资家会通过成为董事会成员或非正式方式对创业企业进行持续的监督和控制。这类行为包括监控财务绩效、监控市场营销状况、监控创业企业的管理层运作等。这些监控行为的对象直接影响着企业创新产出。MacMillan、Kulow、Khoylian（1989）的研究发现，在风险投资家的中等介入水平下，对企业运作情况的监控与以销售量、市场份额、利润和投资回报率来衡量的创业企业经营绩效呈正相关。Fried、Bruton、Hisruch（1998）通过对美国 68 家风险投资机构的问卷调查，发现与无风险投资支持的企业相比，风险投资支持的企业具有较高的平均增长率，原因之一是风险投资家在监控创业企业的发展中起着显著的积极作用。Jain & Kini（1995）的实证研究发现，市场能够认识到风险投资家的监督价值，在 IPO 时给予风险投资家支持的创业企业更高的估值，而且风险投资家的监控程度与企业的上市业绩呈显著正相关。

风险投资家监控行为最为明显的结果是改善企业治理结构，通过改善董事的素质、股权的适度集中以及对管理人员的激励政策等对企业的创新绩效产生积极的影响（龙勇等，2010）。但是，需强调的是，风险投资家的监控行为应与创业企业的风险程度相匹配。如果监控程度超过了创业企业本身风险匹配的要求，会引发创业企业的不合作行为，进而对创新能力的提升产生负面效应。在风险投资运作过程中，应该明确创业企业的各种需求并给予有效的满足。许多不确定性因素会对投资过程产生重要的影响，如市场、技术和生产周期等，这些因素的存在使投资过程具有显著的动态性，且不以人的意志为转移。不确定性因素不可避免地影响着风险投资家对创业企业家的监控行为。可见，适度的监控需要平衡风险投资家与创业企业家的信息不对称，以便更好的了解企业，而非一味的压制管理层的创新天赋和技能。拥有创业企业的股权是风险投资家监控程度的主要表现，股权比例越大，表示风险投资家对创业企业的董事会权、投票权和清算权等控制权的掌控力度越大，对企业的监管力度也越大（Kaplan & Stromberg，2001）。Stuck & Weinggarten（2005）经过对 1303 家电子类科技型创业企业近 10 年的实证调查，结果显示，风险投资家并非其自我标榜式的风险爱好者，而是对风险极度敏感且以追逐利益为首要目标的风险厌恶者。因此，他们在投资运作过程中非常注重监控行为以尽量化解投资风险，甚至为了尽快谋利而不惜将未成熟的创业企业进行 IPO，这些行为严重阻碍了企业创新能力的提升。国内侯建仁等人（2009）对风险投资家的股权结构与创业绩效的问题进行了实证分析。结果显示，风险投资家相对创业企业家的持股比例的增加，对企业控制权的掌握将使得风险投资家通过提升企业投资回报和预期收益以尽早包装企业上市成为可能，并因此造成企业的创新能力和未来的成长性下降。党兴华等人（2008）对创业企业控制权结构与企业成长能力的实证研究中发现，风险投资家在创业企业董事会中所占的比例与创业企业成长能力之间呈高度相关关系，风险投资家在董事会中所占比例越大，对企业的成长约束也就越大，形成"控制"与"成长"两难处境。台湾学者苏高毅（民 86）的研究结果显示，在同是有风险投资家支持的创业企业当中，风险投资家持股的比例与企业创新绩效与资产利用率存在显著的负相关关系。在同是风险投资家支持的创业企业当中，有风险投资家派任代表担任企业董事会成员的创业企业在经营绩效指标获利能力中有一项表现较差。由此提出假设：

假设 3a：风险投资家的监控行为与创业企业的创新能力呈倒"U"形非线性关系。

假设 3b：风险投资家的监控行为与创业企业的创新产出呈倒"U"形非线性关系。

（2）VC 增值服务与创新能力、创新产出

随着科学技术水平的迅猛发展和市场竞争的日益增强，技术的复杂性和环境不确定性使创业企业很难依靠自身的资源条件来持续创新。科技型创业企业因其规模小、风险大，独自实现跨越式发展面临巨大的障碍。因此科技型创业企业一般选择开放式创新模式以尽快实现自身的创新目标。在开放式创新思想指导下，企业之间的资源性联盟成为必要的选择。按照资源属性，联盟可分为技术联盟和市场联盟（龙勇，王兰，2012）。通过与合作伙伴的技术联盟，科技型创业企业之间可共享有限资源，扩大知识存量，分担研发成本和承担风险，使技术溢出外部性内部化，从而提高创业企业的技术创新能力和创新产出效率。科技型创业企业之间的市场联盟可共享现有市场信息和销售网络，共同拓展新市场需求来促进企业的创新。龙勇和王兰（2012）借助资源基础理论详细分析了技术联盟和市场联盟对科技型创业企业的创新能力和创新绩效的影响路径和影响效应。研究发现：科技型创业企业参与市场联盟的目的，要么是共同分享现有市场信息和销售网络，要么是共同开拓新市场。随着市场资源共享程度加深，企业产品市场规模随之而扩大，原有的生产方式必须经过改进、提高生产效率之后才能满足现有市场的需求。另外因不同市场消费者需求之间存在的细微差别，企业还应为此对产品进行局部的改进。当这类开发性活动呈现出高效率特征时，随即会被组织制度化为企业惯例而演变为开发能力。正如 Greve 和 Park（1994）所言，企业充分掌握市场新动向和新需求有利于提炼现有知识和信息，

增强开发能力。由此，科技型创业企业参与市场联盟有利于提高创新能力中的开发能力。而技术诀窍和技能等隐性知识是技术联盟中技术资源的主要表现形式。根据 Nonaka 等人（2000）构建 SECI 模型，联盟伙伴之间技术资源以隐性知识为起点，通过知识的社会化、外在化、组合和内在化等四种方式促进隐性知识与显性知识相互转化，构成一个递进的新知识创造螺旋。联盟伙伴之间技术资源共享程度越高，创造新知识的趋势越强。企业之间知识转移和流动依靠的是组织学习活动。依据其依存知识的属性，March（1991）将组织学习活动分为开发性活动和探索性活动。开发性活动表现为企业通过提炼和改善现有知识结构以提高组织效率。而探索性活动则表现为企业不断搜寻并试验新的知识和技术来提高组织效率。只有凭借探索性活动，企业才能创造出新知识和新技术。因此，联盟伙伴的技术资源转移和共享程度越高，企业的探索性活动就越频繁。当这类资源的探索性活动表现出高效率的特征就会被组织制度化为一种惯例，进而演化为探索能力。所以科技型创业企业参与技术联盟利用提升创新能力中的探索能力。综上所述，科技型创业企业参与联盟有利于提高企业的创业能力。

但是创业企业在建立战略联盟过程中面临的各种障碍会阻碍开放式创新战略的实施。这些障碍分别是：合适的联盟伙伴的搜寻成本较高，联盟伙伴之间存在信息相互盗用的风险，联盟伙伴之间缺乏声誉机制保障，创业企业家由于缺乏管理经验而无法吸引潜在的联盟伙伴。由于风险投资家对科技型创业企业的有效介入，在其联盟资源整合行为的帮助下，上述的障碍得以有效化解。风险投资家利用自身广泛的网络资源，以信息中介的身份帮助创业企业找到合适的合作伙伴，为企业提供大量的内部信息，帮助企业识别经营环境中的机遇与威胁（龙勇等，2011）。当创业企业面临较高的技术窃取风险时，风险投资家的介入可以通过提高技术窃取方的技术窃取成本来降低合作中的机会主义。在属于同一风险投资家的投资的创业企业形成的合作关系网络中，某一方的技术窃取行为将通过此网络快速和深入地传播遍及网络内的各个企业，从而会因声誉受损而达到惩戒作用。同一风险投资家管辖的所有创业企业由于声誉效应的保障而快速实现资源的结盟。部分学者的理论和实证研究支持此观点（Robinson & Stuart，2000），并将此称之为 Keiretsu 效应。风险投资家被定位为信息收集者和网络服务者的角色，能够促使联盟企业间的关系变得更易交流，意欲结盟的企业因而更愿意在位于同一风险投资家管辖内的同伴之中选择联盟。Keiretsu 联盟效应形成的原因有两个：一是风险投资家的联盟资源整合能够促使联盟内企业实现范围经济性和协同性。联盟内同一资源属性的配置使资源效率达到最优，风险投资家的总体有效投资规模因此而增加，另外，同一风险投资家的相同投资管理体系使联盟内的创业企业实现有效协同，促进以风险投资家为纽带的创业企业之间的间接合作，范围经济性提高。二是以同一风险投资家为核心的联盟促进创业企业彼此间互补资源和优势技能的整合，实现技术资源、市场资源和人力资源的高度共享，减少投资决策中信息不对称的风险，实现以风险投资家为纽带的专业化分工合作，以此提高整体投资效益。另外，风险投资家可利用自身良好的声誉为创业企业家提供认证作用。与有声誉的风险投资家合作的创业企业家容易被同行与投资者认可其创新能力和创新实力，也比较容易产生相互信任而对互补性资源进行整合。同时风险投资家通过完善企业的人力资源管理，优化资源配置，以此协助创业企业建立联盟性资源整合，提高创新效率。由此可知，风险投资家帮助创业企业家进行联盟性资源整合之后，依据其资源属性分别指导和协助创业企业组建和参与技术联盟或者市场联盟，以此促进创业企业的不同创新能力的提升。

风险投资家对创业企业家的战略指导包括完善商业计划、

制定企业发展战略、招聘管理团队核心人员以及帮助企业获得潜在的客户和供应商等。Sapienza、Manigart 和 Vermeir（1996）实地访谈了美国、英国、荷兰与法国的风险投资家，结果显示，风险投资家们一致认为对创业企业的战略指导有着极其重要的作用（如商业计划指导、提供财务建议、经营管理建议、管理团队建设）。Pratch（2005）通过案例研究发现，风险投资家帮助创业企业家在产品市场化、提供销售渠道、优化顾客群等经营管理战略方面的规划对于处在早期阶段的科技型创业企业尤其重要。创业企业成立初期，市场环境复杂，技术前景不确定，这些因素造成它们很难找到外源性融资渠道支持其创新目标的实施，其自身缺乏管理经验的现实也使他们很难对其商业计划、扩张目标和经营战略规划的可行性与科学性进行客观分析，不免出现对创新产品的市场前景要么低估、要么过于乐观的预测结果，风险投资家的管理介入恰好帮助创业企业家在进行重大决策之时起着参谋与教练的作用，帮助创业企业家客观与科学地分析企业的发展前景，以促进企业的创新能力和创新绩效。Keuschning（2004）和 Gebhardt（2006）的研究结果显示，创业企业由于经营历史短暂、缺少足够的固定资产作抵押，加之高风险、高不确定性特征，使得传统的融资方式要么对其退避三舍，要么要求高额的信息费用、签约费用和监督费用。而风险投资不仅能通过限制融资量、分阶段融资等手段避免了创业企业的经营风险，同时介入创业企业的经营环节对其提供经营战略指导，有效避免传统金融机构遭遇的问题。风险投资家丰富的管理经验、技术行业背景等专有知识协助创业企业家更好实现创业企业的技术、资本与管理的完美结合，最终提高了创业企业的创新能力和均衡状态下的创新产出绩效。

外源融资资源的匮乏与搜寻成本的高昂，阻碍了创业企业发展的速度。由于自身固定资产规模较小、技术创新的风险较高、创新产品市场的不确定性因素极大等原因的存在，科技型创业企业很难筹措到资金维持企业的运作。风险投资家的出现帮助创业企业家解决了融资缺口问题（Engel，2000）。同时，风险投资家积极利用自身丰富的金融知识和广阔的社会网络资源为创业企业筹集后续资金。风险投资家一般与银行、基金组织、保险公司有着十分密切的合作关系，能够在适当的机会帮助创业企业公开上市（IPO）或者发行债券，让企业获得充足的资金实现发展目标。再者，拥有良好声誉的风险投资家对创业企业往往起着认证的作用，即一旦创业企业与拥有良好声誉的风险投资家合作，同行或者外部投资者对其创新能力和创新技术的信任度会大为提升，由此吸引更多投资者对创业企业的资金投入。拥有充足资金保证的创业企业就有能力雇佣和留住优秀的高科技人才，从而促进企业创新能力的不断提升（Davila，Foster and Gupta，2003）。Lee，Lee & Penning（2001）利用韩国 137 家创业企业收集的数据分析技术创新绩效的主要影响因素，结果发现，科技型创业企业的创新绩效与其融资资源呈显著正相关。Arthursa & Busenitz（2005）指出，科技型创业企业提供的后续融资服务对企业的生存、发展与战略选择有着重要的影响，进而影响着创业企业的创新产出。陈昕（2005）认为，风险投资家帮助创业企业追加后续融资，有利于提高企业的创新效率，实现创业企业的快速增值。根据上述的分析，由此提出假设：

假设 4a：VC 增值服务对创业企业的创新能力有正向促进作用。

假设 4b：VC 增值服务对创业企业的创新产出有正向促进作用。

5.3.3　VC－E合作治理机制与技术创新绩效

（1）契约治理与创新能力、创新产出

契约治理强调建立和利用正式的规则、程序和政策，来控制合作过程和监督期望的回报（Das & Teng，2001）。VC－E合作关系中的契约治理在适度条件下有助于企业技术创新绩效。在风险投资运作中存在双向的道德风险问题，创业企业家为谋取私利而滥用资金或者将资金挪为他用等机会主义风险将损害风险投资家的利益，相应地，风险投资家为了实现私利而窃取或盗用企业的核心知识等机会主义亦会使创业企业家的利益受损。面对双方的潜在机会主义风险，需要一定的契约治理进行化解，并以此规范和约束双方的行为。契约治理的核心思想是设计合作双方相互制衡的制度，在反复互动的过程中适当遵守合作博弈的游戏规则，利于维持"可信性交易"。契约由于对长期承诺的正式规定性和对违约行为惩罚的明确性，从制度上遏制机会主义行为的产生。从此角度来讲，一定程度的契约治理可以使双方的责任、权利、义务与利益分配得到明确的界定，不仅保障了VC－E合作关系的顺利运行，而且还利于双方因理念与利益目标的非一致性产生冲突的化解，提高双方合作的承诺与意愿，利于双方专用知识的相互转移与共享。与此同时，通过契约治理，与合作关系目标相违背的行为会受到严厉的惩罚并受到禁止，这有助于提高风险投资家与创业企业家之间投资过程的公平性，从而保障双方良好合作关系的持续和共同创新目标的实现。

但是，过度的契约治理却不利于VC－E合作关系的延续。首先，过多的契约治理引发彼此的防范心理与正式权力的相互对抗，由此双方之间的关系更多地表现出"法治理性"，而非以信任为基石的"社会理性"，从而限制了双方超越契约关系之外的合作领域的发展，使双方的知识与信息仅限于显性知识的交流，而不利隐形知识的交换。其次，Ring 和 Van de Ven（2006）的研究结果显示，过度的契约治理会增加合作双方发生冲突与机会主义行为的概率。Bemhein 与 Whinston（2005）通过模型证明了越是完备的契约越是容易发生超出契约规定范围之外的机会主义行为的可能性。最后，契约的制定和实施需要成本支撑，越是严格的契约治理越是涉及高昂的成本耗费。因为内容详尽的契约尽可能包括了未来突发事件的各种可能，并以此制定众多的防范措施，这些都极大提高了契约的制定与执行成本。无论风险投资家还是创业企业家，时间与精力均是有限的，一旦过多地耗费在契约的制定与执行上，必然影响技术创新资源的配置，由此导致技术创新效率减缓与下降。由此，提出假设：

假设 5a：契约治理与创业企业的创新能力呈倒 "U" 形非线性关系。

假设 5b：契约治理与创业企业的创新产出呈倒 "U" 形非线性关系。

（2）关系治理与创新能力、创新产出

关系治理是指通过关系规范和规则来治理交易与合作。VC-E 合作关系中双方具有异质性、利益冲突以及对差别认同等特征，使得关系治理比传统的契约治理更为有效。组织间关系治理是以组织间各单个模块化企业的竞争合作为基点，以组织间关系网络的协调运作为中心，以构建组织间关系的协调机制为治理目标。关系治理的优势效应表现为：一是关系治理能有效促使交易伙伴共享网络资源和网络资本；二是关系治理促进交易双方形成特有的关系属性，以保证组织间的合作有序运作和合作绩效大力提高。因此，关系治理具有降低交易成本和化解机会主义风险的作用。Tsai & Ghoshal（1998）指出，关系治理的维度分别是信任、沟通和学习机制。本研究在此基础上，结合实地调研的结果，将关系治理的维度划分为：开放式沟通、信任、信息共享和共同解决问题。

首先，合作成员之间的开放式沟通能够增强交互的质量，提高对市场的反应时间。例如，交易成员之间通过信息共享与资源互补、产品研发等共同问题的解决减少机会主义风险，节约交易成本，从而提高企业运作效率。Dyer & Singh（1998）指出，合作伙伴通过开放式沟通共享资源、知识和技能等，有助于竞争优势的获得，从而实现较高的技术创新效率。Jap & Ganesan（2000）实证表明，关系治理将利于提高冲突解决水平以及关系满意度，从而提高企业经营绩效。Claro（2003）通过实证指出，合作伙伴之间共同解决问题有利于提高业务增长率和自我满意度。Ronald et al.（2005）研究强调，在服务业中关系治理对经营绩效的影响明显高于契约治理。

其次，信任作为一种自我履约机制，会减少交易双方的机会主义风险。VC-E合作初始时期，为了防止机会主义的发生，通常是在契约中指定详细的防范措施，而通过培养风险投资家和创业企业家之间的信任可以提高双方行动的自觉性，减少契约细节化的要求，从而减少签约成本、监督和激励成本，使总交易成本下降。信任机制可降低合作双方的交易风险。研究结果表明，首先，相互信任的交易双方趋向沟通和理解，可快速实现不同文化背景的融合，以提高网络组织的运作效率。其次，信任有助于提高企业之间信息共享和转移知识的意愿，使得合作成员之间充分展示彼此的研发经验和技能，学习双方的隐形知识。最后，信任有利于交易双方共同解决技术创新过程中出现的问题（Uzzi，1997）。这利于增加创业企业的知识存量，减少创业企业过程中的不确定性，改善企业的创新绩效。

最后，共同解决问题有利于风险投资家与创业企业家之间冲突的化解，促进创业企业创新能力的提高。风险投资家与创业企业家具有不同的组织性质与文化差异，因此在合作过程中具有发生冲突的潜在可能，如利益冲突、任务冲突、关系冲突等。在合作过程中，冲突的发生导致关系的恶化进而影响技术知识的转移与交流，彼此间很难实现信息共享，双方的合作信心与凝聚力下降，最终导致合作绩效下降。值得注意的是，在合作中存在的某些类别的冲突在一定条件引导下可产生良性效应。如合作双方异质性知识背景下导致合作中的任务冲突，在共同解决问题基础上可提高企业的决策质量，异质性知识在共享与交流中可形成交叉知识引发突变创新。所以冲突的结果性质取决于合作关系的治理水平，即双方基于共同解决问题的态度，通过开放式沟通与信息共享可有效化解冲突，引导其向良性结果转化，以此提高创业企业的创新能力和创新产出。

综上所述，提出假设：

假设6a：关系治理对创业企业的创新能力有正向促进作用。

假设6b：关系治理对创业企业的创新产出有正向促进作用。

5.3.4 调节变量

（1）任务冲突的调节作用

在组织行为理论中，冲突问题颇受学者们的关注。现有大量的文献研究结果表明，组织冲突对组织合作绩效、组织决策质量、合作创新、承诺与人际相互吸引等方面有显著的影响作用（Olson et al.，2007）。冲突实质上是一个双方互动的过程。传统观点认为，已经存在的社会系统、人际关系具有天然的维持稳定的功能，冲突的出现会打破这种协调、稳定的关系，造成双方对峙、抗衡的局面，因此对于社会系统与人际关系而言应该极力避免冲突的发生。随着关于结构化冲突决策方法——辩证询问法（Dialectical inquiry）和魔鬼发言人法（Devil's advocacy）研究的深入，学术界广泛接受了冲突是一把双刃剑的观点，即适度、合理的冲突有助于将问题显性化，帮助组织实现预定目标，而激烈、过度的冲突会引发情感摩擦而破坏组织的合作氛围，不利于组织预期目标的实现。现有冲突理论的核心思想是冲突是不可避免的，必须对其实现科学化管理，最大化冲突的积极作用，而最小化冲突的消极作用，合理地利用冲突有利于组织间合作绩效的提升。借鉴 Amason & Sapienza（1997）的研究结果，本节在研究冲突的调节作用时，将其划分为任务冲突（Task conflict）和关系冲突（Relationship conflict）两个维度。郎淳刚和王国锋等验证了文化冲突和关系冲突同样适用于中国文化背景。任务冲突是指组织成员对工作内容或构想存在分歧，进而导致激烈的辩论。关系冲突是指人际关系不和，包括相互厌恶对方、人身攻击等，且伴随着愤怒、挫折、烦恼等负面情绪。

任务冲突是组织合作过程中不可避免的，对于组织成员来说，"不同处境所看到的环境是不同的"。这种认识上的多样性会促使组织成员获得充分的信息对各种决策的利弊作出权衡，可充分利用团队组织的多样性实现团队的预期目标。一些学者认为组织内的冲突利于成员全面理解决策任务的内容，提高决策效力。Jehn（2001）在其研究中指出，任务冲突有利于对组织团队的决策方案进行批评性评价，防止团队成员迫于压力同意别人的观点以致降低群体思维的风险。Amason（1996）认为，团队中的冲突意味着团队成员能够识别和讨论不同观点与意见，从而全面理解决策任务的内容，提高决策的科学性。这是因为认知冲突是来自不同观点的争论的协调与综合，通常优于各自观点本身，有助于集思广益和协调一致。陈晓红等人

(2010) 通过实证研究,发现任务冲突与团队合作绩效之间显著正相关。在风险投资家与创业企业家的合作过程中,投资项目的实现目标是概念性的,复杂且不确定,要求彼此相互依赖。因为技术创新本身高度的不确定性,创业企业的经营决策需要综合双方对创新目标的意见,从而促进技术创新成功实施。风险投资家与创业企业家之间的任务冲突利于对创新目标的科学合理判断,从而作出创新决策,积极作用于创业企业创新能力的提升和创新产出的增加。

风险投资家以监控行为介入创业企业家的经营管理活动中,因与创业企业家存在文化性差异与认知能力的区别,彼此对技术创新活动产生各种分歧与差异。监控行为具有正式权力的特征,以契约约束双方的行为。其惩罚与防范机制极容易引发交易伙伴的反感与对抗。若监控行为不合理,会加深这种负面效应,甚至引发激烈的冲突。任务冲突因不具有个人情感色彩,本着以事论事的原则处理各种分歧,其目标是为了解决合作组织内部观点之间的分歧。因此若风险投资家和创业企业家双方在投资运作过程中发生对任务目标与路径的认知分歧,只需本着就事论事的态度,针对技术创新问题开放式讨论其最佳的解决方案,就可缓解潜在的利益目标冲突,并且随着相互间信息和知识的分享,双方之间的参与感与认同感会得到不断提升。风险投资家和创业企业家若以理性态度来考虑彼此的观点并加以协调与整合,最终有利于全面创新性决策的出台与实施。任务冲突能帮助风险投资家和创业企业家全面、客观地审视技术创新的风险与前景,从不同角度考虑技术创新的可行性方案,利用双方收集的多样化信息来增强创新决策能力。这有助于风险投资家更好地实施监管行为。一方面风险投资家对创业企业家实施的正确监管行为给予全面透彻的分析,与创业企业家的共同探讨监管措施可以避免各种对抗性问题和风险产生。另一方面,经过与创业企业家任务冲突的调节,风险投资家可以将不正确的监控行为摈弃，不仅节约自身的交易成本，而且有助于提升创新绩效。为此，提出假设：

假设7a：任务冲突正向调节 VC 监控行为和创业企业创新能力的关系。

假设7b：任务冲突正向调节 VC 监控行为和创业企业创新产出的关系。

对于风险投资家的增值服务而言，其本质是利用自身丰富的管理经验和专业背景以及广泛的社会网络资源帮助创业企业家解决技术创新过程中的问题。当这些增值行为符合创业企业家的实际需求时，会产生价值增值绩效。若与创业企业家的实际需求不相符合，不仅不会产生增值效应，反而会因资源错误的配置阻碍技术创新。所以风险投资家和创业企业家之间的任务冲突利于风险投资家更客观而深刻地认知企业的发展现状，真实了解企业运作中的困难与障碍，切实地帮助创业企业家化解各种技术创新问题，而非不顾企业的实际或超越企业发展的阶段，凭空臆造出企业的创新战略与经营规划。因此任务冲突对风险投资家的增值服务绩效提高有积极作用。由此提出以下假设：

假设7c：任务冲突正向调节 VC 增值服务和创业企业创新能力的关系。

假设7d：任务冲突正向调节 VC 增值服务和创业企业创新产出的关系。

（2）关系冲突的调节作用

关系冲突是一种对人际情感关系不相容的意识，不仅包括情绪紧张、情感争执等负面的情感因素，而且还包括合作伙伴之间相互反感的个人关系，如烦恼、挫折、愤怒等消极情绪。关系冲突涉及个人文化差异性而感知到的紧张和挫折。风险投资家和创业企业家分别作为风险投资机构和创业企业的"边界人",其人际关系风格、态度、偏好与个性等私人情感会影响到组织之间的合作关系,即个人文化价值观与理念的摩擦与冲突影响着组织合作绩效。关系冲突的出发点不是讨论更优的决策方案,而是通过一种政治较量和个人对抗实现个人意志的声张,目标是强迫交易伙伴接受自己的观点与主张,争执的基础是"对人不对事"。Baltt(2009)指出,交易伙伴出现关系冲突的原因之一是交易成员之间缺乏深度的了解,进而在防范心理的引导下对彼此的言行产生误解,最终形成双方不信任与失和的局面。

风险投资家与创业企业家签订契约之后,通常采取投资后管理降低交易风险与防范机会主义行为。投资后管理中的监控行为以契约为依据,内容包括控制权配置、财务管理与信息追踪等,其主要目的是保障风险资金的安全。这些监控行为的实施本质上会产生负面效应。首先,风险投资家对管理层人员的撤换极易引发创业企业家的抵触情绪。风险投资家出于成本的考虑,认为有限的资源应该合理配置以实现较高收益。一旦企业亏损,风险投资家就要求创业企业家必须短期内扭转现金流状况,否则直接聘请企业外部拥有丰富管理经验的人员取代现有 CEO。这种外聘高管的做法很容易引发创业企业家的抵制与对抗,对企业的技术创新有着极大的负面影响。其次,风险投资家的财务控制行为会引发创业企业家的厌恶而产生机会主义行为。风险投资家的财务监控行为在创业企业家看来是过多干涉企业的经营自由,或是不信任情境下的防范措施。只要财务监控力度超出特定范围,必然引发创业企业家的各种自谋私利的机会主义行为,如私自挪用资金、滥用控制权以谋取非货币收益、谎报企业的财务信息等。这些机会主义行为的出现遏制创业企业的技术创新进程,阻碍创新能力和创新产出的提升。最后,风险投资家的信息追踪行为容易伤害创业企业家的积极性。风险投资家介入创业企业的经营管理活动之后，通常要求企业按照规范化的管理模式制定各种管理制度，并要求创业企业家定期缴纳审计与经营信息报告。创业企业家认为信息追踪管理伤害了他们的积极性，是对他们的经营行为不信任。一旦创业企业的员工心态不稳与失和等矛盾出现，创业企业家就会认为这是风险投资家过度的信息追踪所导致。关系冲突的出现使原本 VC 监管行为的负面影响更加恶化，彼此之间难以实现有效的沟通，双方关注的焦点不是创新问题的本身而是集中在人际关系上面，严重偏离创新目标。在中国非常讲究"人情"的情境下，关系冲突被认为是合作过程出现的严重问题，会导致双方相互的交流陷入僵局，由此失去合作的良好氛围。出现关系冲突的合作组织是不和谐、低效率的，不仅会影响创业企业的有效决策，而且会因缺乏双方对创新决策的认同而导致创新绩效下降。由此得出假设：

假设8a：关系冲突负向调节 VC 监控行为和创业企业创新能力的关系。

假设8b：关系冲突负向调节 VC 监控行为和创业企业创新产出的关系。

从创业企业家的角度来看，与风险投资家产生关系冲突会降低彼此的合作信心和凝聚力。对于接受 VC 增值服务的企业而言，关系冲突通过两个途径干扰增值服务的价值创造过程，进而影响企业的技术创新绩效。①VC－E 之间的关系冲突会减弱双方的合作信心，提高机会主义风险。创业企业家对其亲手创建的企业极富有感情，对于风险投资家介入企业的管理行为会产生一种本能的敌意性反抗，尤其双方出现冲突时会激化潜在的矛盾。风险投资家提供的任何增值建议均被视为威胁性行为而受到曲解，即使风险投资家增值服务的客观效应利于企业发展目标，也会因为创业企业家害怕丧失控制权而置之不理。特别是在创业企业非常依赖风险投资家提供的创新资源时，VC - E 二元体的关系就变得越发敏感而脆弱，以致风险投资家的每次增值服务都会引起创业企业家的怀疑。Gomez - Mejia，Balkin & Welbourne（1990）研究结果显示，风险投资家对创业企业的管理介入被创业企业家理解为是争夺控制权的恶意行为，会对创业企业家心理产生负面效应。而冲突恰好是激发潜在矛盾的导火线，最终减弱创业企业的合作信心。②VC - E 之间关系冲突会削弱双方的凝聚力，阻碍共同利益目标的形成。在创业企业中，团队成员之间的凝聚力远远超过创业团队与风险投资家之间的凝聚力。Ensley，Pearson 和 Amason（2002）指出，成员之间高度的凝聚力可以降低冲突的负面影响，但是风险投资家与创业企业家缺乏足够的时间形成强有力的凝聚力，大家合作的最初基础都是共谋互补资源条件下的预期利益，每当双方资源配置出现偏差必会造成凝聚力的弱化。而且双方能形成凝聚力的时间相当有限，仅仅发生在融资期间，同时又鉴于风险投资融资表现为显著的阶段性，每次融资双方就权益的出让问题会进行激烈的谈判，因此彼此间凝聚力的形成过程艰难且脆弱。一旦凝聚力出现弱化倾向，其冲突的负面效应就会变得非常突出。鉴于创业企业家强烈的情感特性以及风险投资家与创业企业家偏弱的凝聚力，我们认为关系冲突会对企业技术创新产生负面效应。由此提出假设：

假设 8c：关系冲突负向调节 VC 增值服务和创业企业创新能力的关系。

假设 8d：关系冲突负向调节 VC 增值服务和创业企业创新产出的关系。

（3）过程公平的调节作用

过程公平是指为达到最终结果而采取措施的公正性，即决策程序与信息交换过程具有科学性、准确性、合理性。本书所指的过程公平是创业企业家对风险投资家的政策、制度信息以及沟通行为中的公平性感受。风险投资家对创业企业家实行的投资后管理包括保全资金的监管行为和创造价值的增值服务。风险投资家实施监管行为过程中，创业企业家对其制定的契约条目、财务制度、参与董事会决策等行为的公平性感受对合作关系的持续有着决定性的影响作用。依据 Organ（1988）的观点，创业企业家感受到风险投资家的过程公平，就意味着相信风险投资家不会利用自身的弱势而谋取利益，是值得信赖的交易伙伴。相应的，创业企业家以忠诚地履行相应的责任和义务作为回报，保证交易行为的如期完成。如果创业企业家在风险投资家实行监管行为过程中感受不到过程公平，会产生对风险投资家的不信任感，从而不愿意将合作关系延续下去。Organ 指出，合作组织中交易伙伴通过工作努力程度来回应自身对过程公平或不公平的感受。若交易伙伴感觉过程公平，会采用积极的工作态度回报对方的信任。若感觉不公平，则以消极怠工的形式履行交易责任。交易伙伴互惠实现的条件是地位与贡献的对等，不受情境因素如技术和工作流程的影响。风险投资家的监管行为依赖正式权力，原本极易引起创业企业家的反感，若其感知监管行为过程公平，会增加对风险投资家的依赖与信任，愿意配合风险投资家的监管行为，从而利于技术创新绩效的提高。

创业企业家感知过程公平受到地位、中立与信任等因素的影响，进而通过感知过程公平决定是否维持与风险投资家的合作关系。风险投资家提供的增值服务应以满足创业企业的实际需求为目标，如果创业企业家感知 VC 增值服务的各项决策制定过程具有公平性，充分考虑到自身的意见和需求，即使增值服务存在某些不足，也不会影响创业企业家对风险投资家信任感的形成。换而言之，对创业企业家来说，即使风险投资家作为资金投入者介入企业的经营管理，也希望风险投资家视己为平等的交易伙伴。不论是实施监管行为或是增值行为，风险投资家不能将意见与建议强行施加于创业企业家。地位的对等性是感知过程公平的关键性因素（Busenitz et al. 1997）。假如创业企业家以对等地位感知到风险投资家增值行为的过程公平，则他们愿意按照风险投资家的建议调整经营思路与方向，也愿意为双方共同利益而努力工作。但是如果创业企业家发现风险投资家对所投资的企业不能平等对待，即投资态度非中立，或感知过程不公平，那么创业企业家不愿意采纳与执行风险投资家的创新建议，即便此类建议的确对创业企业有极大的帮助。依据过程公平理论，当风险投资家向创业企业家施加不友善的管理压力，会对企业的技术创新活动产生负面效应。因为创业企业家无法感知过程公平而对风险投资家产生信任，尽管风险投资家是依据市场变化而提出的创新建议或提供创新资源，创业企业家出于自身利益的保护也不愿采纳，甚至消极对待风险投资家的各种创新规划。相反，感知到过程公平的创业企业家出于共同利益目标，在技术创新活动中即使与风险投资家存在分歧与认知差异，也会将两者的观点进行折中以求得双方关系的平衡。正是地位对等、中立、信任的存在，创业企业家与风险投资家花费在相互交流与沟通的时间大为减少。过程公平促进两者关系实现深层次且高质量的互动，利于双方集合互补资源共同完成技术创新。因此提出下列假设：

假设 9a：过程公平正向调节 VC 监控行为和创业企业创新能力的关系。

假设 9b：过程公平正向调节 VC 监控行为和创业企业创新产出的关系。

假设 9c：过程公平正向调节 VC 增值服务和创业企业创新能力的关系。

假设 9d：过程公平正向调节 VC 增值服务和创业企业创新产出的关系。

5.4 本章小结

VC－E合作治理机制包括契约治理和关系治理，契约治理可分为契约复杂性与契约严格性两个维度，关系治理的维度分为开放式沟通、信任、信息共享和共同解决问题。VC－E合作治理通过 VC 投资后管理对技术创新绩效产生影响。通过对现有文献结果的梳理与归纳，本章形成了 VC－E 合作治理与技术创新绩效作用机制的概念模型（见图5.1）与四组理论假设，汇总如表5.1。

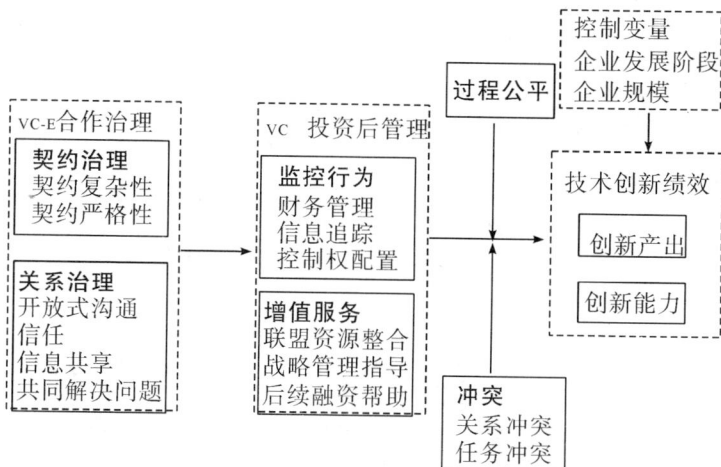

图5.1 VC－E合作治理机制与技术创新绩效概念模型

表 5.1   VC－EN 合作治理与技术创新绩效假设汇总

研究假设
VC－E 合作治理机制与 VC 投资后管理的关系
H1a：VC－E 之间契约治理越强，风险投资家的监控行为就越强 H1b：VC－E 之间契约治理与 VC 增值服务呈倒"U"形的非线性关系 H2a：VC－E 之间关系治理越强，风险投资家的监控行为就越弱 H2b：VC－E 之间关系治理越强，风险投资家的增值服务就越强
VC 投资后管理与技术创新绩效的关系
H3a：VC 监控行为与创业企业的创新能力呈倒"U"形非线性关系 H3b：VC 监控行为与创业企业的创新产出呈倒"U"形非线性关系 H4a：VC 增值服务对创业企业的创新能力有正向促进作用 H4b：VC 增值服务对创业企业的创新产出有正向促进作用
VC－E 合作治理机制与技术创新绩效的关系
H5a：契约治理与创业企业的创新能力呈倒"U"形非线性关系 H5b：契约治理与创业企业的创新产出呈倒"U"形非线性关系 H6a：关系治理对创业企业的创新能力有正向促进作用 H6b：关系治理对创业企业的创新产出有正向促进作用
调节作用
H7a：任务冲突正向调节 VC 监控行为和创业企业创新能力的关系 H7b：任务冲突正向调节 VC 监控行为和创业企业创新产出的关系 H7c：任务冲突正向调节 VC 增值服务和创业企业创新能力的关系 H7d：任务冲突正向调节 VC 增值服务和创业企业创新产出的关系 H8a：关系冲突负向调节 VC 监控行为和创业企业创新能力的关系 H8b：关系冲突负向调节 VC 监控行为和创业企业创新产出的关系 H8c：关系冲突负向调节 VC 增值服务和创业企业创新能力的关系 H8d：关系冲突负向调节 VC 增值服务和创业企业创新产出的关系 H9a：过程公平正向调节 VC 监控行为和创业企业创新能力的关系 H9b：过程公平正向调节 VC 监控行为和创业企业创新产出的关系 H9c：过程公平正向调节 VC 增值服务和创业企业创新能力的关系 H9d：过程公平正向调节 VC 增值服务和创业企业创新产出的关系

在概念模型中，运用对现有文献的归纳与演绎方法提出 VC 投资后管理为中介作用变量，并将其划分为监管行为与增值服务等两个维度。根据相关研究与实地调研的结果得到如下

基本假设：契约治理对监管行为有正向影响，与增值服务呈倒"U"形非线性关系；关系治理与监管行为呈负相关，与增值服务呈正相关；监管行为与技术创新绩效呈倒"U"形关系；增值服务与技术创新绩效呈正相关。监管行为与增值服务在VC－E合作治理机制与技术创新绩效之间起着中介作用。同时，在此基础上引入过程公平、关系冲突、任务冲突等三个调节变量，并提出过程公平在VC投资后管理与技术创新绩效之间呈正向调节作用；关系冲突在VC投资后管理与技术创新之间呈负向调节作用；任务冲突在VC投资后管理与技术创新之间起着正向调节作用。

6

VC – E 合作治理机制对技术
创新绩效影响的研究方法

科学且合理的研究方法是保证科研课题研究质量的重要因素，本章从问卷设计、数据收集、变量测量、统计分析、中介效应模型与调节效应模型等方面对 VC – E 合作治理机制对技术创新影响效应问题所涉及的研究方法作系统介绍，其实证结果将在下一章进行详细分析。

6.1　问卷设计

实证数据的收集工作是本研究的关键环节，因为数据的收集方法是否科学决定着数据的质量，而数据的质量直接关系到本研究的可靠性和有效性。本书的研究问题是 VC – E 合作关系治理机制对于科技型创业企业技术创新绩效的影响，其研究核心 VC – E 合作治理机制的相关信息很少在财务报告中公开展示，而且契约治理与关系治理的影响作用也难以用公开定量的数据进行评价，因此本研究选择问卷调查的方法。

一份逻辑清晰且设计科学的问卷可帮助研究取得可信的结果。Dunn 等学者（1994）认为问卷设计应遵循以下的流程：①调查题项依据文献回顾与企业界的经验调查或访谈而产生；②与学术界专家进行仔细磋商；③与企业界专家进行讨论以消除语言误导；④通过预测试对题目进行提炼，删除信度较低的测量题项，最终问卷定稿。依据 Dunn 的建议，本问卷的设计经历了以下阶段：

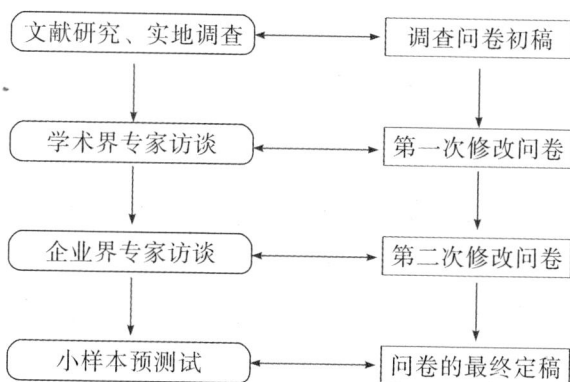

图6.1　调查问卷设计过程

（1）通过文献研究和实地访谈，设计调查问卷的初稿。笔者阅读了有关组织合作关系治理、风险投资家与创业企业家合作关系问题研究、风险投资后管理、过程公平理论、冲突理论、技术创新绩效问题等相关文献 300 余篇，在吸收相关文献研究成果的基础上形成了初步的研究思路。在调查问卷设计之前，笔者选择了重庆地区的 10 家科技型创业企业的高层管理人员进行了开放式访谈，着重就风险投资家和创业企业家的合作关系、VC 投资后管理的主要内容、合作过程中的公平性与冲突以及对技术创新绩效的影响等问题进行了交流与探讨。在国外文献提及的成熟量表的基础上，结合中国文化情境与实地访谈的结果，形成了契约治理、关系治理、VC监管行为、VC增值服务、过程公平、关系冲突、任务冲突、创新能力与创新产出等变量的初始测量题项，设计出了调查问卷的初稿。

（2）征求学术界专家的意见。笔者所在的科研团队在调查问卷的初稿形成以后，分别邀请了重庆大学经济与工商管理学院的部分教师与博士生就变量的测量题项设置进行了深入的讨论。由于本科研团队的研究目标明确，所邀请专家的研究领域都与战略管理与创业管理密切相关，所以他们对问卷初稿的部分题项设置提出了非常有参考价值的意见和建议，笔者根据这些建议对问卷的内容进行了局部调整。在测量题项的语言表达、结构编排等方面，团队中的博士生们提出了不少宝贵的建议，减少了语义表达不清、措辞不准确等问题。此外，笔者还与两位资深的风险投资问题研究学者对问卷初稿的有效性进行交流，依据他们的意见对问卷进行逐一完善，形成了本次问卷的第一次修改稿，力求问卷的测量题项基本涵盖依托的理论构面。

（3）对科技型创业企业的管理人员进行实地访谈。笔者将经过第一次修改好后的调查问卷交给4家科技型创业企业的2位总经理和6位投资经理现场填写并征求他们对本研究核心问题的意见，请他们从自身企业的角度对问卷的测量内容、题项选择、问题易懂性、专业用语的通俗性等方面进行评价，并提出修改意见。根据他们填写的情况与反馈的意见，对调查问卷进行进一步修改和补充，删除掉问卷中不切合实际的某些题项和修改容易引起歧义的部分题项等，以此完成调查问卷的第二次修改稿。经过本次的修改与调整，测量题项的用语尽量真实贴近企业界的运作特征。

（4）小样本预试与提炼。笔者利用问卷的第二次修改稿，选取重庆大学和重庆工商大学的MBA和EMBA班级中科技型创业企业的管理人员进行了预测试，根据他们的反馈作初步的检验分析，对于填写不完整的问题项仔细查找原因，并去掉可信度较低的题项以规避问卷设计中潜在的问题。经过三次调整，最终完成关于契约治理、关系治理、VC监管行为、VC增值服务、过程公平、关系冲突、任务冲突、创新产出、创新能力等变量的测量题项，形成调查问卷的最终稿（详见附录A）。

调查问卷由背景情况部分和调查主体部分构成。背景情况部分包括填表人的个人信息（如现任职务等）和科技型创业企业的现状特征，主要是对本研究的控制变量进行测量。调查主体包括六部分内容：第一部分测量风险投资家和创业企业家合作关系的治理情况；第二部分测量资产专用性与不确定性；第三部分测量投资吸引力与文化契合度；第四部分测量风险投资家向创业企业家提供的投资后管理内容；第五部分测量科技型创业企业的技术创新绩效；第六部分测量调节变量即过程公平与冲突的相关情况。本次调查问卷采用Likert五分量表，每个数字所代表的含义从1~5逐渐过渡，1表示很弱/很低/不同意，3表示中立，5表示很强/很高/非常同意。

针对Fowler（2002）提出的导致调查问卷出现偏差的四个问题，本研究采取了相应的解决措施，以尽可能地获取信度较高的数据。

（1）针对填表人无法回答题项答案的偏差的化解措施。本研究在抽查样本填表人时重点选择在创业企业工作时间在1年以上的高层管理人员，并注明若有不清楚的问题请有关知情人员协助。

（2）针对填表人因时间久远无法回忆出题项的答案的化解措施。本研究设计调查问卷的测量问题时尽量接近现阶段运作特性，或是对企业近三年的经营情况进行调查。

（3）针对填表人故意隐藏信息致使问卷不完整的偏差化解措施。本问卷在卷首详细交代本次研究的目的、意义，并且郑重承诺收集的资料纯属用于学术研究，不用于任何商业用途。同时，为了激励填表人提供真实信息的积极性，问卷最后承诺研究结果将与此研究颇感兴趣的创业企业共同分享。

（4）针对填表人因语义引发错误理解问题的偏差的化解措施。本问卷在设计环节广泛听取学术界、企业家相关专家与管理者的意见，并对问卷进行了小样本测试，对问卷的表达与措辞进行反复修改与完善，尽量运用简明的语言表达出测量问题的意思。同时在问卷中注明详细的联系方式，提醒若填表人不清楚题意请及时与作者联系，尽量避免填表人错误理解题意而给出错误的答案。

6.2 变量测度

本研究涉及的变量包括契约治理、关系治理、VC 监管行为、VC 增值服务、创新能力、创新产出、过程公平、关系冲突、任务冲突等。这些变量的测度均采用 Likert 五分量表。数字 1~5 依次表示从完全不同意（或不认可、很低）向完全同意（或完全认可、很高）过渡，3 为中性指标。为了使这些测量指标具有统计操作性，本研究借鉴现有文献对这些概念的界定和成熟的量表，结合实地调研的相关信息，设计了以下的系列题项，旨在通过这些测量题项分析上文提及的潜变量的变化趋势与相互间的影响效应。

6.2.1 被解释变量

对于科技型创业企业的技术创新绩效这个潜变量的测度，很难利用单一的指标进行全面、准确的刻画，许多研究战略管理问题的学者们都倾向运用多维度指标来测度创新绩效。本研究借鉴 Knut et al.（2001）以及高建（2004）的研究结果，分为两个维度即技术创新能力和技术创新产出进行测量。技术创新能力的测量题项为：①贵企业现有良好的技术创新空间；②贵企业具有良好的技术创新氛围与平台；③贵企业可为技术创新提供信息和知识共享平台；④贵企业管理团队具有强烈的创新欲望和责任心。技术创新产出的测量题项：①贵企业开发新产品的周期显著缩短；②贵企业拥有的专利数明显增加；③贵企业现有的技术范围显著扩大；④贵企业现有技术出现突变性变化。上述内容详见表6.1：

表 6.1　　　　　　　　变量测度——技术创新绩效

潜变量	测度题项	测度来源或依据
创新能力	良好的技术创新空间 良好的技术创新氛围与平台 具有为创新提供的信息与知识共享平台 具有强烈的创新欲与责任心	Knut et al.，2001； Tsai，2001； Sampson，Rachelle C.，2007； Soh，Pek－Hooi，2010； 程源、雷家骕和杨湘玉，2005； 龙勇，王陆鸽，2010
创新产出	新产品周期缩短 专利数增加 技术范围扩大 技术突变性变化	

6.2.2　解释变量

（1）契约治理的测度

VC－E 合作治理机制分为契约治理和关系治理两个维度，借鉴 Das & Teng（1998），Sitkin & Weingart（1995），Makhijia & Ganesh（1997），Poppo & Zenger（2002），Hoetker & Mellewigt（2009）的研究结果，依托 Ferguson et al.（2005）提出的量表，将契约治理划分为两个构面——契约条款复杂性、契约条款严格性等，并形成测量题项：①贵企业与风险投

资家的契约完全依据投资项目特点制定；②契约条款非常明确
分阶段投资的次数、间隔、额度与投资中止条件；③契约明确
规定突发不可预见事件时双方的具体应对措施；④贵企业与风
险投资家之间签订的契约页数很多；⑤贵企业与风险投资家合
作关系严格建立在契约规定的条文范围之内；⑥贵企业与风险
投资家的分歧依靠契约条款来解决；⑦贵企业与风险投资家之
间的契约条款可根据贵企业具体需求而进行调整；⑧经营模式
一旦发生变化，贵企业与风险投资家之间的契约条款随之发生
变化。将上述内容简化为表6.2。

表6.2　　　　　　　　变量测度——契约治理

潜变量	测度题项	测度来源或依据
契约复杂性	契约完全依据投资项目特点而定 契约明确规定分段投资的次数、间隔、额度与中止条件 契约明确规定突发不可预见事件时双方的应对措施 契约条款涉及的页数很多	Das & Teng, 1998；Sitkin & Weingart, 1995；Makhijia & Ganesh, 1997；Poppo & Zenger, 2002；Ferguson et al., 2005；Hoetker & Mellewigt, 2009
契约严格性	企业与风险投资家以契约规定维持合作关系 企业与风险投资家以契约为凭化解分歧 企业与风险投资家的契约可依具体需求而调整 企业与风险投资家的契约可随经营模式而变化	

（2）关系治理的测度

借鉴 Macneil（1980），Paulin et al.（1997），Brown et al.
（2000），Cannon et al.（2000），Poppo & Zenger（2002）对关系
治理的界定，参照 Ferguson et al.（2005）设计的量表，将关系
治理分为开放式沟通、信息共享、信任、共同解决问题四个维
度，并以此形成测量题项：①在投资回报方面，风险投资家会

与贵企业平等协商解决；②风险投资家积极调整业务流程以适应贵企业的需求；③贵企业与风险投资家之间的分歧可自行解决；④风险投资家会告知贵企业最新产品趋势和修改建议；⑤风险投资家会向贵企业提供准确且及时的融资信息；⑥风险投资家承诺帮助贵企业成功上市；⑦贵企业与风险投资家的合作基础是信任和共同利益；⑧贵企业面临逆境会完全依赖风险投资家；⑨风险投资家会尽全力满足贵企业的合理需求；⑩贵企业与风险投资家共同解决突发性问题；⑪风险投资家帮助贵企业提升创新绩效。简化后的内容见表6.3。

表6.3 变量测度——关系治理

潜变量	测度题项	测度来源或依据
开放式沟通	平等协商投资回报问题 风险投资家积极调整业务流程以适应企业需求 企业与风险投资家分歧可自行解决	Macneil, 1980；Paulin et al., 1997；Brown et al., 2000；Cannon et al., 2000；Poppo & Zenger, 2002；Ferguson et al., 2005
信息共享	风险投资家会告知最新产品趋势与修改建议 风险投资家及时向企业提供准确的融资信息	
信任	风险投资家承诺帮助企业成功上市 企业与风险投资家合作基础是信任和共同利益 企业面临逆境会完全依赖风险投资家	
共同解决问题	风险投资家尽力满足企业的合理需求 企业与风险投资家共同解决突发性问题 风险投资家帮助企业提升创新绩效	

6.2.3　中介变量

（1）VC 监控行为的测度

本研究将风险投资家对创业企业家的监控行为界定为：风险投资家为了保全自身资本的投入，及时识别控制创业企业发展中的各类交易风险，以正式权力为依托监督和控制创业企业家，使其按照契约条款规定的目标实施经营行为。Wright, M. et al. （2003）将风险投资家对创业企业家的监控分为两个维度，即正式监控和非正式监控。正式监控包括以下的内容：审计创业企业的年度财务报告；监督创业企业的所有权变动；监督创业企业的财务政策；监控创业企业的兼并与收购；要求创业企业提供月度报表；评估创业企业月度经营绩效；监控资金运用；约束创业企业的资产处置行为；约束创业企业资金借贷行为；派驻专人介入创业企业的财务体系；监控创业企业的审计制度；监控创业企业的 CEO 的薪资结构；监控创业企业高层管理人员的薪资结构。非正式监控包括：选派专人介入担任创业企业的董事；频繁参与创业企业的董事会议；有规律约见创业企业的管理人员；参与创业企业所属同业公会；参与创业企业的审计委员会。Knockaert & Vanacker （2011）指出，风险投资家对创业企业的监控可涉及下述的内容：经常与创业企业家会谈；参与创业企业的董事会；充当有话语权的董事；决定董事会的构成；招募创业企业的 CEO；招募创业企业的 CFO；招募创业企业的营销总监；招募创业企业的 R & D 团队领袖；招募创业企业新员工。付玉秀 （2003）依据风险投资家在中国文化情境下运行的特点，将监管行为划分为：监控创业企业重大决策的制定；监控创业企业的经营计划的制订；监控创业企业的日常经营活动；监控创业企业的财务状况；监控创业企业的融资行为；监控创业企业的重大人事变动；监控创业企业的市场营销；监控创业企业的资金运用。刘二丽

（2011）应用7个指标来测度风险投资家对创业企业的监管行为，主要内容如下：监控创业企业的重大决策；监控创业企业经营计划的制订；监控创业企业的重大人事变动；监控创业企业市场营销状况；监控创业企业的财务状况；监控创业企业的资金运用；监控创业企业的运营绩效。本研究以上述文献研究结果为基础，结合实地访谈结果，将风险投资家对创业企业的监控行为分为三个维度，即财务管理、信息追踪与控制权配置。其测量题项为：①风险投资家监控贵企业资金运用状况；②风险投资家监控贵企业的财务运作状况；③风险投资家监控贵企业的资产处置行为；④风险投资家监控贵企业的市场营销状况；⑤风险投资家监控贵企业的经营管理绩效；⑥风险投资家监控贵企业的重大人事变动；⑦风险投资家监控贵企业的董事会运行；⑧风险投资家监控贵企业的重大决策制定；⑨风险投资家监控贵企业的所有权变动。上述内容可简化为表6.4所示：

表6.4　　　　　变量测度——VC监控行为

潜变量	测度题项	测度来源或依据
财务管理	监控创业企业资金的运用 监控创业企业的财务状况 监控创业企业的资产处置行为	Pruthi et al., 2003; Knockaert, 2005; Gompers & Lerner, 2004; Knockaert & Vanacker; 2011 付玉秀，2003；刘二丽，2011
信息追踪	监控创业企业的市场营销状况 监控创业企业的运营绩效 监控创业企业的重大人事变动	
控制权配置	监控创业企业的董事会运行 监控创业企业的重大决策制定 监控创业企业所有权变动	

（2）VC增值服务的测度

借鉴 large 和 Muegge（2008）对于风险投资家对增值服务

的界定，结合实地访谈的结果，本研究将 VC 增值服务定义为：风险投资家以企业参谋、教练的身份为创业企业提供以实现企业价值的快速增值的系列管理咨询服务总称，主要包括管理战略、联盟资源整合、关系网络资源、人力资源管理、后续融资、生产经营等方面的支持。

　　Murray（1996）从风险投资家的视角将增值服务分为：战略与营销决策；商业技巧；聘请技术专家；目标市场的历史经验；严密的融资控制；需求目标的介绍；管理资源整合；招募管理人员。Kaplan & Stromberg（2003）从风险投资家契约控制的角度，将增值行为划分为 6 类，其分别为：划分现金流权、投票权、董事会、清算权等控制权力；多种股票权力划分；实施相机性控制权配置；若企业业绩不良将赋予风险投资家企业控制权和清算权；实施非竞争和特别保护权，限制创业企业家擅自离开企业；现金流权、控制权与相机权力互补以实现最优控制权。Saetre（2003）从创业企业家视角将风险投资家的增值服务划分为 9 类：招募创业企业的 CEO；相关产业的网络资源；商业服务的网络资源；商业经营的建议；基于特定产业运营背景的建议；定期报告制度；最新产业知识分享；提供顾客信息。Knyhausen－AufseB（2005）从风险投资家视角将增值服务分为 4 类：创业企业运营定位指导；创业企业战略决策帮助；技术能力提升的帮助；社会资本扶持 large & Muegge（2008）从创业企业家视角将 VC 增值服务划分为外部导向与内部导向两大类，其中外部导向包括创业企业的认证职能和创业企业外向拓展服务等两个子类。内部导向则包括招募员工、托管式扶持、战略决策、经营指导、管理咨询和制订经营计划 6 个子类。国内学者刘二丽（2011）从创业企业家的角度将风险投资家的增值服务划分为 4 个维度：战略上的支持；关系网络资源上的支持；人力资源管理上的支持；后续融资上的支持；生产运作上的支持。在借鉴上述学者们研究结果的基础上，结合实地的调研资料，本研究以创业企业家视角将风险投资家的增值服务分为联盟资源整合、战略管理指导和后续融资帮助 3 个维度，其具体的测量指标为：①风险投资家帮助贵企业组建市场联盟；②风险投资家帮助贵企业组建技术联盟；③风险投资家帮助贵企业制定发展战略；④风险投资家帮助贵企业招募员工；⑤风险投资家帮助贵企业制订合理的生产计划；⑥风险投资家帮助贵企业拓展与政府部门的联系；⑦风险投资家帮助贵企业与外部投资者进行沟通与协调；⑧风险投资家帮助贵企业建立与金融机构的联系；⑨风险投资家帮助贵企业获得外源融资资源。其内容如表 6.5 所示：

表 6.5　　　　　　　　　变量测度——VC 增值服务

潜变量	测量题项	测量来源或依据
联盟资源整合	帮助企业组建市场联盟 帮助企业组建技术联盟	Murray，1996；Kaplan & Stromberg，2003；Saetre，2003；Knyhausen - AufseB，2005；large & Muegge，2008；刘二丽，2011
战略管理指导	帮助企业制定发展战略 帮助企业招募员工 帮助企业制订合理的生产计划 帮助企业拓展与政府部门的联系	
后续融资帮助	帮助企业与外部投资者进行沟通与协调 帮助企业建立与金融机构的联系 帮助企业获得外源融资资源	

6.2.4　调节变量

（1）过程公平的测度

参考 Busenitz et al.（2004），Tepper & Taylor（2003）对

过程公平的研究，本研究用 3 个题项测量科技型创业企业的过程公平，其测量题项为：①风险投资家强迫贵企业接受他们的商业理念；②风险投资家愿意向贵企业的经营理念妥协；③风险投资家妨碍新观点的产生与发展。相关内容如表 6.6 所示：

表 6.6 变量测度——过程公平

潜变量	测量题项	测量来源与依据
过程公平	创业企业被迫接受风险投资家的经营理念 风险投资家愿意向创业企业的经营理念妥协 风险投资家妨碍新观点的产生与发展	Tepper & Taylor, 2003; Busenitz et al., 2004; Hooshmand, L. et al., 2011; Colquitt, Jason, A., 2011

（2）关系冲突的测度

本研究将关系冲突定义为"风险投资家与创业企业家之间对人际情感关系不相容的意识，不仅包括情绪紧张、情感争执等负面的情感因素，而且还包括合作伙伴之间相互反感的个人关系，如烦恼、挫折、愤怒等消极情绪。"Higashide & Birley（2002）将风险投资家与创业企业家的冲突划分为政策冲突、目标冲突、关系冲突与认知冲突。其中关系冲突的测量题项分别是：合作关系存在的个人摩擦程度多大；合作关系中存在的个人分歧程度多大。国内多次验证 Jehn（1995）的量表中用 4 个题项测量关系冲突，如：团队成员之间存在摩擦的程度如何；团队成员之间明显个人冲突的程度如何。团队成员关系紧张程度如何；团队成员存在的情绪冲突程度如何？在借鉴上述文献研究成果的基础上，结合实地访谈的结果，本研究应用 4 个题项来测量风险投资家与创业企业家之间的关系冲突。具体如下：①贵企业与风险投资家合作过程中存在摩擦现象；②贵企业与风险投资家合作过程中存在关系紧张现象；③贵企业与风险投资家合作过程中双方存在经常发怒的现象；④贵企业与风险投资家合作过程中存在个人冲突。其主要内容可如表6.7所示：

表6.7   **变量测度——关系冲突**

潜变量	测量题项	测量来源或依据
关系冲突	与风险投资家合作中存在摩擦现象 与风险投资家合作过程存在关系紧张现象 与风险投资家合作过程中经常有发怒现象 与风险投资家合作过程中存在个人冲突	Jehn，1995；Somech，A. et al. 2009；Holban，I. et al.，2011；Higashide & Birley，2002

（3）任务冲突的测度

本研究将任务冲突界定为"风险投资家与创业企业家在投资合作过程中对创业企业运行的特点与方式存在观点与经营理念的分歧，进而导致激烈辩论的行为。"Jehn（1995）应用4个题项测度任务冲突，其分别为：团队成员之间关于工作的观点不一致的频率如何；团队成员是否经常出现工作上的冲突；团队成员之间存在与工作相关的冲突程度如何；团队成员之间意见分歧的程度如何。在借鉴Zacharakis et al.（2010）对任务冲突的概念内涵参考Jehn & Mannix（2001）与Jehn（1995）使用的成熟量表，结合中国文化情境，本研究用4个题项测度任务冲突，内容如下：①贵企业与风险投资家合作过程中存在任务解决办法的分歧；②贵企业与风险投资家合作过程中存在任务规划方案的分歧；③贵企业与风险投资家合作过程中存在任务目标的分歧；④贵企业与风险投资家合作过程存在与工作相关的冲突。其内容如表6.8所示：

表6.8   **变量测度——任务冲突**

潜变量	测量题项	测量来源或依据
任务冲突	与风险投资家合作中存在任务 解决办法的分歧 与风险投资家合作中存在任务 规划方案的分歧 与风险投资家合作中存在任务 目标的分歧 与风险投资家合作中存在与工 作相关的冲突	Zacharakis　　　　et al. , 2010； Arazy, O. et al. 2011； Somech, A. et al. 2009； Jehn　&　Mannix, 2001；Jehn, 1995

6.2.5 控制变量

本研究还将对创业企业技术创新绩效以及投资后管理中
VC 监控行为与 VC 增值服务可能产生较大影响的几个变量进
行控制。这些变量包括企业的规模与企业的发展阶段。虽然这
些变量不是本研究重点关心的变量，但现有文献大量的研究结
果显示，它们的存在对创业企业的技术创新产生着重要的影
响，可能还会对风险投资家的投资后管理产生重要的作用，因
此有必要在模型中加以考虑。首先，企业发展阶段（Stages of
the growth）。企业的发展阶段是影响创业企业创新能力和创新
产出的重要因素，企业发展的时间越长、阶段越高，通常能够
积累较多的资源和创新能力，这些有助于技术创新活动的展
开。已有文献研究发现，企业的技术创新能力与企业的发展阶
段呈显著正相关。因此，企业发展阶段作为一个重要的控制变
量首先进入模型。基于 Zahra et al. （2006）的研究结果就科
技型创业企业分为初创期（Start－up）和成长期两个阶段
（Growth），构造哑元变量来测量企业发展阶段对创业企业技术
创新绩效的影响。其次，企业规模（Firm size）。企业规模是
创业企业进行技术创新的重要参考变量。Acs & Audretsch
（2006）指出，很多中小型企业在创新方面的绩效要优于大型

企业。因此，企业规模可能对技术创新绩效有较大影响，需要对企业规模的效应加以控制。

6.3 数据收集

6.3.1 数据的收集

本书研究的抽样对象为具有风险投资背景的科技型创业企业。抽样对象标准的确定参考了以往文献关于科技型创业企业成立的时间、VC－E合作时间等方面的研究结果，向风险投资机构投资1年以上、5年内尚未IPO且成立时间未超过8年的（McDougall & Robinson，1990）独立的科技型创业企业发放问卷。行业范围以IT、电子信息、生物医药等投资案例数量排名靠前的行业为主。地理范围选择以北京、深圳这两个风险投资行业发展态势良好的地区为主，辅以重庆、西安、成都、武汉等西部核心城市。另外，样本中风险投资家的属性是正规的独立风险投资机构而非公司型风险投资机构和天使投资人。问卷发放时间为2010年12月至2011年10月。抽样方法是通过各地的高新区管委会提供的名单随机抽样并联系科技型创业企业，有企业负责关系管理的一位关键人员参与调查。调查方式由企业访谈、上门调研、电话访谈以及与当地科研机构合作等。重庆和成都的调研主要集中在高新区，采用企业访谈和上门调研为主，其他地区调研则采用电话和与当地科研机构合作的形式。每个地区的调研均得到与相关管理机构的支持，较高效率地保证了数据采集的顺畅和可信性。为了使问卷的结构和内容更符合我国风险投资业和科技型创业企业的发展现状，我们在进行大样本调查之前，在重庆和深圳选择了部分企业作为小样本试点调查，同时为了保证调查结果的准确，在开展大样本调查之前尽量消除了调查方法和文字表述等方面的缺陷。

本次问卷总发放的份数是 630 份，回收的有效问卷是 264 份。其中笔者所在的研究团队到实地发放调查问卷有 90 份，有效问卷为 82 份。利用电话访谈的方式填写问卷份数是 200 份，有效问卷是 121 份。除重庆以外的地区均委托当地的研究机构帮助发放调查问卷，份数总额为 340 份，回收 105 份，有效问卷是 61 份。总计回收问卷的份数是 395 份，回收率为 62%，有效问卷份数是 264 份，占比为 41.9%。由此可忽略本次问卷回收的未答复率。

6.3.2　描述性统计分析

表 6.9 为样本回收的基本资料。从回收的样本性质来看，表示企业规模指标之一的企业人数中，占比最大的是人数≥100 人的企业，其数目为 101 家，占比 38.1%。从企业的年收入来看，年收入超过 1000 万元的企业有 84 家，占比为 31.9%。年收入企业在 100 万 ~ 1 000 万元的企业数目最多，为 147 家，比重为 55.7%。从企业所在行业比例来看，IT 行业所占比例最大，为 33.7%，其次为电子信息，为 22.3%，生物医药与新材料新能源行业分布比例比较平均。从企业发展时期来看，初创期的企业数为 86 家，占比为 32.6%，而发展期的企业数为 178 家，占比为 67.4%。从企业的性质来看，民营企业数目最多，即 127 家，比重为 48.1%，这与科技型创业企业的性质多为民营相吻合。从企业成立的年数来看，创业企业成立年限在 5 ~ 8 年的企业数占比最大，即 46.7%，这与风险投资家多偏好成立年限较长的创业企业的现实相一致。从样本分布的地区来看，重庆与成都的样本数最多，分别为 87 家与 67 家，最少为北京地区的样本，仅为 18 家，深圳、西安与武汉样本分布较均匀，这与笔者

所在的研究团队利用自身关系网络发放样本的方式有关，因地缘关系，样本数据地区多来自西部。综上所述，样本数据具有较好的代表性，可以利用此数据来继续进行信度与效度分析。

表6.9 样本基本特征的分布情况统计

企业属性	企业特征分类	样本数	百分比（%）	累计百分比（%）
企业人数（人）	≤50	73	27.8	27.8
	50～100	90	34.1	61.9
	≥100	101	38.1	100
企业年收入（万元）	≤100	33	12.4	12.4
	100～1 000	147	55.7	68.1
	≥1 000	84	31.9	100
企业发展时期	初创期	86	32.6	32.6
	发展期	178	67.4	100
产权性质	国有及国有控股	32	12.4	12.4
	民营	127	48.1	60.5
	合资（中方控股）	61	23.1	83.6
	外资控股	44	16.4	100
所在行业	IT行业	89	33.7	33.7
	电子信息	59	22.3	56
	生物医药	54	20.5	76.5
	新材料新能源	48	18.2	94.7
	其他	14	5.3	100
成立年数	3年以下	38	14.3	14.3
	3～5年	103	39	53.3
	5～8年	123	46.7	100
所在区域	北京	18	6.8	6.8
	深圳	32	12.1	18.9
	重庆	87	33	51.9
	西安	26	9.8	61.7
	成都	67	25.4	87.1
	武汉	34	12.9	100

资料来源：笔者依据调研数据整理所得。

6.4   研究方法

本项研究通过发放 Likert 五分量表式问卷来收集样本数据，然后将回收的问卷数据进行描述性统计分析、信度与效度检验、相关分析、多元回归分析等统计分析研究以此验证所提的假设。本研究所使用的统计分析软件是 SPSS 16.0 和 Amos7.0版。具体的研究方法如下所示：

（1）描述性统计分析

描述性统计分析主要针对样本企业的基本特征如企业规模、所处的发展阶段、产权性质、行业分布、企业成立的年限与样本来源区域等进行统计分析，说明各变量的均值、百分比等，以此描述样本的性质、分布特征、比例分配等状况。

（2）信度与效度检查

信度（Reliability）是指衡量数据效果的一致性和稳定性，信度越高表示排除随机误差的能力越强。检测信度的常用指标有稳定性（Stability）、等值性（Equivalance）和内部一致性（Internal consistency）（李怀祖，2004）。本研究主要检验样本数据的内部一致性，具体利用 Cronbach's α 值来衡量，将针对每个变量所对应的测量题项，计算 Cronbach's α 值来检验样本数据的信度。

效度（Validity）是指问卷中的测量题项对调查对象属性的差异进行测量时的准确程度，即测量题项是否真实、客观与准确地刻画出调查对象属性的差异性（贾怀勤，2006）。测量题项的效度越高意味着排除系统误差的能力越强。效度可分为内容效度（Content validity）、效标关联效度（Criterion－related validity）、建构效度（Construct validity）三类。内容效度是指量表内容或题目的适切性与代表性，即量表内容能否反映出所要测量的心理特质，能否达到测量的目的与行为构念。效标关联效度是指量表中的题项与外在效标间关系的程度，如果量表中的测量题项与外在效标间的相关度越高，表示此量表的测量题项的效标关联效度愈高。建构效度是指能够测量出理论的特质或概念的程度，亦即实际的测量分数能解释多少某一心理特质。建构是用来解释个体行为的假设性的理论架构心理特质，因而建构效度就是"能够测量到理论建构心理特质的程度"（王保进，2002）。本研究使用的量表依据文献研究结果所提出，在同一时期无法找到其他标准资料进行相关度分析，即无法进行效标关联效度分析，由此对本次量表的测量题项只能考察其内容效度与建构效度。内容效度目的在于检验量表题项内容的适切性，本此量表在设计环节以相关理论为依据，现有成熟的量表与实地调研相结合进行问卷设计，并邀请学术界与企业界专家进行讨论与修正，以此确保量表题项的内容效度。因子分析是检验量表建构效度最为有力的工具，本研究针对概念模型中涉及的契约治理、关系治理、VC监控行为、VC增值服务、创新能力、创新产出、过程公平、关系冲突、任务冲突等变量做了探索性因子分析，以此检验本次量表题项的建构效度。

③相关分析

本研究使用Pearson积差相关分析方法检验文中概念模型中所涉及的各变量与控制变量的相关性。Pearson积差系数检验变量之间相关性的主要环节如下所示。①相关系数介入 -1 与 $+1$ 之间，正负符号表示相关的方向，负相关表示线性相关的斜率为负，正相关表示线性相关的斜率为正；②相关系数（r）的平方（r^2）成为决定系数或解释变异量的比例。③在统计分析中，相关系数的意义与样本数大小有关，在推论统计中，若受测的样本很多，即使相关系数的值很小，也很容易达到显著。因而在相关分析的解释过程中，除说明两个变项是否达显著相关外，也应呈现决定系数的大小并加以说明。④不论相关系数或决定系数只能说明两者关系密切的程度，而不能误认两者间有因果关系。⑤若 X 变项与 Y 变项的相关为 0.50（P＜0.001），决定系数为 0.25，意味着 Y 变项的变异量中，可被 X 变项解释的变异量百分比为 25%；相对的，也意味着 X 变项的变异量中，可被 Y 变项解释变异量百分比也为 25%；而相关系数等于 0.50，则表示 X 变项与 Y 变项之间有显著的正相关。

④层级回归分析（Hierarchical regression）

本研究以层级回归分析验证契约治理、关系治理、VC 监控行为、VC 增值服务与创新能力和创新产出之间的关系，并验证概念模型中提及的研究假设，并对研究中涉及的调节变量进行了验证。

多元线性回归是用来研究一个被解释变量与多个解释变量之间的线性统计的关系（马庆国，2002）。与一般的多元回归方法相比，层级回归分析可以直观的检验随着解释变量的增加，每个模型的解释力度会相应产生变化（R^2 的变化），从而分析不同解释变量对被解释变量的贡献程度，这种变化为分析变量之间的复杂关系提供了重要的线索。

⑤中介效应模型

本研究应用中介效应模型来估计和检验假设 1a、假设 1b、假设 2a、假设 2b、假设 3a、假设 3b、假设 4a、假设 4b、假设 5a、假设 5b、假设 6a、假设 6b 的研究框架。考虑到 VC - E 合作治理机制对技术创新绩效的影响，VC 投资后管理对于技术创新绩效的影响，VC - E 合作治理机制通过 VC 投资后管理来影响技术创新绩效，因而 VC 投资后管理是中介变量。在此框架中，VC－E合作治理机制与VC投资后管理的关系来验证1a、假设1b、假设2a、假设2b；VC投资后管理与技术创新绩效的关系来验证假设3a、假设3b、假设4a、假设4b；VC－E合作治理机制与技术创新绩效的关系来验证假设5a、假设5b、假设6a、假设6b。

中介效应的估计与检验采用层级回归方法进行。VC－E合作治理机制对技术创新绩效的直接效应如（6.1）式，VC投资后管理对VC－E合作治理机制与技术创新绩效的中介效应如式（6.2）、（6.3）所示，三个变量之间的关系如图6.2所示。

$$TIF = a * CGS + e_1 \tag{6.1}$$

$$PIA = b * CGS + e_2 \tag{6.2}$$

$$TIF = a' * CGS + c * PIA + e_3 \tag{6.3}$$

其中，CGS表示VC－E合作治理机制，PIA表示VC投资后管理，TIF表示技术创新绩效，e_i（$i = 1, 2, 3$）为随机误差项，中介效应模型中各变量均经过标准化处理。

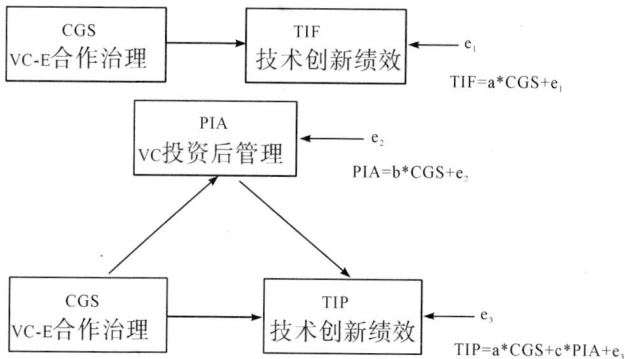

图6.2　中介效应（Mediating effect）的度量

变量经过中心化或标准化，可用图6.2所示的路径图和相应的方程来说明变量之间的关系。根据温忠麟（2004），若中介效应显著存在，则 1）系数 a 显著；2）系数 b 显著；且系数 c 显著。相应的效应度量方式是：直接效应为 a′，中介效应为 b * c，总效应为 a′ + b * c。

（6）调节效应模型

本研究应用调节效应模型来估计和检验假设 7a、假设 7b、假设 7c、假设 7d、假设 8a、假设 8b、假设 8c、假设 8d、假设 9a、假设 9b、假设 9c、假设 9d。依据温忠麟（2005）的研究结果，若变量 Y 与变量 X 的关系是变量 M 的函数，则称 M 为调节变量，即 Y 与 X 的关系受到第三个变量 M 的影响。本研究分析 VC 投资后管理与技术创新绩效的关系时，发现两者之间的关系会受到过程公平、关系冲突与任务冲突的影响，因此过程公平、任务冲突与关系冲突是 VC 投资后管理与技术创新绩效之间的调节变量。

①过程公平的调节效应

过程变量的调节模型如图6.3所示：

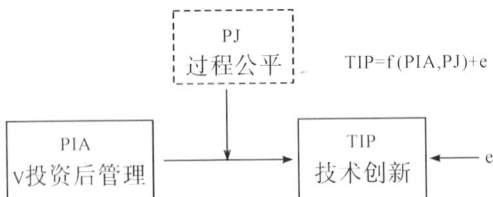

图6.3 过程公平调节效应（Moderating effect）的度量

根据图6.3，将自变量与调节变量做中心化变换，其变量之间的关系为：

$$TIP = a1\,PIA + b1\,PJ + c1\,PIA \times PJ + e1 \tag{6.4}$$

上式中，PIA 表示 VC 投资后管理，TIP 表示技术创新，PJ 表示过程公平，c1 衡量了过程公平对 VC 投资后管理与技术创新绩效之间关系的调节效应。

②关系冲突的调节效应

关系冲突的调节模型如图 6.4 所示：

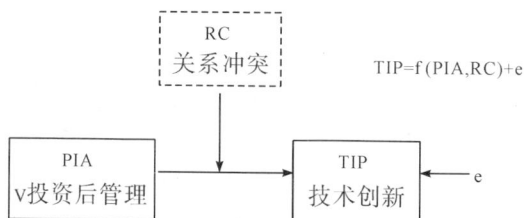

图 6.4 关系冲突调节效应（Moderating effect）的度量

根据图 6.4，将自变量与调节变量做中心化变换，其变量之间的关系为：

$$TIP = a2PIA + b2RC + c2PIA \times RC + e2 \tag{6.5}$$

其中 PIA 表示 VC 投资后管理，TIP 表示技术创新，RC 表示关系冲突，c2 衡量了关系冲突对 VC 投资后管理与技术创新绩效之间关系的调节效应。

③任务冲突的调节效应

任务冲突的调节模型如图 6.5 所示：

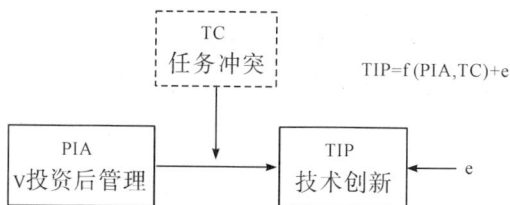

图 6.5 任务冲突调节效应（Moderating effect）的度量

根据图 6.5，将自变量与调节变量做中心化变换，其变量之间的关系为：

$$TIP = a3PIA + b3TC + c3PIA \times TC + e3 \tag{6.6}$$

上式中，PIA 表示 VC 投资后管理，TIP 表示技术创新，TC 表示任务冲突，c3 衡量了任务冲突对 VC 投资后管理与技术创新绩效之间关系的调节效应。

6.5 本章小结

本章从问卷设计、变量测度、数据收集、统计分析方法等方面对本研究所采用的研究方法进行了较为详细的阐述。在问卷设计中，本研究尽量采用科学、合理的程序来设计调查问卷，以排除干扰因素的影响。在变量测度方面，本研究参阅了大量的文献，选择其中成熟的量表为参考依据，并结合实地调研的情况确立被解释变量、解释变量、中介变量、调节变量和控制变量的测量指标。在数据收集过程中，采用电话访谈、实地发放调查问卷、委托当地调研机构等多种方法对问卷进行发放和回收，并且针对不同方式的特点对问卷的发放与回收进行追踪和管理，以确保采集数据的真实性和有效性。最后，本章对本研究所涉及如信度与效度检验、相关分析、层级回归分析、中介效应模型与调节效应模型等研究方法进行了说明。下一章将基于获取的样本数据，运用上述提及的分析方法，对本书概念模型中提及的研究假设进行实证分析。

7

VC－E 合作治理机制对技术
创新绩效影响的实证研究

本章将应用第六章介绍的研究方法对第五章提出的假设和构建的概念模型进行实证检验。首先是运用信度和效度检验对各潜变量的测量题项进行验证，并依据验证的结果对测量量表进行纯化。其次，根据收集的数据进行相关分析和层级回归分析，以此检验假设是否成立。最后对实证分析的结果进行深入分析和讨论，以提炼出具有理论意义和实践价值的观点。

7.1 信度和效度检验

本研究将运用探索性因子分析各变量内部结构的特性。对于进行探索性因子分析所需的最低样本容量，学术界尚未形成一致见解。一般认为，样本量应该是变量数的 5～10 倍，或者样本量应该是量表题项数目的 5～10 倍（许冠南，2008）。本次因子分析的变量数为 9 项，即契约治理、关系治理、VC 监控行为、VC 增值行为、创新能力、创新产出、过程公平、关系冲突和任务冲突，因此本次问卷调查收集的 264 份有效问卷可以进行探索性因子分析。

7.1.1 被解释变量

探索性因子分析的前提是样本数据的 KMO 值大于 0.7，Bartlett 统计值显著异于 0（马庆国，2002）。技术创新绩效的 KMO 值为 0.813，大于 0.8，且 Bartlett 球形检验的 χ^2 值为 609.142，其结果达到显著水平（P < 0.001），此统计值显著异于 0，因此适合进一步作因子分析。本研究针对 264 份问卷对所购建的 8 个创新绩效相关题项进行探索性因子分析。如表 7.1 所示，各题项按照预期归为 2 个因子，因子 1 标注为创新能力，因子 2 标注为创新产出。这两个因子解释了总体方差的 66.1%，其中因子 1 解释总方差的 38.6%，因子 2 解释总方差的 27.5%，且大部分因子载荷在 0.70 以上，可见技术创新绩效测量题项的效度较好。因子 1 与 2 的 Cronbach's α 系数分别为 0.804 和 0.741，表明其信度很高，显示出各测量题项之间有较好的内部一致性。

表 7.1　　**技术创新绩效的因子分析结果**

测量题项	因子载荷		Cronbach's α 系数
	因子 1	因子 2	
技术创新绩效 1			
技术创新绩效 2			0.837
技术创新绩效 3	0.721		
技术创新绩效 4	0.795		
技术创新绩效 5	0.881	0.816	
技术创新绩效 6	0.802	0.648	
技术创新绩效 7		0.790	0.801
技术创新绩效 8		0.774	

注：此表为旋转后的因子载荷矩阵，旋转方法为方差最大法（Varimax）。

7.1.2　解释变量

本研究的解释变量是 VC－E 合作治理机制，其两个维度分别是契约治理和关系治理，因其信度与效度的检验已在第四章中有所阐述，所以在此省略其信度与效度的检验过程。

7.1.3　中介变量

本研究的中介变量是 VC 投资后管理，其两个维度分别是 VC 监控行为和 VC 增值服务，下面分别对这两个变量进行信度和效度检验。

VC 监控行为的 KMO 样本测度和 Bartlett 球体检验结果为：KMO 值为 0.841，大于 0.8，且 Bartlett 球形检验的 χ^2 值为 701.068，其结果达到显著水平（P < 0.001），此统计值显著异于 0，因此适合作因子分析。本研究对 264 份样本所构建的 9 个 VC 监控行为的测量题项进行了探索性因子分析。如表 7.2 所示，各题项按照预期归为 3 个因子。因子 1 表示财务管理，因子 2 表示信息追踪，因子 3 表示控制权配置。这 3 个因子解释了总体方差的 63.2%，因子 1 解释了总体方差的 24.1%，因子 2 解释了总体方差的 20.6%，因子 3 解释了总体方差的 18.5%。VC 监控行为的测量题项的因子载荷值大部分在 0.7 以上，可见，此变量的效度比较好。表中 Cronbach's α 系数表示的是测量题项的信度，3 个因子的 Cronbach's α 系数分别为 0.830、0.771、0.784，均大于 0.7。因此，VC 监控行为的测量题项之间的内部一致性较好。

表 7.2　　　　　　　VC 监控行为的因子分析结果

测量题项	因子载荷			Cronbach's α 系数
	因子 1	因子 2	因子 3	
VC 监控行为 1				0.830
VC 监控行为 2				
VC 监控行为 3				
VC 监控行为 4	0.772	0.812		0.771
VC 监控行为 5	0.729	0.732		
VC 监控行为 6	0.705	0.695		
VC 监控行为 7			0.838	0.784
VC 监控行为 8			0.751	
VC 监控行为 9			0.723	

注：此表为旋转后的因子载荷矩阵，旋转方法为方差最大法（Varimax）。

VC 增值服务的 KMO 样本测度和 Bartlett 球体检验结果为：KMO 值为 0.809，大于 0.8，且 Bartlett 球形检验的 χ^2 值为 601.213，其结果达到显著水平（P < 0.001），此统计值显著异于 0，因此适合作因子分析。本研究对 264 份样本所构建的 9 个 VC 增值服务的测度题项进行了探索性因子分析。如表 7.3 所示，各题项按照预期归为 3 个因子。因子 1 表示为联盟资源整合，因子 2 表示为战略管理指导，因子 3 表示为后续融资帮助。这 3 个因子解释了总体方差的 61.2%，因子 1 解释了总体方差的 24.6%，因子 2 解释了总体方差的 19.1%，因子 3 解释了总体方差的 17.5%。VC 增值服务的测量题项的因子载荷值大部分在 0.72 以上，可见，此变量的效度比较好。表中 Cronbach's α 系数表示的是测量题项的信度，3 个因子的 Cronbach's α 系数分别为 0.847、0.821、0.806，均大于 0.7。因此，VC 增值服务的测量题项之间的内部一致性较好。

表7.3   VC增值服务的因子分析结果

测量题项	因子载荷			Cronbach's α 系数
	因子1	因子2	因子3	
VC增值服务1				0.847
VC增值服务2				
VC增值服务3				
VC增值服务4	0.835			0.821
VC增值服务5	0.802	0.771		
VC增值服务6	0.748	0.817		
		0.704		
VC增值服务7			0.722	0.806
VC增值服务8			0.811	
VC增值服务9			0.729	

注：此表为旋转后的因子载荷矩阵，旋转方法为方差最大法（Varimax）。

7.1.4 调节变量

本研究的调节变量有过程公平、关系冲突和任务冲突，其信度与效度的具体检验过程如下所示：

（1）过程公平的信度和效度检验

过程公平的KMO样本测度和Bartlett球体检验结果为：KMO值为0.827，大于0.8，其Bartlett球形检验的χ^2值为606.723，其结果达到显著水平（P < 0.001），表明相关矩阵间有共同因素存在，符合进一步作因子分析的要求。上述参数均表明，可以利用收集的数据对这3个题项的过程公平变量作因子分析，结果如表7.4所示：

表7.4   过程公平的因子分析结果

测量题项	因子载荷	Cronbach's α 系数
	1	
创业企业被迫接受风险投资家的经营理念	0.876	
风险投资家愿意向创业企业的经营理念妥协	0.853	0.863
风险投资家妨碍新观点的产生与发展	0.881	

注：此表为旋转后的因子载荷矩阵，旋转方法为方差最大法（Varimax）。

表7.4中数据显示，测量过程公平的3个题项按照预期归为一个因子，该因子解释了总体方差的63.7%，其测量题项的载荷值均大于0.8，可见其测量指标的效度非常好。该变量的 Cronbach's α 系数为0.863，此数值大于0.7。由此可见，过程公平的测量题项之间具有较好的一致性。

（2）关系冲突的信度和效度检验

关系冲突的 KMO 样本测度和 Bartlett 球体检验结果为：KMO 值为0.811，大于0.8，其 Bartlett 球形检验的 χ^2 值为624.019，其结果达到显著水平（P < 0.001），表明相关矩阵间有共同因素存在，符合进一步作因子分析的要求。上述参数均表明，可以利用收集的数据对这4个题项的关系冲突变量作因子分析，结果如表7.5：

表7.5   关系冲突的因子分析结果

测量题项	因子载荷	Cronbach's α 系数
	1	
与风险投资家合作中存在摩擦现象	0.717	
与风险投资家合作过程存在关系紧张现象	0.821	0.790
与风险投资家合作过程中经常有发怒现象	0.786	
与风险投资家合作过程中存在个人冲突	0.705	

注：此表为旋转后的因子载荷矩阵，旋转方法为方差最大法（Varimax）。

表 7.5 中数据显示，测量关系冲突的 4 个题项按照预期归为一个因子，该因子解释了总体方差的 60.8%，其测量题项的载荷值均大于 0.7，可见其测量指标的效度非常好。该变量的 Cronbach's α 系数为 0.790，此数值大于 0.7。由此可见，关系冲突的测量题项之间具有较好的一致性。

（3）任务冲突的信度和效度检验

任务冲突的 KMO 样本测度和 Bartlett 球体检验结果为：KMO 值为 0.809，大于 0.8，其 Bartlett 球形检验的 χ^2 值为 611.003，其结果达到显著水平（P < 0.001），表明相关矩阵间有共同因素存在，符合进一步作因子分析的要求。上述参数均表明，可以利用收集的数据对这 4 个题项的任务冲突变量作因子分析，结果如表 7.6 所示：

表 7.6　　　　　　　**任务冲突的因子分析结果**

测量题项	因子载荷	Cronbach's α 系数
	1	
与风险投资家合作中存在任务解决办法的分歧	0.801	
与风险投资家合作中存在任务规划方案的分歧	0.736	0.773
与风险投资家合作中存在任务目标的分歧	0.722	
与风险投资家合作中存在与工作相关的冲突	0.754	

注：此表为旋转后的因子载荷矩阵，旋转方法为方差最大法（Varimax）。

表 7.6 中数据显示，测量任务冲突的 4 个题项按照预期归为一个因子，该因子解释了总体方差的 63.4%，其测量题项的载荷值均大于 0.7，可见其测量指标的效度非常好。该变量的 Cronbach's α 系数为 0.773，此数值大于 0.7。由此可见，任务冲突的测量题项之间具有较好的一致性。

7.2 相关分析

研究中涉及的各变量存在一定程度的相关是进行回归分析的前提条件。由此本研究首先计算被解释变量、解释变量、中介变量、调节变量与控制变量的描述性统计与各变量两两之间的简单相关系数，结果如表 7.7 所示。数据显示，契约治理、关系治理分别与 VC 监管行为、VC 增值服务均有显著的相关关系；契约治理、关系治理分别与创新能力、创新产出有显著的相关关系；VC 监管行为、VC 增值服务分别与创新能力、创新产出有显著的相关关系；过程公平、关系冲突、任务冲突分别与创新能力与创新产出有显著的相关关系。这些结果初步显示了本研究假设预期的合理性，同时也为这些假设预期提供了初步的证据。后文将采用层级回归分析方法将这些变量之间的关系作出更为精确的验证。

表7.7

描述性统计分析与各变量间相关关系

变量	均值	方差	1	2	3	4	5	6	7	8	9	10	11	12
控制变量														
1 企业初创期	0.23	0.27	1											
2 企业发展期	0.72	0.98	.161	1										
3 企业规模	0.00	0.75	.182*	.113	1									
自变量														
4 契约治理	3.29	1.054	.219**	−.176**	.121*	1								
5 关系治理	2.05	0.980	−.016	.128	.206***	.223***	1							
中介变量														
6 VC监管行为	3.23	0.963	.033	−.095*	.229**	.319**	−.136	1						
7 VC增值服务	2.43	0.957	.098*	.077*	.183*	−.125*	.364*	−.017*	1					
调节变量														
8 过程公平	2.16	1.077	.074**	.108***	.136*	.246*	.252***	.104**	.243*	1				
9 关系冲突	3.06	0.926	.116***	.087*	.295***	−.121**	−.294*	.075	.012*	−.006***	1			
10 任务冲突	3.12	0.942	.052*	.074*	.252*	−.109**	−.163***	.128***	.015	.163*	.128**	1		
因变量														
11 创新能力	2.67	0.978	.037*	.099**	.115*	−.076*	.358**	−.112**	.347**	.083***	−.226*	.371**	1	
12 创新产出	2.98	1.130	.042*	.068*	.173**	.327*	.294*	.103*	.295*	.110*	−.157**	.402***	.435***	1

注：表示显著性水平 * P < 0.05，** P < 0.01，*** P < 0.001，双尾检验，回归系数均为标准值.

7.3 层级回归分析

7.3.1 VC - E 合作治理机制对技术创新绩效关系的层级回归分析

本研究所有数据采用 SPSS 16.0 进行信度、效度、相关分析、层级回归分析。数据的处理方法依据 Yoo 和 Donthu 的方法计算潜变量的综合得分。分析 VC - E 合作治理机制对技术创新绩效的影响效应时，涉及契约治理及其平方项、VC 监控行为及其平方项对技术创新绩效的回归分析，验证契约治理与技术创新绩效、VC 监控行为与技术创新绩效的倒 U 曲线关系。其中对于 VC 监控行为与 VC 增值服务的中介作用的验证依据 Baron 和 Kenny 提出的中介作用判定条件而进行。具体包括：①中介变量对自变量进行回归，回归系数达到显著水平；②因变量对自变量进行回归，回归系数达到显著水平；③因变量对中介变量进行回归，回归系数达到显著水平；④因变量同时对自变量和中介变量回归，中介变量的回归系数达到显著水平，自变量的回归系数减少。当自变量的回归系数减少到不显著水平时，中介变量此时起着完全中介作用；当自变量的回归系数明显减少，但仍达到显著水平，则中介变量只起着部分中介作用。

（1）VC - E 合作治理机制与技术创新绩效关系

根据研究问题的特性，本研究选用层级回归分析来验证 VC - E 合作治理机制与技术创新绩效两个维度即创新能力与创新产出之间的关系。表 7.8 给出了 VC 投资后管理对自变量的回归分析和创新绩效对自变量的回归分析的标准化回归系数，总共估计 6 个模型。模型的被解释变量分别为创新能力、创新产出、VC 监控行为、VC 增值服务。模型 1 的解释变量是控制变量。模型对创新能力的解释力度为 $R^2 = 0.316$（$P < 0.001$），对创新产出变异的解释为 $R^2 = 0.285$（$P < 0.001$）。模型 2 在控制变量的基础上增加了 VC－E 合作治理机制的两个维度即契约治理和关系治理。对创新能力变异的解释有所增加（$\triangle R^2 = 0.113$，$P < 0.001$），对创新产出变异的解释也有所增长（$\triangle R^2 = 0.132$，$P < 0.001$）。模型 3 在模型 2 的基础上加入了契约治理的平方项，对创新能力和创新产出变异的解释也显著增加。其增加的解释度分别为 $\triangle R^2 = 0.154$（$P < 0.001$），$\triangle R^2 = 0.147$（$P < 0.001$）。由表 7.8 可知，契约治理对创新能力直线相关系数 β 为 0.137 且统计显著（$P < 0.05$），同时契约治理的平方对创新能力呈显著负相关（$P < 0.05$），因此契约治理与创新能力之间存在倒"U"形非线性关系，假设 5a 得到支持。契约治理对创新产出直线正相关关系显著（$P < 0.05$），契约治理的平方对创新产出呈显著负相关（$P < 0.01$），因此契约治理与创新产出之间存在倒"U"形关系，假设 5b 得到验证。关系治理对创新能力呈显著正相关关系（$P < 0.05$），对创新产出也呈现出显著正相关关系（$P < 0.001$），因此关系治理对创新能力有正向促进作用，对创新产出有正向促进作用，假设 6a、6b 得到验证。

表 7.8　VC 投资后管理对自变量的回归分析及创新绩效对自变量的回归分析

变量	Model 1 创新能力	Model 1 创新产出	Model 2 创新能力	Model 2 创新产出	Model 3 创新能力	Model 3 创新产出	Model 4 vc 监控	Model 4 vc 增值	Model 5 vc 监控	Model 5 vc 增值	Model 6 vc 监控	Model 6 vc 增值
常数项	2.316**	1.978*	1.907*	1.686*	1.625**	1.395*	-.713*	.912***	-1.056*	.786**	-2.066*	.615*
控制变量												
企业初创期	.064*	.052*	.049*	.045*	.026**	.019	.015***	.149*	.011**	.121*	.008*	.110
企业发展期	.170***	.124**	.136*	.107**	.105*	.083*	.029+	.125	.017	.109*	.012	.098*
企业规模	.118***	-.094**	.075*	-.108**	.043***	-.121**	-.018**	.094*	-.125***	.058*	-.229**	.043*
自变量												
契约治理			.137*	.363*	.176+	.139*			.128**	.104*	.119**	.092*
关系治理			.513*	.491***	.501***	.472***			-.226***	.337***	-.246*	.314***
契约治理²					-.126**	-.154***					.196	-.132***
模型统计量												
R^2	.316	.285	.429	.417	.583	.564	.236	.259	.305	.317	.325	.349
调整后 R^2	.301	.271	.405	.398	.570	.549	.219	.244	.283	.302	.314	.336
F	20.825***	18.835***	22.067***	24.162***	26.053***	24.049***	35.216***	19.486***	25.089***	32.285***	23.716***	42.285***

注:被解释变量是创新能力和创新产出;表中回归系数为标准化的回归系数;N=264;P+<0.10;P*<0.05;P**<0.01;P***<0.001

（2）VC-E合作治理机制与VC投资后管理关系

表7.8也报告了分别以VC投资后管理两个维度即VC监控行为和VC增值服务为因变量，逐步加入控制变量、契约治理、关系治理、契约治理平方作为自变量进行层级回归分析的标准化回归系数。结果表明，仅考虑控制变量对两个VC投资后管理因子变异的解释分别是 $R^2 = 0.236$（$P < 0.01$）、$R^2 = 0.259$（$P < 0.001$）；放入契约治理和关系治理之后，对VC监控行为、VC增值服务因子变异的解释有所增加；而放入契约治理的平方项后，对两个VC投资后管理因子变异的解释也显著增加。

根据分析表7.8的数据，本书验证了契约治理与VC投资后管理的关系。①契约治理与VC监控行为的线性相关系数是0.128（$P < 0.01$），但是契约治理的平方与VC监控行为的相关关系不显著，因此契约治理与VC监控行为存在正相关关系。假设1a得到支持。②契约治理与VC增值服务的线性相关关系 β 是0.104（$P < 0.05$），且契约治理的平方与VC增值服务的相关系数 β 为 -0.132（$P < 0.001$），因此契约治理与VC增值服务存在倒"U"形非线性关系。假设1b得到实证数据支持。

关系治理与VC投资后管理的关系为：①关系治理与VC监控行为的线性相关系数 β 是 -0.226（$P < 0.001$），说明关系治理与VC监控行为存在负相关关系，即假设2a得到支持。②关系治理与VC增值服务的线性相关系数 β 是0.337（$P < 0.01$），显示关系治理与VC增值服务之间存在正相关关系，即关系治理程度越高，VC增值服务效果越好，假设2b得到验证。

表7.8中数据显示，在新的变量介入之后，部分原有变量的显著性发生了变化。模型6较之模型5中关系治理的 β 系数

和契约治理 β 系数都有所下降且显著性发生变化。这表明风险投资家与创业企业家因投资项目而形成的合作关系治理中，关系治理机制对契约治理机制具有一定程度的替代作用。即创业企业更偏好两者之间的合作应由成本更低的关系治理机制来保障实施。

（3）VC 投资后管理与技术创新绩效关系

表 7.9 报告了以技术创新绩效为被解释变量，逐步加入控制变量、VC 监控行为、VC 增值服务、VC 监控行为平方因子作解释变量进行层级回归分析的标准化回归系数。结果表明，仅考虑控制变量对创新能力和创新产出变异的解释为 $R^2 =$ 0.316 （P<0.001）、$R^2 =0.285$ （P<0.001），放入 VC 监控行为、VC 增值服务因子后，对其变异解释有较大的增加，即对创新能力因子变异的解释增加了 $\triangle R^2 = 0.113$ （P<0.001），对创新产出因子变异的解释增加了 $\triangle R^2 = 0.132$ （P<0.001）。分析回归结果，在模型 8 中，VC 监控行为对创新能力的线性相关系数 β 为 -0.127 （P<0.05），说明两者线性负相关，在模型 9 中，VC 监控行为的平方对创新能力的相关系数 β 变为 -0.176 （P<0.001），显示 VC 监控行为与创新能力之间呈显著负相关关系。假设 3a 部分得到支持。另外，VC 监控行为对创新产出的线性相关系数 β 是 0.210 （P<0.001），模型 9 中 VC 监控行为平方与创新产出的相关系数 β 是 -0.149，在 P<0.01 显著异于 0，因此 VC 监控行为与创新产出呈现倒"U"形非线性关系，假设 3b 被支持。VC 增值服务与技术创新绩效的回归分析结果为：模型 8 中，VC 增值服务与创新能力的线性相关系数 β 是 0.351 （P<0.001），模型 9 中因加入 VC 监控行为的平方项，与创新能力的相关系数 β 下降为 0.326 （P<0.01），统计仍然显著，说明 VC 增值服务与创新能力呈正相关关系，假设 4a 得到支持。同时发现，VC 增值服

务与创新产出的相关系数 β 是 0.304（P < 0.01），模型 9 中因 VC 监控行为的平方项的影响，β 系数下降为 0.285（P < 0.05），说明 VC 增值服务与创新产出是正相关关系，假设 4b 被支持。

表 7.9　技术创新绩效对 VC 投资后管理的回归分析

变量	Model 7		Model 8		Model 9	
	创新能力	创新产出	创新能力	创新产出	创新能力	创新产出
常数项	2.316**	1.978*	1.826	1.572*	1.274*	1.083***
控制变量						
企业初创期	.064*	.052*	.037*	.028**	.016	.013*
企业发展期	.170**	.124**	.153***	.103*	.129***	.075*
企业规模	.118***	-.094**	.109*	-.096	.085*	-.122*
解释变量						
VC 监控行为			-.127*	.210***	-.205	.178
VC 增值服务			.351***	.304**	.326**	.285*
VC 监控行为^2					-.176***	-.149**
模型统计量						
R^2	.316	.285	.392	.375	.429	.417
调整后 R^2	.301	.271	.376	.353	.406	.392
F	20.825***	18.835***	27.692***	24.568**	30.129***	25.763***

注：被解释变量是创新能力和创新产出；表中回归系数为标准化的回归系数；N =264；P $^+$ <0.10；P * <0.05；P** <0.01；P*** <0.001。

（4）VC 投资后管理的中介作用

表 7.10 显示了以技术创新绩效为被解释变量，加入控制变量之后，再同时将契约治理、关系治理、契约治理平方、VC 监控行为、VC 增值服务等因子作解释变量进行回归分析的标准化回归系数，结果表明，仅考虑控制变量对技术创新绩效的两个维度即创新能力和创新产出因子变异的解释分别为 $R^2 = 0.316$（P < 0.001）、$R^2 = 0.285$（P < 0.001），放入契约治理、关系治理、契约治理平方、VC 监行为、VC 增值服务之后，对创新能力和创新产出因子变异的解释显著增加了 $\triangle R^2 = 0.286$（P < 0.001），$\triangle R^2 = 0.306$（P < 0.001），说明

引入 VC 监控行为、VC 增值服务之后，对创新能力、创新产出变异的解释有较大的增加。

表 7.10　　　　**技术创新绩效同时对自变量**

和中介变量回归分析

变量	Model10		Model11		Model12	
	创新能力	创新产出	创新能力	创新产出	创新能力	创新产出
常数项	2.316**	1.978 *	1.625**	1.395 *	1.377***	1.186 *
控制变量 企业初创期 企业发展期 企业规模	.064 * .170** .118***	.052 * .124** -.094**	.026** .105 * .043***	.019 .083 * -.121**	.011 * .092*** .094 *	.008 .056 -.127**
自变量 契约治理 关系治理 契约治理^2			.176 $^+$ .501*** -.126 *	.139 * .472*** -.154**	.158 * .477** -.225**	.117 $^+$ .406** -.263 *
中介变量 VC 监控行为 VC 增值服务					.179*** .253***	.138*** .228**
模型统计量 R^2 调整后 R^2 F	.316 .301 20.825***	.285 .271 18.835***	.583 .570 26.433**	.564 .549 24.049**	.602 .581 43.112***	.591 .572 37.682***

注：被解释变量是创新能力和创新产出；表中回归系数为标准化的回归系数；$N = 264$；$P^+ < 0.10$；$P^* < 0.05$；$P^{**} < 0.01$；$P^{***} < 0.001$。

依据 Baron 和 Kenny 提出的中介作用判定条件，可以分析 VC 投资后管理的中介作用。鉴于 VC 投资后管理的两个维度分别是 VC 监控行为和 VC 增值服务，所以本章分别分析这两个因子的中介作用。

①VC 监管行为对技术创新绩效的中介作用。当被解释变量为创新能力时，VC 监管行为与创新产出的回归系数 β 是 0.179（$P < 0.001$），存在显著正相关关系，同时模型 11 中契约治理与创新能力的线性相关系数 β 是 0.176（$P < 0.1$），契约治理平方与创新能力的相关系数 β 为 -0.126（$P < 0.05$）；

模型 12 中契约治理与创新能力的相关系数 β 下降为 0.158（P < 0.05），契约治理平方与创新能力的相关系数 β 下降为 -0.225（P < 0.01），说明契约治理和契约治理平方与创新能力的相关回归系数明显减少，但仍比较显著，因此，VC 监管行为对契约治理与创新能力的关系存在部分中介作用。当解释变量为关系治理时，发现在模型 11 中，关系治理与创新能力的回归系数 β 为 0.501（P < 0.001）。在模型 12 中，关系治理与创新能力的回归系数 β 下降为 0.477（P < 0.01），显示关系治理和创新能力的回归系数显著减少，且统计显著，因此 VC 监控行为在关系治理与创新能力关系中存在部分中介作用。当被解释变量为创新产出时，VC 监管行为与创新产出的相关系数 β 是 0.138（P < 0.001），存在显著正相关关系。同时模型 11 中，契约治理与创新产出的线性回归系数 β 是 0.139（P < 0.05），契约治理的平方与创新产出的相关系数 β 为 -0.154（P < 0.01），模型 12 中契约治理与创新产出的线性相关系数 β 下降为 0.117（P < 0.10），统计比较显著，契约治理平方与创新产出的线性相关系数 β 下降为 -0.263（P < 0.05），说明契约治理、契约治理平方与创新产出的回归系数明显减少，统计意义比较显著，因此 VC 监控行为对于契约治理与创新产出关系之间存在部分中介作用。而模型 11 中关系治理与创新产出的相关系数 β 是 0.472（P < 0.001），在模型 12 中，关系治理与创新产出的相关系数 β 下降为 0.406（P < 0.01），说明关系治理与创新产出的相关系数明显减少，且统计意义显著，因此 VC 监控行为对关系治理与创新产出的关系存在部分中介作用。

②VC 增值服务对技术创新绩效的中介作用。当被解释变量是创新能力时，模型 11 中 VC 增值服务与创新能力的回归系数是 0.253（P < 0.001），说明两者呈现显著的正相关关系。

且模型 12 与模型 11 相比较，契约治理、契约治理平方与创新产出的相关系数 β 明显减少，但仍达到比较显著的水平，因此 VC 增值服务在契约治理与创新能力之间承担部分中介作用。关系治理与创新产出的相关系数由原来的 0.501 下降到 0.477，且统计意义显著，说明 VC 增值服务在关系治理与创新能力之间承担部分中介作用。当被解释变量是创新产出时，VC 增值服务与创新产出的回归系数 β 是 0.228（P < 0.01），显示两者存在比较显著正相关关系。且模型 12 与模型 11 相比较，契约治理、契约治理平方与创新产出的相关系数 β 明显减少，但仍达到比较显著的水平，因此 VC 增值服务在契约治理与创新产出之间承担部分中介作用。关系治理与创新产出的回归系数 β 由原来的 0.472 下降为 0.406，且统计意义显著，所以 VC 增值服务在关系治理与创新产出之间承担部分中介作用。

7.3.2 VC 投资后管理对技术创新绩效关系的调节效应检验

（1）任务冲突的调节作用

表 7.11 的数据显示了任务冲突在 VC 投资后管理与技术创新绩效之间的调节作用。与模型 1 相比，模型 2 的 R^2 值有显著的提高（P < 0.001），这说明任务冲突的介入对创新能力和创新产出因子变异有着重要的解释作用。模型 2 中的数据显示，任务冲突对创新能力的相关系数 β 值为 0.259，且在 P < 0.001 水平上显著异于 0，意味着任务冲突对创新能力有显著的正向影响。任务冲突与 VC 监控行为、任务冲突与 VC 增值服务的交叉项系数分别是 0.196（P < 0.01）、0.255（P < 0.001），上述数据显示任务冲突正向调节 VC 监控行为与创新能力的关系，以及任务冲突正向调节 VC 增值服务与创新能力

的关系，因此假设 7a、假设 7c 得到实证数据的支持。模型 4～模型 6 的数据显示，当被解释变量是技术创新绩效的另一个维度即创新产出时，与模型 4 相比，调节变量任务冲突的介入使 R^2 增至 20.647（P < 0.01），交叉项任务冲突×VC 监控行为、任务冲突×VC 增值服务的介入有使 R^2 增加到 23.431（P < 0.001），表示模型的解释度随着交叉项的参与随之而增加。模型 5 显示，任务冲突对创新产出的回归系数 β 值为 -0.121，且在 P < 0.05 水平上显著异于 0，意味这任务冲突对创新产出有显著的负向影响，同时模型 6 中，任务冲突×VC 监控行为、任务冲突×VC 增值服务的回归系数分别为 -0.108（P > 0.10）、-0.162（P < 0.05），说明任务冲突负向调节 VC 监控行为与创新产出的关系以及任务冲突负向调节 VC 增值服务与创新产出的关系，由此假设 7b、假设 7d 没有通过验证。

表 7.11 VC 投资后管理与技术创新绩效关系的调节变量

变量	创新能力			创新产出		
	Model 1	Model 2	Model 3	Model 4	Model 5	Model 6
常数项	2.316**	1.974+	1.530**	1.978*	1.602	1.335*
控制变量						
企业初创期	0.064*	0.049+	0.018*	0.052*	0.038**	0.013+
企业发展期	0.170**	0.129***	0.113**	0.124**	0.111	0.074+
企业规模	0.118***	0.106**	0.073*	-0.094**	-0.107***	-0.152*
自变量						
VC 监控行为		0.228**	0.127**		0.224**	0.213*
VC 增值服务		0.413***	0.322**		0.303*	0.286+
调节变量						
任务冲突		0.259***	0.246*		-0.121*	-0.225**
关系冲突		-0.325**	-0.368**		-0.346**	-0.474***
过程公平		0.263***	0.239*		0.250**	0.233*

表7.11（续）

变量	创新能力			创新产出		
	Model 1	Model 2	Model 3	Model 4	Model 5	Model 6
交叉项						
任务冲突×VC 监控行为			0.196 **			－0.108
任务冲突×VC 增值服务			0.255 ***			－0.162 *
关系冲突×VC 监控行为			－0.228 *			－0.315 *
关系冲突×VC 增值服务			－0.165 *			－0.172 *
过程公平×VC 监控行为			0.137 **			0.268 ***
过程公平×VC 增值服务			0.146 ***			0.339 **
模型统计量						
F	20.825 ***	32.181 ***	37.802 ***	18.835 ***	20.647 ***	23.431 ***
R^2	0.316	0.402	0.425	0.285	0.316	0.362
Ad R^2	0.301	0.385	0.410	0.271	0.301	0.349

注：被解释变量是创新能力和创新产出；表中回归系数为标准化的回归系数；$N=264$；$P^+<0.10$；$P^*<0.05$；$P^{**}<0.01$；$P^{***}<0.001$。

（2）关系冲突的调节作用

表7.11 的数据显示了关系冲突与技术创新绩效之间的调节作用。由于技术创新绩效由创新能力和创新产出两个维度构成，所以本书分别考察调节变量对他们的影响。首先，当被解释变量是创新能力时，与模型1 相比，加入调节变量关系冲突之后的 R^2 有显著提高（$P<0.001$），说明关系冲突对创新能力有重要的解释作用。模型3 加入关系冲突的交叉项后，R^2 同样有显著提高（$P<0.001$），表示模型的解释度更高，调节效应显著。从模型2 可以得知，关系冲突对创新能力的回归系数 β 值为 －0.325（$P<0.01$），意味着关系冲突对创新能力有显著的负向影响。模型3 中，关系冲突×VC 监控行为、关系冲突×VC 增值服务的回归系数分别是 －0.228（$P<0.05$）、－0.165（$P<0.05$），这些数据显示关系冲突的负向调节作用明显。即关系冲突在 VC 监控行为与创新能力之间存在负向调节作用，以及关系冲突在 VC 增值服务与创新能力之间存在负向调节作用，假设 8a、假设 8c 得到验证。其次，当

被解释变量是创新产出时，与模型4相比，加入调节变量关系冲突之后的R^2有显著提高（$P<0.001$），说明关系冲突对创新产出有重要的解释作用。模型6加入关系冲突的交叉项后，R^2同样有显著提高（$P<0.001$），表示模型的解释度更高，调节效应显著。由模型5可以得知，关系冲突对创新产出的回归系数β值为-0.346（$P<0.01$），显示出关系冲突对创新产出有显著的负向影响。模型6中，关系冲突×VC监控行为、关系冲突×VC增值服务的回归系数分别是-0.315（$P<0.01$）、-0.172（$P<0.05$），这些数据意味着关系冲突的负向调节效应明显。关系冲突在VC监控行为与创新产出之间存在负向调节作用，以及关系冲突在VC增值服务与创新产出之间存在负向调节作用，假设8b、假设8d得到实证数据支持。

（3）过程公平的调节作用

表7.11的数据显示了过程公平与技术创新绩效之间的调节作用。首先考察被解释变量为创新能力时过程公平的调节效应。与模型1相比，加入调节变量过程公平之后的R^2有显著提高（$P<0.001$），说明过程公平对创新能力有重要的解释作用。模型3加入过程公平的交叉项后，R^2同样有显著提高（$P<0.001$），表示模型的解释度更高，调节效应显著。模型2数据显示，过程公平对创新能力的回归系数是0.263，且在$P<0.001$水平上显著异于0，说明过程公平对创新能力有显著的正向影响。在模型3中，过程公平×VC监控行为、过程公平×VC增值服务的回归系数分别是0.137（$P<0.01$）、0.146（$P<0.001$），这些数据显示过程公平起着显著的正向调节作用。即过程公平在VC监控行为与创新能力之间存在正向调节作用，以及过程公平在VC增值服务与创新能力之间存在正向调节作用。假设9a、假设9c得到实证数据的支持。其次分析被解释变量为创新产出时过程公平起到的调节效应。与模型4

相比，加入调节变量过程公平之后的 R^2 有显著提高（P < 0.001），说明过程公平对创新产出有重要的解释作用。模型 6 加入过程公平的交叉项后，R^2 同样有显著提高（P < 0.001），表示模型的解释度更高，调节效应显著。模型 5 中相关数据显示，过程公平对创新产出的回归系数 β 值为 0.250，且在 P < 0.01 水平上显著异于 0，意味着过程公平对于创新产出有显著的正向影响。模型 6 中相关交叉项过程公平 × VC 监控行为、过程公平 × VC 增值服务的回归系数分别是 0.268（P < 0.001）、0.339（P < 0.01），这些数据显示过程公平起着显著的正向调节作用。即过程公平在 VC 监控行为与创新产出之间存在正向调节作用，以及过程公平在 VC 增值服务与创新产出之间存在正向调节作用。假设 9b 与假设 9d 通过检验。

7.3.3　结果分析与讨论

建设创新型国家已经成为我国未来发展的基本战略。而实现该目标的重要举措之一就是加快以科技型创业企业为主体的技术创新体系，引导和支持创新要素向创业企业聚集，促进科技成果向现实生产力转化。作为高科技产业发展的发动机和催化剂的风险投资，以高效的市场化的融资机制成为推动科技成果商业化的核心金融服务方式。在工业经济社会建立的传统银行金融服务机制，不能适应融资供给和专业管理供给于一体的支撑高新技术产业发展的金融服务需求。而风险投资产生、发展、成熟的轨迹与高新技术产业产生、发展、成熟的轨迹相吻合。知识经济社会的高新技术产业和风险投资互促共荣，相辅相成。不过，在现实中，风险投资支持的科技型创业企业成功几率不高，合作项目失败的情况仍然比较普遍。对此，本研究聚焦于风险投资家和创业企业家就投资项目运行的合作过程，从合作治理的角度分析如何通过 VC - E 合作关系的有效治理，来提升科技型创业企业的技术创新绩效。

　　本研究根据有关文献，结合对科技型创业企业的实地访谈的结果，提出了VC－E合作关系治理机制、VC投资后管理与技术创新绩效的概念模型，同时提出过程公平、任务冲突和关系冲突的调节作用的相关假设。层级回归的实证研究方法对文中的假设进行检验，具体分为以下三个步骤：第一，以VC投资后管理的两个维度即VC监控行为和VC增值服务为因变量，依次引入控制变量和自变量即契约治理和关系治理来分析主效应。第二，以技术创新绩效为因变量，分析契约治理、关系治理与技术创新绩效的关系。第三，分析过程公平、任务冲突和关系冲突的调节效应。其中，在分析调节效应时，本研究对相关变量进行了中心化处理来避免回归分析中多重共线性问题。

　　上述层级回归分析结果表明，假设1a、假设1b、假设2a、假设2b、假设3b、假设4a、假设4b、假设5a、假设5b、假设6a、假设6b、假设7a、假设7c、假设8a、假设8b、假设8c、假设8d、假设9a、假设9b、假设9c、假设9d均得到实证数据的支持；假设3a得到部分验证；假设7b和假设7d未得到实证支持。

　　（1）VC－E合作治理机制与技术创新绩效

　　VC－E合作治理机制的两个维度即契约治理和关系治理是保证风险投资项目实现技术创新绩效的重要机制。其中，契约治理是通过风险投资家和创业企业家双方都认可的契约条款对因投资项目而形成的合作关系的产生、合作关系的管理和合作关系的变更等作出的具有法律效率的规定。因此契约治理能够明确风险投资家和创业企业家之间的权利和责任，保证合作双方的利益。但是，由于受到"有限理性"以及环境动态性等因素的影响，风险投资家和创业企业家不能达成完备的契约来应对合作过程中的各种意外，尤其是对于以技术知识市场化运作为核心的风险投资项目合作，契约治理存在明显的不足。在此背景下，关系治理作为重要的治理机制受到了重视。关系治理就是通过信息交流、积极参与等途径来促进风险投资家和创业企业家之间的合作。借助关系治理，风险投资家和创业企业家之间能够互相了解、相互沟通，从而有助于合作的顺利进行。

本研究通过问卷调查的方式，获取了 264 份有效问卷，并利用层级回归的实证分析方法，对 VC－E 合作治理机制与技术创新绩效进行初步研究，鉴于本研究将 VC－E 合作治理机制划分为契约治理和关系治理两个维度，以及将技术创新绩效划分为创新能力和创新产出两个维度，下面分别分析这些变量之间经过实证研究所发现的影响效应。

①契约治理与创新能力、创新产出

契约治理是一种高成本的合作治理手段，主要通过某种明确的契约条款对经济活动主体的行为进行治理。它往往以明确的法律、制度和组织规范对合作伙伴产生约束力。本研究的实证结果进一步拓展了此理论，即在风险投资家和创业企业家合作情境下，VC－E 合作的契约治理机制与创新能力呈倒"U"形关系。表 7.8 中模型 2 检验了契约治理对技术创新绩效的两个维度即创新能力和创新产出的影响。结果显示，契约治理与创新能力的关系与假设 5a 刻画的两个变量关系相同，即契约治理与创业企业的创新能力呈倒"U"形非线性关系，这表明假设 5a 得到支持。契约治理中，法律系统是基础，它通过法庭对欺骗行为的严厉惩处以及由此形成威慑力约束合作伙伴的机会主义行为，合作交易成员之间通过签订具有法律保障的正式契约，并在契约没有得到有效执行时求助于法院等第三方权威机构以纠正机会主义行为。在风险投资家和创业企业家初次建立合作关系时，因双方彼此间不熟悉，存在信息不对称的问题，契约复杂度的上升能够确保双方有效规避机会主义行为，尤其是第三方严惩违约行为的执行机制，保障双方在合作关系中的利益不受到侵害，由此促进风险投资家和创业企业家之间专有技术知识的相互流动，提升了创业企业家的创新能力。不过，随着契约复杂程度的不断上升，当超过某一临界点后，过于严格的契约治理将会对风险投资家和创业企业家合作关系产生不利影响。究其原因，本研究认为，科技型创业企业不同与传统制造业的企业，"知识型员工"是该类型企业的核心资源以及价值增值的源泉，同时富有开拓精神的创业企业家是企业成功运行的保证。与一般企业家不同，他们有较强烈的梦想和理想，有着强烈的创新动机，喜欢标新立异，乐于开创前所未有的事业，过分的束缚会限制其创新思维的发展。鉴于此，对科技型创业企业家之间的合作不能完全按照传统企业理论来约束其行为，为了保证创业企业创新能力的提升，必须给予创业企业家足够的发展空间。契约治理与创新能力之间的倒"U"形关系说明 VC－E 合作过程中，过多使用契约治理会影响到创业企业创新能力的提升，只有适度程度的契约治理才能有效抑制风险投资家和创业企业家合作各方的机会主义行为，同时又不会引发双方的不信任进而影响创新能力的提升。

本研究结果表明，契约治理与创新产出呈倒"U"形非线性相关。根据交易成本理论，风险投资家和创业企业家之间的信息不对称可导致彼此间交易费用的提高。而契约治理可在信息不对称与交易费用之间寻求平稳点以实现生产的高度专业化，一旦专业化带来的创新产出效益超过交易费用的增加，则此时契约治理就是有效的（杨小凯，1997）。契约治理带来的专业化经济的基础是交易主体知识的累积。专业化的实质是生产者的知识结构的专业化，即生产者积累其专业知识的过程（汪丁丁，1997）。由此可见，专业化经济是内生于知识的积累过程。知识不仅包括明示的显性知识，还包括隐形、只可意会的默会性知识。当风险投资家和创业企业家因投资项目建立交易关系时，双方的显性知识成为外在的谈判力，并以此为信号，向对方显示自己拥有默会知识的分量。此类默会知识为局部化知识，在博弈过程中作为风险投资家或创业企业家的专有信息。契约治理幅度越大，专业化程度越高，风险投资家或创业企业家累积的专有化信息越多，"敲竹杠"的动机也就越强，无形之中的机会主义风险也就越大。所以，契约治理引发的专业化经济出现之后，默会知识会在风险投资家和创业企业家中不断累积，由此产生单边、双边的信息垄断。以创业企业家来说，由于其拥有创新技术和能力，具有丰富的专有化知识，若其不能在创业企业成功运作中分享合作收益，风险投资家很难激励创业企业家充分展示自身的默会知识。因为在一般情况下，尤其是信息不对称背景下，创业企业家的显性知识已经足以应付风险投资家的监督。若 VC－E 合作过程中，过分地使用契约治理，只会造成企业决策时滞问题。创业企业家因过于严格的契约条款拒绝充分展示其默会知识，以低效率的显性知识带来的创新产出应对风险投资家的监控。另一方面，由于创新产出源自创业企业家的默会知识，契约治理是无法获取创业企业家努力程度的完备信息，因而无法保证风险投资家经营决策的正确性。风险投资家经营决策出现的偏差越大，科技型创业企业的创新产出效率越低。

上述研究结果证实了 Granovetter（1998）的理论观点。该学者认为，契约治理在交易主体建立合作关系初期是有效的，然而随着时间的推移，过分地强调契约治理将损害合作绩效。因此，对于风险投资家和创业企业家来说，契约治理在 VC－E 合作关系治理过程中是一把"双刃剑"，双方如何准确地把握契约治理的强度，避免过高程度的契约治理所导致的负面作用，在一定程度上体现了合作关系治理的艺术性。

②关系治理与创新能力、创新产出

上文已经指出，VC－E合作关系的治理机制分为契约治理机制和关系治理机制。虽然契约治理机制在VC－E合作中能够发挥积极的作用，但是受到有限理性和交易成本的约束，使得以契约为载体的契约治理机制也存在明显不足。因此关系治理机制作为非正式治理机制在某些方面弥补甚至代替了契约治理机制。本研究有力支持了VC－E合作之间的关系治理机制是影响创新能力、创新产出的重要因素。关系治理就是通过开放式信息交流、信任、积极参与与共同解决问题等途径来促进风险投资家和创业企业家之间的合作。借助关系治理，风险投资家和创业企业家之间能够相互了解、相互沟通，共同解决技术创新过程中的突发性问题，从而形成相互信任的关系，保证技术知识的转移和交流。科技型创业企业的创新能力实质上是一种学习能力，其中包含了知识转移、知识扩散、知识吸收和知识利用能力。Cohen & Levinthal（1990）指出企业创新能力主要表现为对知识的吸收能力。企业内外部知识不会自动转化为创新，只有通过吸收能力的"二次创造"才能转化为创新性的技术知识。创新能力包含两个方面：一是个体发挥最大的潜能并愿意分享知识；二是系统的交互性（如企业之间的合作与互动等）产生的网络性创新（谢庆华，黄培清，2008）。现代创新理论认为，系统的交互性是比个体创新更为重要的创新因素，借助外源创新资源是推动企业创新的有效方式之一。风险投资家与创业企业家之间的关系治理以开放式沟通、信息共享、信任和共同解决问题的方式促进创业企业的知识吸收能力，并向其提供大量的创新网络资源而拓展其创新系统的交互性，由此关系治理对创业企业家的创新能力有正向推动作用。

　　创新产出是企业在新的设计、产品、流程以及管理系统方面的创新成就，主要表现为新思路、新观点的市场化衡量。狭义的创新产出是指对企业实际引入市场的发明创造的价值衡量；广义的创新产出是指一个新想法的诞生到一个新发明进行市场化阶段中一系列成果的衡量，包括从研发、专利以及新产品市场化的一系列阶段的价值衡量（Emst H，2001）。关系治理有助于提高相互之间的满意程度进而促进企业的创新产出。正如 Wabner & Buko（2005）所指出，企业之间的知识共享水平越高，相互间的满意程度越高。关系治理提高创新产出主要通过以下几种方式实现：首先，由于相互了解对方的能力，交易双方就可以更有效地分配产出任务，将任务目标与交易伙伴的能力相匹配，进而提高产出效率；其次，关系专属的沟通和协调惯例是随着交易时间的持续而开发出来的，这些惯例有助于解决生产过程中的突发性问题；最后，在多种多样的互动过程中，交易伙伴之间会发展出一种共同的语言，用来讨论创新环节中的技术和设计问题。这些方式提高了交易双方关系的价值，并有效遏止机会主义行为。通过关系治理，风险投资家和创业企业家彼此增进相互间的了解，形成关系专属的惯例和共同语言。反过来，这些惯例和共同语言又促进两者之间的相互影响和沟通，促进治理效率的提高。另外，创业企业家还可以借助风险投资家庞大的关系网络来丰富自身的创新资源和创新知识。风险投资家介入创业企业家的开放式创新网络中，有助于彼此间创新知识和经验的交流和共享。与其他实物性资产相比，知识和信息资源一般是默会性且难以准确测量的。为此契约治理难以确保交易双方有效知识的转移与交换。相比之下，关系治理通过开放式交流、信息共享、信任与共同解决问题等措施使风险投资家和创业企业家更愿意彼此间交流默会知识并向对方展示自己的研发模式或者技能，以便更深入地相互了解并帮助交易伙伴。通过关系治理，风险投资家和创业企业家增强了彼此间的信任，而且愿意相互帮助，共同解决技术创新过程出现的问题。由此可知，关系治理有助于创业企业家学习风险投资家的新知识，充分利用风险投资家的网络资源，减少创新过程中的不确定性，改善企业的创新产出效率。因此，VC-E合作过程中的关系治理有利于提高创业企业的创新产出。此研究结论与 Chung et al.（2005）研究结论一致。

（2）VC-E合作治理机制与 VC 投资后管理

根据对已有文献的梳理和归纳发现，有关风险投资后管理主要内容包括监控行为和增值服务两部分。风险投资家对创业企业家的监控主要包括创业企业的重大决策、经营计划、重大人事变动、市场营销状况、控制权分配、信息追踪等方面。而风险投资家的增值服务主要包括为创业企业提供的战略上的支持、联盟资源整合、后续融资支持、生产运作方面的支持等。除了融资功能，VC 投资后管理的两大功能——监控行为和增值服务功能是非常独特而关键的功能。VC 监控行为是风险投资家对创业企业的管理参与、咨询和监督，是减少投资风险、确保预期的投资收益率的重要手段。而 VC 增值服务实质上是风险投资家和创业企业家合作的方式，其目的在于最大化投资价值并获得较高的资本收益。VC 监控行为和 VC 增值服务都是区别其他融资方式的重要标志。下面分别分析 VC-E合作的契约治理机制、关系治理机制与 VC 监控行为、VC 增值服务相互间的影响效应。

①契约治理与 VC 监控行为、VC 增值服务

契约治理的内容是基于交易成本理论的机会主义行为。风险投资领域内的机会主义行为包括：工作努力不足、追求私人收益、私自挪用资金从事高风险投资项目、窗饰行为、利用专用性人力资本套牢风险投资家、盗取现金流等。而风险投资家为了牟取私人收益也会采取一些机会主义行为，例如：窃取创

业企业的核心技术或商业秘密，对创业企业的管理咨询和监督不足，以终止投资威胁创业企业家提高利润分配比例，在联合投资中的"搭便车"等（殷林森等，2007）。上述机会主义行为均为双方带来私人收益，而且不论风险投资家或是创业企业家，增加努力水平导致的边际成本却呈递增的趋势，因此双方存在极大的道德风险动机。VC-E 合作的契约治理机制就是从控制权和索取权的配置以及流动性与监督等方面，刻画如何解决契约双方可能出现的道德风险问题和协调问题，目的在于防范机会主义风险，保证双方的预期收益。正如 Salman 指出，为了防范道德风险，风险投资家制定了详细的契约条款，其中包括：双方共同利益、基金存续期、对创业企业家的限制性条款、定期提供信息给投资者、确保收益能够分配给投资者。由此可见控制和约束交易主体的行为是契约治理的主要功能。契约条款越多，越复杂，执行越严格，其对交易双方的行为控制越严厉。在风险投资实践领域则表现为风险投资家依据双方制定的契约条款实施其控制职能以确保投资安全。由此可见，契约治理恰巧满足风险投资家实施监控行为的需求。由于道德风险和机会主义风险的存在，风险投资家与创业企业家之间利益目标函数的不一致性，会导致利益冲突的存在，风险投资家通过对创业企业经营管理行为的适度监控，有助于改善风险投资家和创业企业家之间的信息不对称，从而降低代理成本，减少投资风险，更好地保障投资者收益。因此，VC 监控行为是风险投资家对创业企业的管理参与、咨询和监督，是减少投资风险、确保预期投资收益率的重要手段，也是区别其他融资方式的重要标志。风险投资家对创业企业家主要监控表现为监控财务业绩、信息追踪、控制权配置等，这些监控行为均是依据契约条款而逐一实施。由此，契约治理程度越高，风险投资家对创业企业实施的监控行为越强。

VC增值服务是风险投资家除向创业企业提供资金支持之外，通过参与创业企业的日常经营管理活动为创业企业提供一系列旨在使企业价值增值的各种服务。VC增值服务是权变管理的表现形式，其核心在于风险投资家与创业企业家之间资源禀赋的匹配。一旦两者实现良好的匹配，VC增值服务很容易被创业企业家所接纳，真实实现其价值增值目的。一旦两者关系无法实现匹配，那么VC增值服务只停留在风险投资家单方面提供的层面，无法满足创业企业家对增值服务的需求。由此，风险投资家与创业企业家的VC增值服务本质上是一种沟通管理的结果，随着企业的状态随时发生变化。正因为VC增值服务是权变管理的一种表现形式，所以其实施或介入程度受到多种主客观因素的综合影响，既有环境影响，也有创业企业自身因素的影响，还包括受到两者之间匹配关系的影响。这些影响因素是极具动态性的。契约治理作为事前行为的约束机制，对这些影响到风险投资家与创业企业家关系匹配的因素在事前预先设计了防范机制，为双方的匹配设计了一些合作框架，这些都有利于VC增值服务的实现。但是过度复杂的契约条目与过于严格的契约执行力度，会增加风险投资家和创业企业家彼此间的防范心理和对抗意识，不利于双方形成良好的关系匹配，反而容易激发双方的机会主义行为动机，这样不仅创业企业家不愿接受VC增值服务，而且就连风险投资家自身也不愿为创业企业提供增值服务。由此可知，契约治理与VC增值服务的关系呈现倒"U"形非线性关系。

②关系治理与VC监控行为、VC增值服务

本研究有力支持了关系治理与VC监控行为呈负相关关系的假设。为了防范委托—代理关系中的逆向选择和道德风险问题，以及最小化代理成本，投资前风险投资家需要对项目进行严格筛选、对创业企业进行尽职调查；投资后，风险投资家需要对创业企业进行严格的监控和控制。风险投资家的监控行为被认为是三种最主要缓解风险投资中存在的道德风险问题的方法之一（Kaplan & Stromberg，2003），其监控的目的在于解决信息不对称和代理冲突（Knockaert et al. 2005）。在 VC-E 合作过程中，关系治理以开放式沟通、信息共享、信任与共同解决问题等途径促使风险投资家和创业企业家建立良好的合作关系。双方在信息交流与沟通之中促进彼此间的了解，并建立信任机制。相互信任的企业会降低使用硬性约束条款的程度（程凯，2001），以此减低监控行为的程度。本研究中层级回归模型结果显示，风险投资家和创业企业家之间的关系治理程度越高，创业企业的监控程度越弱。本结论验证了 Shepherd & Zacharakis（2001）的研究结论，即当风险投资家和创业企业家之间形成信任关系，监控的作用就变得比较小。同时本结论与叶瑛、姜彦福（2006）的研究结果一致，即"信任机制的形成促使风险投资企业和创业企业克服不合作的倾向，减少了双方为避免采取不合作策略所需要的高成本监控激励机制"。由于 VC 监管行为对企业的技术创新绩效产生影响，而 VC-E 的关系治理与 VC 监管行为呈负相关，所以关系治理通过 VC 监管行为对创业企业的技术创新绩效产生间接的影响效应。

本研究结论同样有力地支持了 VC-E 关系治理与 VC 增值服务的正向关系。VC 增值服务的成功实施必须借助于沟通，即面谈与交流，这样风险投资家可以潜移默化地影响创业企业家的经营理念和运作原则。沟通实质上为双方共同解决问题提供了交流渠道，同时帮助创业企业家建立完善的管理团队和组织制度，实现企业价值的快速增值。而沟通的核心在于促进风险投资家和创业企业家之间信息交流与共享。这恰好与关系治理作用机理一致。而且从某种程度上讲，沟通是关系治理的一种手段。尽管某些学者注意到关系治理在企业合作关系中的作用，并提出企业间的关系治理利用提升合作绩效，但是却鲜有学者研究风险投资家与创业企业家之间的关系治理对于 VC 增值服务的影响。本研究关注了该问题并就此进行了实证分析。研究结果表明，VC-E 合作的关系治理机制在开放式沟通、信息共享、信任和共同解决问题等方面对 VC 增值服务产生积极的影响。此结论基本与叶瑛和姜彦福（2006）的观点一致，即创业企业家的信任会导致风险投资家向创业企业投入更多资源的意愿和努力。VC-E 合作过程中的关系治理机制对 VC 增值服务产生正向效应的原因是：双方通过信息交流和知识共享增进彼此间的了解，并在良好合作氛围中形成双方关系特殊的惯例和共同语言，这些扩大了双方信息交换量，也有助于伙伴之间更好地理解所交换的信息。更重要的是，VC-E 合作的关系治理加强彼此间的相互依赖，消除一方对交易伙伴所提供的信息可靠性的怀疑，致使风险投资家和创业企业家更好地理解彼此的行为范式，高效预测彼此的未来行为趋势，降低了合作过程的不确定性，为 VC 增值服务的实施提供了良好的环境。由此，VC-E 合作的关系治理机制与 VC 增值服务呈正向关系。由于本研究结果显示了 VC 增值服务对技术创新绩效产生显著的积极效应，而 VC-E 之间的关系治理有利于 VC 增值服务的实施，因此，VC-E 之间的关系治理机制将正向作用于创业企业的技术创新绩效。

（3）VC 投资后管理与技术创新绩效

VC 投资后管理的目的不仅在于保障投资者资金与收益的安全，更重要的是获取创业企业的最新动态信息，掌控创业企业的准确发展阶段。其核心功能在于将创业企业的生产流程与投资管理的制度结构充分联系起来，提高创业企业的"潜在利润"博弈的成功概率。根据国内学者项喜章的研究成果，本研究将 VC 投资后管理划分为 VC 监控行为和 VC 增值服务两个维度分别考察与技术创新绩效的关系。

①VC 监控行为与创新能力、创新产出

本研究部分支持了 VC 监管行为与创新能力关系的相关假设。VC 监管行为的目的不仅在于保障投资者资金与收益的安全，更重要的是获取创业企业的最新动态信息，掌控创业企业的准确发展阶段。其核心功能在于将创业企业的生产流程与投资管理的制度结构充分联系起来，提高创业企业的"潜在利润"博弈的成功概率。依据文献研究结果的逻辑推理而得出的假设 3a 即 VC 监控行为与创新能力之间呈倒"U"形非线性关系得到部分验证。实证结果显示，VC 监控行为与创新能力呈现较为显著的负相关关系。出现这一结果的原因在于：第一，调查表收集到的数据显示风险投资家对创业企业的监管幅度普遍偏大。第二，根据实地访谈发现，现实中 VC 监控行为越来越趋向正式权力化，风险投资家为了满足自身的投资安全和收益需求，一味追寻显示其权威性、可信性和推行监管行为的"火力"。在风险投资实践运行过程中，风险投资家普遍倾向采用一种"金融压抑"手段。通过"金融压抑"，风险投资家对于急需资金缓解"融资缺口"的创业企业家进行管理行为的压制，试图将自身对市场和管理的观点强加于创业企业。因此，基于"金融压制"而推行的监控行为自然引发创业企业的意识对抗，即使双方暂时维系合作关系，由于推动创新能力发展的基石——默会性知识具有高度无形与专有性，在缺乏信任的氛围中，默会性知识流动与共享的中断，最终导致创业企业创新能力的逐渐下滑。第三，现实中风险投资家的监控行为注重短期收益，而忽略创业企业的长期发展。为了确保自身的预期收益，风险投资家非常关注企业的市场营销环节以及市场价值，对于能大力提升企业创新能力的研发却因投资周期较长而失去兴趣，致使监控行为的目标过于注重能突显市场价值的产出环节。现实数据中的这一发现，恰好印证 Caselli et al. (2009) 的观点，即风险投资家并非自身所标榜的那样是风险偏好者而是风险厌恶者，追求的是企业稳定的市场价值。

对于 VC 监控行为与创新产出的关系，本研究的实证研究结果显示两者呈现倒"U"形非线性关系。此结论与 Baeyens & Manigart（2003）的研究结果不同。他们的研究结论显示 VC 监控行为与创业企业的创新产出呈正向关系，但是本研究的实证数据显示，当 VC 监控行为力度适度时，有利于创业企业在风险投资家的合理监督与控制的影响下，不断提升自身的工作努力程度，进而促进研发能力的提高。但是当风险投资家过分地实施监控行为，创业企业家会形成负面情绪与防范心理，不利双方信息的充分沟通和共同解决问题。过分监控形成的抑制工作氛围，使创业企业家降低对新知识的吸收与创造兴趣，创业企业吸收能力的缓慢下降最终引发企业创新产出的减弱。VC 监控行为与创新产出呈倒"U"形非线性关系的原因在于：科技型创业企业的创新产出是一种显性知识，其明示与传播的功能可以受到一定监控行为的影响，若监控行为适度，创业企业家愿意将这些显性知识展示出来。但是一旦监管力度过大，会引发风险投资家与创业企业家之间的正式权力对抗与意识违背，最终激发机会主义风险的动机而致使创新产出下降。本研究对 VC 监控行为与创新产出的实证研究恰好印证了 Annaleena & Hans（2004）的研究结论，即过分监控行为引发被监管者心理契约的违背，进而抑制其主动创新的积极性，致使企业整体创新产出下降。

②VC 增值服务与创新能力、创新产出

对于 VC 增值服务与创新能力的关系，实证研究结果显示两者具有显著的正相关关系。国外文献对于 VC 增值服务的创新绩效问题颇有争议。Timmons & Bygrave（1986）指出，风险投资家通过参与中小型高新技术企业的管理，对企业的创新技术起着重要的作用。但是这种作用并不容易理解。Williams et al.（2006）以医疗与生物技术上市公司为考察对象，发现风险投资家的介入、治理以及产权特征对这些公司绩效没有相关性，风险投资家的增值服务对这些公司只是或然的解决方式。Niosi（2006）以加拿大的生物科技公司为考察对象，发现具有风险投资背景的企业并非是当期加拿大创新绩效最好的企业，与之相反，创新绩效最好的企业是大学衍生的企业、接受 Industrial Research Assistance Program 资助的企业。上述论点显示，VC 增值服务与创新能力无显著正相关关系。还有部分学者甚至完全质疑 VC 增值服务的增值效应问题。如 Barney（1996）、Busenitz，Fiet，Moesel（2004），他们认为，如果风险投资家向创业企业家提供不正确的战略意见或者将一些不利的建议强加于创业企业，那么风险投资家的增值服务可能会阻碍创业企业的成长。与上述观点不一致，本研究实证结果证明，VC 增值服务对于创新能力有显著的正向作用。VC 增值服务可划分为联盟资源整合、战略管理指导、后续融资帮助等三个维度，通过风险投资家的联盟资源整合，创业企业的创新能力因受到外源创新资源的支持而大幅提高。战略管理指导、后续融资服务对于创业企业的创新能力也有显著的正向作用。

对于 VC 增值服务与创新产出的关系，实证结果显示，两者显示显著的正相关关系。VC 增值服务以联盟资源整合、战略管理指导、后续融资帮助等三个方面影响创业企业的创新产出。当风险投资家帮助创业企业家组建市场联盟时，由于市场销售渠道与行业上下游资源的拓展，创业企业的创新产出得以迅速提升。而风险投资家帮助创业企业家组建的技术联盟为其搭建了共享技术资源的平台，使技术创新产出效率迅速提高。对于战略管理指导起到的效用表现为：由于科技型创业企业家一般是理工科出身，他们拥有丰富的技术和知识产权，但是不具备市场、财务以及运营管理的才能。而风险投资家拥有专业技术背景且丰富的经营管理经验，通过为创业企业家招聘管理人员、构建管理制度、完善财务章程等措施弥补创业企业家管理才能的不足，让其专注于技术创新领域的发展，从而提高企业的创新产出。另外风险投资家还可利用自身在金融领域内娴熟的融资技巧与宽广的社会网络资源帮助创业企业家解决后续的资金问题。充足资金保障下，创业企业的产出效率自然得以提升。本研究的实证结果与 Krishnan et al.（2011）研究结论一致。其结果充分显示，为了提高创业企业的创新产出绩效，风险投资家向创业企业家提供增值服务是非常有必要的。尤其在联盟资源整合方面，积极帮助企业组建各类联盟，整合各类联盟的资源，并帮助企业依据自身的能力制定合理的创新目标，进而选择适当的联盟类型帮助创新目标的实施。

（4）调节作用

对于风险投资家介入创业企业管理的效应问题学术界已经争论近 20 年，有的学者认为风险投资家投资管理对创业企业有积极作用。如 Bertoni & Grilli（2005）认为，风险投资家利用自身的关系网络资源帮助创业企业建立与其他拥有互补资源或能力的企业展开合作，以此提升创新绩效。Stromsten & Waluszewski（2012）运用资源基础理论，研究了瑞典具有风险投资背景的企业技术创新过程。结果发现风险投资家提供的网络资源显著影响创业企业家的组织资源和技术资源结构。同时由于风险投资家有效介入企业的经营管理，致使创业企业的组织资源与技术资源产生良好的互动效应，最终促进创业企业的技术创新绩效。而有部分学者则对风险投资家投资后管理的正向效应持有怀疑态度。如 Mason & Harrison（1999）认为，风险投资家是否应该向创业企业提供增值服务，是一个长期值得争论的问题，到此为止未有一个统一的答案。Wijbenga et al.（2003）指出，风险投资家对于创业企业提供的增值服务与战略管理的指导实质上是一个很难理解的问题。Saetre（2003）则认为，风险投资领域未来的研究方向是风险投资家如何向创业企业提供适当的增值服务形式与规模。由此看来，

VC 投资后管理对技术创新绩效关系问题将仍是未来学者关注的重点。本研究认为，上述研究忽视了调节变量的作用。即 VC 投资后管理与技术创新绩效关系会受到调节变量的影响，不同的调节变量将改变 VC 投资后管理对技术创新绩效的影响路径。

在验证了 VC - E 合作治理机制对技术创新绩效的影响作用、VC - E 合作治理机制对 VC 投资后管理的影响作用、VC 投资后管理对技术创新绩效的影响效应之后，本研究进一步分析在 VC 投资后管理与技术创新绩效关系中起调节作用的一些影响因素，以期充分考察 VC 投资后管理作用机理的发生情境，确认 VC - E 合作治理机制、VC 投资后管理与技术创新绩效之间作用机制研究结论的适用范围。

①任务冲突的调节作用

在现有学者对冲突问题研究的基础上，本研究将任务冲突引入到 VC 投资后管理与技术创新绩效之间关系中来。提出任务冲突对 VC 投资后管理与技术创新绩效之间存在显著的调节作用。本研究的实证结果显示，任务冲突正向调节 VC 监控行为和创新能力的关系；任务冲突正向调节 VC 增值服务与创新能力的关系。从表 7.11 中可以看出，任务冲突对于 VC 监控与创新能力之间的调节效应小于任务冲突对于 VC 增值服务与创新能力之间的调节效应，说明 VC 监控行为容易引起创业企业家的防范心理与意识对抗，当两者之间因对任务目标与解决方式产生分歧，即使双方能够理解彼此间观点与看法的有益之处，但负面情绪的效应会影响到彼此间对知识与信息的吸收。相比 VC 监控行为，VC 增值服务是风险投资家针对创业企业经营过程中出现的问题所提出的相应解决方式，是一种问题导向式服务，为此创业企业家真心欢迎此类服务方式，即使风险投资家与其存在分歧，但是在共同利益目标的指引下，任务冲突会有利于双方更全面认清企业发展的状态与问题的实质。因此任务冲突对于 VC 监控与创新能力的调节效应要小于任务冲突对于 VC 增值服务与创新能力的调节作用。另外，表 7.11 中数据显示，任务冲突在 VC 监控行为与创新产出之间的调节作用呈现负向效应，且统计不显著；对于 VC 增值服务与创新产出之间的调节作用呈现负相关且统计比较显著。这样的结果致使假设 7b、7d 未被验证通过。出现此结果的原因是：根据信息处理观点（Information processing perspective），少量的任务冲突可能是有益的，但是当任务冲突变得强烈时，正面效应会很快失去效果，认知负载增加，信息处理受到阻碍，从而影响合作绩效。创新产出由于过程环节复杂，信息众多，此时风险投资家与创业企业家之间的信息处理受到严重的阻碍，因此对创新产出有负面作用。此结果同 Dreu D. et al.（2003）的结论一致。

②关系冲突的调节作用

本研究有力支持了关系冲突的负向调节作用。关系冲突作为一种人际情感的冲突，对人际交往形成负面效应。实证结果显示，关系冲突负向调节 VC 监控行为与创新能力的关系；关系冲突负向调节 VC 监控行为与创新产出的关系；关系冲突负向调节 VC 增值服务与创新能力的关系；关系冲突负向调节 VC 增值服务与创新产出的关系。在这四组负向调节效应中，关系冲突与 VC 监控行为交叉项对于创新产出的回归系数值显示出负面调节效应最大。表 7.11 实证数据说明，关系冲突对 VC 投资后管理与技术创新绩效的负向调节效应非常显著。这一结果同郎淳刚等（2008）、陈晓红等（2010）的研究结论一致。本研究给予的启示是：风险投资家与创业企业家在合作中应该尽快培育冲突管理意识和合作行为规范，尽量引导任务冲突的正面效应，避免关系冲突的负面影响。通过规范双方的行为构建"合作—集思广益—合作"的良性循环，同时应尽量

激化风险投资家与创业企业家早已存在的利益冲突，避免
"消极行为—关系冲突—消极行为"这种恶性循环现象发生，
进而使 VC 监控行为和 VC 增值服务的积极影响转化为负面
效应。

③过程公平的调节作用

本研究的实证分析确认了过程公平在 VC 投资后管理与技
术创新绩效之间的正向调节关系。由表 7.11 可知，过程公平
正向调节 VC 监控行为与创新能力的关系；过程公平正向调节
VC 监控行为与创新产出的关系；过程公平正向调节 VC 增值
服务与创新能力的关系；过程公平正向调节 VC 增值服务与创
新产出的关系。此研究结论与 Shepherd & Zacharakis（2001）
相一致。过程公平的理论核心在于：合作过程中交易主体若能
感觉到过程的公平，那么不论他们在合作中是盈利还是损失，
都会对同一系统的合作伙伴产生信任并愿意继续与之合作。过
程公平表现为每种观点都有机会参与讨论，然后借鉴各种观点
的长处。这对于科技型创业企业显得尤其重要。科技型创业企
业的员工属于知识型员工。知识不同于传统资源，它根植于员
工的头脑。其创造和共享的过程带有高度无形的特性，既不能
被监督又不能被强迫，只有在个体自愿的合作下才能够促进其
共享与流动。因此在风险投资家的投资后管理阶段，只要过程
公平，就能形成一种能够使创业企业家自愿贡献其技巧、知识
和能力的良好氛围，促进彼此间信息充分的交流。另外过程公
平还会促进双方信任机制的产生，进而使 VC 监控行为或 VC
增值服务充分实现其正向效应，推动创业企业技术创新绩效的
提升。

7.3.4　小结

从上述层级回归分析结果可以发现，大部分初始假设通过
了实证检验。此外，层级回归分析的结果还显示，尽管

VC-E合作治理机制的两个维度即契约治理和关系治理分别对创新能力和创新产出都具有显著的影响效应，但是这种影响作用并非完全是直接的，而是通过VC投资后管理的中介形成。当VC投资后管理的两个维度即VC监控行为和VC增值服务起着明显的部分中介作用之后，契约治理和关系治理对创新能力、创新产出的作用机制彼此相互影响、相互制约，作用的路径和机理变得愈发复杂。实证检验结果汇总如表7.12所示。

本章的实证研究结果显示，VC-E合作治理机制与技术创新绩效之间存在三大路径：VC-E合作治理机制—技术创新绩效；VC-E合作治理机制—VC监控行为—技术创新绩效；VC-E合作治理机制—VC增值服务—技术创新绩效。各要素的具体影响效应为：契约治理正向作用于VC监控行为；VC监控行为对创新能力却呈负相关；但VC监控行为与创新产出呈倒"U"形非线性关系；契约治理与VC增值服务呈倒"U"形非线性关系；VC增值服务与创新能力呈正相关；VC增值服务与创新产出呈正相关；契约治理与技术创新绩效呈显著倒"U"形非线性关系；关系治理与VC监控行为呈负相关；关系治理与VC增值服务呈正相关；关系治理与技术创新绩效呈正相关。对于调节变量的效应则是：过程公平在VC投资后管理与技术创新绩效之间起着正向调节作用；关系冲突在VC投资后管理与技术创新绩效之间起着负向调节作用；任务冲突在VC监控行为与创新能力之间起着正向调节作用；任务冲突在VC监控行为与创新产出之间起着负向调节作用，原有假设未通过验证；任务冲突在VC增值服务与创新能力之间起着正向调节作用，但是在VC增值服务与创新产出之间起着负向调节作用，原有假设未通过验证。

表 7.12　　　　　　　　假设验证结果汇总

研究假设	验证结果
VC - E 合作治理机制与 VC 投资后管理的关系	
H1a：VC - E 之间契约治理越强，风险投资家的监控行为就越强	通过
H1b：VC - E 之间契约治理与 VC 增值服务呈倒 "U" 形的非线性关系	通过
H2a：VC - E 之间关系治理越强，风险投资家的监控行为就越弱	通过
H2b：VC - E 之间关系治理越强，风险投资家的增值服务就越强	通过
VC 投资后管理与技术创新绩效的关系	
H3a：VC 监控行为与创业企业的创新能力呈倒 "U" 形非线性关系	部分通过
H3b：VC 监控行为与创业企业的创新产出呈倒 "U" 形非线性关系	通过
H4a：VC 增值服务对创业企业的创新能力有正向促进作用	通过
H4b：VC 增值服务对创业企业的创新产出有正向促进作用	通过
VC - E 合作治理机制与技术创新绩效的关系	
H5a：契约治理与创业企业的创新能力呈倒 "U" 形非线性关系	通过
H5b：契约治理与创业企业的创新产出呈倒 "U" 形非线性关系	通过
H6a：关系治理对创业企业的创新能力有正向促进作用	通过
H6b：关系治理对创业企业的创新产出有正向促进作用	通过
调节作用	
H7a：任务冲突正向调节 VC 监控行为和创业企业创新能力的关系	通过

表7.12(续)

研究假设	验证结果
H7b：任务冲突正向调节 VC 监控行为和创业企业创新产出的关系	未通过
H7c：任务冲突正向调节 VC 增值服务和创业企业创新能力的关系	通过
H7d：任务冲突正向调节 VC 增值服务和创业企业创新产出的关系	未通过
H8a：关系冲突负向调节 VC 监控行为和创业企业创新能力的关系	通过
H8b：关系冲突负向调节 VC 监控行为和创业企业创新产出的关系	通过
H8c：关系冲突负向调节 VC 增值服务和创业企业创新能力的关系	通过
H8d：关系冲突负向调节 VC 增值服务和创业企业创新产出的关系	通过
H9a：过程公平正向调节 VC 监控行为和创业企业创新能力的关系	通过
H9b：过程公平正向调节 VC 监控行为和创业企业创新产出的关系	通过
H9c：过程公平正向调节 VC 增值服务和创业企业创新能力的关系	通过
H9d：过程公平正向调节 VC 增值服务和创业企业创新产出的关系	通过

8

结论与展望

通过前面七章的详细分析，围绕着 VC - E 合作治理机制
这一核心概念，本研究对于 VC - E 合作治理的影响因素，
VC - E 合作治理机制、VC 投资后管理与技术创新绩效的关系
以及过程公平、任务冲突和关系冲突对 VC 投资后管理与技术
创新绩效关系的调节作用进行系统且深入的分析和实证研究。
本章将对前面的研究进行归纳总结，阐明本研究的主要结论、
理论创新和实践意义，并在此基础上，针对本研究存在的局限
和不足进行说明，同时提出未来的研究方向。

8.1　研究结论

本书首先借助新制度经济学正式—非正式治理机制的分类
方法，以正式契约和非正式关系为基础，将 VC - E 合作治理
机制划分为契约治理和关系治理，构建 VC - E 合作治理机制
影响因素的分析框架和多维属性的影响因素刻画体系；其次，
提出 VC 投资后管理作为 VC - E 合作治理机制与技术创新绩
效的中介变量，并将中介变量——VC 投资后管理按照 VC 监
控行为、VC 增值服务两个维度进行分解，深入分析风险投资

家和创业企业家之间不同的治理机制作用于 VC 投资后管理进而影响创业企业技术创新绩效的机理与路径。最后，提出过程公平、关系冲突与任务冲突三个调节变量，研究其对 VC 投资后管理与技术创新绩效关系的调节效应。借助相关分析、层级回归分析技术和收集到的 264 份样本数据，本文对研究过程提出的 32 个假设进行了检验，其中 28 个假设成立，3 个假设未通过验证，1 个假设得到部分支持。总体上，本研究的主要结论和观点可归纳为以下几点：

（1）契约治理与创业企业技术创新绩效呈显著的倒"U"形关系。契约治理是一种高成本的合作治理手段。风险投资家与创业企业家在签订契约的初期，由于相互不了解以及信息不对称问题的存在，契约条目制定和执行力度保障了双方责任与义务的履行，降低了机会主义风险。契约复杂程度与执行力度上升，充分保证风险投资家和创业企业家有效沟通与共享信息，促进彼此专有知识的高效流动。不过契约条款的复杂程度与执行力度不断提升，以致超过某一临界点后，过于严格的契约治理将会引发风险投资家和创业企业家彼此之间正式权力的对抗，形成彼此防范心理，进而对合作关系产生不利的影响，最终对创业企业的技术创新绩效产生阻碍效应。究其原因，本研究认为风险投资家合作的对象——科技型创业企业的管理者是一种典型的知识型创业者。技术知识作为创新的源泉根植在创业企业家的头脑之中。知识的创造和共享具有高度的无形与专有，它既不能被监督又不能强迫创业企业家拿出知识参与交易，它必须依靠创业企业家自愿的努力才能够实现技术创新目标。因此，不同于传统企业，科技型创业企业家拥有强烈的开拓精神，不墨守成规，喜好创新和冒险。如果风险投资家以传统企业管理模式即强调契约治理，会束缚这类创业者的创新思维与动力，最终阻碍技术创新的发展。风险投资家与创业企业家之间合作关系不应过分强调契约治理，而应选择权变性、灵活性的关系治理。在维护良好合作氛围前提下，风险投资家给予科技型创业企业家足够的管理空间，才能保证技术创新的快速发展。

（2）过度的 VC 监控行为不利于创业企业创新能力和创新产出的提升。适度的监控有利于降低风险投资领域内的道德风险与机会主义风险，约束创业企业家过于自信的创新目标。但是现实数据显示，风险投资家在一味追逐利益动机的驱使下，对创业企业家的监控行为越来越趋向正式权力化，过于强调在创业企业中的权威。由于中国尚未具有健全的诚信体系以及法律体系，为了确保资金的安全，风险投资家普遍倾向采用一种"金融压抑"手段进行监控创业企业的经营活动。有的风险投资家甚至将"金融压抑"演化为"管理压制"，试图在创业企业经营管理中将自身的理念与观点强加于创业企业家。在这样的情境下，一旦创业企业家的"资金缺口"得到缓解之后，甩掉资金包袱的创业企业家出于对企业的保护意识会对风险投资家的过分监控实行相应的对抗措施。无论是显性的正式权力对抗，或是隐形的意识对抗，均会对双方的合作关系造成负面影响。在如此压抑的合作氛围下，创业企业家因将过多的精力应付对抗局面，无法保证自发地吸收和创造新知识的时间，最终使企业的创新能力无法得到提升。至于创新产出，不同于创新能力的隐形性，作为一种显性知识的直接体现，可以应用适当的指标体系刻画其效率，因此创新产出易于受到监督。在契约治理机制的引导下，风险投资家可利用详细的契约条款规定创新产出的具体评价指标，因此契约治理导致 VC 监控行为的增加，目的在于促进创新产出。适度的监控行为可防止创业企业的懈怠行为，可督促创业企业家追求创新产出，但是过度的监控行为会激发机会主义风险的动机，致使创业企业的创新产出效率下降。本研究结果说明，风险投资家在与创业企业家合作过程中若过分强调契约治理会引发 VC 监控行为的过度实施，进而对创新能力和创新产出造成负面影响。为此风险投资应在关系治理机制的指引下采取适度的监控行为来维护良好的合作氛围，若过于强调正式权力会引发创业企业家的对抗行为，不利于 VC 投资后管理的价值增值实现功能。

③关系治理因能构建 VC - E 良好的合作氛围，进而对技术创新绩效产生显著的积极影响。关系治理作为一种低成本的合作治理机制，通过开放式沟通、信息共享、信任和共同解决问题等非正式控制机制促进风险投资家和创业企业家彼此之间的了解以缓解信息不对称问题。关系治理实质上是嵌入性的社会关系通过行为规范和规则进行合作双方行为约束的治理模式。对于 VC - E 合作的关系治理，交易成本理论代表的经济理性逻辑认为是关系规范的自执行机制。关系规范具有长期导向性、多元性、自执行性和动态性等特性，这些特性将通过开放式沟通、信息共享、信任和共同解决问题等方式表现出来。关系规范能有效地防范机会主义行为，促进交易双方相互信任和理解，因而为风险投资家和创业企业家构建良好的合作氛围。由于 VC - E 合作初期，信息不完全对称的存在，双方很难签订一份完善契约。关系治理的核心——关系规范则是随着交易时间的延续和交易的展开而进行不断修正，具有不断完善的动态性特性。当风险投资家和创业企业家初次建立合作关系时，契约为其行为提供了一个约束的框架，而合作内容与形式则是不断依靠彼此间长期交往、沟通来逐步充实并实现。正是由于关系规范的长期导向性与动态性等特征，它可以随时针对各种"敲竹杠"、"要挟"、"套牢"等现象对契约进行适当的调整和补充，从而防止机会主义行为发生。一旦风险投资家和创业企业家遵守一定的关系规范来维持合作关系，双方就可合理预期彼此未来的行为趋势，从而增强共同解决问题的效率，最终促进技术创新绩效的提高。

（4）关系治理对 VC 增值服务有显著的积极作用，是提升 VC 增值服务的重要因素。本研究通过层级回归分析检验了 VC - E 合作治理机制对 VC 增值服务的影响作用。关系治理的目的之一是形成组织间合作信任，即在合作过程中，不论交易伙伴的监控能力如何，交易一方估计对方会按照自己具有信心的期望完成潜在交易的主观信念。风险投资家和创业企业家之间的关系不是建立在产权联系的基础上，而是依靠正式契约和关系规范来联结的一种特殊的中间组织形式，共同的利益目标、共同的价值取向、共同的行为规范成为他们之间的连接纽带，而关系治理能促进这些纽带的形成，尤其是合作信任的功能作为强烈。VC 增值服务的主要目的是帮助创业企业解决发展中面临的各种问题。即风险投资家对创业企业家提供的各种建议与帮助必须遵守一个共同的前提，就是这些服务对于创业企业有着独特价值。否则这些增值服务因为不适应创业企业的实际需求不仅不能实现价值增值功能，反而会阻碍创业企业的发展。例如，风险投资家提供的联盟资源整合服务，就必须在了解创业企业性质的前提下，发现与创业企业互补的资源，并将其与创业企业的资源进行整合以发挥最大的效益。关系治理促使双方建立彼此信任机制，遵守共同的关系规范，并形成共同的价值理念。在此情况下，风险投资家提供增值服务时不会担心创业企业家在联盟资源的使用上谋取私利而出现少投入资源多获取收益的"搭便车"倾向，取而代之的是尽量向创业企业提供自身的专有资源和知识。另外，关系治理使双方建立良好合作氛围，信任与信息的充分沟通等使创业企业家愿意向风险投资家咨询管理问题，提出各类需求并自愿接受这些帮助。由此，关系治理促使 VC 更了解创业企业的特性，更清晰掌握他们的需求，对于创业企业家而言，关系规范引发的信任，使其愿意接受风险投资家的帮助，以开放的态度迎接风险投资家参与企业的经营管理。对于风险投资家来说，若要提供满足创业企业需求的增值服务，必须依从关系治理的途径，以开放式沟通、信息共享、信任和共同解决问题等非正式控制手段构建良好的合作氛围，以此促进 VC 增值服务价值的持续转化。

（5）相比 VC 监控行为，VC 增值服务是影响企业技术创新绩效的核心因素。VC 监控行为的主要目的是解决信息不对称和代理冲突（Knockaert et al. 2005）。本研究结果表明，VC 监控行为由于带有强烈的正式权力特征，容易引发创业企业家的意识反抗，不利于企业创新能力的提升。但是由于其能缓解机会主义风险与信息不对称问题，所以适度的监控能促进创新产出，对避免投资损失和防范创业企业家懈怠行为有积极意义，但是一旦超过临界点，亦会引发创业企业家心理契约的违背，进而影响创新产出效率。而 VC 增值服务不仅能促进创新能力的提升，而且对创新产出产生积极的影响。尤其是联盟资源整合中，帮助企业参与技术联盟对其创新能力的提升效果尤其显著。风险投资家根据创业企业的资源特性，帮助其组建不同的联盟，可有助于企业提升不同的创新能力，进而实现不同的创新目标。例如，技术联盟作为分享技术资源的平台，利于企业提升探索创新能力，进而实现突变式创新；而市场联盟作为分享市场资源的组织，则利于企业提升开发创新能力，进而实现渐进式创新。另外风险投资家的战略管理指导与后续融资帮助均对创业企业的创新能力与创新产出有显著的正向影响。

（6）VC–E 之间的关系冲突具有负向调节作用，任务冲突的调节作用对于创新能力有正向调节作用，但对于创新产出具有负向调节作用。这与 Higashide 和 Birley（2002）的研究结论有所区别。Higashide 和 Birley 以风险投资家为研究视角，发现不同类型的冲突对技术创新绩效的影响作用会有所不同。

关系冲突对技术创新起着负向作用，而任务冲突对技术创新起着正向作用。本研究结果显示，因为创业企业家对自己创建的企业极富感情，将创业企业视为自身价值实现的物质载体，所以对风险投资家介入企业管理的行为具有本能的抵触情绪。当双方出现关系冲突，自然会激化抵触矛盾，无论创新能力或创新产出均会受到负面影响。而当双方在工作过程中出现因认知观点分歧引发的任务冲突时，若其不涉及企业的控制权，任务冲突不会引发创业企业家的强烈抵触，正确的认知分歧反而会促使创新能力的提升。但在创新产出中的任务冲突与企业控制权密切相关时，即使是认知观点的分歧，因涉及创业企业家的自身利益，也会引发关系冲突，进而对创新产出产生负面效应。关系冲突与任务冲突的负向调节都会激发创业企业家的心理负面效应，影响其对合作的意愿和承诺，从而影响 VC 投资后管理的创造价值功能的实现，最终对技术创新绩效产生负面影响。不同冲突类别的调节作用在 VC-E 合作情境下从创业企业家视角出发是成立的，这对深化冲突理论有一定的推动作用。

（7）VC-E 之间的过程公平具有正向调节作用。过程公平的主要内容包括参与、解释和明确期望。参与是指交易主体都融入决策的制定过程，各个交易者均能发表自己的见解并对他人的提议和假设进行批判，这样使团队决策融合集体智慧，让执行中的阻力会大大减少。解释是让参与决策的交易者知道最终决策产生的过程，让交易者明确决策者在决策过程中充分考虑其意见，并将其意见与整体利益进行权衡。明确期望是一旦决策制定完成，决策者应该向交易者清晰表述决策的内容。过程公平的核心是交易过程产生的新规则和新政策能够被交易者充分理解，以此使决策在执行中减少交易成本。另外过程公平促使交易者彼此产生信任感，即使在这个交易系统中并非实现盈利，但他们只要感受到过程公平，仍然愿意在这个交易系统中保持合作状态。过程公平让 VC 在执行投资后管理行为中降低了执行的阻力，降低了交易费用，进而对技术创新绩效起着显著的正向调节作用。

（8）VC－E 合作治理机制具有权变性质，其变动主要受到投资项目的交易属性与关系属性的影响。投资项目的交易属性由资产专用性和不确定性两个维度构成，关系属性则由投资吸引力和文化契合度两个维度构成。本研究结果表明，资产专用性会引发"套牢"、"敲竹杠"等机会主义风险，所以，当风险投资家与创业企业家签订的投资项目具有高度资产专用性时，VC－E 合作的契约治理程度和关系治理程度均会很高。创业企业从事创新项目的不确定性因素越多，为了预防道德风险，契约条款的调整范围和空间就越大，从而契约治理越低。不确定性与关系治理的正相关假设未得到实证数据的支持。原因在于风险投资家非常看重投资收益，不确定性越高的创新项目往往采用监控方式进行管理，致使双方之间的关系非常紧张，导致关系治理的效果偏弱。从关系属性角度来讲，投资项目给予风险投资家的投资吸引力越强，与创业企业家之间的契约条款内容越简洁且执行方法富有弹性。同时，鉴于对高回报收益的追逐，风险投资家也愿意花费大量的时间和精力培养与创业企业家之间的感情，帮助企业解决各种创新过程中的突发性问题。由此可知，投资吸引力与关系治理呈正相关关系。文化契合度作为衡量组织之间文化差异的指标，对组织际的合作效率有着重要的影响。当 VC－E 之间存在较高的文化契合度时，意味着彼此核心价值观和经营理念高度相似，容易形成共同的行为规范，自然机会主义风险就越低。由此，文化契合度与契约治理呈负向相关关系。另外，文化契合度较高的VC－E 由于文化差异较低，关系规范与行为规则有高效的协同性，容易在合作过程中形成良好的沟通和协调机制。通过双方不断地沟通和信息共享，吸收彼此优秀的企业文化内涵，有助于双方信任机制的建立。所以，文化契合度与关系治理呈正相关。

8.2 理论创新与实践意义

8.2.1 理论创新

与以往研究相比，本研究从合作关系治理视角重新审视风险投资对技术创新绩效的影响。基于交易成本理论、委托—代理理论和社会交换理论的主要观点，本研究对风险投资家和创业企业家之间合作关系进行了系统的分析，提炼出 VC－E 合作治理机制与技术创新绩效之间的逻辑分析框架。同时对已有的文献研究结果进行梳理和归纳，将 VC—E 合作治理机制划分为契约治理和关系治理两个维度，分别考察其对技术创新绩效的影响效应。这在风险投资领域以往的研究中鲜有学者涉及，据此推演的结果对于丰富和发展风险投资与技术创新关系的理论研究、分析方法具有一定的学术价值。以往文献在分析风险投资对技术创新绩效的影响作用时，强调契约条款对技术创新激励的重要性，而忽略风险投资家与创业企业家之间作为"人"的社会属性对其创新的影响。为了弥补此缺陷，本研究将契约治理和关系治理纳入同一框架——合作治理机制，深入分析其对技术创新绩效的影响。研究结果显示，与契约治理相比，关系治理通过促进 VC 增值服务，减少 VC 监控行为，进而对技术创新绩效有显著的积极作用。而契约治理可促进 VC 监控行为，适度的监控利于创新产出，但是超出一定的界限则会阻碍创新产出效率的提升。同时契约治理机制指引下，VC

监控行为与创业企业的创新能力呈负相关，意味着 VC－E 合作过程中，过分强调契约治理会阻碍企业创新能力的发展。再者，契约治理对 VC 增值服务的影响显示出显著的倒"U"形非线性相关，对技术创新绩效的影响也呈倒"U"形非线性关系，说明过度的契约治理不利于 VC 增值服务价值功能的实现，不利于技术创新绩效的提高。立足于合作关系治理的新视角，本研究的理论创新主要体现在以下三个方面：

（1）构建了 VC－E 合作治理机制、VC 投资后管理与技术创新绩效关系整合模型

本研究将 VC－E 合作治理机制作为 VC 投资后管理与技术创新绩效关系的前置因子，构建了 VC－E 合作治理机制、VC 投资后管理与技术创新绩效关系的概念模型，不仅分析了 VC 投资后管理对技术创新绩效的影响，而且还探讨了 VC－E 合作治理机制通过影响 VC 投资后管理，进而影响技术创新绩效的路径与机理，从而拓展了风险投资与技术创新问题的研究领域。

VC 投资后管理与技术创新关系问题持续争论了 20 多年，至今尚未形成共识。有些学者认为 VC 投资后管理对技术创新有积极的影响作用，如 Baeyens & Manigart（2003）、Yoshika-wa，Phan & Linton（2004）等。他们认为风险投资家通过积极实施监控，减少了创业企业的信息不对称和金融风险，可以获取企业经营管理的部分信息，有利于企业的进一步发展。有些学者却认为 VC 投资后管理对技术创新的作用不明显甚至阻碍了技术创新进程。如 Timmons & Bygrave（1986）、Engel & Keilbach（2007）等。他们指出，风险投资家因过分注重短期利益而鼓动创业企业家采用激进的市场行为以提高首次公开发行成功的概率，极大阻碍了企业创新绩效的提升。本研究认为产生这种分歧的原因之一是学者们仅仅考虑了 VC 投资后管理

与技术创新之间的双变量模型所刻画的直接因果关系，而忽略了其前置变量的影响。这种缺乏对多变量和动态性模型考虑的研究方法不全而且不准确。风险投资实质上是一种关系型融资，风险投资家与创业企业家之间的合作关系对创业企业发展的成败起着决定性作用。VC－E 合作治理机制的不同必然影响着 VC 投资后管理的方式和管理介入程度的不同，进而影响技术创新绩效的机理也会不同。本书在国内外已有研究结果的基础上，结合企业的访谈结果，将 VC－E 合作治理机制作为一个重要前置变量，引入 VC 投资后管理与技术创新绩效关系的模型，构建了一个包括 VC－E 合作治理机制、VC 投资后管理和技术创新绩效的较为完整的关系整合模型。实证结果显示，此概念模型具有一定的普遍适用性。此概念模型的提出是对 VC 投资后管理与技术创新关系问题的必要补充，为未来 VC 投资后管理与技术创新关系研究的定量分析提供一定的参考和借鉴意义。

（2）探讨了 VC 投资后管理与技术创新绩效之间调节变量的影响

目前关于 VC 投资后管理的实证研究大部分都是在研究 VC 投资后管理对于技术创新的直接因果关系，而对于 VC 投资后管理与技术创新关系的调节变量较少涉及。本研究经过对已有文献的梳理和归纳，选择了过程公平、关系冲突、任务冲突作为 VC 投资后管理与技术创新绩效关系的调节变量，同时运用层级回归方法实证检验了这些变量对创业企业技术创新绩效的影响。通过实证研究得到了一些有意义的发现，其研究结论为风险投资家实施监控行为和增值服务以及创业企业家接受 VC 投资后管理提供了理论依据。从现有研究结果来看，国外学者分析了创业企业家与风险投资家之间的冲突对技术创新绩效的直接影响，如 Andrew，Z. et al.（2010）从创业企业视角研究了企业成员内部的任务冲突对 VC－E 冲突的影响，进而影响创业企业经营绩效。但是将关系冲突、任务冲突作为调节变量纳入 VC 投资后管理与技术创新绩效关系的模型中就很少有学者涉及。Lowell，W. et al.（2004）将过程公平作为 VC－E 合作关系质量的一个维度研究了其对创业企业技术创新的线性影响，指出过程公平对合作关系质量有正向效应进而对技术创新绩效有积极作用，但是却未将其作为单独变量考察其对技术创新绩效的影响。本研究将这三个变量视为调节变量，研究其对技术创新绩效的影响。研究发现，过程公平起着正向调节作用，关系冲突起着负向调节作用，而任务冲突的调节作用不稳定，其对创新能力起着正向调节作用，但是对创新产出却显示出负向调节效应。此研究结果初步回答了 VC 投资后管理对于技术创新为什么会产生不同的影响效应，为人们进一步理解 VC 投资后管理与技术创新关系的问题提供了一个新的理论视角。

（3）验证并识别影响 VC－E 合作治理机制选择的主要因素与作用机制

本研究通过对已有文献的归纳与整理，提炼出资产专用性、不确定性、投资吸引力、文化契合度 4 个影响因素，进而分析其对 VC－E 合作治理机制选择的影响机理。基于交易成本理论将资产专用性、不确定性归纳为投资项目的交易属性，而依据社会交换理论，将投资吸引力、文化契合度归纳为投资项目的关系属性，并分别根据交易成本理论与社会交换理论的主要观点分析了这些因素的作用机制。经过实证检验，结果发现，当创业企业的创新项目资产专用性程度越高，风险投资家和创业企业家之间合作关系契约治理程度越高，同时关系治理程度亦偏高。当投资项目不确定性程度越高，风险投资家和创业企业家的合作关系契约治理程度偏低，关系治理程度偏高的假设统计不显著。当投资项目具有很强的投资吸引力时，VC-E 合作关系的契约治理程度偏弱，关系治理程度偏高。当因投资项目发生联系的风险投资家和创业企业家之间文化契合度较高时，VC-E 合作关系的契约治理偏弱，关系治理偏强。此结论丰富了风险投资与创业企业合作关系构建的相关研究。

8.2.2 实践意义

本研究不仅具有一定的理论贡献，而且具有一定的实践启示。本研究结论为我国的风险投资机构与创业企业的互动发展提供以下的启示：

（1）风险投资家和创业企业家在合作过程中应注重关系治理，以此构建良好的合作氛围

在风险投资运作过程中，风险投资家与创业企业家合作关系的好坏决定着创业投资项目的成败和创业企业的发展。合作关系作为 VC-E 之间物质、信息和能量交流的桥梁和载体，影响着创业企业能力的提升，进而影响着技术创新效率。良好的合作关系使风险投资家和创业企业家能以较低的交易成本、较短的时间获取并整合双方的互补资源，以提高彼此的竞争力。如何构建良好的合作关系来提升创业企业的技术创新绩效越来越成为业界人士和学者都非常关注的问题。现今的中国正处在经济转轨时期，风险投资业发展所需的相关法律和信用环境尚不完善，若单纯依靠契约治理来维系 VC-E 之间的合作，不足以保证创业企业的成功发展。现实中已经出现了大量风险投资家与创业企业家合作关系破裂导致创新失败的案例。关系治理作为非正式的治理机制在组织间关系的构建和维持中发挥重要的作用。首先，关系治理能促使风险投资家与创业企业家互补性资源快速整合，进而迅速提升创业企业的创新能力。风

险投资家与创业企业家通常各自拥有性质独特的专有性资源，这些资源在双方共同使用时其创造出的价值大于单独一方使用时所创造的价值。关系治理通过开放式沟通、信息共享、信任以及共同解决问题等途径使风险投资家和创业企业家彼此相互了解，形成统一的行为规范，在信任基础上实现互惠与承诺。这样风险投资家能快速发现自身拥有的哪些资源对创业企业具有独特价值，并愿意将这些资源投入到创业企业中，而不必担心创业企业家会以此类资源来谋取私利。另外，创业企业家通过关系治理建立与风险投资家的信任，使其愿意向风险投资家展示企业的真实信息，并提出需求，接受风险投资家提供的资源。这样，由于双方信息的充分流动与共享，促使彼此的互补资源配置效率实现最大化。其次，通过关系治理化解双方的机会主义风险，降低交易成本。交易成本是那些与实施交易行为相关的所有费用总和，包括用于搜索和达成协议的事前交易成本和用于监控和执行协议的事后交易成本。风险投资家和创业企业家一旦签订投资协议，双方就建立合作关系，进入风险投资家的投资后管理阶段。这时的交易成本主要是事后监控并执行协议的成本，如风险投资家实行的各种监控行为所需的成本。关系治理使双方在良好的合作氛围下，基于信任和共同的行为规范，风险投资家和创业企业家彼此相互理解对方的行为方式，且能合理预计到对方未来的行为趋势，使创业企业家更专注于创新和经营管理，而不是将时间浪费在彼此责备、争吵和相互防范的负面行为上。双方因关系治理达成的共同理念趋使他们努力寻求实现双赢的解决办法，将时间和精力专注于企业的创新发展（Zaheer et al. 1998）。因此，关系治理因降低交易成本而促使创业企业的创新绩效得以提升。最后，关系治理可帮助风险投资家与创业企业家建立并增强合作信心。合作信心是风险投资家或创业企业家对彼此合作关系的维持与延续所持有的一种心理状态。风险投资家和创业企业家通过关系治理将双方的交易行为演化为社会交易过程，而非单个经济行为。关系治理形成的彼此间的承诺与互惠让双方对合作的延续持有高度的信心，进而双方都愿意投入大量的时间和精力维持这段合作关系，从而降低机会主义风险。风险投资家和创业企业家间的信任促使他们最大限度地发挥潜能，最优地利用资源，使得创业企业得以高效率地发展和壮大。由此看来，关系治理实质上是一个从信息不对称到信息对称的过程。原本 VC 和 E 在经营理念的沟通、股权结构的安排、企业估值、发展战略等方面出现矛盾和分歧，是一个不可避免的现象，但是通过关系治理可得到有效缓解，在 VC－E 之间构建出良好合作氛围，进而提升创业企业的创新绩效。

（2）风险投资家需结合创业企业的实际情况选择适度的监控行为

本研究的实证结果显示，VC 监控行为对创业企业的创新能力呈较为显著的负相关关系，与创业企业的创新产出呈显著的倒"U"形非线性关系。这说明风险投资家加强对创业企业的监控行为是为了保护投资，在适度的条件下，对于创新产出的提升和避免投资损失有一定的积极意义，但是对于创业企业的创新能力却出现负面影响，而且过度的监控行为因造成创业企业家的意识对抗甚至正式权力对抗而对创新产出产生消极的影响。根据实地访谈结果来看，现在的风险投资家并非是自我吹嘘那样是一位风险爱好者，而是追逐高收益但又厌恶高风险的风险厌恶者，他们非常看重资金的安全性。在实际的融资环节，通常表现出一种"金融压抑"的投资意识，对于极度需求资金来化解融资缺口的冒险型创业企业家往往采取管理压制。为此充分强调资金安全的风险投资家的监控行为越来越趋于正式权力化，甚至表现出强权化。创业企业家对于自身创建的企业极富有感情，将其视为自我价值实现的载体，是创新梦想的结果，因此，对于风险投资家介入企业的经营管理且拥有企业的部分控制权具有本能的抵触情绪，一旦发现风险投资家的监管行为凌驾于自己管理企业权限之上，此抵触情绪得以迅速激化并上升为正式权力对抗，进而引发两者关系冲突。在实践环节中，风险投资家多采用直接监控的方式如指派代表入驻董事会、定期审查财务报表，其次是与创业企业家会谈，再次是实地考察与派驻财务人员。派驻高层管理人员、通过中介机构监控创业企业的方式使用频率最低。但是统计数据显示上述监控方法的效果普遍较差，其主要原因在于：受资企业不合作，财务信息无法证实，非财务信息难以收集等。鉴于此，风险投资家与创业企业家之间应该以关系治理机制构建合作关系，在信息充分流动与共享的情况下适度地监控企业的经营管理，促进创业企业的良性发展。

（3）VC－E 合作的关系治理机制有利于提升 VC 增值服务的效应

风险投资家向创业企业提供增值服务的目的在于帮助克服经营管理中的资源约束与能力瓶颈，促使企业快速提升其市场价值，但是现实运行的效果却不理想。原因在于：①风险投资家与创业企业家利益目标严重冲突。创业企业家尚未意识到科技成果产业化与企业长远发展的非一致性。企业的发展轨迹由其生命周期所左右。一般而言分为创业期、成长期、成熟期、衰退期。而科技成果产业化的发展路线是：科技实验品——生产产品——销售产品——现金流入。整个过程从企业的生命周期来看仍属于企业的创业阶段。由于在创业期，企业规模比较小，不足以抵抗各种市场风险，企业潜在的价值也未得到真正的释放。在这一阶段企业可能获取比较理想的投资收益，但是相比企业成长壮大后的市场价值而言，依然微不足道。所以风险投资家希望创业企业家继续扩大企业的规模，提升技术水平进而实现 IPO。创业企业家却对企业的长远发展缺乏规划，希望维持现状，不太愿意继续冒险进行新技术开发以期将企业做大做强。②科技型创业企业家对风险投资家介入企业经营管理有本能的意识反抗。科技型创业企业家实质上是科技人员，他不具备任何管理经验。风险投资家在对科技成果或者创业项目进行投资的时候，即与科技成果相关利益者紧密联系在一起，其利益应是一致的。为此科技成果所有人一般会在项目企业担任管理任务，对企业进行管理。但是实际运作中，这些科技出身的人员因经营管理的缺乏而导致企业运作出现波动甚至重大问题。一旦管理出现问题，风险投资家的增值服务就表现为根据企业的实际情况挑选合适的职业经理人去取代科技成果所有人对企业的经营管理，而后者常常感到部分控制权被剥夺而感到失落，进而产生意识对抗，程度严重则表现为关系冲突，从而影响 VC 增值服务的效果。③风险投资家提供的增值服务与企业实际需求相脱离。风险投资与传统投资最大不同之处在于：通过增值服务来降低投资风险，通过增值服务来提升投资价值，通过增值服务来构建创业企业的竞争力。但是现实中风险投资家因缺乏充足时间了解企业，仅仅依靠自身行业背景与技术经验对企业提供空洞的指导，与企业的实际情况脱离甚远，致使增值服务的效果极差。

关系治理是通过建立合作者之间共享的价值理念和关系规范，利用良好的沟通和协调，以信任为基石形成紧密的合作关系。其治理的目标是降低合作伙伴之间的利益目标偏好的差异性，提升合作伙伴的承诺与互惠，在彼此资源相互依赖的前提下共同实现资源配置的帕累托递进。关系治理机制中，开放式沟通、信息共享、信任和共同解决问题是重要构成因素。通过这些因素，风险投资家与创业企业家增强互动的频率进而推动社会化机制。而社会化过程表现为以关系规范和共同价值观来约束和理解彼此的交易行为，建立以信任为基础的社会网络。

关系的社会化进程中，风险投资家和创业企业家会逐渐意识到双方的价值理念与行为规范的差异性逐渐缩小，承诺与互惠层面会逐渐提升。在关系治理机制的引导下，VC和E相互影响和相互了解，直至双方的价值观达到高度一致，即双方对待企业发展的态度、短期与长期利益目标的平衡、对待合作伙伴的态度均趋于一致。上文提及到的影响VC增值服务效应的根本原因在于风险投资家与创业企业家缺乏充分的沟通和协调，彼此缺乏信任。关系治理能有效地解决这些问题，不仅风险投资家可以提供适合创业企业需求的增值服务，而且创业企业家基于信任风险投资家而自愿接受增值服务。由此可知，关系治理是VC增值服务持续转化为创新绩效的必要条件。

（4）风险投资家应该依据创业项目的属性，选择相匹配的合作治理机制

创业企业创新项目具有动态和唯一性，没有一套适合所有项目、一成不变的治理机制。与项目特性相统一的合作治理机制应该依据项目特点界定风险投资家和创业企业家的合作关系属性。即VC-E的合作关系特性受限于创业企业创新项目的特点，需依据不同的合作关系选择相匹配的合作治理机制。影响创业项目特性且归为交易属性的两个重要因素分别是资产专用性、不确定性。资产专用性在创业企业发展中具有"双刃剑"的作用。一方面，专用性资产是保证投资项目顺利实现利益目标的物质保障；另一方面资产专用性程度过高易于引发"敲竹杠"、"套牢"等机会主义风险。因此，若投资项目的资产专用性程度很高，则应选择高强度的契约治理、关系治理。投资项目面临的不确定性越大，交易风险也越大。因缺乏预知企业生产与经营绩效的未来走向，风险投资家需灵活地处理交易关系，而不是将创业企业束缚和锁定在僵硬的契约条款之中，所以具有极度灵活且适合高风险投资项目的"对赌式协

议"往往是风险投资家的最佳选择，同时选择适度的关系治理来维系与创业企业家的关系。高度不确定性的投资项目不适合高强度的关系治理，因为过于亲密的关系容易使风险投资家丧失理性的判断力。投资吸引力、文化契合度是投资项目的关系属性。风险投资家和创业企业家作为风险投资机构和创业企业的"边界人"，本身具有"人"的社会属性，会受到社会交往中的价值理念和关系规范的影响与约束。投资吸引力意味着交易双方之间存在资源需求和相互依赖的关系。对于投资吸引力大的项目，双方依赖程度越大，风险投资家越倾向选择较低的契约治理、较高的关系治理。在风险投资家和创业企业家合作过程中，组织际的文化差异性对合作关系治理带来不小挑战。组织之间的文化差异影响双方的交易成本，甚至导致思维方式、行为方式的严重冲突。文化契合度较高的投资项目产生的交易成本较低，反之亦然。由此对于文化契合度高的投资项目应选择低契约治理、高关系治理，而文化契合度低的投资项目应选择高契约治理、低关系治理。

（5）风险投资家进行投资后管理时应注重过程公平、化解关系冲突

本研究结果显示过程公平对技术创新绩效有显著的正向调节作用，说明风险投资家在实行投资后管理时，应该充分注重过程公平，确保信息共享与交流。若合作过程中一方出现了过程不公平的行为，会引起对方对其交易意图的怀疑。如果创业企业家在接受 VC 监控行为和 VC 增值服务时，发现风险投资家不能公平对待他们，即风险投资家的投资态度非中立，那么创业企业家就会放弃对 VC 的信任，不再与 VC 共享关键资源与信息，取而代之的是以谈判的方式来维系与风险投资家的合作关系。过程公平决定 VC-E 的合作关系质量，进而调节 VC 投资后管理对技术创新的影响。假如创业企业家以对等地位感

知到风险投资家增值服务和监控行为的过程公平，则他们愿意
按照风险投资家的建议调整经营思路与方向，也愿意为双方共
同利益而努力工作。但是如果创业企业家发现风险投资家对所
投资的企业不能平等对待，即投资态度非中立，或感知过程不
公平，那么创业企业家不会出于自愿而采纳与执行风险投资家
的创新建议，即便此类建议的确对创业企业有极大的帮助。由
此可知过程公平是影响创业企业是否自愿接受 VC 投资后管理
的关键因素。

由于风险投资家和创业企业家的文化与个体差异，关系冲
突在两者的合作过程中不可根除。为了最大限度地降低关系冲
突对技术创新绩效的负面调节作用，不论是风险投资家或是创
业企业家都应该学会管理冲突，应用关系治理的方法化解关系
冲突。实施如提高双方的交流能力、增强双方的交流机会、增
加工作目标的相互依赖性、提高关系维系能力等能提供
VC－E 交互式记忆系统的有效措施来帮助风险投资家和创业
企业家构建良好合作氛围，以此抵消关系冲突对 VC－E 合作
关系的危害。总之，风险投资家若要成功地推行投资后管理，
持续实现其价值增值功能，良好的合作关系是必要条件。过程
公平能有效促进良好合作关系的形成，而关系冲突则对此具有
消极影响。

8.3 研究局限与后续研究方向

8.3.1 研究局限

依据理论研究和实证研究相结合的方法，本项目展开了较
为深入的分析并得出了一些较有意义的研究成果。尽管研究具
有一定的理论创新性，但是由于客观原因，仍存在一定的局限

与不足需要在未来的研究中加以弥补与完善。这些局限表现为以下几个方面：

（1）数据收集有一定的局限性。由于数据收集的困难与经费的限制，本研究仅从重庆、成都、西安、武汉、深圳、北京 6 个城市的科技型创业企业采集数据。本研究目的是分析 VC－E 合作治理机制、VC 投资后管理对技术创新绩效的影响，既可以从创业企业收集数据，又可以从风险投资机构中收集数据。由于受研究时间、财力与人力等因素的限制，本研究仅以科技型创业企业的高层管理人员或负责关系管理的一位关键人员为调查对象，来研究风险投资家与创业企业家合作关系通过 VC 投资后管理对技术创新绩效的影响效应，研究中的样本数据均由科技型创业企业的相关人员填写。实际上，科技型创业企业的有关人员与风险投资机构的相关人员在某一些问题上可能会存在偏差，两者对合作治理、VC 监控行为、VC 增值服务与技术创新绩效关系的评价也可能会存在认知的不同。如果能分别从风险投资机构和创业企业收集数据来研究这一问题，再将其结果进行对比分析，将有助于全面、准确地理解 VC－E 合作治理机制、VC 投资后管理与技术创新绩效三者间的关系。

（2）变量测度有一定的主观性。本研究采用 Likert 五分量表的测量方法对资产专用性、不确定性、投资吸引力、文化契合度、契约治理、关系治理、VC 监控行为、VC 增值服务、创新能力、创新产出、过程公平、关系冲突、任务冲突等变量进行测度。尽管在研究过程中对各变量进行了信度与效度的检验，保证了测度变量的可靠性和有效性，但是主观评分的方法不可避免地存在测度的偏差与缺陷，这对数据和研究结果的可靠性和准确性会产生一定的影响。在未来的研究中，可以设计相对更为客观的指标来评估 VC－E 合作治理机制、VC 监控行为、VC 增值服务、过程公平等变量，以提高研究效度，使研究结论更具有可靠性与可重复性。此外，本研究的各测量题项均是针对多个行业而制定，虽然具有普遍意义，但是若能依据行业的特色设计不同的测量题项，可能会有一些新发现。

（3）控制变量选择中未考虑到行业特性的影响。本研究在分析 VC - E 合作治理机制、VC 投资后管理与技术创新绩效三者间关系时，为了准确分析技术创新绩效的变动效应，控制变量选择的是企业规模、创业企业发展阶段，没有考虑到行业特性对技术创新绩效的影响。本研究收集的数据主要来自 IT 行业、电子信息、生物医药、新材料新能源，这四个行业彼此之间技术发展规律存在显著的差异，如 IT 行业技术更新速度快，创新周期短，而生物医药与新材料技术创新周期长，但创新产出可观。在研究条件允许的情况下，依据不同行业特性分析 VC - E 合作治理机制与技术创新绩效的关系，将会获得一些更具有实践意义的结论。

8.3.2 后续研究方向

后续研究方向可从如下方面开展：

（1）分别从风险投资机构与创业企业收集数据并进行对比研究。由于本研究立足于科技型创业企业来分析 VC - E 合作治理机制如何影响 VC 投资后管理，进而影响技术创新绩效，所得出的研究结论对于创业企业有较大的实践意义，但是与风险投资机构的实际运行有一定的偏差。因为对于 VC 监控行为、VC 增值服务以及过程公平、关系冲突等变量的测度，两者可能会有不同的看法。在未来的研究中，将设计更具有普遍意义的量表分别向风险投资机构和创业企业中进行关系管理的相关人员进行发放，这样可以全面收集创业企业家和风险投资家对 VC - E 合作关系治理、VC 监控行为、VC 增值服务、技术创新绩效等变量的评价，并将其进行对比分析，以期获得更具有实践意义的研究结果。

（2）将科技型创业企业进行行业细分或者发展阶段细分。未来研究可以将本研究量表进行细化，突出行业特征或者企业发展阶段特征，应用本研究的理论框架深入分析不同行业、不同企业的发展阶段中 VC－E 合作关系治理、VC 投资后管理与技术创新绩效的相互影响效应，从而对风险投资业如何针对不同行业、不同发展阶段进行投资后管理提供科学的建议。

（3）VC－E 合作治理与合作信心问题研究。本书提供了VC－E 合作治理机制、VC 投资后管理与技术创新绩效的概念模型，未来研究可以在此基础上，继续展开理论和实证研究工作。合作信心是良好合作关系建立的必要条件。因此合作信心作为一个重要变量对合作关系的发展起着重要的影响作用。对合作信心问题的研究有助于深化 VC－E 合作关系问题的研究。所谓合作信心是交易伙伴可察觉到的对未来达成满意合作的确定程度，带有强烈的主观色彩。风险投资家与创业企业家的合作信心从何而来，怎样建立？以什么样的标准来对其进行刻画？这些问题的解决必将风险投资与创业企业的合作关系推向更稳定的局面。另外，VC－E 合作治理与合作信心之间的关系以及对创新绩效的影响也存在许多需要推进和深入的领域，这些均有助于拓展风险投资与技术创新关系的相关理论。例如对于合作信心而言，风险投资家和创业企业家之间既存在个人层面的合作信心，又存在组织层面的合作信心。在分析VC－E 合作治理对合作信心的影响时，怎样区别个人层面的合作信心与组织层面的合作信心？它们如何影响技术创新？这些问题都是值得研究的。

（4）VC－E 合作关系中的冲突管理问题研究。冲突问题是 VC－E 合作关系过程中不可回避的重要问题。冲突怎么产生？如何管理冲突？已有的研究主要聚焦在创业企业家与风险投资家之间的冲突与企业经营绩效关系问题，忽略了冲突具有系统传递的特征，如创业企业管理团队内部的冲突会影响到风险投资家对创业企业管理的整体评价，进而与创业企业家形成认知冲突。同样，现在风险投资家倾向选择辛迪加投资模式来分散投资风险。那么若风险投资家之间产生冲突又会怎样影响风险投资家与创业企业家之间的合作关系，进而影响企业的技术创新？实质上，VC－E 合作关系面临的冲突表现为三个层面：一是创业企业管理团队内部的冲突，这需要企业内部一系列管理制度加以约束；二是创业企业与风险投资家之间的冲突，需要选择适当的合作治理机制来进行化解；三是辛迪加投资模式下风险投资家之间的冲突，需要借助联盟治理的相关理论来进行深入分析。因此，冲突管理在 VC－E 合作关系构建和维持中是值得深入研究的问题，尤其是对于正处在经济转轨时期的中国科技型创业企业而言，实现成功的冲突管理，不仅有助于提升企业的竞争力，而且还提高技术创新的效率，促使创业企业长足稳定地发展。

参考文献

1. 蔡莉，李雪灵，卫国红．我国风险投资公司宏观支撑环境与运作机制［M］．北京：中国人民大学出版社，2006.

2. 陈劲，陈珏芬．企业技术创新绩效评价指标体系研究［J］．科学学与科学技术管理，2006（3）：86-91.

3. 陈晓红，赵可．团队冲突、冲突管理与绩效关系的实证研究［J］．南开管理评论，2010，13（5）：31-35.

4. 陈昕．浅析风险投资增值服务的主要内容［J］．中国科技信息，2005（6）：121-123.

5. 程凯．企业合作关系中的信任问题分析［J］．中州学刊，2001（2）：21-24.

6. 党兴华，贺利平，王雷．基于典型相关的风险企业控制权结构与企业成长能力的实证研究［J］．软科学，2008（4）：136-139.

7. 方少华．中国式风险投资［M］．北京：企业管理出版社，2010.

8. 付玉秀．创业投资风险管理机制研究［D］．杭州：浙江大学，2003.

9. 傅家骥．技术创新学［M］．北京：清华大学出版社，1998.

10. 高建，汪建飞，魏平．企业技术创新绩效指标：现状、问题和新概念模型 [J]. 科研管理, 2004 (增刊): 125 – 131.

11. 郭建鸾. 创业投资基金双层委托代理机制研究 [J]. 南开经济研究, 2004 (1): 100 – 104.

12. 13. 侯建仁, 李强, 曾勇. 风险投资、股权结构与创业绩效 [J]. 研究与发展管理, 2009 (4): 10 – 19.

14. 黄玉杰. 战略联盟中的非正式治理机制: 信任和声誉 [J]. 河北经贸大学学报, 2009 (7): 35 – 41.

15. 郎淳刚, 席酉民, 郭士伊. 团队内冲突对团队决策质量和满意度影响的实证研究 [J]. 管理评论, 2007, 19 (7): 10 – 15.

16. 李京文. 迎接知识新经济时代 [M]. 上海: 上海远东出版社, 1999.

17. 刘二丽. 创业投资增值服务对创业企业成长绩效的影响研究 [J]. 工业技术经济, 2008 (8): 141 – 145.

18. 刘益, 陶蕾. 零售商对供应商的信任、控制机制使用和价值创造之间的关系研究 [J]. 管理工程学报, 2007, 21 (1): 61 – 66.

19. 柳卸林. 市场和技术创新的自组织过程 [J]. 经济研究, 1993 (2): 34 – 37.

20. 龙勇, 梅德强, 常青华. 风险投资对高新技术企业技术联盟策略影响——以吸收能力为中介的实证研究 [J]. 2011 (7): 73 – 84.

21. 龙勇, 王陆鸽. 风险投资的非资本增值服务与技术创新绩效的关系研究 [J]. 科技进步与对策, 2010 (7): 13 – 16.

22. 马乐声, 汪波, 陈德棉. 风险投资在信息不对称条件下的委托代理风险防范研究 [J]. 科学管理研究, 2006 (3): 106 – 109.

23. 马庆国. 中国管理科学研究面临的几个关键问题 [J]. 管理世界, 2002 (8): 105-115.

24. 马占杰. 对组织间关系的系统分析: 基于治理机制的角度 [J]. 中央财经大学学报, 2010 (9): 86-90.

25. 孟卫东, 江成山, 刘珂. 风险资本投资后管理对企业技术创新能力影响研究 [J]. 科技管理研究, 2009 (3): 9-11.

26. 聂辉华. 新制度经济学中不完全契约理论的分歧与融合——以威廉姆森和哈特为代表的两种进路 [J]. 中国人民大学学报, 2005 (1): 81-85.

27. 彭纪生, 刘伯军. 论入世对中国技术引进的影响——以跨国公司对华投资策略变化为视角 [J]. 世界科技研究与发展, 2003 (6): 91-95.

28. 盛亚, 单航英. 利益相关者与企业技术创新绩效关系: 基于高度平衡型利益相关者的实证研究 [J]. 科研管理, 2008 (6): 30-35.

29. 汪丁丁. 知识沿时间和空间的互补性以及相关的经济学 [J]. 经济研究, 1997 (6): 70-75.

30. 王国锋, 李懋, 井润田. 高管团队冲突、凝聚力与决策质量的实证研究 [J]. 南开管理评论, 2007, 10 (5): 89-93.

31. 王君华. 跨国企业战略联盟的文化协同研究 [D]. 武汉理工大学, 2007.

32. 王峻慧. 企业持续技术创新的组织支撑——论高新企业风险投资后有效管理对技术创新能力的积极影响 [J]. 自然辩证法研究, 2009 (9): 123-127.

33. 王益, 许小松. 风险资本市场及其运作机制研究 (上) [J]. 证券市场导报, 1996 (5): 4-14.

34. 王益, 许小松. 风险资本市场及其运作机制研究

（下）［J］. 证券市场导报，1996（6）：4 - 16.

35. 王益，许小松. 风险资本市场理论与实践［M］. 北京：中国经济出版社，2000.

36. 王正位，朱武祥，赵冬青. 为什么如此少的创业企业获得风险投资？［J］. 南开经济研究，2008（6）：64 - 74.

37. 魏江，许庆瑞. 企业技术能力与技术创新能力之关系研究［J］. 科研管理，1996（1）：22 - 26.

38. 温忠麟，侯杰泰，张雷. 调节效应与中介效应的比较和应用［J］. 心理学报，2005：37（2）：268 - 274.

39. 温忠麟，张雷，侯杰泰，刘红云. 中介效应检验程序及其应用［J］. 心理学报，2004，36（5）：614 - 620.

40. 项喜章. 论风险投资后管理［J］. 探索，2002（8）：97 - 100.

41. 谢庆华，黄培清. R & D 外包的决策模型、创新风险及关系治理［J］. 研究与发展管理，2008（4）：90 - 94.

42. 许冠南. 关系嵌入性对技术创新绩效的影响研究——基于探索型学习的中介机制［D］. 浙江大学，2008.

43. 杨瑞龙，杨其静. 专用性、专有性与企业制度［J］. 经济研究，2001（3）：3 - 11.

44. 杨小凯. 一本有较高学术水准的经济学教科书——评张维迎博士新著"博弈论与信息经济学"［J］. 经济研究. 1997（2）：72 - 73.

45. 叶瑛，姜彦福. 创业投资家与创业企业家的信任对双方绩效的作用研究［J］. 科学学与科学技术管理，2006（1）：108 - 111.

46. 叶瑛，姜彦福. 创业投资机构的信任影响新创企业绩效的跨案例研究［J］. 管理世界，2009（10）：152 - 163.

47. 殷林森，胡文伟，李湛. 创业投资双边道德风险研究前沿与思路探讨［J］. 外国经济与管理，2007（6）：34 - 40.

48. 尹建海, 杨建华. 基于加强型平衡记分法的企业技术创新绩效评价指标体系研究 [J]. 科研管理, 2008 (1): 1-7.

49. 袁静, 毛蕴诗. 垂直企业间关系治理与日本汽车企业的筹供策略变革 [J]. 中大管理研究, 2007, 2 (1): 1-12.

50. 张丰, 金智. 基于层次分析法的风险投资后管理行为研究 [J]. 科技管理研究, 2009 (9): 427-430.

51. 张岚, 张怖, 姜彦福. 创业投资家与创业企业家关系研究综述 [J]. 外国经济与管理, 2003 (11): 2-6.

52. 张维迎. 博弈论与信息经济学 [M]. 上海: 上海人民出版社, 2002.

53. 张卫国, 罗军, 吴丙山. 风险投资中的可转换证券与双重道德风险研究 [J]. 管理科学, 2005 (4): 27-32.

54. 张新立, 陈辉. 风险投资的股权-债权契约激励模型研究 [J]. 软科学, 2008, 4 (22): 24-27.

55. 张醒洲, 唐莹莹. 合作企业间交易信任理论综述[J]. 现代管理科学, 2005 (5): 30-33.

56. 赵岑, 姜彦福. 中国企业战略联盟伙伴特征匹配标准实证研究 [J]. 科学学研究, 2010 (4): 558-565.

57. 周新德. 契约治理、关系治理和家族企业治理模式选择 [J]. 求索, 2008 (6): 60-61.

58. Adobor H. Governing exchange in strategic alliances: the dynamics of interfirm trust [D]. Unpublished doctoral dissertation, Concordia University, 1999.

59. Ahuja, M. and J. Galvin. Socialization in Virtual Groups [J]. Journal of Management, 2003, 29, 2.

60. Altarriba J, Kroll J F, School A, Rayner, K. The influence of lexical and conceptual constraints on reading mixed language sentences: evidence from eye fixation and naming times [J]

. Memory & Cognition, 1996 (24): 477 - 492.

61. Amason A C. Distinguishing the effects of functional and dysfunctional conflict on strategic decision making: Resolving a paradox for top management teams [J]. Academy of Management Journal, 1996, 39 (1): 123 - 148.

62. Amason A C, Sapienza HJ. The effects of top management team size and interaction norms on cognitive and affective conflict [J]. Journal of Management, 1997 (23): 495 - 516.

63. Anderson J C, Narus J A. A model of distributor firm and manufacturer firm working partnerships [J], Journal of Marketing, 1990, 54 (1): 42 - 58.

64. Andrew Zacharakis, Truls Erikson & Bradley George. Conflict between VC and entrepreneur: the entrepreneur's perspective [J]. Venture Capital, 2010, 2 (12): 109 - 126.

65. Annaleena P, Hans L. How venture capitalists respond to unmet expections: the role of social environment [J] . 2006 (21): 773 - 801.

66. Antonio Davila, George Foster, Mahendra Gupta. Venture capital financing and the growth of startup firms. [J] Journal of Business Venturing, 2003, 12 (18): 689 - 708.

67. Arazy Ofer, Nov Oded, Patterson Raymond, Yeo Lisa. Information quality in Wikipedia [J]. Journal of Management Information Systerms, 2011, 27 (4): 71 - 98.

68. Arrow K J. The organization of economic activity: issues pertinent to the choice of market versus nonmarket allocation// Joint Economic Committee, The Analysis and Evaluation of Public Expenditure: the PPB System, vol. 1, US Washington DC: Government Printing Office, 1969: 59 - 73.

69. B Stuck, M Weingarten. 2005. How Venture Capital

Thwarts Innovation, IEEE Spectrum, April 50 - 55, www. spectrum. ieee. org/computing/hardware/howventure - capital - thwarts - innovation (02/15/2010).

70. Bachmann R, Schindele I. 2006. Theft and syndication in venture capital finance [R]. SSRN Working Paper, 10.

71. Baeyens K, S Manigart. Dynamic Financing Strategies: The Role of Venture Capital [J]. Journal of Private Equity, 2003, 7 (1): 50 - 58.

72. Baker G, Gibbons R, Murphy K. Relational contracts and the theory of the firm [J]. Quarterly Journal of Economics, 2002 (117): 39 - 83.

73. Barney J B, Busenitz L W, Fiet J O, et al. New venture teams' assessment of learning assistance from venture capital firms [J]. Journal of Business Venturing, 1996, 11 (4): 257 - 272.

74. Bemheim B D, Whinston M D. Incomplete contracts and strategic ambiguity [J]. American Economic Review, 1998, 88 (4): 902 - 932.

75. Bensaou A E. Buyer - supplier relations industrial markets: when do buyers risk making idiosyncratic investments [J]. Organization Science, 1999, 10 (4): 460.

76. BernardBlack, Ronald Gilson. Venture Capital and the Structure of Capital Markets: Banks Versus Stock Markets [J]. Journal of Financial Economics, 1998 (47): 243 - 249.

77. Bettencourt L A, Brown S W. Role stressors and customer - oriented boundary spanning behaviors in service organizations [J]. Journal of the Academy of Marketing Science, 2003, 31 (4): 394 - 408.

78. Bettignies, Jean - Etienne, Brander, J. Financing Entrepreneurship: Bank Finance Versus Venture Capital [J]. Jour-

nal of Business Venturin, 2007 (22): 808 - 832.

79. Bharat A Jain, Omesh Kini. Venture Capitalist Participation and the Post - Issue Operating Performance of IPO Firms [J]. Managerial and Decision Economics, 1995, 12 (16): 593 - 606.

80. Blau P M. Exchange and power in social life [M]. John Wiley & Sons, New York, 1964.

81. Boisot Max, John Child. From fiefs to clans and network capitalism: explaining china's emerging economic order [J] Administrative Science Quarterly, 1996, 41 (4): 600 - 628.

82. Bowen D, E, Schneider B. Employee and Customer Perceptions of Service in Banks: Replication and Extension [J]. Journal of Applied Psychology. 1985, 70 (3): 423 - 434.

83. Bowman E H Epistemology. Corporate strategy and academe [J]. Sloan Management Review, 1974 (15): 35 - 50.

84. Brown B A T, Sellen A J, O'Hara K P. A diary study of information capture in working life. Proceedings of CHI 2000, 438 - 445. New York, NY: ACM, 2000.

85. Brown J R, Chekitan S D, Dong, J L. Managing marketing channel opportunism: the efficacy of alternative governance mechanisms [J]. Journal of Marketing, 2000 (64): 51 - 65.

86. Busenitz L, Moesel D, Fiet J O Barney, J B. The framing of perceptions of fairness in the relationship between venture capitalists and new venture teams [J]. Entrep. Theory Pract, 1997 (21): 5 - 21.

87. Buvik A, Gronhang K. Inter - firm dependence, environmental uncertainty and vertical co - ordination in industrial buy - seller relationship [J]. Omega: The International Journal of Management Science, 2000, 28 (4): 445 - 454.

88. Bygrave W D, J A Timmons. Venture capital at the cross-roads [M]. Harvard Business School Press Boston, Massachusetts, 1992: 1 - 65.

89. Cable D M, Shane S. A prisoner dilemma approach to entrepreneur - venture capitalist relationship [J]. The Academy of Management Review, 1997 (22): 142 - 176.

90. Cannon J P, Ravi S A, Gregory T G. Contracts, norms, and plural form governance [J]. Journal of the Academy of Marketing Science, 2000, 28 (2): 180 - 194.

91. Carson S J, Madhok A, Wu T. Uncertainty, opportunism, and governance: the effects of volatility and ambiguity on formal and relational contracting [J]. Academy of Management Journal, 2006, 49 (5): 1058 - 1077.

92. Carsten Bienz. A pecking order of venture capital exits - What determines the optimal exit channel for venture capital backed firms? Paper presented to the European Economic As - sociation's Annual Meeting, 2004.

93. Chan Kim W, Renee Mauborgne. Fair process: managing in the knowledge economy [J]. Harvard Business Review, 2003, 75 (4): 65 - 75.

94. Claro D P, Hagelaar G, Omta O. The determinants of relational governance and performance: how to manage business relationships? [J]. Industrial Marketing Management, 2003, 32 (8): 703 - 716.

95. Cochrane J. The risk and return of veture capital [J]. Journal of Financial Economics, 2005 (75): 3 - 52.

96. Cohen W, Levinthal D. Absorptive capacity: a new perspective on learning and innovation [J]. Administrative Science Quarterly, 1990 (35): 128 - 152.

97. Colquitt Jason A, Rodell Jessica B. Justice, trust, and trustworthiness: a longitudinal analysis integrating three theoretical perspective [J]. Academy of Management Journal, 2011, 54 (10): 1183 – 1206.

98. Cooper R G. Industrial firm's new product strategies [J] . Journal of Business Research, 1985, 13 (2): 107 – 121.

99. Cornelli F, Yosha O. Stage financing and the role of convertible securities [J]. Review of Economics Studies, 2003, 70 (1): 1 – 32.

100. Craig R Carter. The use of social network analysis in logistic research [J] . Journal of Business Logistics, 2007, 28 (1): 137 – 169.

101. D Engel, M. Keilbach, Firm Level Implications of Early Stage Venture Capital Investment – An Empirical Investigation [J]. Journal of Empirical Finance, 2007, 14 (2), 150 – 167.

102. Dan li, Lorraine Eden, Michael A Hitt, R Duane Ireland. Friends, acquaintances or strangers? parter selection in R & D alliances [J]. Academy of Management Journal, 2007 (4): 1 – 48.

103. Daniel Schmidt, Mark Wahrenburg. Contractual relations between European VC – funds and investors: the impact of reputation and bargaining power on contractual design. CFS Working paper 2003 (15).

104. Darline Vandaele, Paul Gemmel. Dealing with business service transactions after the sourcing decision: influence of contract and uncertainty. Working Paper, 2007.

105. Das T, Teng B. Trust, control and risk in strategic alliances: an integrated framework [J]. Organization Studies, 2001, 22 (2): 251 – 283.

106. Das TK, Teng BS. Between trust and control: developing confidence in partner cooperation in alliances [J]. Academy of Management Review, 1998, 23 (3): 491 - 512.

107. Davis C. Venture Capital in Canada: a Maturing Industry, with Distinctive Features and New Challenges [M]. In Cetindamar, D. (Ed.), the Growth of Venture Capital: A Cross - Culture Comparison. Quorum Books, Greenwich, CT, 2003: 175 - 206.

108. De Clercq D, Sapienza H J. The creation of relational rents in venture capitalist - entrepreneur dyads [J]. Venture Capital, 2001 (3): 107 - 127.

109. Deepak Sirdeshmukh, Jagdip Singh, Barry Sabol. Consumer trust, value, and loyalty in relational exchanges [J]. Marketing Science Institute. 2001 (66): 15 - 37.

110. DeMarzo, Peter M. and Michael Fishman. Optiman long - term financial contracting with privately observed cash flows. Working Paper, Stanford University, 2004.

111. Diamond D. Seniority Maturity of Debt Contracts [J]. Journal of Financial Economics, 1993 (33): 341 - 368.

112. Dirk De Clercq, Harry J Sapienza. Effects of relational capital and commitment on venture capitalists' perception of portfolio company performance [J]. Journal of Business Venturing, 2006 (21): 326 - 347.

113. Dotzler F. What do venture capitalists really do, and where do they learn to do it [J]. The Journal of Private Equity, 2001 (12): 6 - 12.

114. Duffie D. Dynamic asset pricing theory [M]. Third Edition, Princeton University Press, 2001.

115. Dybvig P, Wang Y. Debt and Equity. Working Paper,

Washington University and Boston University, 2002.

116. Dyer JH, Singh H. The relational view: cooperative strategy and sources of interorganizational competitive advantage [J]. Academy of Management Review, 1998, 23 (4): 660 - 679.

117. Edward, B. R. High stakes for high - tech entrepreneurs: understanding venture capital decision making [J]. Management Review, 1991 (12): 9 - 19.

118. Elster J. Nuts and bolts for the social sciences [M]. Cambridge: Cambridge Univ. Press, 1989.

119. Emerson, Richard M. Power - dependence relations [J]. American sociological review, 1962 (27): 31 - 41.

120. Enos J L Petroleum Progress and Profits: A History of Process Innovation [M]. Cambridge, MA: MIT Press, 1962.

121. EPeng M W, Luo Y D. Managerial ties and fine perform a transition economy: the nature of a micro nacro link [J]. Academy of Management Journal, 2000, 43 (3): 486 - 501.

122. Fabio Bertoni, Massimo G. Colombo, Luca Grilli. Venture capital financing and the growth of high - tech start - ups: disentangling treatment from selection effects [J]. Research Policy, 2011, 9 (40): 1028 - 1043.

123. Fagbokforlaget Sætre, A S. Entrepreneurial perspectives on informal venture capital [J]. Venture Capital, 2003, 5 (1), 71 - 94.

124. Fehr E, Fischbacher U. Third - party punishment and social norms [J]. Evolution and human behavior, 2004 (25): 63 - 87.

125. Ferguson Ronald J, Michele Paulin, Jasmin Bergeron. Contractual Governance, Relational Governance and the Perform-

ance of Interfirm Service Exchanges: The Influence of Boundary－Spanner Closeness [J]. Journal of the Academy of Marketing Science, 2005 (33): 217－234.

126. Flynn F J, Chatman J A. The influence of demographic heterogeneity of the emergence and consequences of cooperative norms in work teams [J]. Academy of Management Journal, 2001 (44): 956－974.

127. Flynn D, A Forman. Venture Capital Involvement in Their New Venture Organizations: An Analysis By Life Cycle Stage [J]. Journal of Developmental Entrepreneurship, 2001, 6 (1).

128. Flynn David, Forman Adrew M. Life cycles of new venture organizations: different factors affecting performance [J]. Journal of Developmental Entrepreneurship, 2001, 6 (1): 41－58.

129. Flynn D, Forman A M. Life cycle of new ventures organizations: different factors affecting performance [J]. Journal of Developmental Entrepreneurship, 2011 (6): 41－48.

130. Folger R, Konovsky M A. Effects of procedural and distributive justice on reactions to pay raise decisions [J]. The Academy of Management Journal, 1989 (32): 115－130.

131. Fried V H, Hisrich R D. The venture capitalist: A relationship investor [J]. California Management Review, 1995, 37 (2): 101－113.

132. Fried V H, Bruton G D, Hisrich R D. Strategy and the board of directors in venture capital－backed firms [J]. Journal of Business Venturing, 1998 (13): 493－503.

133. Gaidella L A, Selecting and structuring investments: the venture capitalist's perspective [J]. CFA Reading, 2000.

134. Galbraith J r. Organizational design [J]. Addison－

Wesley, Reading, MA, 1977.

135. Gargiulo M, M Benassi. Trapped in your own net: Network cohesion, structural holes, and the adaptation of social capital [J]. Organization Science, 2000 (11): 183 – 196.

136. Geyskens I, Steenkamp J B E M, Kumar N. Make, buy and ally: a transaction cost theory meta – analysis [J]. Academy of Management Journal, 2006, 49 (3): 519 – 543.

137. Gilliland S W. The Perceived Fairness of Selection Systems: An organizational justice perspective [J]. Academy of Management Review, 1993 (18): 694 – 734.

138. Glenn Hoetker, Thomas Mellewigt. Choice and performance of governance mechanisms: matching alliance governance to asset type [J]. Strategic Management Journal, 2009 (30): 1025 – 1044.

139. Gompers P, Lerner J. The Venture Capital Cycle [M]. Cambridge MA: The MIT Press, 1999.

140. Gompers P A. Optimal investment, monitoring, and the staging of venture capital [J]. Journal of Finance, 1995 (50): 1461 – 1490.

141. Gorman M, Sahlman W A. What do venture capitalists do? [J]. Business Venturing, 1989 (4): 231 – 248.

142. Gorman M, Sahlman W A. What do venture capitalists do? [J] Journal of Business Venturing, 1989, 4 (4): 231 – 248.

143. Granovetter M. Economic action and social strcture: The problem of embeddedness [J]. The American Journal of Sociology, 1985, 91 (3): 481 – 510.

144. Granovetter M S. Problems of explanation in economic sociology [M]. N. Nohria, R. Eccles, eds. Networks and Organiza-

tions: structure, form, and action. Harvard Business School press, boston, MA, 1992: 25－56.

145. Griffith D A, Myers M B. The performance implications of strategic fit of relational norm governance strategies in global supply chain relationships [J]. Journal of International Business Studies, 2005, 36 (3): 254－269.

146. Gulati R, Lawrence P R, Puranam P. Adaptation in vertical relationships: beyond incentive conflict [J]. Strategic Management Journal, 2005, 26 (5): 415－440.

147. Gulati, R. Does familiarity breed trust? the implications of repeated ties for contractual choice in alliances [J]. Academy of Management Journal, 1995 (38): 85－112.

148. Gulati, R. Network location and learning: the influence of network resources and firm capabilities on alliance formation [J]. Strategic Management Journal, 1999, 20 (5): 397－420.

149. H Sapienza. When do venture capitals and value. [J] Bus. Venturing, 1992 (7): 9－27.

150. Håkan Håkansson, Alexandra Waluszewski. Path dependence: a restricting or facilitating technical development [J] Journal of Business Research, 2002, 7 (55): 561－570.

151. Hamel Gary. Competition for competence and inter－partner learning within international strategic alliances [J]. Stratrgic Management Journal, 1991 (12): 83－103.

152. Harry J Sapienza, Sophie Manigart, Wim Vermeir. Venture capitalist governance and value added in four countries [J] Journal of Business Venturing, 1996, 10 (11): 439－469.

153. Harry J. Sapienza, Dirk De Clercq. Venture capitalist－entrepreneur relationships in technology－based ventures [J]. Enterprise & Innovation Management Studies, 2000, 1 (1):

57 – 71.

154. Hart, O. Firms, contracts, and financial structure [M]. Forthcoming, Oxford University Press, 1995.

155. Hart, Oliver, John Moore. A theory of debt based on the inalienability of human capital [J]. Quarterly Journal of Economic, 1994 (109): 841 – 879.

156. Heide, John. Do norms matter in marketing relationships? [J]. Journal of Marketing, 1992, 56 (4): 32 – 44.

157. Heide, Jan B. Inter – organizational governance in marketing channels [J]. Journal of Mrkering, 1994, 58 (1): 71 – 85.

158. Hellmann T, M. Puri. The Interaction between Product Market and Financing Strategy: The Role of Venture Capital [J]. Review of Financial Studies, 2000 (13): 959 – 984.

159. Hellmann, T, M. Puri. Venture Capital and the Professionalization of Startup Firms: Empirical Evidence [J]. Journal of Finance, 2002 (57): 169 – 197.

160. Henrik, B. , Tomas, H. , Soren, S. Entrepreneurial learning and the role of venture capitalists [J]. Venture Capital, 2007, 1 (9): 165 – 181.

161. Hironori, H. , Birley, S. The consequences of conflict between the venture capitalist and the entrepreneurial team in the United Kingdom from the perspective of the venture capitalist [J]. Journal of Business Venturing, 2002 (4): 59 – 81.

162. Hofstede G. Cultures and organizations [M]. McGraw – HillNew York, 1991.

163. Holban, Ionica, Mocanu, Nelu. The management of conflicts in the knowledge – based organization [C]. Global Conference on Business & Finance Proceedings, 2011, 6 (6):

55 - 59.

164. Homans, George C. Social behavior: its elementary forms [M]. New York: Harcourt, Brace & World, 1961.

165. Hooshman, Leia, Moghimi, Seyed Mohammad. Organizational justice and organization entrepreneurship in managers and experts in RMTO [J]. Europen Journal of Scientific Research, 2011, 56 (12): 553 - 563.

166. Ireland, R. D, Hitt, M. A., Sirmon, D. G. Amodel of strategic entrepreneurship: the construct and its dimensions [J]. Journal of Management, 2003, 29 (6): 963 - 89.

167. Irene, M. H., Robert, G. I., Theresa, J. B. K., Jamal, A. N. Intellectual capital and uncertainty of knowledge: control by design of the management system [J]. Journal of Business Ethics, 2011 (98): 627 - 640.

168. Ivens, B. S. Flexibility in industrial service relationships: the construct, antecedent, and performance outcomes [J]. Industrial Marketing Management, 2005, 34 (6): 566 - 576.

169. J. B. Barney, Lowell, B., Jim Fiet. The relationship between venture capitalists and managers in new firms: determinants of contractual covenants [J]. Managerial Finance, 1994, 20 (1): 19 - 30.

170. James A. Brander, Raphael Amit, Werner Antweiler. Venture - Capital Syndication: Improved Venture Selection vs. the Value - Added Hypothesis [J]. Journal of Economics & Man - agement Strategy, 2002, 11 (3): 423 - 452.

171. James A. Christiansen. Competitve Innovation Management. London: MACMILLAN PRESS LTD, 2000: 74 - 75.

172. Jap, Ganesan. Control mechanisms and the relationship life cycle: Implications for safeguarding specific investments and

developing commitment [J] . Journal of Marketing Research, 2000, 7 (2): 227 - 245.

173. Jehn, K. A multimethod examination of the benefits and detriments of intragroup conflict [J]. Administrative Science Quarterly, 1995 (40): 256 - 282.

174. Jehn, K. A. A multimethod examination of the benefits and detriments of intragroup [1] Jehn, K. and E. Mannix. The dynamic nature of conflict: a longitudinal study of intragroup conflict and group performance [J]. Academy of Management Journal, 2001, 44 (2): 238 - 251.

175. Jennifer, M. W. , Andrew, Z. , Laurel, S. D. Effects of venture capital syndication networks on entrepreneurial success [J] . Frontiers of Entrepreneurship Research, 2007 (27): 1 - 14.

176. Jensen, Michael C. , Meckling, William H. Theory of the Firm: Managerial Behavior, Agency Costs and Ownership Structure [J]. Journal of Finance, 1976 (3).

177. John Hagedoorn, Myriam Cloodt. Measuring innovative performance: is there an advantagein using multiple indicators? [J]. Research Policy, 2003 (32): 1365 - 1379.

178. Johnson, S. , McMillan. , J. , Woodruff, C. Property rights and finance [J]. American Economic Review, 2002 (92).

179. Jones C, Hesterly W S, Borgatti S P. Ageneral theory of network governance: exchange conditions, and social mechanisms [J]. Academy of management review, 1997 (22): 911 - 945.

180. Joseph Y, Liao J, Zheng - Dao L. Formal governance mechanisms, relational governance mechanisms, and transaction - specific investments in supplier - manuacture relationships [J]. Industrial Marketing Management, 2006, 35 (2):

128 - 139.

181. Josh Lerner. Venture capitalists and the decision to go public [J]. Journal of Financial Economics, Elsevier, 1994, 35 (3): 293 - 316.

182. Joskow, P. L. Asset specificity and the structure of vertical relationships: empirical evidence [J]. Journal of Law, Economics and Organization, 1988 (4): 95 - 117.

183. Kale, P. , Singh, H, Perlmutter, H. Learning and Protecting of proprietary assets in strategic alliances: building relational capital [J]. Strategic Management Journal, 2000, 21 (3): 217 - 237.

184. Kaplan, S, P. Stromberg. Venture Capitalists as Principals: Contracting, Screening, and Monitoring [J]. American Economic Review Papers and Proceedings, 2001, 91 (2), 426 - 430.

185. Kaplan, S. , P. Stromberg. Financial contracting theory meets the real world: an empirical analysis of venture capital contracts [J]. Review of Economic Studies, 2003 (70): 281 - 315.

186. Kaplan, S. , P. Stromberg. Venture Capitalists as economic principles [J]. NBER Reporter Summer, 2003 (2): 22 - 50.

187. Kelley, H. H. . , Thibaut, J. W. Interpersonal relations: a theory of interdependence [M]. New York, NY: John Wiley & Sons, 1978.

188. Kim, W. C. , Mauborgne, R. A. Procedural justice, strategic decision making and the knowledge economy [J]. Strategic Management Journal, 1998 (19): 323 - 338.

189. Kiyotaki, Nobuhiro, John Moore. Credit cycles [J]. Journal of Political Economy, 1997, 105 (4): 211 - 248.

190. Klein, B. , R. Crawford, A. Alchain. Vertical integration, Appropriable rents and the competitive contracting process [J] . Journal of Low and economics, 1978, 21, 2 (10): 297 - 326.

191. Knockaert M. , Lockett A. , Clarysse B. , et al. Do human capital and fund characteristics drive follow - up behavour of early stage high tech. VCS [A]. Vlerick Leuven Gent Management School Working paper, 2005 (20).

192. Knockaert, M. , Vauacker, T. The association between venture capitalists'selection and value adding behavior: evidence from early stage high tech venture capitalists. Working Paper, 2011 (9).

193. Knyphausen - Aufse. Corporate Venture Capital: who adds value? [J] . Venture Capital, 2005, 1 (7): 23 - 49.

194. Kwon, I. W. G. , Suh, T. Factors affecting the level of trust and commitment in supply chain relationships [J]. Journal of Supply Chain Management, 2004, 40 (2): 14 - 33.

195. Landier, A. , Thesmar, D. Financial contracting with optimistic entrepreneurs: theory and evidence. working paper, 2005.

196. Landier, A. Start - up Financing: from Banks to Venture Capital. Unpublished Working Paper, University of Chicago, Chicago, IL, 2003.

197. Large, D . , Muegge, S. Venture capitalists'non - financial value - added: an evaluation of the evidence and implications for research [J] . Venture Capital, 2008, 10 (1): 21 - 53.

198. Larson, A. , Starr, J. A network model of organization formation [J]. Entrepreneurship: Theory and Practice, 1993, 17

(2): 5 - 15.

199. Larson, A. Network dyads in entrepreneurial setting: a study of the governance of exchange relationships [J]. Administrative Science Quarterly, 1992, 37 (1): 76 - 104.

200. Larson, R. B. MNRAS, 1992: 256, 641.

201. Lerner, Josh. Venture Capitalists and the Oversight of Private Firlms [J]. Journal of Finace, 1995 (50): 301 - 18.

202. Li, X. , Kochar, S. C. Some new results of NBU (2) class of life distributions [J]. Journal of Applied Probability, 2001 (38): 237 - 242.

203. Ludwig, B. The moderating effect of environment uncertainty on new product development and time efficiency [J]. Journal of Product Innovation Management, 2005 (22): 267 - 284.

204. Lusch, R. , J. Brown. Interdependency, contracting and relational behavior in marketing channels [J]. Journal of Marketing, 1996 (60): 19 - 38.

205. MacMillan, I. C. , Kulow, D. M. , Khoylian, R. Venture capitalists involvement in their investments − extent and performance [J]. Journal of Business Venturing, 1989 (4): 27 - 47.

206. MacNeil, I. Contracts: adjustements of long − term economic relations under classcal, neoclassical and relational contract law [J]. Northwestern University Law Review, 1978 (47): 854 - 906.

207. Macneil, Ian R. The new social contract: an inquiry into modern contractual relations [M]. New Haven, CT: Yale University Press, 2005.

208. Madhok. Anoop. Reassessing the fundamentals and beyond: Ronald Coase, the transaction cost and resource based theo-

ries of the firm and the institutional structure of production [J]. Strategic Management Journal, 2002, 23 (6): 535 – 550.

209. Makhija MV, Ganesh U. The relationship between control and partner learning in learning – related joint ventures [J]. Organization Science, 1997, 8 (5): 508 – 527.

210. Markide, C. and Williamson, P. , Related diversification, core – competence and corporate performance [J]. Strategic Management Journal, 1994 (15): 149 – 165.

211. Masten, Scott E. , ed. Case studies in contracting and organization [M]. New York; Oxford University Press, 1996.

212. Maula, M. , Autio, E. , and Arenius, P. What drives micro – angel investments? An examination of determinants of family and non – family investments [J]. Small Business Economics, 2005, 25 (5): 459 – 475.

213. Mayer, K. , & Argyres, N. Learning to contract: evidence from the personal computer industry [J]. Organization Science, 2004 (14): 394 – 410.

214. McAllsister, D. j. Affect and condition – based trust as foundations for interpersonal cooperation in organizations [J]. Academy of Management journal, 1995, 38 (1): 24 – 59.

215. McDougall, P. , & Robinson, R. B. New venture strategies: an empirical identification of eight archetypes of competitive strategies for entry [J] . Strategic Management Journal, 1990 (11): 447 – 467.

216. Mehdi Majidi. Culture factors in international mergers and acquistions [J]. International Joutnal of Knowledge, Culture and Change Management, 2007 (6): 1 – 17.

217. Michael, S. The effect of perceived technological uncertainty on Japanese new product development [J]. Academy of

Management Journal, 2001 (44): 61 - 80.

218. Miguel Hernández - Espallardo, Augusto Rodríguez - Orejuela, Manuel Sánchez - Pérez. Inter - organizational governance, learning and performance in supply chains [J]. Supply Chain Management: An International Journal, 2010, 15 (2): 101 - 114.

219. Monalis, C. , Nygaard A. Bard S. Uncertainty and vertical control: an international investigation [J]. International Business Review, 1997, 6 (5): 501 - 518.

220. Montgomery, C. , Bernerfelt, B. , Diversification, ricardian rents and Tobin's Q [J]. Rand Journal of Economics, 1988, 19 (4): 623 - 632)

221. Murray, G. A synthesis of six exploratory. European case studies of successfully exited, venture capital - financed, new technology - based firms [J]. Entrepreneurship Theory and Practice, 1996, 20 (4): 41 - 60.

222. Neher, D. V. Staged financing: an agency perspective [J]. Review of Economic Studies, 1999 (66): 255 - 274.

223. Noordewier, T. G. , George. J. , John, N. R. Performance outcomes of purchasing arrangements in industrial buyer - vendor relationships [J]. Journal of Marketing, 1990, 54 (4): 80 - 93.

224. Oksendal, B. Stochastic differential equations: an introduction with applications [M]. Sixth Edition, Springer - Verlag, Heidelberg, Germany, 2003.

225. Olson, BJ. , Parayitam, S. , Bao, YJ. Strategic decision making: the effects of cognitive diversity, conflict, and trust on decision outcomes [J]. Journal of Management, 2007 (33): 196 - 222.

226. Oxley, J. E. Appropriability hazards and governance in strategic alliances: a transaction cost approach [J]. Journal of Law, Economics, and Organization, 1997 (13): 387 - 409.

227. Paroma, S. , Catherine, L. M. Asset specificity, information asymmetry and new firm financing. Annual meeting of the Academy of Management, 2006.

228. Paul Gompers, Anna Kovner, Josh Lerner, David Scharfstein. Skill vs luck in entrepreneurship and venture capital: evidence from serial entrepreneurs [R]. NBER Working Paper, 2006 (10).

229. Paul, A. Gompers. Venture capital growing pains, should the market diet [J]. Journal of Banking and Finance, 1998 (22): 1089 - 1104.

230. Paulin, M. , Jean, P. , Ronald, F. Relational contract norms and the effectiveness of commercial banking relationships [J]. International Journal of service Industry Management, 1997, 8 (5): 435 - 452.

231. Peter Robbins. Global visions and globalizing corporations: an analysis of images and texts. from Fortune Global 500 Companies' Sociological Research Online, 2004, 9 (2).

232. Poppo L, Zenger TR. Testing alternative theories of the film: transaction cost, knowledge - based, and measurement explanations for make - or - buy decisions in information services [J]. Strategic Management Journey. 1998, 19 (9) : 853 - 878.

233. Poppo, L. , Zenger, T. Do formal contracts and relational governance function as susbstitutes or complements? [J]. Strategic Management Journal, 2002 (23): 707 - 725.

234. Powell, W. Neither market nor hierarchy: network forms of organization [J]. Research in Organizational Behavior, 1990

(12): 295 - 336.

235. Pruthi, S. , Wright, M. , Lockett, A. Do foreign and domestic venture capital firms differ in their monitoring of investees? [J]. Asia Pacific Journal of Management, 2003, 20 (2): 175 - 204.

236. Raffaele Oriani, Maurizio Sobrero. Uncertainty and the market valuation of R & D within a real options logic [J]. Strategic Management Journal, 2008 (29): 343 - 361.

237. Repullo, R. , Suarez, J. Venture capital finance: a security design approach [J]. Review of Finance, 2004 (8): 75 - 108.

238. Ring, P. S. , Van de Ven, A. H. Developmental processes of cooperative interorganizational relationships [J]. Academy of Management Review, 1994, 19 (1): 90 - 118.

239. Riordan, M. H. , O. E. Williamson. Assel specificity and economic organization [J]. International Journal of Industrial Organization, 1985, 3 (4): 365 - 378.

240. Ronald, J. F. , Michele, P. , Jasmin, B. Contractual governance, relational governance, and the performance of interfirm service exchanges: the influence of boundary - spanner closeness [J]. Journal of the Academy of Marketing Science, 2005, 33 (2): 217 - 234.

241. Ronit Yitshaki. Confidence cooperative relations between entrepreneurs and VCs: the role of social and formal control mechanisms [J]. Frontiers of Entrpreneurship Research, 2007 (3): 1 - 13.

242. Rumelt, R. P. Strategy, economic theory and entrepreneurship. In Teece (ed.) The Competition Challenge [M]. Cambridge, Mass. Ballinger Books, 1987.

243. Rumelt, Richard P. Strategic management and economics [J]. Strategic Management Journal, 1991 (12): 5 - 29.

244. S. Caselli, S. Gatti, F. Perrini. Are Venture Capitalists a Catalyst for Innovation? [J]. European Financial Management, 2008, 15 (1): 92 - 111.

245. Saetre, A. S. Entrepreneurial perspectives on informal venture capital [J]. Venture Capital, 2003 (5): 71 - 94.

246. Sahlman, W. A. The structure and governance of venture - capital organizations [J]. Journal of Financial Economics, 1990 (27): 473 - 521.

247. Sampson, Rachelle C. R & D alliances and firm performance: the impact of technological diversity and alliance organization on innovation [J]. Academy of Management Journal, 2007, 50 (4): 364 - 386.

248. Sapienza, H. J., Manigart, S., Vermeir, W. Venture Capitalists Governance and Value added in Four Countries [J]. Journal of Business Venturing, 1996 (11): 439 - 469.

249. Sapienza, H., M. Korsgaard. Procedural justice in entrepreneur - investor relations [J]. The Academy of Management Journal, 1996 (39): 544 - 574.

250. Saviotti, P. P., Nooteboom, B. Technology and knowledge: from the firm to innovation systems [M]. Edward Elgar, Cheltenham, 2000.

251. Seitz, S. M., C. R. Dye. Photorealistic scene reconstruction by Voxel coloring [C]. Proc. IEEE CVPR, 1997: 1067 - 1073.

252. Simon H. Administrative behavior [M] (2nd ed.), New Yokr: Macmillan, 1961.

253. Sitkin S B. Weingart LR. Determinants of risky

decision - making behavior: a test of the mediating role of risk per-ceptions and propensity [J]. Academy of Management Journal, 1995, 38 (6): 1573 - 1592.

254. Smith, K. G., Gannon, J., Sapienza, H. J. Selecting methodologies for entrepreneurial research: trade - offs and guide-lines [J]. Entrepreneurship Theory and Practice, 1989, 14 (1): 39 - 49.

255. Soh, Pek - Hooi. Network patterns and competitive ad-vantage before the emergence of a dominant design [J]. Strate Management Journal, 2010, 31 (4): 438 - 461.

256. Somech, Anit, Desivilya, Helena Syna, Lidogoster, Heiena. Team conflict management and team effectiveness: the effects of task interdependence and team identification [J]. Journal of Organizational Behavior, 2009, 30 (4): 359 - 378.

257. Steenkamp, J. B. E. M, Geyskens, I. How country char-acteristics affect the perceived value of a website [J]. Journal of Marketing, 2006, 70 (3): 136 - 150.

258. Steven H. Appelbaum. Cultural strategies in M & As: in-vestigating ten case studies [J]. Journal of Executive education, 2009, 8 (1): 33 - 58.

259. Steven N. Kaplan, Frederic Martel, Per Strömberg. How do legal differences and experience affect financial contracts [J]. Journal of Financial Intermediation, 2007, 7 (16): 273 - 311.

260. Stuck, Bart, Weingarten, Michael, How Venture Capital Thwarts Innovation (2005). [J] IEEE Spectrum, 2005, 4 (42): 50 - 55

261. Stump, R. L., Heide, J. B. Controlling supplier oppor-tunism in industrial relationships [J]. Journal of Marketing Re-search, 1996, 33 (4): 431 - 441.

262. Teece, D. J. Transactions cost economics and the multinational enterprise [J]. Journal of Economic Behavior and Organization, 1986 (7): 21 - 45.

263. Thibaut, J. , L. Walker. Procedural Justice: A Psychological Analysis [J]. Journal of Social Issues, 1975 (31): 137 - 149.

264. Timmons, J. A. , Bygrave, W. D. Venture Capital's Role in Financing Innovation for Economic Growth [J]. Journal of Business Venturing, 1986 (1): 161 - 176.

265. Torkel Strömsten, Alexandra Waluszewski. Governance and resource interaction in networks. The role of venture capital in a biotech start - up [J]. Journal of Business Research, 2012, 2 (65): 232 - 244.

266. Tyebjee T. T. , Bruno A. V. A model of venture capitalist investment activity [J]. Management Science, 1984, 30 (9): 1051 - 1066.

267. Tyler, T. R. The psychology of procedural justice: A test of the group value model [J]. Journal of Personality and Social Psychology, 1989 (57): 830 - 838.

268. Tyler, T. R. , Lind, E. A. 1992. A relational model of authority in groups [M]. In M. Zanna (Ed.), Advances in Experimental Social Psychology, 1992 (25): 115 - 191.

269. Tyler, K. , E. Stanley. UK Bank - Corporate Relationships: Large Corporations's expectations of Service [J]. International Journal of Bank Marketing, 1999, 17 (4): 158 - 170.

270. Ueda, M. Banks versus Venture Capital: Project Evaluation, Screening, and Expropriation [J]. Journal of Finance, 2004, 59 (2): 601 - 621.

271. Uzzi, Brian. Social structure and competition in interfirm

networks: the paradox of embeddedness [J]. Administrative Science Quarterly, 1997, 42 (1): 35 -69.

272. Uzzi, Brian. Embeddedness in the Making of Financial Capital: How Social Relations and Networks Benefit Firms Seeking Capital [J]. American Sociological Review, 1999, 64 (4): 481 -505.

273. Vance, H. F. , R. D. Hisrich. Toward a model of venture capital investment decision making [J]. Financial Management, 1994: 28 -37.

274. VanMarle, K. , & Scholl, B. J. Atteneive tracking of objects vs. substances [J]. Psychological Science, 2003 (14): 498 -504.

275. Wall, James A. Jr. , Callister . Conflict and its management [J]. Journal of Management, 1995 (21): 515 -558.

276. Wang Lan, Jin Xin. Stock Exchange Index Prediction Based On Wavelet - Based Adaptive Support Vector Regression Algorithm [J]. Journal of Information and Computational Science, 2011 (12): 4053 -4059.

277. Wang Lan, Long Yong. OptimalAllocation Of Control Rights Based On Various Financing Contracts: A Dynamic Perspective [C]. 2010International Conference on Apperceiving Computing and Intelligence Analysis Proceeding (IEEE,), 2010 (12).

278. Wang Lan, Long Yong. Research on External Financing Strategies Based on Technological Capability of Entrepreneurial Firms [J] . Advanced Materials Research, 2011 (10): 1451 -1462.

279. Wang Lan, Long Yong. AnalysisOn The Optimization Of Control Rights Disposition In Different Financing Contracts [C]. Proceedings of the International Conference on Information Compu-

ting and Automation, Mascow State Regional University, Russia. 2007 (12).

280. Westerman, G. , Curley, M. Building IT - enabled innovation capabilities at intel. [J]. MIS Quarterly Executive, 2008 (7): 33 - 48.

281. Willamson O. Markets & hierarcheies [M]. FreePress, NY, 1975.

282. Williamson, Oliver, The mechanisms of governance [M]. New YORK, Oxford University Press, 1996.

283. Williamson, Oliver. Transaction - Cost Economics: The Governance of Contractual Relations [J]. Journal of Law and Economics, 1979, 22 (2): 233 - 261.

284. Williamson, Oliver E. The Economic institutions of capitalism [M]. New York: Free Press, 1985.

285. Williamson, Oliver. Markets and Hierarchies: Analysis and Antitrust Implications [M]. NewYork, Free Press, 1975.

286. Winton, A. , Yerramilli, V. Entrepreneurial Finance: Banks Versus Venture Capital [J]. Journal of Financial Economics, 2008 (88): 51 - 79.

287. Wuyts, Inge Geyskens. The formation of buyer - supplier relationships: detailed contract drafting and close partner selection [J] . Journal of Marketing, 2005, 69 (3): 103 - 117.

288. Wuyts, S, Geyskens, I. The formation of buyer - supplier relationships: detailed contract drafting and close partner selection [J]. Journal of Marketing, 2005, 69 (10): 103 - 117.

289. Zacharakis, A. , Erikson, T. , George, B. Conflict between the VC and entrepreneur: the entrepreneur's perspective [J]. Venture Capital, 2010, 2 (4): 109 - 126.

290. Zaheer, A. , Mcevily, B. , Perrone, V. Does trust

matter? exploring the effects of inter – organizational and interpersonal trust on performance [J]. Organization Science, 1998, 20 (9): 141 –59.

291. Zaheer, A., N. Venkatraman. Relational governance as an interorganizational strategy : an empirical test of the role trust in economic exchange [J]. Strategic Management Journal, 1995, 19 (5): 373 –392.

附录

A. 企业与风险投资合作关系调查问卷

问卷说明：

本问卷主要是对企业与风险投资合作关系、技术创新绩效等问题进行调查。

填写调查问卷，对企业来说同时也是一个自我了解、学习和提高的过程，能使您对如何通过合作实现自身竞争优势的提高进行思考，进而对企业技术创新策略形成更为深入的认识。敬请回答下面的问题，在不能得到精确数据时，请尽量做到准确估计。您回答的真实性对我们研究的准确性十分重要。

我们郑重承诺：问卷所收集的数据只作课题组分析研究之用，绝不向外泄露企业信息，更不会影响到贵企业的业务发展。因此，希望您根据题目要求，如实地回答，请勿漏项。

如果您希望得到该课题的相关研究成果，请注明。

感谢贵企业的合作与支持！

负责人：

①龙勇，重庆大学教授，博导，国家"985工程"研究中心负责人；

②

第一部分　企业概况

1. 您的姓名：＿＿＿＿＿职务：＿＿＿＿＿

2. 您的电话：＿＿＿＿＿传真：＿＿＿＿＿

3. 您的电子邮箱：＿＿＿＿＿＿＿＿＿

4. 单位名称：＿＿＿＿＿＿＿＿＿

5. 地址及邮编：＿＿＿＿＿＿＿＿＿

以下问题请在最符合的选项后打"√"，或填入最适合的答案。

6. 贵企业建立的时间：＿＿＿＿＿＿＿＿＿

7. 贵企业的职工人数：＿＿＿＿＿＿＿＿＿

8. 贵企业的产权性质：＿＿＿＿＿＿＿＿＿

9. 贵企业的年收入：

100万元以下（　　　）　　　100万～500万元（　　　）

500万－1000万元（　　　）　1000万元以上（　　　）

10. 贵企业所属的行业类别：

电子与信息技术（　　　）

生物生化和新医药技术（　　　）

医疗器械技术（　　　）　　　新材料及新能源（　　　）

先进制造技术（　　　）　　　IT行业（　　　）

航空航天技术（　　　）　　　现代农业技术（　　　）

环境保护新技术（　　　）　　海洋工程技术（　　　）

核应用技术（　　　）

其他在传统产业改造中应用的新工艺、新技术（　　　）

11. 贵企业处于何种发展阶段：

种子期（　　　）　　　　　　成长期（　　　）

快速成长期（　　　）　　　　成熟稳定期（　　　）

12. 风险投资家向贵企业进行的投资后管理包括哪些：（从 1～5 进行打分代表投入程度依次增高）

监控资金运用（　　　）　　　监控财务状况（　　　）

监控资产处置（　　　）　　　监控市场营销（　　　）

监控运营绩效（　　　）　　　监控人事安排（　　　）

监控董事会运行（　　　）　　　监控重大决策制定（　　　）

监控所有权变动（　　　）　　　组建市场联盟（　　　）

组建技术联盟（　　　）　　　制定发展战略（　　　）

招募员工（　　　）　　　制订生产计划（　　　）

加强与政府联系（　　　）　　　与外部投资者联系（　　　）

建立与金融机构联系（　　　）

帮助企业获得外源融资（　　　）

13. 贵企业融资的主要用途：（多选）

产品研发（　　　）　　　招募管理人才（　　　）

增加生产，购买设备（　　　）

新建厂房，购置办公设备（　　　）

开拓市场，做宣传打广告（　　　）

大量招聘员工（　　　）　　　其他（　　　）

您对下列有关贵企业与风险投资家合作关系治理的相关情况的描述持何种态度，请用 1～5 来表明，其中 1 表示极不同意，5 代表完全同意，2～4 表示程度的逐渐增强，请将同意的选项打"√"。

第一部分　契约治理与关系治理

贵企业与风险投资家的契约完全依据投资项目特点制定

1　2　3　4　5

契约条款非常明确分阶段投资的次数、间隔、额度与投资

中止条件   1　2　3　4　5

　　契约明确规定突发不可预见事件时双方的具体应对措施

　　　　　　　　　　　　　　　　　　　　　　　　1　2　3　4　5

　　贵企业与风险投资家之间签订的契约页数很多

　　　　　　　　　　　　　　　　　　　　　　　1　2　3　4　5

　　贵企业与风险投资家合作关系严格建立在契约规定的条文
范围之内   1　2　3　4　5

　　贵企业与风险投资家的分歧依靠契约条款来解决

　　　　　　　　　　　　　　　　　　　　　　　1　2　3　4　5

　　贵企业与风险投资家之间的契约条款可根据贵企业具体需
求而进行调整

　　　　　　　　　　　　　　　　　　　　　　　1　2　3　4　5

　　经营模式一旦发生变化，贵企业与风险投资家之间的契约
条款随之发生变化

　　　　　　　　　　　　　　　　　　　　　　　1　2　3　4　5

　　在投资回报方面，风险投资家会与贵企业平等协商解决

　　　　　　　　　　　　　　　　　　　　　　　1　2　3　4　5

　　风险投资家积极调整业务流程以适应贵企业的需求

　　　　　　　　　　　　　　　　　　　　　　　1　2　3　4　5

　　贵企业与风险投资家之间的分歧可自行解决

　　　　　　　　　　　　　　　　　　　　　　　1　2　3　4　5

　　风险投资家会告知贵企业最新产品趋势和修改建议

　　　　　　　　　　　　　　　　　　　　　　　1　2　3　4　5

　　风险投资家会向贵企业提供准确且及时的融资信息

　　　　　　　　　　　　　　　　　　　　　　　1　2　3　4　5

　　风险投资家承诺帮助贵企业成功上市　　　1　2　3　4　5
　　贵企业与风险投资家的合作基础是信任和共同利益

　　　　　　　　　　　　　　　　　　　　　　　1　2　3　4　5

　　贵企业面临逆境会完全依赖风险投资家　　1　2　3　4　5

风险投资家会尽全力满足贵企业的合理需求

　　　　　　　　　　　　　　　　　1　2　3　4　5

贵企业与风险投资家共同解决突发性问题　1　2　3　4　5

风险投资家帮助贵企业提升创新绩效　　　1　2　3　4　5

第二部分　资产专用性与不确定性

贵企业为了满足风险投资家的需求而对企业进行大幅度调
整　　　　　　　　　　　　　　　　　1　2　3　4　5

贵企业为了满足风险投资家的需求投入规模较大的专用资
源　　　　　　　　　　　　　　　　　1　2　3　4　5

贵企业为了配合风险投资家的业务流程而调整自身的经营
流程　　　　　　　　　　　　　　　　1　2　3　4　5

贵企业为了满足风险投资家的需求而投入大量的时间和资
金培训员工

　　　　　　　　　　　　　　　　　1　2　3　4　5

贵企业为了满足风险投资家的需求而投入大量时间和资金
以拓展知识和技能

　　　　　　　　　　　　　　　　1　2　3　4　5

贵企业产品面临的市场需求变化迅速　　1　2　3　4　5

贵企业产品的市场需求很难预测　　　　1　2　3　4　5

贵企业的产品技术变化迅速　　　　　　1　2　3　4　5

贵企业的产品技术变化趋势很难预测　　1　2　3　4　5

贵企业的产品技术非常复杂　　　　　　1　2　3　4　5

第三部分　投资吸引力与文化契合度

贵企业具有支撑其持续奋斗的资源禀赋　1　2　3　4　5

贵企业对目标市场非常熟悉　　　　　　1　2　3　4　5

贵企业在 5～10 年内至少获得 10 倍的回报1　2　3　4　5

贵企业管理者具有优秀的领导才能　　　　1　2　3　4　5

贵企业有可观的市场增长前景　　　　　　1　2　3　4　5

贵企业对风险能做出良好的反应　　　　　1　2　3　4　5

贵企业和风险投资家的利益目标一致　　　1　2　3　4　5

贵企业和风险投资家都看重过程公平　　　1　2　3　4　5

至目前为止，贵企业尚未发现风险投资家的自利行为

　　　　　　　　　　　　　　　　　　　1　2　3　4　5

贵企业发现与风险投资家的认知能力覆盖范围相似

　　　　　　　　　　　　　　　　　　　1　2　3　4　5

贵企业发现与风险投资家的认知能力覆盖范围具有显著差

异　　　　　　　　　　　　　　　　　　1　2　3　4　5

贵企业与风险投资家对待风险的态度一致　1　2　3　4　5

贵企业与风险投资家具有相同的学习意愿　1　2　3　4　5

第四部分　风险投资后管理

风险投资家监控贵企业资金运用状况　　　1　2　3　4　5

风险投资家监控贵企业的财务运作状况　　1　2　3　4　5

风险投资家监控贵企业的资产处置行为　　1　2　3　4　5

风险投资家监控贵企业的市场营销状况　　1　2　3　4　5

风险投资家监控贵企业的经营管理绩效　　1　2　3　4　5

风险投资家监控贵企业的重大人事变动　　1　2　3　4　5

风险投资家监控贵企业的董事会运行　　　1　2　3　4　5

风险投资家监控贵企业的重大决策制定　　1　2　3　4　5

风险投资家监控贵企业的所有权变动　　　1　2　3　4　5

风险投资家帮助贵企业组建市场联盟　　　1　2　3　4　5

风险投资家帮助贵企业组建技术联盟　　　1　2　3　4　5

风险投资家帮助贵企业制定发展战略　　　1　2　3　4　5

风险投资家帮助贵企业招募员工　　　　　1　2　3　4　5

风险投资家帮助贵企业制订合理的生产计划

           1 2 3 4 5

风险投资家帮助贵企业拓展与政府部门的联系

        1 2 3 4 5

风险投资家帮助贵企业与外部投资者进行沟通与协调

        1 2 3 4 5

风险投资家帮助贵企业建立与金融机构的联系

        1 2 3 4 5

风险投资家帮助贵企业获得外源融资资源 1 2 3 4 5

第五部分 技术创新绩效

贵企业现有良好的技术创新空间   1 2 3 4 5

贵企业具有良好的技术创新氛围与平台 1 2 3 4 5

贵企业可为技术创新提供信息和知识共享平台

        1 2 3 4 5

贵企业管理团队具有强烈的创新欲望和责任心

        1 2 3 4 5

贵企业开发新产品的周期显著缩短   1 2 3 4 5

贵企业拥有的专利数明显增加   1 2 3 4 5

贵企业现有的技术范围显著扩大   1 2 3 4 5

贵企业现有技术出现突变性变化   1 2 3 4 5

第六部分 过程公平与冲突

风险投资家强迫贵企业接受他们的商业理念

        1 2 3 4 5

风险投资家愿意向贵企业的经营理念妥协 1 2 3 4 5

风险投资家妨碍新观点的产生与发展   1 2 3 4 5

贵企业与风险投资家合作过程中存在摩擦现象

        1 2 3 4 5

贵企业与风险投资家合作过程中存在关系紧张现象

                    1 2 3 4 5

贵企业与风险投资家合作过程中双方存在经常发怒的现象

                    1 2 3 4 5

贵企业与风险投资家合作过程中存在个人冲突

                    1 2 3 4 5

贵企业与风险投资家合作过程中存在任务解决办法的分歧

                    1 2 3 4 5

贵企业与风险投资家合作过程中存在任务规划方案的分歧

                    1 2 3 4 5

贵企业与风险投资家合作过程中存在任务目标的分歧

                    1 2 3 4 5

贵企业与风险投资家合作过程存在与工作相关的冲突

                    1 2 3 4 5

B. 科技型创业企业访谈提纲

访谈企业名称： _____

访谈参与人员： _____

访谈时间： _____

访谈地点： _____

导入性问题：

贵企业喜欢与哪类风险投资家合作？

VC－E 合作治理机制部分：

风险投资家与贵企业合作时，投资契约对贵企业的限制力度如何？

贵企业与风险投资家之间签订的投资契约条款复杂程度如何？

风险投资家是否经常与贵企业沟通与联络？

风险投资家是否经常到贵企业视察？

VC 投资后管理部分：

风险投资家对贵企业是否提供增值服务？主要是哪些方面的增值服务？

风险投资家对贵企业是否实施监控行为？主要采取的监控行为有哪些？

过程公平与冲突部分：

贵企业与风险投资家商议企业经营事宜时，风险投资家是否经常采纳贵企业的建议？

贵企业是否全部知晓风险投资家的经营计划？

贵企业与风险投资家合作时，是否经常发生争执？

贵企业与风险投资家合作时，工作气氛是否和谐？

技术创新绩效部分：

风险投资家的增值服务对贵企业的技术创新绩效的影响如何？

风险投资家的监控行为对贵企业的技术创新绩效的影响如何？

风险投资家过分强调契约的作用对贵企业的技术创新绩效的影响如何？

风险投资家的信任对贵企业的技术创新绩效的影响如何？

与风险投资家合作期间的过程公平对技术创新绩效的影响如何？

与风险投资家合作期间的关系冲突对技术创新绩效的影响如何？

与风险投资家合作期间的任务冲突对技术创新绩效的影响如何？